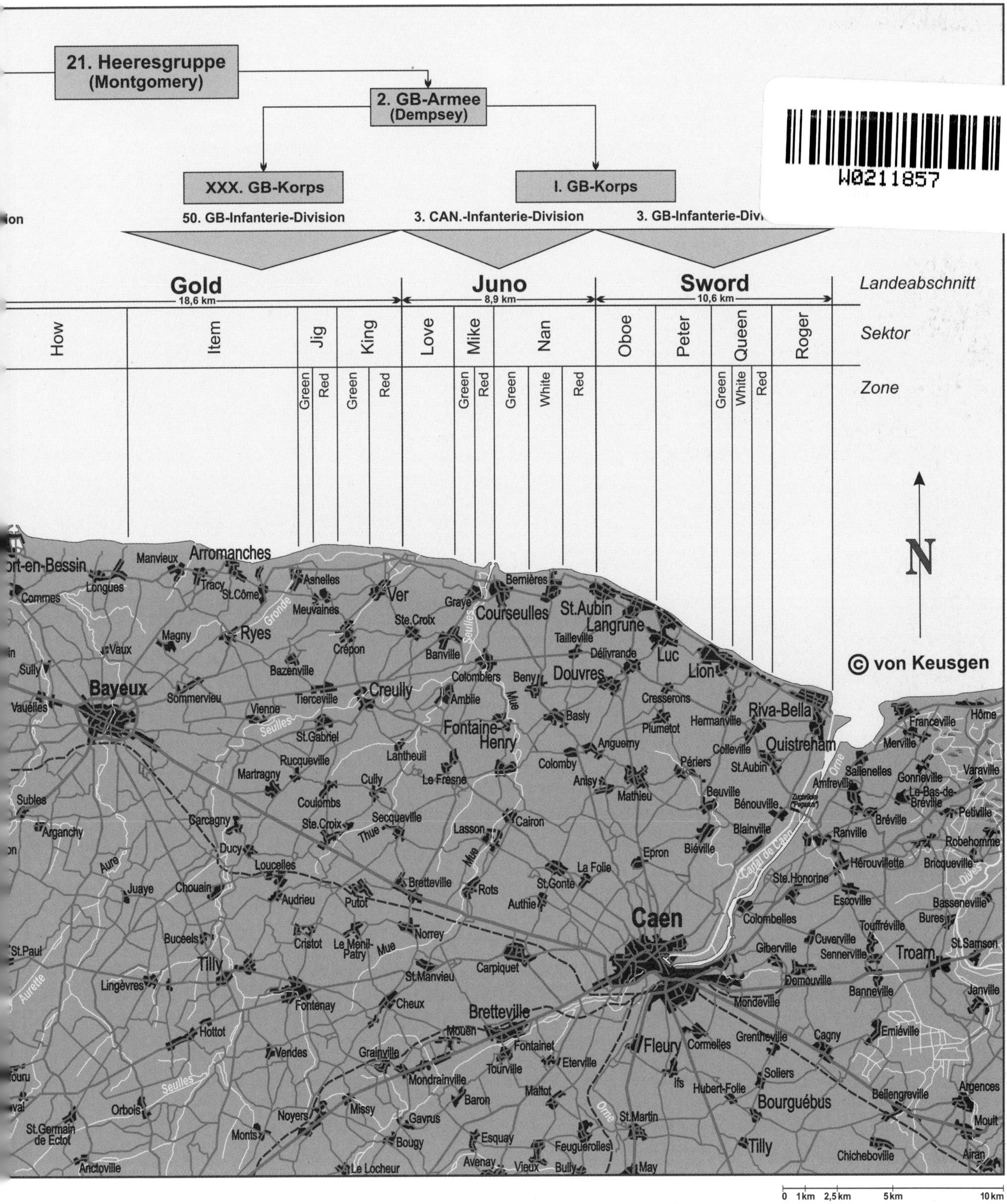

Normandie
D-Day 6. Juni 1944

Helmut Konrad von Keusgen

Pegasus-Brücke und Batterie Merville

Zwei britische Kommandounternehmen

H.E.K.Creativ Verlag

„Es gibt Zeiten, Männer und Ereignisse,
über die allein die Geschichte
ein endgültiges Urteil abgeben kann.
Zeitgenossen und individuelle Beobachter
dürfen nur schreiben,
was sie gesehen und gehört haben.
Das verlangt schon die Wahrheit."

Titius Livius
(römischer Historiker, 59 v. Chr. -17 n. Chr.)

Erste Auflage, 2014
Pegasus-Brücke und Batterie Merville - Zwei britische Kommandounternehmen
Helmut Konrad Freiherr von Keusgen

www.hek-creativ-verlag.de & **www.von-keusgen.de**

Layout und grafische Gestaltung: Helmut K. von Keusgen
Titel-Foto: Britische Soldaten auf der Pegasus-Brücke (Battlefield Historian Ltd.)
Satz: H.E.K.Creativ Verlag
Lektorat: Katrina Hager
Druck: Jelgavas Tipografija
Printed in Latvia

ISBN 978-3-932922-31-2

Pegasus-Brücke und Batterie Merville

Zwei britische Kommandounternehmen

Helmut Konrad von Keusgen

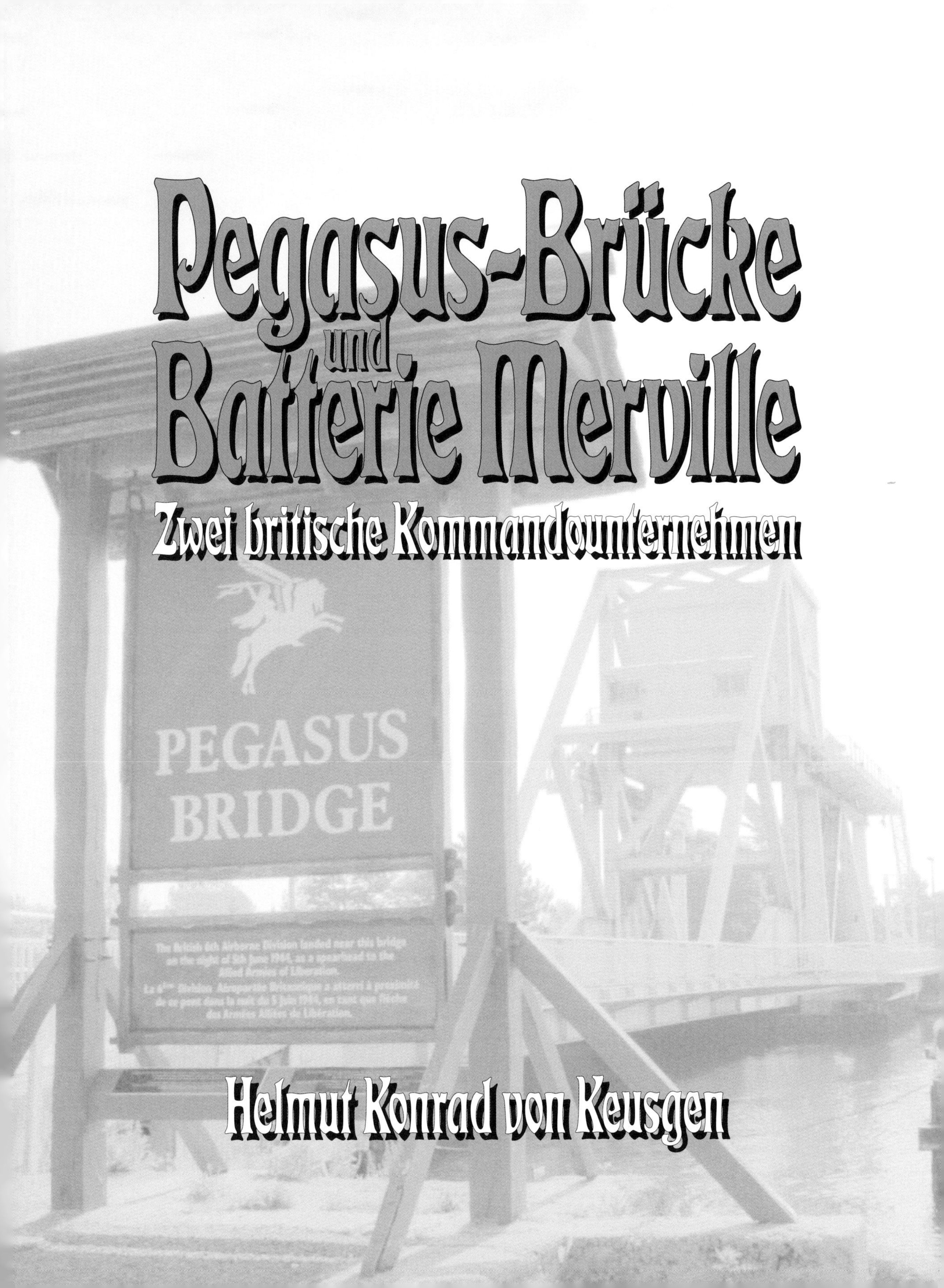

Inhalt

Seite

Seite

Vorwort

Pegasus... Das geflügelte Pferd der griechischen Mythologie war das Symbol der britischen 6. Luftlandedivision. Einem Handstreichkommando dieser Division, unter der Führung des Majors John Howard, war es zu Beginn der großen Invasion in der von deutschen Truppen besetzten Normandie in den ersten Minuten des *D-Day*, des 6. Juni 1944, gelungen, zwei strategisch wichtige Brücken einzunehmen - jene über die Orne und jene, die über einen bis dahin historisch unbedeutenden, fast parallel zur Orne verlaufenden Caen-Kanal führte. Danach gingen sie als Hommage an die Transportflugzeugbesatzungen und die Soldaten, die sie einst eingenommen hatten, als *Horsa-Brücke* und *Pegasus-Brücke* in die Militär- und Weltgeschichte ein - und als Denkmal an einen glorreich erkämpften britischen Sieg...

Ganz anders verlief hingegen der ebenfalls als Handstreichunternehmen geplante Angriff auf die von den Engländern gefürchtete, nur acht Kilometer von besagter Kanal-Brücke entfernte Haubitzen-Batterie Merville. Diese deutlich größer angelegte und von Oberstleutnant Terence Otway geführte Aktion hatte sich von Beginn an zu einem tragischen Desaster entwickelt. In einem wüsten Durcheinander falscher und widersprüchlicher Fakten sowie dubioser und voneinander abweichender englischer Berichte ist der wahre Verlauf untergegangen und somit die Glaubwürdigkeit diesbezüglicher Dokumentationen in Frage gestellt. Das erste Opfer eines jeden Krieges soll bekanntermaßen die Wahrheit sein - im Fall der Batterie Merville besonders flagrant! Doch diese Wahrheit wiederzufinden, halfen mir genau jene deutschen Veteranen, die sich damals gegen die angreifenden Briten und Kanadier verteidigen mußten und die nach dem Krieg kaum jemand ausführlich befragt hatte. Aber es ist auch eine alte Erkenntnis, daß die Geschichte hernach von den Kriegsgewinnern geschrieben wird - und die Verlierer schweigen...

Ein weiteres Mal um die Richtigstellung bekannter historischer Ereignisse bemüht, weichen meine nachfolgenden Berichte in ganz wesentlichen Bereichen deutlich von sämtlichen mir bekannten bisher erschienenen internationalen Publikationen ab. Infolge detaillierter deutscher Zeitzeugenaussagen werden hier nun die damaligen Geschehnisse genauso wiedergegeben, wie sie sich *tatsächlich* zugetragen haben - soweit sie nachvollziehbar waren. Außerdem sollte deutlich werden, daß sowohl die militärische Bedeutung wie auch die „Eroberungen“ besagter Pegasus-Brücke und der Batterie Merville in keinem Verhältnis zu dem standen, was man in den Jahrzehnten nach dem Krieg daraus gemacht hat. Überhaupt wurden bezüglich der in diesem Buch beschriebenen Kampfhandlungen im Laufe der Zeit eine Menge die Historie verklärender, sogar flagrant voneinander abweichender bis widersprüchlicher Abhandlungen geschrieben, vornehmlich zugunsten der Briten - und nicht selten sogar völliger Unsinn. Ursächlich dafür ist immer wieder der sogenannte „Urknall“. Irgendein Schriftsteller schrieb irgendwann eine wenig fundierte oder von den Berichterstattern von vornherein *(auch der Ehre der Nation gereichend)* tendenziös verzerrte Version der Ereignisse, dann ein anderer die seine, und „alle Welt“ schrieb in der Folge diese „Informationen“ voneinander ab und fügte nicht selten wieder neue, wenig gewissenhaft recherchierte „Fakten“ dazu.

Meinen Ausarbeitungen liegen auch bei diesem Buch wieder vordergründig die Aussagen einiger der wichtigsten an den Ereignissen beteiligten Personen zugrunde, denn aus dem Mund der Zeitzeugen erhält man historisch relevante Informationen. Außerdem kamen mir umfangreiches Kartenmaterial und etliche höchst informative Fotos zugute - und meine inzwischen seit vier Jahrzehnten betriebenen persönlichen Recherchen. Bereits in den 1980er Jahren hatte ich während mehrerer Besuche im Orne-Raum Johannes Buskotte, John Howard, Hans-Ulrich Freiherr von Luck und Witten, William „Bill“ Millin, Terence Otway, Helmut Römer, Raimund Steiner, James „Jim“ Wallwork und noch einige andere „historische“ Personen an der Pegasus-Brücke und in Merville getroffen und mit ihnen gesprochen, auch fanden etliche persönliche Treffen in ihrem privaten Umfeld statt.

Für meine „Spurensuche“ nahm ich auch 29 themenbezogene Buchpublikationen zu Hilfe, um dadurch auf mir noch eventuell unbekannte Ereignisse stoßen zu können - oder auf Sachverhalte, die vielleicht die sich mir während meiner Recherchen ergebenen Fragen erklären könnten. Aber gerade diesbezüglich wurde ich enttäuscht, denn es ergaben sich beim Studium, besonders englischer Publikationen, noch mehr Fragen. Daran, daß Howards Aktion an der Pegasus-Brücke das gelungenste Lande- und Handstreichunternehmen am ersten Invasionstag, war, besteht nicht der geringste

Zweifel, dennoch war einiges anders verlaufen, als es bisher immer dargestellt wurde...

Auch über das Geschehen bei der Batterie Merville wurde vornehmlich auf englischer Seite viel Verklärendes geschrieben. Zwar wird in den meisten Publikationen eingestanden, daß Einsatzleiter Terence Otway mit seiner viel zu jungen und völlig unerfahrenen „Spezial-Truppe" in seiner Absprungzone ein nicht unerhebliches Desaster erlebt hat, doch betreffs der „Einnahme" der Batterie gibt es gravierende Abweichungen und flagrante Widersprüche bei einigen englischen Darstellungen und der Aussagen der an den Kampfhandlungen beteiligten deutschen Veteranen. Einige Darstellungen wurden unchronologisch und mißverständlich abgefaßt, andere klar verständlich, jedoch historisch falsch beschrieben. Wirklich interessant erschienen mir in der Masse diesbezüglich bisher veröffentlichter Bücher lediglich zwei britische Publikationen; die eine von Alan Jefferson mit dem Titel *Assault on the Guns of Merville* und *The Day the Devils dropped in - 9. Parachute Battailon in Normandie, D-Day to D+6* von Neil Barber.

Alan Jefferson hatte selbst als Leutnant und Zugführer zu Otways Handstreichkommando gehört und sich nach einer dort erhaltenen Verwundung noch einige Zeit innerhalb des Stützpunktes aufgehalten. Auch hatte Jefferson für sein 1987 erschienenes Buch von drei ehemaligen Batterieangehörigen detaillierte Berichte erhalten: Vom Batteriechef Raimund Steiner, dessen „Spieß" Johannes Buskotte und Wachtmeister Peter Timpf. Es fällt aber auf, daß Jefferson in seinem Buch zwar detailliert über die deutschen Artilleristen berichtet, aber viele Zusammenhänge blieben wenig verständlich.

Neil Barbers Buch *The Day the Devils dropped in - 9. Parachute Battailon in Normandie, D-Day to D+6* ist deswegen so interessant, weil der Autor darin etliche bisher publizierte Begebenheiten ernsthaft infrage stellt.

Obwohl meine Zeitzeugen Raimund Steiner und Johannes Buskotte, die ich bereits in den 1980er Jahren vor Ort getroffen hatte, bis zum Zeitpunkt der Zusammenfassung meiner Recherchen zu diesem Buch leider bereits verstorben waren, hatte ich das große Glück, daß meine Mitarbeiterin, Karin Clarissa Röhrs, 2007 noch ein weiteres ehemaliges Besatzungsmitglied der Merville-Batterie ausfindig machen konnte: Johann „Hans" Staab. Er war vom Herbst 1942 bis zur Auflösung der Batterie als Flak-Schütze tätig gewesen und stand mir noch bis zur letzten Zeile meiner hier nachfolgenden Ausarbeitung durch sehr viele Telefonate äußerst hilfreich „zur Seite". Zwar hatte ich ihn schon 2007 in seinem Heimatort ausführlich interviewt, doch ergaben sich während meiner schriftlichen Ausarbeitung gerade infolge der so stark voneinander abweichenden und widersprüchlichen Darstellungen immer wieder neue Fragen. Während einem dieser vielen Telefongespräche sagte er betreffs der Geschehnisse in und um den Artillerie-Stützpunkt:

„Aus der ganzen Angelegenheit um die Batterie Merville wurde von den Engländern viel zu viel gemacht; und das, was ich bisher dazu gelesen habe, stimmt nicht. Der Sieger macht ja immer noch viel dabei. Die Engländer tun so, als wenn unsere Batterie die größte Festung gewesen sei..."

Es war den Briten von größter Wichtigkeit, sich den Kanal als Zugang zum Binnenhafen von Caen offen zu halten, denn der zehn Kilometer im Hinterland gelegene Hafen war günstig, sowohl für ein schnelles Vordringen der Truppen der Alliierten von diesem zentral gelegenen Ort hinter dem Schwerpunktbereich der deutschen Abwehrfront, sowie für die problemlose Löschung der Kriegsgüter-Ladungen von den Schiffen sehr geeignet. Deshalb mußte zuerst einmal die bei Merville stehende und auf die Orne-Bucht und die so wichtige Kanal-Schleuse ausgerichtete Batterie eliminiert und das Risiko einer Verhinderung der Kanal-Durchfahrt durch die an der Kanal-Brücke stehenden deutschen Truppen unmöglich gemacht werden - eine bisher offenbar noch niemals allgemeinverständlich publizierte Erkenntnis, denn durch sie wird der gesamte Umfang dieses *D-Day*-Problems der Briten erst in seiner ganzen Tragweite ersichtlich. Ich möchte aber betonen, daß es absolut nicht in meiner Absicht liegt, mit der Aufklärung der wahren Ereignisse britisch-nationale Eitelkeiten zu verletzen, ganz besonders deshalb, weil ich eine hohe Achtung vor den damaligen äußerst gefährlichen und bewiesenermaßen sehr tapfer ausgeführten Einsätzen der britischen Soldaten habe.

Helmut Konrad Frhr. von Keusgen

Vorgeschichte

Die östliche Flanke des Invasionsraums der West-Alliierten wurde am 6. Juni 1944, von drei sich parallel zueinander befindlichen Wasserläufen begrenzt - dem Caen-Kanal und der in einem unregelmäßigen Abstand von 490 bis 840 Meter nebenher fließenden Orne sowie der sich rund acht Kilometer weiter östlich durch weitläufige, flache Wiesen windenden Dives. Alle drei Wasserläufe münden in die achtzig Kilometer breite Seine-Bucht, dem See-Angriffsgebiet der Amerikaner, Briten und Kanadier.

Die Orne ist ein 168 Kilometer langer, jedoch nicht sehr breiter Fluß, der im Hügelland des Perche, im Gemeindegebiet von Aunou-sur-Orne, in fast 190 Metern Höhe entspringt. Die reizvolle, hügelige Landschaft, die von der Orne in einem Einzugsgebiet von 1.270 Quadratkilometern durchströmt wird, trägt den Beinamen „Suisse Normande" („Normannische Schweiz"). Die Orne durchquert auf ihrem Weg zum Ärmelkanal das Département Orne (das nach ihr benannt wurde) und das Département Calvados.

Viele Jahrhunderte lang war die nur wenig tiefe Orne mit ihren trägen aber gefährlichen Strudeln, den steil abfallenden, schlammig-graugrünen Ufern und stellenweise im gleichfarbigen Wasser stehenden großen Büschen lediglich mit Booten und kleineren Lastenkähnen schiffbar. Um auch größeren Schiffen mit mehr Tiefgang die Zufahrt zu dem 12 Kilometer im Inland liegenden Binnenhafen der normannischen Basse*(Tief)*-Normandie-Hauptstadt Caen zu ermöglichen, war von 1837 bis 1857 der Caen-Kanal *(Canal de Caen à la Mer)* ausgehoben und seine steilen Ufer mit groben Steinen befestigt worden.

Auf der westlichen Seite der nahe beieinander liegenden Mündungen der Orne und des Kanals befindet sich heute die große Doppelstadt Ouistréham/Riva-Bella *(ursprünglich zwei eigenständige Städte,*

Karte jenes Terrains nordöstlich von Caen, auf das sich die Handlung dieses Buches bezieht und auf dem ab dem 6. Juni 1944 die Luftlandeunternehmen der britischen 6. Luftlandedivision stattfanden. **Grafik: von Keusgen**

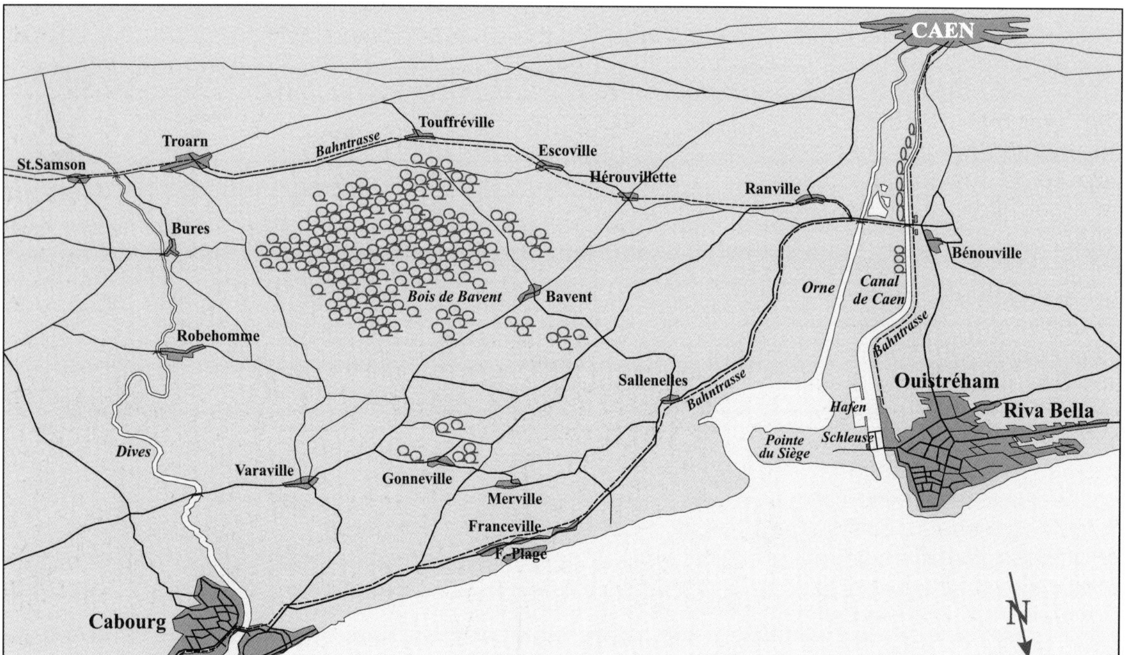

die durch ihre Expansion im Laufe der Zeit miteinander verschmolzen; heute nur noch Ouistréham benannt). Vom dortigen Hafen aus führte 1944 eine Kleinbahn-Trasse direkt am westlichen Ufer des Kanals bis ins Stadtzentrum von Caen. Der Schmalspur-Schienenstrang wurde lediglich von einem *(beiderseits des Kanals verlaufenden)* schmalen Treidelpfad getrennt *(treideln = ein Boot oder Schiff vom Land aus >vom Treidelpfad< mittels Schlepptauen >Treideln< einen Fluß oder Kanal entlang ziehen).* Am östlichen Ufer wurde der dortige Treidelpfad über weite Strecken von hohen Alleebäumen gesäumt.

Fünf Kilometer von der Küste entfernt, wird vor der kleinen Ortschaft Bénouville der Caen-Kanal von einer Hebebrücke überspannt, und 490 Meter weiter östlich die Orne, nahe der Ortschaft Ranville, von einer feststehenden Brücke. Über diese beiden Brücken führt die nördlichste küstennaheste Straße zwischen Caen und der Küste. Beide Brücken erhielten ihre Namen nach den kleinen Ortschaften in ihrer unmittelbaren Nähe: Jene über den Kanal, ursprünglich eine seitlich schwenkbare Drehbrücke, wurde als Bénouville-Brücke *(Pont de Bénouville)* bezeichnet, und jene über die Orne als Ranville-Brücke *(Pont de Ranville).*

Da der Caen-Kanal im Laufe der Zeit von zunehmend größeren Schiffen befahren wurde, war es im dritten Jahrzehnt des 20. Jahrhunderts notwendig geworden, dort eine Hebebrücke einzubauen. So errichtete man an dieser Stelle 1935 eine sogenannte Wippbrücke des Typs Scherzer *(die nicht, wie bei Hebebrücken sonst üblich, um einen feststehenden Drehpunkt heraufgeschwenkt wird, sondern die gesamte Konstruktion wird auf einem Viertelrund-Segment abgerollt und somit der Drehpunkt horizontal verschoben, was zu einer einseitigen Anhebung des Brückenstegs führt).* Das elektrische Antriebsaggregat befindet sich zusammen mit einem Beton-Gegengewicht in einem großen, fast würfelförmigen und kopflastigen Metallgehäuse am östlichen Ende der Brücke. *(Wegen einer ersten Kanalverbreiterung wurde die Brücke 1964 in ihrer Spannweite um 5,0 Meter verlängert. Der alte Brückenteil war genietet worden, der neu angesetzte Teil wurde geschweißt.)* Der Fahrbahn- und Gehweg-Belag bestand ursprünglich

Die gesamte Konstruktion der Hebebrücke bei Bénouville wurde aus Stahl errichtet und bildet eine ungewöhnliche Charakteristik. Ihr hellgrauer Anstrich läßt die schmale, markante, ursprünglich 35,0 Meter lange (Spannweite 27,20 Meter) und 8,20 Meter breite Brükke (inklusive Brückenträger, 6,40 Meter Fahrbahnbreite und 1,80 Meter Gehweg) trotz einer Gesamthöhe von 8,75 Metern eher unauffällig erscheinen. (Im Hintergrund links befindet sich das Café Gondrée.) **Foto: F. Montag 1984**

aus dicken Holzbohlen; erst anläßlich ihrer Verlängerung erhielt die Brücke statt dessen einen groben und leichteren Eisengitterrost.

Auf der westlichen Seite, nahe der Kanal-Brücke, befand sich einst eine Haltestelle der Kleinbahn, die für von Caen und Ouistréham kommende Reisende ins östliche Küstenhinterland eine Umsteigestation bildete, denn vom jenseitigen, östlichen Ufer des Kanals führte von der Brücke eine weitere Trasse in die dortige Küstenregion und ins östliche Hinterland. Die Bahnstation war schon einige Jahrzehnte vor der Errichtung der Hebebrücke um einen flachen, länglichen Holzschuppen mit einer schmalen, langen Verladerampe für die Güterabfertigung ergänzt worden.

Die Kleinbahn, das in der ersten Hälfte des 20. Jahrhunderts wichtigste Verkehrsmittel in diesem Teil der Normandie - hier auf jener Trasse, die auf der östlichen Seite des Caen-Kanals über die Ranville-Brücke (Foto) über Cabourg und Troarn ins Hinterland fuhr.
Foto: Archiv von Keusgen

Auf der anderen Straßenseite, der Station gegenüber und ebenfalls auf dem Gemeindegebiet von Bénouville, stand ein alleinstehendes, schmales, zweistöckiges Doppelhaus aus rotem Backstein, das Ende des 19. Jahrhunderts errichtet worden war. Das 305 Quadratmeter große Anwesen befindet sich in unmittelbarer Nähe des Caen-Kanals. Das Gebäude stand parallel zur Kleinbahntrasse und dem Treidelpfad, 35 Meter westlich seiner erst ein Jahr zuvor errichteten Hebebrücke. An seinen Flanken und dem Frontgiebel hatte man in großen Buchstaben *Café-Restaurant Gondrée* geschrieben. Der hintere Teil dieses Gebäudes gehörte bereits Georges *(1898-1969)* und Thérèse *(1904-1984)* Gondrée; den vorderen Teil hatten sie gepachtet. Georges war zuvor zwölf Jahre lang als Bankangestellter in Paris tätig gewesen und beherrschte die englische Sprache. Am 22. April 1935 hatte er dann über einen Notar die Lizenz für die Eröffnung und den Betrieb des Café-Restaurants in Bénouville erworben.

Für die Züge aus östlicher Richtung befand sich auf der gegenüberliegenden Seite des Kanals die Endstation nahe der Hebebrücke. Ein kleines Holzhäuschen diente dort ebenfalls als Bahnstation.

Das Ehepaar Gondrée betrieb das Café-Restaurant und verkaufte auch Bier und Lebensmittel. Seit Juni 1940 hatten deutsche Truppen auch diesen Landstrich Frankreichs besetzt, und viele deutsche Soldaten waren gute Kunden geworden. Madame Gondrée war eine geborene Elsässerin und beherrschte die deutsche Sprache, was sie aber vor den Deutschen verbarg - genau wie ihr Ehemann seine englischen Sprachkenntnisse.

Das Café-Restaurant Gondrée befindet sich auf der westlichen Seite des Caen-Kanals nur 35 Meter von der Hebebrücke entfernt. 1944 führte die Kleinbahnstrecke von Ouistréham nach Caen direkt links an diesem Haus vorbei. (Vergleich siehe Seite 9) Foto: von Keusgen

Nach der Besetzung Frankreichs, ab Juni 1940, waren bis zum Anfang des Juni 1944 von der Organisation Todt im Zuge der als *Atlantikwall* bezeichneten Küstenbefestigungen eine Vielzahl sogenannter Widerstandsnester und Artillerie-Stützpunkte auch in dieser Küstenregion errichtet worden. Überall wurden aus Sorge vor einer Invasion mit größter Anstrengung und erheblichem Materialaufwand Küstenbefestigungs- und Verteidigungsanlagen gebaut.

Im Bereich der Orne-Bucht war seit Anfang 1943 die 716. Infanterie-Division auf einer Breite von 34 Kilometern zur Verteidigung der Küste stationiert. Sie hatte zuvor ab 1941 erst im Raum Rouen, dann im Raum Soissons gelegen. Ihr Verteidigungsabschnitt reichte östlich der Orne nur noch maximal 9 Kilometer weit, bis sie an der Dives an den Verteidigungsabschnitt der 711. Infanterie-Division grenzte.

Die Sicherheitsmaßnahmen und der Ausbau von Verteidigungsstellungen an den beiden strategisch wichtigen Brücken über die Orne und den Kanal waren bis Mitte 1943 nur äußerst spärlich vorangetrieben worden. Alles befand sich noch in einem höchst provisorischen Zustand und konnte kaum als vollwertige Verteidigungsanlage bezeichnet werden. Im Laufe der Zeit waren lediglich einige Schützengräben ausgehoben worden. Erst nach Rommels Inspektion in diesem Abschnitt, im Mai 1944, hatte die Organisation Todt auf der östlichen Seite der Kanal-Brücke als einzige feste Verteidigungsanlage lediglich eine offene Ringstellung betoniert, in der eine 5-cm-Kampfwagenkanone auf einer Sockellafette installiert worden war. Das Wohnhaus des Brückenwärters hatte man abgerissen und die etwas mehr als einen Meter über das Niveau des Erdbodens herausragenden Kellerräume durch eine neue, dicke Betonabdeckung provisorisch zu einem bunkerähnlichen Unterstand ausgebaut. Der kleine, beiderseits der Brücke eingezäunte Bereich wurde militärisch offiziell als WN *(Widerstandsnest)* 13 bezeichnet.

Bild oben: Die Hebebrücke und das Haus der Familie Gondrée (am linken Bildrand).
Bild unten: Das nach dem Abriß des Brückenwärterhauses übriggebliebene Kellerfundament diente den deutschen Soldaten als provisorische Mannschaftsunterkunft und Gefechtsstand.
Bild rechts: Die Hebebrücke in Aktion. (Im Vordergrund die offene Ringstellung mit der 5-cm-Kampfwagenkanone [im weißen Kreis]. Die Fotos entstanden erst im Juli 1944.)

Fotos: Battlefield Historian Ltd.

An der Orne-Brücke gab es keine befestigten Stellungen. Diese und die Kanal-Brücke waren besetzt von der personell schwachen 4. Kompanie des 1. Bataillons des Grenadier-Regiments 736 *(Oberst Ludwig Krug)* der 716. Infanterie-Division *(für 40 Kilometer Seefront-Verteidigung unter Generalleutnant Wilhelm Richter)*. Das die Kanal- und die Orne-Brücke umgebende, teilweise sumpfige Gelände war für Luftlandeunternehmen äußerst ungeeignet. Die acht Kilometer entfernte Dives war von den Deutschen aufgestaut, dadurch die angrenzenden, flachen Wiesen als passive Verteidigungsmaßnahme gegen derartige Landeunternehmen großflächig unter Wasser gesetzt und somit ein bis zu drei Kilometer breiter Sumpf geschaffen worden.

Der 1944 18-jährige Soldat Helmut Römer stammte aus Hilden in Nordrheinwestfalen und war im noch niedrigen Dienstrang eines Obersoldaten und Angehöriger besagter 4. Kompanie. Der Bataillonskommandeur war Major Hans Schmidt, der sich in einem Privathaus im 1,3 Kilometer von der Kanal-Brücke entfernten Ranville einquartiert hatte. Römer beschrieb den Werdegang seiner Kompanie beziehungsweise seines Zuges bis zur Bénouville-Brücke:

„Im Oktober 1943 sind wir von der Küste des Ärmelkanals, westlich Calais, nach Caen verlegt worden, in die alte Burgfestung Wilhelm des Eroberers. Dort lag dann das Hauptquartier unserer Division. Am Divisionsgefechtsstand mußten wir Wache stehen. Nach einiger Zeit wurden wir nach La Folie verlegt, einem Gut nahe nordwestlich von Caen. Da wurden wir einquartiert. Kurz nach Weihnachten konnte ich dann in den Heimaturlaub fahren. Als ich wiederkam, wurden wir Ende Januar 1944 an die Hebebrücke bei Bénouville verlegt, das heißt, nur ein kleiner Teil, die restliche Mannschaft der Kompanie kam nach Merville, wo auch die Artilleristen der dortigen Batterie lagen. Die Kleinbahn wurde von uns deutschen Soldaten Pingel-Anton genannt, weil der Zugführer bei ihrer Ankunft und Abfahrt immer mit einem kleinen, auf der Lokomotive angebrachten Glöckchen in hellen, weithin hörbaren Tönen pingelte."

In der Kompanie gab es außer den überwiegend jungen, unerfahrenen deutschen Soldaten auch noch einige polnische und italienische Hilfswillige. Der nur 18 Soldaten umfassende Wach-Zug *(ein Halb-Zug)*, dem Römer angehörte, war seit Anfang Februar 1944 in der unmittelbaren Nähe der Bénouville-Brücke, auf der östlichen Seite des Kanals, zur ständigen Bewachung beider Brücken *(jener über den Kanal und der über die Orne)* stationiert. Helmut Römer war einer dieser Wachtposten. Er berichtete über den Ausbau der dortigen Verteidigungsanlagen:

„Davon, daß unser kleiner Standort als Widerstandsnest bezeichnet sein sollte, weiß ich nichts; das haben wir nie gehört. Es hieß lediglich *Brückenwache Bénouville*... Man war ja noch überall schwer am buddeln, aber bei uns hatte sich bis Anfang Juni 1944 noch nicht viel getan. Zusammen mit französischen Hilfskräften wurden Bäume zur Errichtung von Hindernissen gegen Luftlandeunternehmen gefällt, und das Wohnhaus des Brückenwärters wurde bis auf den Keller abgerissen. Darauf wurde eine neue Betondecke gegossen. Da sollte ein Gefechtsstand entstehen, aber vorher wurde er noch als kleines Munitionsdepot und Schlafraum für sechs unserer Soldaten genutzt. Wegen der großen, offenen Fensterhöhlen war's da drinnen ganz schön zugig. Daneben war erst im Frühjahr in einem mit Holzbalken und Zeltplanen überdachten Graben noch ein kleiner, improvisierter Unterstand eingerichtet worden, in dem erst einige von uns Wachsoldaten schlafen mußten; dann quartierte sich unser Zugführer darin ein. Wir mußten von da an in einem alten, zu einer Mannschaftsunterkunft umgebauten und aus Ziegelsteinen gemauerten Stall in 3-etagigen Betten schlafen. Er bestand aus nur einem einzigen Raum, in dem außer der Betten und ein paar Holzschemeln auch ein kleiner Tisch stand, mit einem Telefon darauf. Der Raum diente nämlich gleichzeitig als Wachstube. Es war alles äußerst primitiv...

Unser Zugführer war Feldwebel Gregor Ackermann. Offiziere gab es bei unserem Zug keine; alle Befehle kamen von Merville. Wir hatten nur noch einen Unteroffizier namens Riet. Bei dem personell nur ge-

Bild oben: Obersoldat Helmut Römer, Angehöriger der 4. Kompanie des Grenadier-Regiments 736.
Bild unten: Helmut Römer (rechts) mit seinen Kameraden Peter Sinter (Mitte) und Heinz Lehr als Brückenwache auf der Kanal-Brücke.
Der nur 18 Soldaten umfassende Wach-Zug für die beiden Brücken bestand aus seinem Zugführer, Feldwebel Ackermann, Unteroffizier Riet, dem Gefreiten Weber und den Soldaten Dietz, Lehr, Meyer, Römer, Sauer, Sinter, Schneevogel und Winter sowie zwei Italienern und fünf als Volksdeutsche bezeichnete Polen.

Fotos: Kollektion H. Römer

ring besetzten Zug befand sich jeder Soldat alle vier Stunden für zwei Stunden auf Wache, immerhin hatten wir beide Brücken jeweils mit Doppelposten zu bewachen und dazwischen auch noch tagsüber beim Ausbau der Anlage mitzuhelfen. So konnte man sich niemals richtig ausschlafen. Die kleine Ringstellung mit der 5-cm-Kanone war nachts ohnehin nie besetzt, und am Tage hockte da nur gelegentlich mal einer drin, um sich ein bißchen damit vertraut zu machen...

Wir wurden von Merville aus mit warmem Essen versorgt. Für weitere Wege und für die Kübel mit dem Essen wurde von uns Wehrmachtsoldaten die Kleinbahn benutzt, insbesondere wenn wir einmal die Woche zum Duschen nach Caen fahren konnten. Das Miteinander mit den Franzosen in dieser Gegend war durchaus nicht schlecht; wir kamen ganz gut miteinander zurecht..."

Wie diese drei Luftaufnahmen durch Aufklärungsflugzeuge der Alliierten zeigen, gab es keine befestigte Verteidigungsanlage an der Kanalbrücke, die bereits mit ihrem Decknamen „Pegasus Bridge" bezeichnet wird (Bild unten), da bereits zu dieser Zeit längst geplant war, daß ihre Einnahme von einem Spezial-Kommando der britischen 6. Airborne-Division stattfinden sollte, deren Wappentier das geflügelte Pferd ist. Auf dem großen Foto ist außer einem Laufgraben (links) noch das Haus des Brückenwärters und ein benachbartes landwirtschaftliches Gebäude (rechts) zu sehen, die beide erst sechs Wochen vor dem Beginn der Invasion abgerissen wurden (Bild oben).

Fotos: Battlefield Historian Ltd.

Der 45-jährige Brückenwärter namens Victor wohnte in Bénouville, war im Ersten Weltkrieg ein deutscher Kriegsgefangener gewesen und verstand sich mit den deutschen Soldaten sehr gut - so gut, daß sie ihm, obwohl die Franzosen nicht bewaffnet sein durften, für seine Entenjagden mehrmals einen ihrer Karabiner liehen und sogar die Munition dafür zur Verfügung stellten. Auch bei Helmut Römer war der Brückenwärter beliebt:

„Der war klasse. Wenn er kam, hatte er immer eine Ledertasche umhängen, in der hatte er Brot und Cidre. Von seinem Brot gab er uns oft etwas ab. Wir hatten ja ständig Hunger. Er sprach etwas Deutsch, ich ein bißchen Französisch - was man sich eben so angeeignet hatte. Wir haben uns jedenfalls prima verstanden..."

Um 18:00 Uhr hatte Victor Feierabend und konnte nach Hause gehen. Das Haus, in dem er wohnte, nachdem seines neben der Brükke von der *Organisation Todt* abgerissen worden war, stand in Bénouville. Nachts war gemäß der deutschen Anordnung jeglicher Schiffsverkehr untersagt; die Hebebrücke mußte herabgesenkt bleiben. Sie wurde ständig von Doppelposten bewacht, die als Pendelposten über die Brücke hin und her patroullierten. Dazu erklärte Helmut Römer:

„Feldwebel Ackermann kannte sich mit der Bedienung der Brücke einigermaßen aus, denn er hatte sich ihren Mechanismus ganz genau ansehen müssen. Das Ding funktionierte ja elektrisch. Auch wir Soldaten mußten da ab und zu hingehen und zusehen - für den Notfall, aber hängengeblieben ist davon bei uns nichts..."

Die Batterie Merville

Jede Infanterie-Division hatte in ihrer Gliederung normalerweise ein eigenes Artillerie-Regiment, und jedes dieser Regimenter war in drei Abteilungen gegliedert, jede mit drei Batterien, von denen wiederum jede über vier oder sechs Geschütze verfügte. Die I. Abteilung des Artillerie-Regiments 1716 verfügte als einzige der drei Abteilungen über vier Batterien.

Im August 1941 wurden aus Rußland kommende Reste verschiedener Divisionen zu neuen zusammengestellt und mit frisch ausgehobenen Soldaten aufgefüllt. Um die Verluste deutscher Truppen zu verheimlichen, wurden neue Formationen gebildet und umnumeriert. Eine von ihnen war die 656. Infanterie-Division, die im Juni 1941 über Finnland nach Nord-Russland einmarschiert war. Mit den restlichen und vielen neuen Soldaten und Waffen in Bielefeld neu aufgestellt, bildete sie dann die 716. und wurde ab September 1941 im normannischen Teil des sich im Aufbau befindenden Atlantikwalls stationiert.

Das Artillerie-Regiment 1716 wurde erst im Januar 1944 aufgestellt, zuerst überwiegend aus der I. Abteilung des Artillerie-Regiments 656. Für den Aufbau der III. Abteilung wurde die Heeres-Küsten-Batterie 315 genutzt. Die Mannschaften des neu aufgestellten Artillerie-Regiments setzten sich insgesamt aus deutschen und österreichischen sowie einigen polnischen Soldaten *(ehemaligen Kriegsgefangenen, die der Wehrmacht beigetreten waren)* zusammen und waren zum Teil kampferprobt, denn mehrere hatten zuvor auf der Krim-Halbinsel vor Sewastopol gelegen. Da es nur noch sehr wenige überlebende Kanoniere gab, mußten für eine Neuaufstellung und der damit verbundenen personellen Aufstockung der neuen Division, besonders deren Artillerie-Regiment, zusätzlich neue Mannschaften beigestellt werden. In Metz erhielten sämtliche „alten“ Soldaten neue Uniformen und Leibwäsche, weil ihre während der Kämpfe getragenen verlaust, zerrissen, verdreckt und viele von Verwundungen total verunreinigt waren.

Als die Artilleristen der 1. Batterie des neu aufgestellten Regiments ihr zukünftiges Stützpunkt-Terrain erreicht hatten, befanden sie sich inmitten einer üppigen, von weitläufigen Wiesen und Weiden durchzogenen Landschaft zwischen der kleinen Ortschaft Merville und dem Weiler Descanneville, nur 1,4 Kilometer von der Orne-Mündung an der Küste des Ärmelkanals, der *Côte Fleurie (Blumenküste)* entfernt. *(Das nur 8 Meter über dem Meeresspiegel gelegene Merville ist seit 1937 mit dem unmittelbar nördlich gelegenen Seebad Franceville vereint zu Merville-Franceville-Plage.)* Das Batteriegelände war in einiger Entfernung von mehreren bewaldeten, nur flachen Geländeerhebungen umgeben, die sich von der Küste bis zum 12 Kilometer im Hinterland gelegenen Troarn erstreckten, lediglich unterbrochen von einigen nicht sehr großen Apfelplantagen.

Die ersten Männer der Batterie Merville. Der in der weiteren Zukunft nur kleine Artillerie-Trupp setzte sich zusammen aus Deutschen, Österreichern und Polen.

Foto: Kollektion H. Staab

Die 1. Batterie gehörte nun, im Küstenverteidigungsabschnitt H1, zur I. Abteilung des Artillerie-Regiments 1716 und wurde jetzt offiziell als Batterie Merville bezeichnet. Das Regiment war der 716. Infanterie-Division unterstellt, die aus zwei in Küstennähe aufgestellten Grenadier-Regimentern *(726 und 736)* sowie dem weit auseinandergezogenen, an der rechten und linken Seite der Orne liegenden Ost-Bataillon 642 *(bestehend aus freiwillig der Wehrmacht beigetretenen, ursprünglich kriegsgefangenen Russen)* und einem Reserve-Regiment bestand. *(Der Aufstellungsraum dieser Division reichte zuerst von der Vire- bis zur Orne-Mündung, hatte folglich eine Breite von 68 Kilometern. Erst nachdem Feldmarschall Erwin Rommel Anfang November 1943 zum Inspekteur des „Atlantikwalls" ernannt wurde und ab 15. Januar 1944 als Oberbefehlshaber der Heeresgruppe B in der Normandie eintraf, ließ er noch in diesem Monat die ebenfalls neu aufgestellte 352. Infanterie-Division an der linken Flanke der 716. in Stellung gehen und reduzierte somit deren Stellungsraum auf 34 Kilometer. Die Stellungen der 716. Infanterie-Division reichten nun allerdings bis etwa 10 Kilometer östlich der Orne, dann begann der 56 Kilometer breite Stellungsraum der 711. Infanterie-Division, der bis an die Seine grenzte.)* Im unmittelbaren Küstenbereich der 716. Division wurde das Grenadier-Regiment 736 in etlichen zur Stützpunkt-Gruppe Orne gehörenden Widerstandsnestern beiderseits bis direkt an die Orne-Bucht verlegt. Die Batterie Merville gehörte zur Gesamtverteidigungsanlage dieser Bucht, in der sich auch die Schleuse mit der Einfahrt zum Caen-Kanal befindet.

Ein Schild wurde aufgestellt - und die Wiese war für die Wehrmacht requiriert....

Foto: A. Wittenborn (Musée de la Batterie Merville)

In der Orne-Bucht läuft der schmale Streifen Land aus, der sich, von Caen kommend, zwischen dem Caen-Kanal und der Orne befindet, und bildet dort eine bis zu 1.525 Meter breite Zunge. Der östliche Teil dieser von einem hellen Sandstrand umgebenen Landzunge wird als Pointe du Siège bezeichnet. Von einer äußerst attraktiven Landschaft zu beiden Seiten der Bucht umgeben, wurde dieses Areal schon seit etlichen Generationen von vielen Touristen besucht. Infolge seiner Attraktivität war in den 30er Jahren des 20. Jahrhunderts im typisch normannischen Fachwerkbaustil der damaligen Zeit ein großes Spielcasino errichtet worden - 1.350 Meter östlich der Kanal-Schleuse. Seine turmähnlichen Aufbauten erreichten eine Höhe bis zu 23 Meter.

Das große Spielcasino am Pointe du Siège auf der Landzunge zwischen dem Caen-Kanal und der Orne.

Fotos: Archiv von Keusgen

Ende Juni 1940 war entlang der gesamten Kanal-, Nord- und Ostsee mit dem Errichten deutscher Küstenverteidigungsanlagen begonnen worden, die in ihrer Gesamtheit später als *Atlantikwall* bezeichnet wurden. In der langen Kette der sich aneinanderreihenden Stützpunkte und Widerstandsnester wurde ein solches auch auf dem Pointe du Siège installiert, rund um das große Casino und anfangs nur provisorisch und kaum bewaffnet. Es gehörte zur Stützpunktgruppe Orne und war zudem eines von dreien zum Stützpunkt Riva Bella gehörenden Widerstandsnestern. Es erhielt die Nummer 07.

Nachdem nun bei Merville die vier Geschütze in Stellung gebracht und auf ihre Feuerbereiche ausgerichtet wurden, ließ die *Organisation Todt* im Winter 1941/1942 das hohe Casino bis zum Kellergeschoß abreißen - zur Schußfeldbereinigung, weil das Gebäude genau in der Schußlinie der auf die Schleuse ausgerichteten Grundeinstellung für den dortigen Feuerbereich stand.

Nach dem Abriß des Casinos wurden an den vier Ecken des Keller-Fundaments vier Kasematten errichtet. Die Geschützbunker reichten nur etwas mehr als zwei Meter aus dem Erdboden heraus, und in jedem wurde eine 2-cm-Schnellfeuerkanone installiert, um in jede Richtung schießen zu können - eine weitere Maßnahme zur Verteidigung der strategisch wichtigen Orne-Bucht mit ihrer ebenso wichtigen Kanalschleuse. Außer der vier 2-cm-Kanonen für den Horizontalbeschuß wurde noch eine fünfte als Flak auf der Betonabdeckung errichtet *(sie wurde später jedoch wieder demontiert und in einer weniger auffälligen Position in Strandnähe aufgestellt)*.

Von dem Casino blieb nach seinem Abriß nur noch der Keller übrig, der zur Verteidigungsanlage WN 07 ausgebaut wurde.

Foto: Archiv von Keusgen

Ende September 1942 traf ein weiterer Trupp neuer Artilleristen bei der Batterie Merville ein. Einer dieser Soldaten war der am 5. März 1925 geborene, 17-jährige gelernte Bäcker Johann Staab aus Breitenbach im Saarland:

„In Trier hatten wir eine stramme Ausbildung gehabt. Jeder wurde zum Kanonier eins bis fünf ausgebildet, denn wenn beispielsweise der Richtkanonier ausgefallen wäre, hätte somit jeder andere für ihn einspringen können, denn jeder hatte alle Kenntnisse. Wir waren sieben Mann, die nach Merville mußten. Als wir dort ankamen, waren die anderen schon da.....“

Hans Staab war nach Ableistung seines Reichsarbeitsdienstes im Frühjahr 1942 im Alter von 17 Jahren zur Wehrmacht eingezogen und als Artillerist ausgebildet worden.

Foto: Kollektion H. Staab

Ein weiterer „Neuer“ war der 27-jährige Johannes Buskotte, ein Wachtmeister, der aus Paris in die Normandie versetzt worden war.

Johannes Buskotte war am 10. November 1915 in Osnabrück als Sohn eines Maurers geboren worden. Mit 17 Jahren war er 1933 für die Hitlerjugend schon zu alt gewesen, und seine Zeit im Reichsarbeitsdienst hatte er erst im Alter von knapp 22 Jahren, am 2. November 1937 in Quakenbrück begonnen, nahe seiner Heimatstadt. So war es ihm in seiner Freizeit möglich gewesen, seinem Vater zu helfen, der nebenbei Hausschlachtungen durchführte. Da er arbeitslos war, hatte sich Buskotte 1939 freiwillig zur Wehrmacht nach Detmold gemeldet und war somit wieder in der Nähe seines Heimatortes stationiert. Doch schon wenige Monate darauf, war der als Artillerist ausgebildete Unteroffiziersanwärter nach Dresden und zu einer „bespannten" *(mit von Pferden gezogenen Geschützen ausgerüsteten)* Einheit versetzt worden. Als Wachtmeister *(bei „nichtbespannten" Truppen der Dienstgrad eines Feldwebels)* war ihm eine neue Planstelle zugewiesen worden und er deshalb am 2. Dezember 1940 ein weiteres Mal versetzt - nach Paris, und von dort aus war er nun in Merville eingetroffen.

Der 27-jährige Wachtmeister Johannes Buskotte war der „Spieß" der 1. Batterie, ein sehr guter Reiter und Sieger bei einer von den deutschen Soldaten in der Normandie veranstalteten Hubertusjagd.

Foto: Kollektion J. Buskotte

Die Besitzer des für den neuen Artillerie-Stützpunkt eigens von der Wehrmacht requirierten 640 x 457 Meter großen Terrains waren die Familien Delfargueil, Duval und Legrix. Ihnen wurde auch nach Beginn der Befestigungsarbeiten weiterhin erlaubt, ihr Vieh außerhalb und bis an das Batteriegelände heran grasen zu lassen. Die Batterie hatte ihren Namen nach der in unmittelbarer Nachbarschaft befindlichen Ortschaft erhalten. Das beim nahegelegenen Weiler Descanneville stehende Schloß *(Château de Merville)* wurde von einem Teil des Batteriepersonals als Verwaltungsgebäude und für einige Schlafräume genutzt. In der Nähe befand sich auch die Feldküche, von der aus die Batteriemannschaft versorgt wurde. Dort gab es auch eine Apfelpresse und eine Destilliermaschine für Cidre und den hochprozentigen Apfelbranntwein Calvados.

In unmittelbarer Nähe des seit 1941 räumlich expandierten Stützpunktes WN 01 stand nun, nur noch 90 Meter vom Haupteingang entfernt, ein 3-etagiges Gebäude, das bisher als Rathaus und Schule von Merville genutzt wurde. Da der Standort des Hauses für die in diesem Raum ringsherum stationierten Infanteristen des Grenadier-Regiments 736 und den Artilleristen der 1. Batterie geradezu zentral lag, wurde es requiriert und in ihr ein Offiziers-Casino eingerichtet. Der Troß - die zirka 15 Trainknechte und die Feldschmiede - waren in einem 870 Meter südlich der Batterie gelegenen Gestüt namens Haras *(=Gestüt)* de Retz einquartiert.

Auf dem Terrain des nahen Schlosses lag auch ein Zug Soldaten der 3. Kompanie des Grenadier-Regiments 736 der 716. Infanterie-Division. Heinrich Bachmann, der als Obergefreiter diesem Zug angehörte, benannte seine Mannschaftsstärke schätzungsweise:

„Wir waren meines Erachtens höchstens fünfzig bis sechzig..."

Die Offiziere der 3. Kompanie waren im Schloß einquartiert worden, in dem auch ihr Kompanie-Gefechtsstand etabliert war. So wie auch hier, wurden im Allgemeinen die Franzosen nicht ihrer Häuser verwiesen, sondern für das Zwangslogis seitens der Deutschen Miete gezahlt. Als Unterkunft für die Mannschaftsdienstgrade der 1. Batterie diente eine speziell errichtete, 6 x 20 Meter große Holzbaracke am östlichen Rand des vorerst nur mittels eines dicken Drahtes provisorisch umzäunten Batteriegeländes. Die Unteroffiziere und der Chef wurden in einer weiteren, kleineren Baracke neben der Mannschaftsunterkunft einquartiert. Betreffs der ursprünglichen Stärke der Batteriebesatzung erklärte Hans Staab:

„Anfangs waren wir nicht viele: Pro Geschütz fünf Kanoniere und ein Unteroffizier, drei Männer für die Flak, drei in der Fernmeldestelle, einer als Beobachter, der Spieß und der Chef - alle zusammen 33. Da kamen dann im Laufe der Zeit noch ein paar dazu, auch acht Italiener; so waren wir in der Feuerstellung dann immer so etwa 40 bis 45 Mann.

Da kamen mal ein paar dazu, mal gingen wieder welche ab - nach Russland. Das war alles. Und da war noch unser Troß, aber der lag weiter weg..."

Johannes Buskotte bestätigte die *(gesamte)* Mannschaftsstärke der Batterie:

„Ja, doch, sechzig *(Soldaten)* waren wir wohl..."

Ein den Funkdienst verrichtender Wachtmeister (links) und Wachtmeister Peter Timpf der 1. Batterie vor ihrer Baracke.

Foto: Kollektion J. Buskotte

Die *Organisation Todt* hatte mit einem ihr angeschlossenen französischen Bauunternehmen bereits im Herbst 1941 mit den ersten Arbeiten an der Anlage begonnen. Hans Staab berichtete:

„Da wurde schon gebaut; deshalb mußten wir zuerst in eine Ausweichstellung etwas südlich des Stützpunktes. Da gab es einen provisorischen Bunker mit einer Ummantelung aus Stahlblechen. Die Wände waren fünfzig Zentimeter dick und bestanden aus zwei Schichten dicker Stahlbleche, zwischen denen Sand war. So war man darin vor Bomben- und Granatsplittern geschützt. Auf diesem Bunker stand ein 2-cm-Fliegerabwehrgeschütz. Wir waren mit drei Mann da unten drin, als Bereitschaft und um Wache zu schieben. Zimmerleute hatten eine Holztreppe gebaut, damit wir da oben 'rauf konnten. Und dann gab es da noch ein paar Erdbunker. Das war alles... Aber anfangs hatten wir da auch noch einen Verbandplatz mitten in der Stellung, aber das durfte laut Genfer Abkommen nicht sein. Die haben dann 'raus müssen, in den Keller eines alten Bauernhauses, das in der Nähe stand..."

Der zuerst provisorisch installierte Artillerie-Stützpunkt wurde mit der *(sich entlang der Küstenbefestigungen immer bis zur Nummer 100 fortlaufend wiederholenden)* Nummer 1 bezeichnet - WN 01 *(Widerstandsnest 01)*. Die Batterie war mit vier veralteten, leichten, tschechischen 10-cm-Feldhaubitzen des Modells leFH 14/19 mit eisenbereiften Holzrädern ausgerüstet.

Dieser 10-cm-Feldhaubitzen-Typ war ursprünglich 1914 von Skoda in Pilsen für die österreichische KuK-Artillerie gefertigt worden, nach dem Ersten Weltkrieg für die tschechische Armee technisch geringfügig modifiziert, dann 1938 von der Wehrmacht übernommen und infolge ihres Alters ab 1942 der Küstenverteidigung zugeführt. Das Gesamtgewicht einer Haubitze betrug 2.855 Kilo. Verschossen wurden Sprenggranaten mit einem Gewicht von 16 Kilo. Die Höchstschußweite betrug 9.800 Meter.

Foto: Archiv von Keusgen

Die Geschütze wurden nun im Freien und zur Tarnung unter den hohen Bäumen einer der für die Normandie so typischen, von dichten Sträuchern durchwachsenen und die weiten Viehweiden umstehenden Baumreihen aufgestellt - beiderseits eines von Descanneville nach Nordwesten *(Richtung Orne-Bucht)* verlaufenden Feldweges.

Hitler hatte eine Invasion in der Normandie als Möglichkeit der West-Alliierten durchaus erkannt. Deren logische Konsequenz bedeutete die möglichst rasche Einnahme der großen Häfen zum Anlanden der ungeheuren Masse Kriegsmaterials. Da die Alliierten aber infolge ständiger Luftaufnahmen darüber informiert waren, daß sich die deutsche Küstenverteidigung schwerpunktmäßig auf die Seehäfen konzentrierte, war folglich auch die Einnahme eines Binnenhafens, wie jener große in Caen, von Bedeutung. Doch um den zu erreichen, bedurfte es der Zufahrt durch die Orne-Bucht, somit auch der Passage der Schleuse. *(Erst ab Mitte 1943 wurden deshalb die Schleusentore mittels permanent installierter Sprengsätze für eine - sofern erforderlich - sofortige Zerstörung vorbereitet. Somit würde einem Angreifer die Zufahrt nach Caen unmöglich gemacht.)* Der 1. Batterie des Artillerie-Regiments 1716 wurde nun die primäre Aufgabe zuteil, die Orne-Bucht und ihren vorgelagerten Seeraum sowie die wichtige Schleuse zu schützen - ab 1943 besonders für den Fall, daß die Auslösung der Sprengsätze, aus welchem Grund auch immer, vereitelt werden sollte. Alles das war von den strategischen Planern des *Atlantikwalls* bedacht worden, als sie die Stellung bei Merville für die 1. Batterie bestimmt hatten. Johannes Buskotte erklärte diesbezüglich:

„Betreffs unseres Befehls war ein Plan ausgearbeitet worden; wir sagten, Kommandos. Wir nannten sie Kommando Orne-Mündung und Kommando Orne-Kanal.“

Ein weiteres Ziel dieser Batterie stellte im Fall einer hier von See her stattfindenden Invasion der 1,9 bis 2,5 Kilometer *(Luftlinie)* vom Artillerie-Stützpunkt entfernte Strand vor der als *Les Dunes (Die Dünen)* bezeichneten Landzunge westlich von Franceville-Plage dar *(Plage = Strand; in diesem Fall der Strand vor der Ortschaft Franceville)*. Ein Bauernhaus, das sich zwischen Les Dunes und der Feuerstellung befand, wurde abgerissen *(diesbezügliche Entschädigungen wurden den Eigentümern in relativ angemessenem Umfang gezahlt)* und sämtliche Bäume in diesem Areal gefällt, denn es wurde darauf ein weitläufiges Minenfeld angelegt. Im akuten Bedarfsfall war es der Batterie auch möglich, auf feindliche Schiffe im Mündungsbereich des

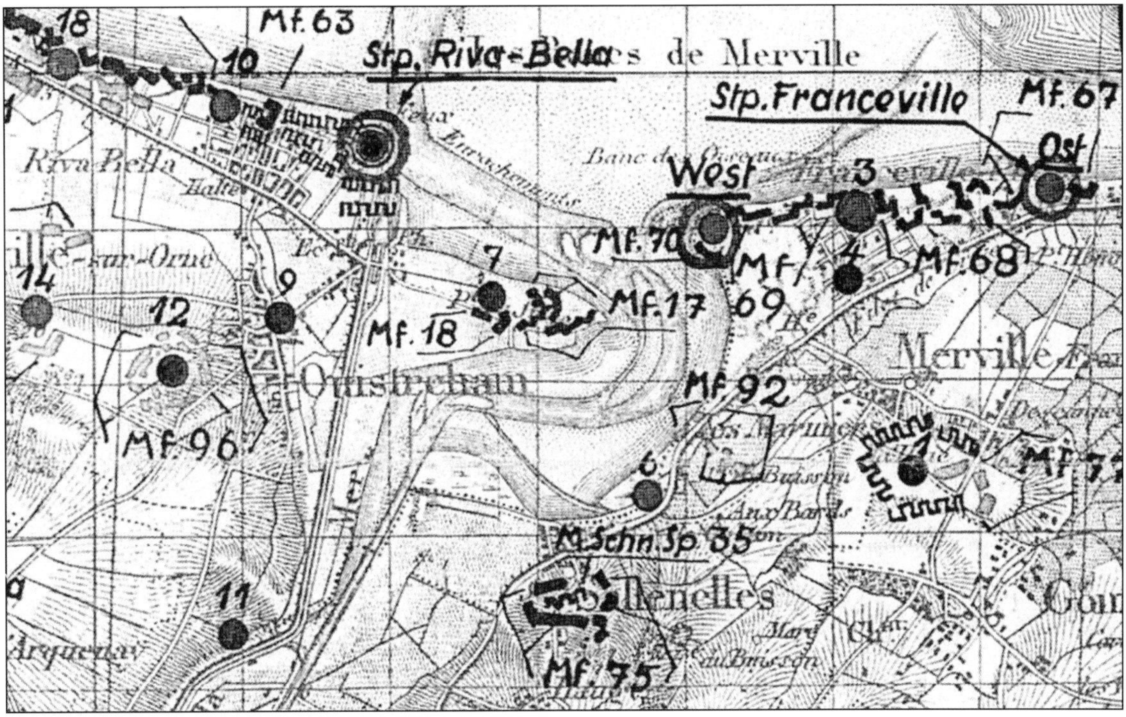

Auf den Generalstabskarten wurden sämtliche im Ausbau befindlichen Verteidigungsanlagen sowie alle angelegten Minenfelder eingezeichnet.

Karte: Archiv von Keusgen

Caen-Kanals zu feuern. Um das Feuer der im Inland stehenden, folglich „blinden“ 1. Batterie überhaupt auf irgendwelche Ziele innerhalb des festgelegten Feuerbereichs eines jeweiligen Geschützes lenken zu können, bedurfte es einer günstigen Beobachtungs- und einer Feuerleitstelle; dazu diente der Wasserturm in Merville. Dort oben wurden tagsüber Wachtmeister Peter Timpf und ein Unteroffizier postiert, die über ein Fernmeldekabel mit der Batterie in telefonischer Verbindung standen.

Um ihrer Bestimmung entsprechend Folge zu leisten, waren zwei der fünf Geschütz-Grundeinstellungen auf die Bucht und ihren vorgelagerten Seeraum ausgerichtet, eine weitere auf die Schleuse, eine auf den Bereich westlich Franceville und eine auf jenen vor Franceville-Plage.

Hans Staab auf dem Batterie-Terrain. (Im Hintergrund der Wasserturm in Merville, der der 1. Batterie als Beobachtungsposten diente.)

Soldatenleben

Die 1. Batterie des Artillerie-Regiments 1716 war als östlich der Orne gelegene in einer von den anderen Batterien ihres Regiments isolierten Position. Der Regimentsgefechtsstand befand sich beim 12,5 Kilometer *(Wegstrecke)* entfernten, westlich der Orne und südwestlich Merville gelegenen Beuville *(der kürzeste Weg führte über die Kanal- und die Orne-Brücke)*. Somit fanden Besuche des Regimentskommandeurs, Oberstleutnant Hans-Joachim Andersen, nur selten statt. Nachdem Andersen in Rußland mehrmals schwer verwundet worden war, hatte er, obwohl noch immer leidend, das Kommando über diesen Artillerie-Verband übernommen und war mit 48 Jahren der älteste Offizier des Regiments. Zwar stellte sein Kommando für ihn eine Belastung dar, doch war er ein gutmütiger Mann, der mit seinen Untergebenen auf angenehme Art und Weise umging.

Der Abteilungsgefechtsstand der I./1716 befand sich in Colomby-sur-Thaon, ebenfalls westlich der Orne, 11 Kilometer *(Luftlinie)* nordwestlich Caen und 8 Kilometer südlich der Küstenortschaft St. Aubin sowie 16 Kilometer westlich der Batterie Merville. Von dort erschien nur gelegentlich der Abteilungskommandeur, Major Karl-Werner Hof, um sich vom Fortgang der Ausbauarbeiten des WN 01 zu überzeugen.

Der Chef der Batterie Merville war Hauptmann Karl-Heinrich Wolter. Auch er war von der russischen Front gekommen - traumatisiert. Nervosität und Depressionen waren ihm anzumerken. Hans Staab sagte über ihn:

„Das war ein feiner Mann; der war bei uns Soldaten sehr beliebt. Ein Beispiel: Uns standen pro Tag drei Zigaretten zu; Wolter hat dafür gesorgt, daß wir fünf bekamen - und gutes Essen. Er hat oft gesagt, *man weiß nicht, was noch kommt*... Er war sehr menschlich; für den wären wir durch's Feuer gegangen...“

Als sich Wolter im Laufe der Zeit etwas erholt hatte, begann er, möglichst nur noch die angenehmen Seiten des Lebens zu nutzen und hatte schnell eine französische Freundin gefunden. Sie hieß Denise und hatte Wolter vom ersten Moment an Avancen gemacht.

Artilleristen der 1. Batterie bei der Feldküche, die sich solange ihr Stützpunkt noch nicht fertig ausgebaut war, in einem Haus am Ortsrand von Merville befand.

Fotos: Kollektion H. Staab

Oft fuhren abends einige Offiziere *(Artilleristen der 1. Batterie und Infanteristen der 1. und 3./736)* mit einer Kutsche nach Caen, um sich dort zu vergnügen. Einer der Artilleristen mußte die Kutsche chauffieren, ein anderer saß als Bewachung mit seinem Karabiner auf dem Bock. Einmal mußte Hans Staab als Wachtposten mitfahren:

„Na ja, da in Caen trafen sie sich mit den dortigen Blitzmädchen

(*Luftwaffen-Fernmeldehelferinnen*) in so einem speziellen Haus... Nachdem sie dann spät nachts wieder nach Merville zurückgefahren wurden, gingen sie meistens noch ins Offiziers-Casino. Da drinnen hatte man zur Dekoration ganz groß Lili Marleen an die Wand gemalt. Da haben sie dann mit ihren Pistolen drauf geschossen... Meistens gingen sie aber nach Merville, und wenn sie nachts zu Fuß zurückkamen, dann hat unser Oberwachtmeister Hoheisl immer mit seiner Pistole in die Luft geschossen - weil er sich im Dunkeln gefürchtet hat."

Geburtstagsumtrunk: Batteriechef Hauptmann Wolter (siehe auch kleines Bild oben) mit seinem Dackel auf dem Arm und mit Offizieren und Unteroffizieren vor der inzwischen deutlich vergrößerten Unteroffiziersbaracke.

Foto: Kollektion Hans Staab

Hauptmann Wolter übertrug einen Teil seiner dienstlichen Pflichten seinem Stützpunktführer, Leutnant Rudi Schaaf, und vieles ließ er von seinem fleißigen und gewissenhaften „Spieß" Johannes Buskotte verrichten. Der inzwischen zum Oberwachtmeister beförderte 27-jährige Buskotte war ein aufrichtiger, fairer und auf Disziplin und Sittlichkeit bedachter Mann, der wegen seiner Menschlichkeit bei seinen Soldaten - genau wie Hauptmann Wolter - sehr beliebt war. Vom Beginn seiner Zustellung zur 1. Batterie an war Buskotte als Batterie-Trupp-Führer tätig und als strenggläubiger Katholik in keiner Weise mit dem lasterhaften Lebenswandel einiger Offiziere einverstanden.

Im Allgemeinen verstanden sich die Artilleristen der Batterie untereinander recht gut. Sie waren froh, in der ruhigen Normandie mit ihrem milden, gesunden Klima stationiert zu sein und nicht mehr in Russland kämpfen zu müssen. Viele von ihnen sahen hier zum ersten Mal in ihrem Leben das Meer. Einige hatten Musikinstrumente mitgebracht, und „da war einer", erzählte Hans Staab, „der Unteroffizier Duppstedt aus Leipzig, der hatte sogar sein Schlagzeug dabei. Er war einer von den Älteren..."

In ihrer Freizeit sangen die Männer und nutzten viele Gelegenheiten für gesellige Kameradschaftsabende. Nicht selten war auch Hauptmann Wolter mit dabei. Mit innerem Schaudern beobachtete

Johannes Buskotte mehrmals, daß „Wolter seinen Calvados mit einer Sahnehaube obenauf trank..."

Über die Kameradschaft in der personell nur schwach besetzten Batterie sagte Hans Staab:

„Da herrschte ein gutes Klima. Wir waren ja nicht so viele. Eigentlich verstanden sich alle ganz gut miteinander. Da waren aber auch einige Ältere dabei, so zum Beispiel der Wachtmeister Hans Kehlenbach. Der war Sanitäter und auch im selben Unterstand wie ich; das war der Fernmeldebunker, in dem wir auch schliefen. Der Kehlenbach war ein netter, ruhiger, großer Mann, 32 Jahre alt und verheiratet. Der war schon in Russland dabei."

Es waren nicht selten gerade polnische und russische Kriegsfreiwillige, die für Musik sorgten - oft Lieder aus ihrer Heimat, die häufig sehr traurig klangen. Bei der 1. Batterie waren es drei Polen, die, wie hier auf dem Flak-Stand, musizierten.

Da die Haubitzen noch monatelang unverbunkert unter Bäumen im Freien standen, bedurfte es infolge der salzhaltigen Seeluft einer besonderen Pflege seitens der Artilleristen. Aber die ständige Wartung der Geschütze war den Soldaten lieber als anstrengende Schießübungen, bei denen hinterher noch viel mehr gereinigt werden mußte. Betreffs der Bedienung der Haubitzen erklärte Hans Staab:

„Wir waren alle als Artilleristen ausgebildet, vom K1 bis K5. K1 war der Richtkanonier am Geschütz; der K2 hat auf ein entsprechendes Kommando gefeuert; der K3 war Ladekanonier, der hat die Granaten und Kartuschen *(Treibladungen)* reingeschoben; der K4 hat sie dem K3 angereicht; der K5 hat die Kartuschen fertig gemacht, die nach der Granate reingeschoben wurden, denn wir hatten dort ja keine Hülsen-Munition..."

Wachtmeister Fritz Waldmann war für den Schießplan der Haubitzen verantwortlich. Er war gewissermaßen das „Gehirn" der Artilleristen, der Mathematiker, dessen Aufgabe der indirekte Beschuß der Haubitzen darstellte und der sich infolgedessen mit der Trigonometrie zu befassen hatte *(Dreiecksmessung; mathematischer Zweig, sich mit der Berechnung von Dreiecken unter Zuhilfenahme der trigonometrischen Funktion befassend)*. Fritz Waldmann war 37 Jahre alt und einer von drei besonders gut miteinander befreundeten Kameraden, zu denen auch Hans Staab gehörte. Die anderen beiden befreundeten Kameraden waren Oberwachtmeister Johannes Buskotte und Wachtmeister Peter Timpf, die mit noch einigen anderen Unteroffizieren ihre Quartiere im hochherrschaftlichen Château de Merville bezogen hatten.

Vor dem Flak-Stand: Hans Staab (links) hinter dem Schlagzeug des Unteroffiziers Duppstedt (Mitte).

Fotos: Kollektion Hans Staab

Sämtliche am sogenannten *Atlantikwall* stationierten Soldaten bekamen alle sechs Monate für zwei Wochen Urlaub. Nachdem die Bombenangriffe der Alliierten auf deutsche Städte zunahmen, war es den Soldaten betroffener Familien auch möglich, eine sofortige Beurlaubung zu erhalten. Die immer stärker zunehmenden Bombardierungen ihrer Heimatstädte empörten die Soldaten sehr, und gelegentlich wurden spöttische Bemerkungen über „den dicken Hermann Meier“ gemacht *(gemeint war Reichsmarschall und Luftwaffen-Oberbefehlshaber Hermann Göring)*, der einst vollmundig ausgerufen hatte, „wenn auch nur ein einziger feindlicher Bomber die deutsche Grenze überfliegt, will ich Meier heißen!“ Und nun mußten immer öfter Soldaten sogenannten Bomben-Urlaub nehmen, weil ihr Zuhause Bombentreffer erhalten hatte und ihre Familie in große Not geraten, wenn nicht sogar jemand verletzt oder gestorben war. Wenn die Soldaten dann wieder zur Batterie zurückkehrten, waren ihre Gesichter nicht selten von Trauer und Verbitterung gezeichnet und, wie Johannes Buskotte sagte, „ihre Herzen voller Wut auf die Alliierten“...

Der Winter 1943/1944 verlief für die in der Normandie stationierten Soldaten ruhig. Hans Staab erzählte:

„Da gab's für uns nichts, rein gar nichts zu tun. Ich saß ja inzwischen auf dem Flak-Stand und mußte in den Himmel gucken, Ausschau nach feindlichen Fliegern halten...

Einmal gab's da eine Gefechtsübung im Schnee, damit wir fit blieben. Der ist da oben in der Normandie ja nur sehr selten zu sehen, weil das Klima da doch so mild ist. Nach ein paar Tagen war er auch schon wieder fort.“

Ein seltener Anblick: Deutsche Soldaten in der Normandie im Schnee...

Fotos: Kollektion H. Staab

Für die bei Merville stationierten Soldaten boten sich größere Freizeitvergnügungen lediglich im 6 Kilometer entfernten Cabourg oder im 14 Kilometer entfernten Caen. Im Gegensatz zur Garnisonsstadt Cabourg, in der sich viele deutsche Soldaten aufhielten, war Caen eine Großstadt mit mannigfachen Möglichkeiten für Unterhaltung und Amüsements. Aber dort befand sich das Hauptquartier der 716. Infanterie-Division, sowie das regionale Gestapo-Hauptquartier, und es gab viel Militär-Polizei. Um Cabourg und Caen von Merville aus zu erreichen, benutzten die Soldaten Fahrräder, Busse oder die Kleinbahn. Um mal eben etwas anderes zu sehen, radelten die sie ins nahe Franceville.

Merville war für die Soldaten der Batterie ein langweiliger Ort, aber friedlich. Wenn man keine eigenen Soldaten traf, dann gelegentlich einige von den von der Küste bis zur Orne-Mündung stationierten Infanteristen der 1. und 3. Kompanie des Grenadier-Regiments 736. Niemand hielt hier laute Propaganda-Reden, und wenn man im Ort seine private Post in den Briefkasten warf, gab es keine strenge Zensur. So war es möglich, seinen Familienangehörigen ganz offen seine Meinung zur allgemeinen Lage und zur weiteren Entwicklung des Krieges zu schreiben - und diesbezüglich machte sich zunehmend Sorge breit... Aber insgesamt fühlte man sich in der Normandie ganz wohl, und während in Deutschland die Lebensmittel zunehmend rationiert wurden, flossen hier, wie die deutschen Soldaten sagten, Milch und Honig. Das Land lebte hauptsächlich von der Erzeugung von Fleisch, Milch, Käseprodukten, Cidre und Calvados, und die Deutschen waren dankbare Abnehmer, denn vieles wurde von den Soldaten zu ihren Familien in die Heimat geschickt.

Aber das gesunde Leben im - wie es die deutschen Soldaten sahen - französischen Paradies hatte auch seine Nachteile. Die Schwachen, Kranken und Rekonvaleszenten, die vorwiegend von der Ost-Front an den „Wall“ in die Normandie geschickt worden waren, erholten sich in dem vom Golfstrom begünstigten Klima, der salzigen und jodhaltigen Luft und mit der guten Ernährung bald wieder - und dann hieß es anläßlich der sporadisch stattfindenden ärztlichen Untersuchungen, „werde gesund, damit du getötet werden kannst“, denn häufig wurden Genesene nach Russland zurückgeschickt. Auch Hans Staab war besorgt:

„Das war immer drin. Einer meiner Kameraden hat gehen müssen. Das war ein dramatischer Abschied... Es wußte ja niemand, wie das ausgeht mit dem Krieg...“

Der Ausbau des Artillerie-Stützpunktes WN 01

Bereits im Jahre 1941 war auf der westlichen Seite des Stützpunktes ein 240 Meter langer, vier Meter breiter und mehr als zwei Meter tiefer Panzerabwehrgraben ausgehoben worden. Er war zur Orne-Bucht hin ausgerichtet, von der im Falle einer in diesem Bereich stattfindenden Invasion mit einem Angriff gerechnet werden mußte, allerdings war er für die feindliche Luftaufklärung auch weithin sichtbar... Hinter ihm wurden vier große, betonierte Ringstellungen mit direkt angrenzenden, kleinen Munitionsbunkern im südlichen Bereich des Stützpunktes fertiggestellt worden. Doch hatte man bald eingesehen, daß es besser war, den Standplatz der vier Haubitzen der 1. Batterie nicht darauf zu verlegen, denn diese völlig ungedeckten Positionen waren für die Aufklärungsflugzeuge und die gelegentlich „patrouillierenden“ Jabos *(Jagdbomber)* der Alliierten schon aus weiter Ferne und großer Höhe als helle Rondells gut sichtbar. So wurden sie zur Tarnung mit Erde überschüttet und mit Grassoden abgedeckt. Die Geschütze blieben vorerst unter den Bäumen stehen, doch wurde entschieden, sie auf diesem in offenem Gelände befindlichen und äußerst exponierten Stützpunkt zu verbunkern.

Den mehr als 800 Meter langen Weg zum Troß der 1. Batterie legte Oberwachtmeister Johannes Buskotte fast täglich auf seinem Pferd zurück.

Foto: Kollektion J. Buskotte

Im Juni 1943 wurde mit der Errichtung des ersten Geschützbunkers begonnen, der Kasematte Nr.1. Dafür wurde eine spezielle Straße vom Haupteingang bis ins Zentrum des Stützpunktes betoniert, damit die Lastwagen mit den zu liefernden Baumaterialien bei Regen nicht im Schlamm versanken *(eine allgemein übliche Maßnahme beim Bau größerer Bunkeranlagen, andererseits jedoch äußerst nachteilig, da sie aus der Luft als heller Streifen und gewissermaßen als „Leitfaden" in die Batterie leicht erkennbar waren).*

Für den Bau der großen, aufwendigen Kasematte des Regelbau-Typs H611 *(Grafik siehe nächste Seite)*, deren Mannschaftsunterkunft als Batteriegefechtsstand dienen sollte, und eines zusätzlichen unterirdischen Schlafraums für die Geschützbedienung, ließ man sich allerdings viel Zeit. Der bis zu fast vier Meter unter der Erdoberfläche *(bis zur Sohle)* liegende Raum war lediglich durch im Boden befindliche Luken mit Falltüren und über Eisenleitern innerhalb der Kasematte zu erreichen. Dazu erklärte Wolfgang Schneider, einer der Vorarbeiter der *Organisation Todt*:

„Für den Tiefbau des kleinen Raumes unter der Erde und wegen einer im Boden versenkbaren, sehr schweren Stahlplatte vor der Scharte mußten wir wegen des dortigen hohen Grundwasserspiegels ein äußerst leistungsfähiges Pumpensystems installieren. Das war alles sehr zeitaufwendig, und es gab immer wieder neue Probleme..."

Darüber hinaus mußten für die Luftversorgung innerhalb der Kasematte Lüftungsschächte und Ventilatoren eingebaut werden. Die große, rückwärtige Einfahrt für das Geschütz wurde mit einem dicken, zweiflügligen Stahltor verschlossen. Die beiden in der Kasematte linksseitig befindlichen Räume wurden als Lager für Kartuschen und Granaten genutzt, und der große, auf der rechten Seite befindliche Raum diente von nun an als Batteriegefechtsstand.

Der Chef der 6. Batterie *(die auf der westlichen Seite der Orne stationiert war)*, Leutnant Karl Heyde *(der 1944 zum Regimentskommandeur avancierte)*, betrachtete bei einem Besuch der 1. Batterie deren Bunkerbau mit Skepsis. Da er nicht am Bau von Kasematten für seine 6. Batterie *(der II. Abteilung)* interessiert war, standen dort die Geschütze lediglich auf freiem Feld und unter einigen unregelmäßig

Der Bau der Kasematte Nr. 1 war wegen der ungewöhnlich tiefen Ausschachtung für den bis zu vier Meter unter dem Erdboden befindlichen Mannschaftsraum äußerst aufwendig und dazu weite Abtragungen des umgebenden Erdreichs notwendig. (Das vom Haupteingang des Stützpunktes aus aufgenommene Foto zeigt den Rohbau mit der noch umlaufenden hohen Galerie mit den darauf an den Ecktürmen befindlichen vier großen Betonmischern und den Kipploren zum Einbringen der dickflüssigen Mischung in die hölzernen Verschalungen.)

Foto: W. Schneider 1943

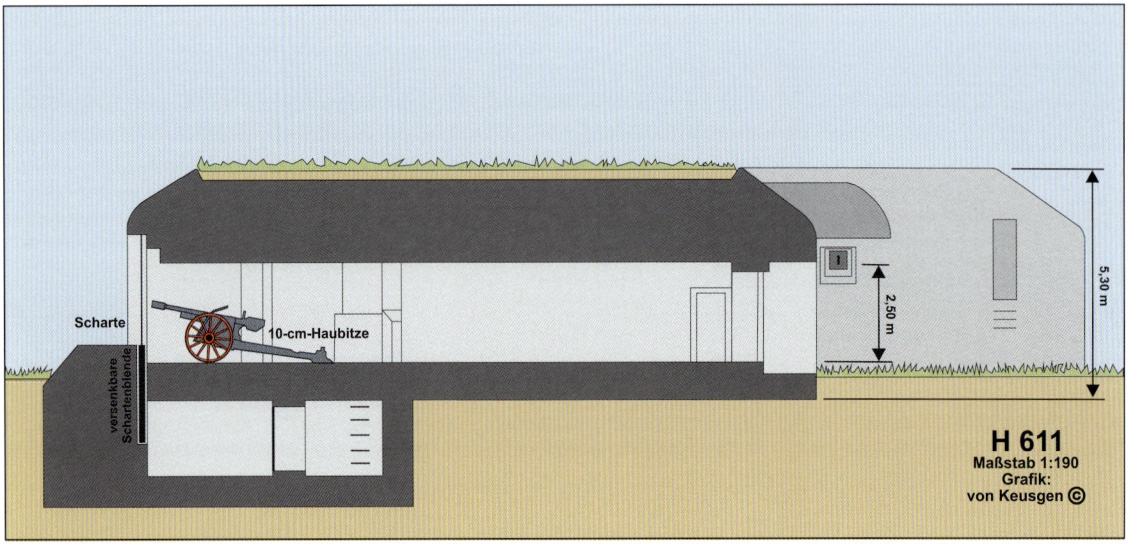
Scharte
10-cm-Haubitze
versenkbare Schartenblende
2,50 m
5,30 m
H 611
Maßstab 1:190
Grafik:
von Keusgen ©

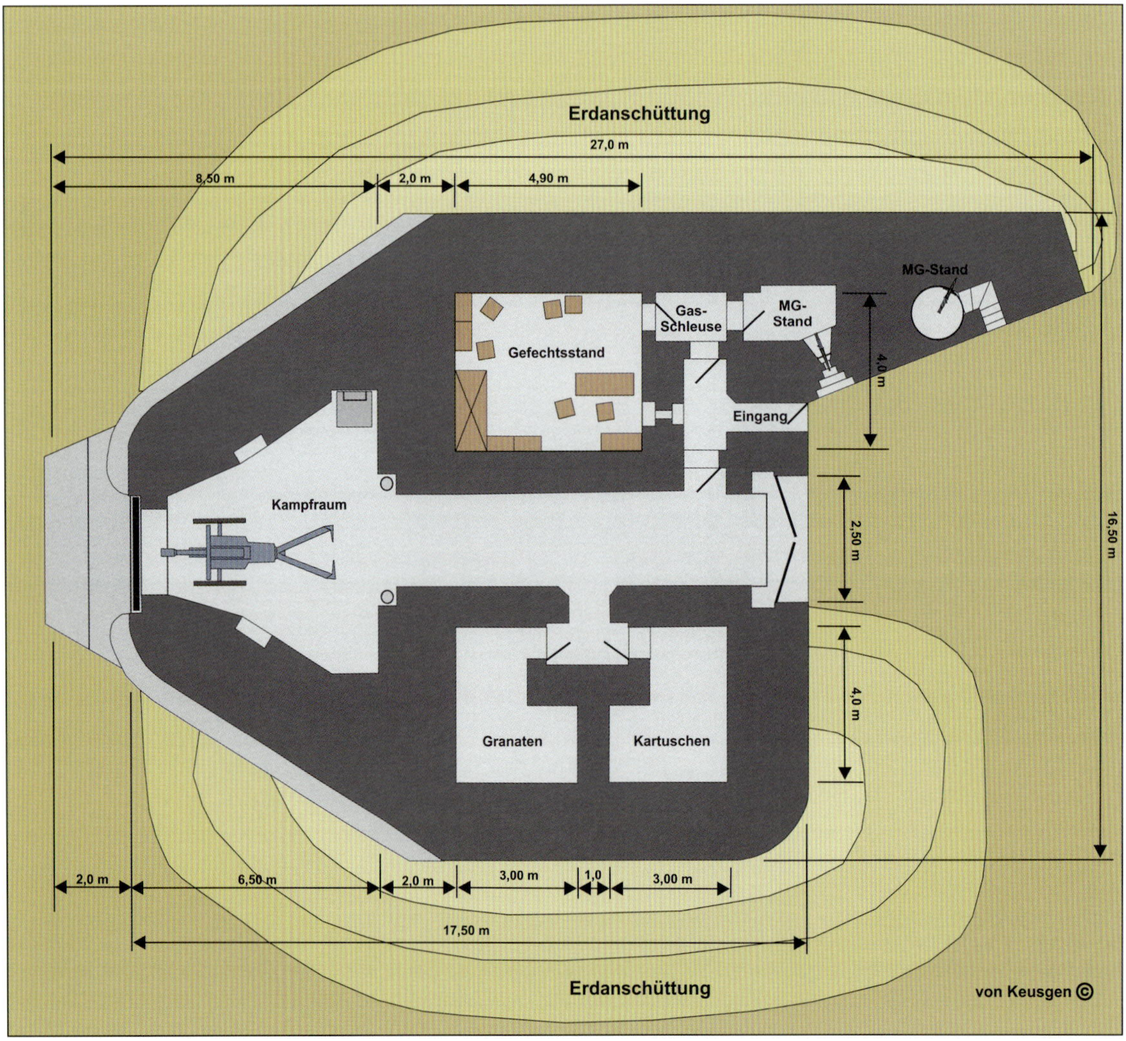
Erdanschüttung
27,0 m
8,50 m
2,0 m
4,90 m
MG-Stand
Gas-Schleuse
MG-Stand
Gefechtsstand
4,0 m
Eingang
Kampfraum
2,50 m
16,50 m
4,0 m
Granaten
Kartuschen
2,0 m
6,50 m
2,0 m
3,00 m
1,0
3,00 m
17,50 m
Erdanschüttung
von Keusgen ©

umherstehenden Bäumen. Die einzige „Tarnung“ waren etliche Kühe, die friedlich um die Geschütze herum grasten - aus der Luft und mit den Augen der gegnerischen Aufklärer betrachtet, eine ländliche Idylle und keine gefährliche Batterie-Feuerstellung... *(Tatsächlich wurde die 6. Batterie von der Luftaufklärung der Alliierten niemals entdeckt, aber infolge der allerorts erfolgten französischen Agententätigkeit ihnen zweifellos bekanntgegeben.)*

Die in einem Winkel von 45 Grad *(Hauptschußrichtung)* zur Küste stehende Kasematte Nr.1 ließ schon während ihres Entstehens eine ungewöhnlich große Dimension erahnen. Aber gerade deswegen machte sich auf Seiten der Alliierten der Verdacht breit, daß auf diesem Stützpunkt besonders weitreichende Küstengeschütze installiert werden sollten. Folglich stand die Batterie von nun an unter ständiger Beobachtung - nicht nur aus der Luft...

Abbildungen links, Seite 26: Querschnitt- und Grundrißplan der Kasematte Nr.1 des Regelbau-Typs H(Heer) 611. Für den Bau waren 700 m³ Erdaushub, 1.330 m³ Beton, 63 Tonnen Rund- und 15,6 Tonnen Formstahl erforderlich. Dieser Geschützschartenstand für Feldgeschütze (in diesem Fall 10-cm-Feldhaubitzen) mit einem vertikalen Schwenkbereich bis 60° war eine häufig und vornehmlich für Heeresküstenbatterien gebaute Kasematte, von der insgesamt 88 Exemplare errichtet wurden.

Bilder rechts: Die Kasematte Nr.1 heute, in der den Besuchern außer einer sehr interessanten Ausstellung auch eine spektakuläre Show geboten wird. (Im Bild oben die Eingangsseite; im Hintergrund die erst später erbaute Kasematte Nr.2; im Bild unten die seewärts gerichtete Scharte der Kasematte Nr.1, an der erst nachträglich zwei starke Schartenflanken anbetoniert wurden.)

Bild oben: Der MG-Stand auf der Kasematte Nr.1 (siehe die Kennzeichnung im Bild oben). **Fotos: von Keusgen 2010**

Parallel zum Bau der ersten Kasematte entstanden auf dem Merville-Stützpunkt mehrere halbunterirdische Bunker, sogenannte Gruppenunterstände, die als Fernmelderaum, Küche und Vorratslager dienten und in denen ebenfalls ein Teil der bis dahin in der geräumigen

Holzbaracke „wohnenden" Kanoniere einquartiert wurden. An den gesamten Bauarbeiten hatten sich auch die Stützpunkt-Soldaten zu beteiligen. Gemäß der Order, daß sich jeder Stützpunkt selbst mit Wasser zu versorgen hatte *(für den Fall einer Belagerung)*, befand sich unter dem kleinen Flak-Stand eine gußeiserne Schwengelpumpe *(die im Februar 1944 gegen eine Motorpumpe ausgetauscht und hinter dem Wasserbunker installiert wurde)*. Die Stromversorgung des Stützpunktes erfolgte aus Mervilles Elektrizitätsnetz.

Ab dem Frühjahr 1943 begann eine Zeit großer baulicher Aktivitäten entlang des gesamten *Atlantikwalls*...

Nur 1,3 Kilometer nördlich der Merville-Batterie liegt das schon damals noble Seebad Franceville mit dem zur Küste hin vorgelagerten Franceville-Plage. Nach der Besetzung durch die Deutschen verlor das seit Generationen auf Touristen angewiesene Franceville allerdings seine Attraktivität als Seebad und somit seine gesamte Infrastruktur.

Östlich und westlich über Franceville hinaus wurde über eine Länge von mehr als 2,5 Kilometern in den Dünen, unmittelbar am Strand, eine Verteidigungslinie errichtet, die aus den Widerstandsnestern 02, 03, 04 und 05 bestand. Alle zusammen bildeten die Stützpunkte Franceville Ost und Franceville West und gehörten zur *Stützpunktgruppe Orne. (Diese Stützpunktgruppe bestand östlich und schwerpunktmäßig westlich der Orne aus insgesamt 21 Widerstandsnestern und gehörte zum Küstenverteidigungsabschnitt H1.)* Die einzelnen Widerstandsnester wurden von jeweils mehreren Bunkern verschiedener Bauart und Bewaffnung gebildet. Im Zentrum des Widerstandsnestes 04 gibt es *(noch heute)* eine alte, hufeisenförmige und als *La Redoute (Die Festung)* benannte Zitadelle.

Im Aufstellungsraum der 716. Infanterie-Division im Bereich der Orne-Mündung waren 15 Verteidigungsanlagen entstanden (siehe auch die Generalstabskarte auf Seite 19). **Grafik: von Keusgen**

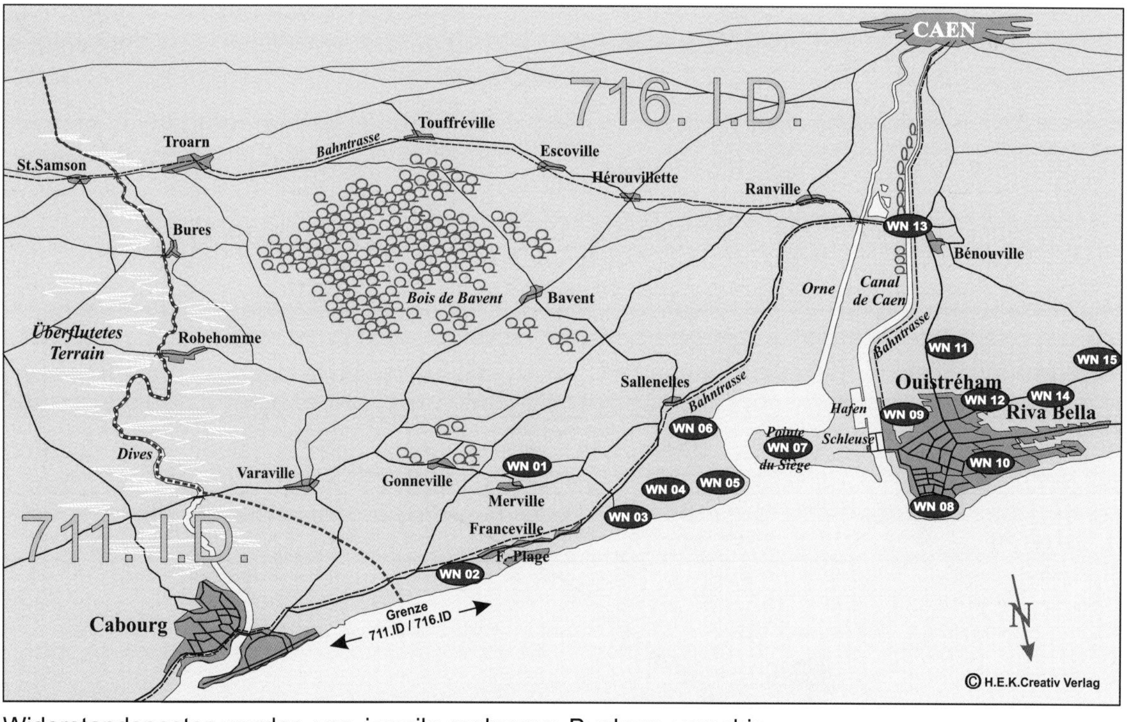

Die alte Anlage mit ihren 5,50 Meter hohen Außenmauern und

einem Gesamtumfang von 147,80 Metern war bereits 1779 im Auftrag des französischen Königs Ludwig XVI. im architektonischen Stil des bekannten Ingenieurs und Festungsbaumeisters Sébastien la Prestre de Vauban errichtet worden. Nur 620 Meter von der Orne entfernt, hatte sie als Festungsbollwerk mit starker Artillerie zum Schutz des Binnenhafens in Caen gedient und ihre „Blütezeit“ während der Französischen Revolution (1789-1794) sowie während des Ersten Kaiserreichs (1804-1815) erlebt. Danach war sie als Zollstation genutzt worden. Im Jahr 1811 hatte auch Kaiser Napoléon I. „La Redoute“ besucht und sich von ihrer Festungstauglichkeit am Eingang zur strategisch wichtig gelegenen Orne-Bucht überzeugt.

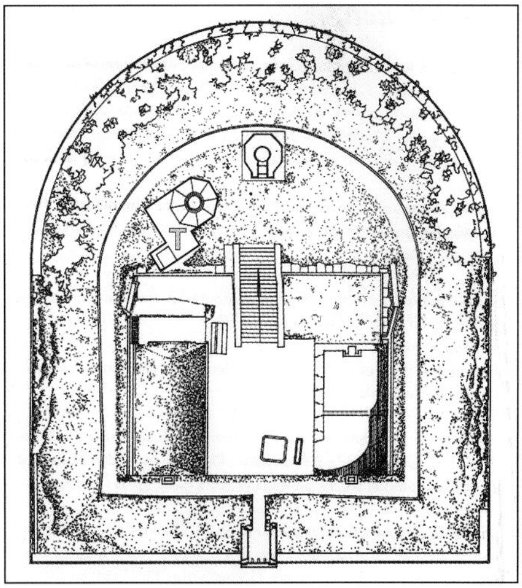

Bild oben: Die alte Festung „La Redoute“ aus dem Jahre 1779.
Bild rechts: Festungsbaumeister Sébastien Le Prestre de Vauban (1633-1707).
Bild ganz rechts: 1943 wurde die alte Festung zum WN 04 ausgebaut. Dazu erbaute die Organisation Todt im seewärts gerichteten Teil der Anlage einen Tobruk-Stand, (T) auf dem eine Renault-Panzerkuppel mit einer 3,7-cm-Kanone montiert wurde.

Zeichnung oben und ganz rechts: C. Ferdy ADEMF Merville-Franceville-Plage Bild rechts: Archiv von Keusgen

Fast ein ganzes Jahrhundert hatte die Zitadelle dann leergestanden. Seit Beginn der deutschen Besetzung Frankreichs, im Juni 1940, wurden die in dieser Festung befindlichen beiden Gebäude, die bis zu 30 Soldaten aufnehmen konnten, von deutschen Truppen als Garnison genutzt. 1944 befand sich im Hauptgebäude der Gefechtsstand der 3. Kompanie des I. Bataillons des Grenadier-Regiments 736 der 716. Infanterie-Division, von der ein Zug in direkter Nähe östlich der 1. Batterie wegen deren geringen Personalbestandes zu ihrer Bedekkung aufgestellt wurde.

In der direkt am Strand gelegenen Reihe von vier großen Bunkern war fast genau 165 Meter nördlich von *La Redoute*, im Widerstandsnest 03 und dem dort neu gebauten, erweiterten Bunker des Regelbau-Typs H 506, ein spezieller Observationsstand errichtet worden, der auch von der Merville-Batterie als Feuerleitstelle genutzt werden konnte. *(Da alle diese Bunker fast gleichzeitig und in innerhalb weniger Tage, noch dazu mit niedrigem Gezeitenkoeffizienten, gegossen wurden, schwappten die Meereswellen bereits unmittelbar nach Fertigstellung bei inzwischen höherem Gezeitenwechsel und bei seeseitigem Wind bis an die Außenwände. Der Observationsbunker war davon ganz besonders nachteilig beeinflußt, weil das Salzwasser auch in den an der östlichen Seite befindlichen Eingang und bei besonders hohem Meeresstand und Wind sogar bis in den Observationsraum lief.)*

Der Eingang zur Festung „La Redoute de Merville“.

Fotos: J. Krug 2011

Von dem erweiterten Regelbau-Typ H 506 des ehemaligen WN 03, der einst als Kasematte für eine 4,7-cm-Pak und sein Tobruk-Stand als Beobachtungsstelle diente (Foto links), befindet sich heute, ebenso wie die benachbarten Bunker, infolge der starken Verlandung des Strandes mehr als einhundert Meter von der Wasserlinie entfernt und von dichten Pflanzen umstanden.

Das Personal der B-Stelle bestand aus *(zeitweise)* fünf Artilleristen der 1. Batterie. Von den Artilleristen hatte normalerweise der Batteriechef in der Beobachtungsstelle *(B-Stelle)* anwesend zu sein. Obwohl der Observationsbunker für seine Insassen viel ruhiger gelegen war als die Unterkünfte auf dem Stützpunkt, mochte es Hauptmann Karl-Heinrich Wolter überhaupt nicht, „auf dem feuchten Beobachtungsposten angebunden zu sein“. Er zog es vor, sich in der oberen Etage des zum Casino umgebauten Gebäudes in der unmittelbaren Nähe des Stützpunkt-Haupteingangs einzuquartieren. Das Gebäude wurde von den Artilleristen wegen der großen Gefahr, bei einem der vielen Bombenangriffe getroffen zu werden, als „Kamikaze-Quartier“ bezeichnet. Wenn Wolters abends das Haus aufgesucht hatte, ließ er grundsätzlich einen der Artilleristen mit einem Karabiner vor der Haustür Wache stehen *(mit Ablösung)* - die ganze Nacht über.

Da sich der Hauptmann als verantwortlicher Offizier ohnehin nur selten in der B-Stelle aufhielt, mußte ihn dort ab Ende 1943 ein anderer in Permanenz vertreten, und dazu bestimmte er seinen Leutnant Hans Malsch. Bei ihm befanden sich anfangs nur die beiden, ebenfalls der 1. Batterie angehörenden Wachtmeister Kath und Rauch.

Johannes Buskotte vor dem Offiziers-Casino.

Foto: Kollektion H. Buskotte

Grafik rechts: Grundrißplan des durch eine Sonderkonstruktion erweiterten H 506.
Bild oben: Im Laufe der Zeit ist die Scharte des Bunkers von dichtem Gebüsch vollständig zugewachsen.
Bild unten links: Auf der Luke des Tobruk-Standes war einst ein Panzerturm ohne Kanone installiert worden, um somit dem Beobachter Schutz vor feindlichem Beschuß zu bieten.

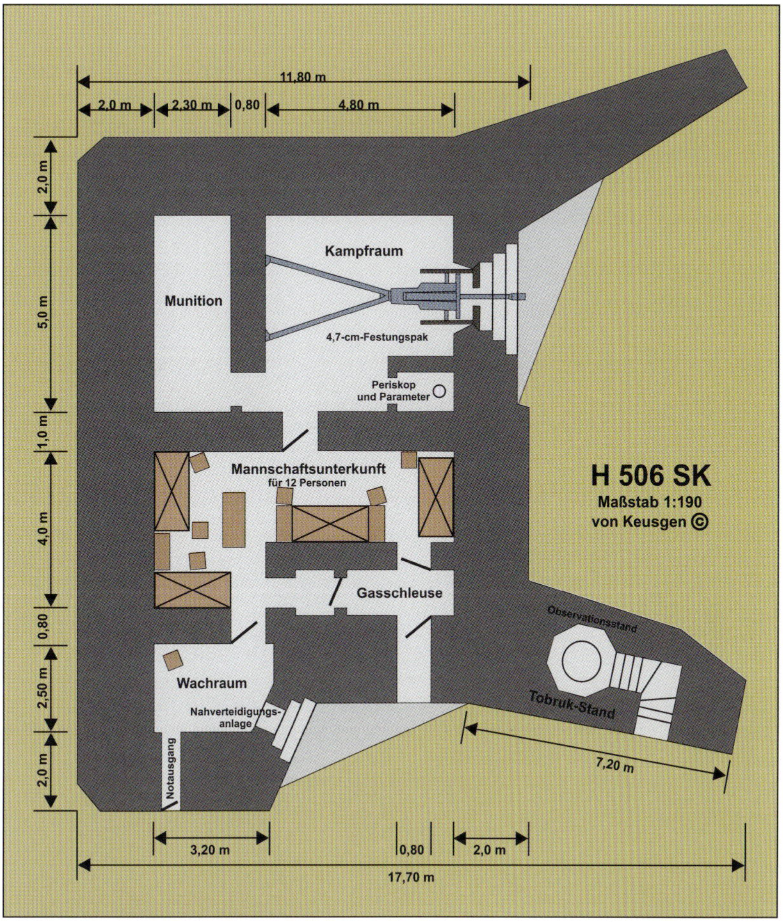

Bild rechts: Dieser im März 1944 angebaute, geräumige Tobruk-Stand diente der 1. Batterie als Observationsposten. **Fotos: M. Krug 2011**

Im Herbst 1943 wurde als weitere schwere Bewaffnung eine moderne leichte 7,5-cm-Feldkanone zum Stützpunkt WN 01 gebracht. Da es für dieses Geschütz keine eigene Kasematte gab, wurde es in der Nähe des Haupteingangs und zu dessen Verteidigung nahe nördlich der Kasematte Nr. 1 aufgestellt *(jedoch niemals benutzt)*.

Spione

Sie waren nicht erwünscht in Frankreich, die deutschen Besatzer, dennoch war die Bevölkerung sehr vorsichtig im Umgang mit den Deutschen, und viele Franzosen verhielten sich ihnen gegenüber sogar äußerst freundlich. Einige, so auch Madame Jeanette Legallois aus St. Laurent, sagten:

„Was sollte man machen, es war Krieg, und wir wußten, daß die Soldaten, die da gekommen waren, diesen Krieg nicht gemacht hatten; sie wollten auch lieber wieder nach Hause gehen; und da waren ja auch so viele ganz junge dabei, fast noch Kinder..."

Andere machten Geschäfte mit den Besatzern... So wurde den Wehrmachtsoldaten seitens der Franzosen einerseits Freundlichkeit, Zuneigung und Kooperation, andererseits Antipathie, Argwohn und Sabotage entgegengebracht. Rommel hatte nachdrücklich befohlen, daß sich die deutschen Soldaten gegenüber der französischen Bevölkerung äußerst korrekt zu benehmen hätten. Zuwiderhandlungen konnten mit drastischen Strafen geahndet werden, infolge derer die betroffenen Landser sogar an die Ostfront abkommandiert wurden. Die Mannschaftsdienstgrade richteten sich im Allgemeinen auch nach dem Befehl, sich ordentlich zu benehmen. Aber unter den Offizieren gab es gelegentlich äußerst unschöne Ausschweifungen, denen zufolge Wut und sogar offener Haß seitens der Bevölkerung provoziert wurde. Außerdem mußte man mit ansehen, wie auf französischem Boden Bollwerk an Bollwerk errichtet und ein großer Bunker nach dem anderen für die Ewigkeit in die Erde betoniert wurde. Man war also allgemein daran interessiert, daß die *Boches*, wie die Deutschen abfällig genannt wurden, möglichst bald wieder abziehen würden. Die Entstehung der Bunkeranlagen am Strand vor Franceville und jener bei Merville sowie die Überflutungen großflächigen Weidelandes im Bereich der Dives und auch die sogenannten *Verbotenen Zonen*, die allerorts eingerichtet wurden, ständige Kontrollen an fast allen Straßen, abendliche Ausgangssperren, Verdunklung und die Requirierungen schöner Häuser, Schlösser und großer Grundstücke hatten nicht unerheblich zur Frustration seitens der französischen Bevölkerung dieses Gebietes beigetragen *(wie es auch andernorts der Fall war)*. Deshalb wurde von vielen Einheimischen Spionage und, sofern möglich, sogar Sabotage betrieben, und diesbezüglich boten sich mannigfache Möglichkeiten - obwohl öffentlich bekannt gegeben worden war, daß Spionage, Sabotage und Anschläge jeder Art auf Angehörige der Wehrmacht seitens der deutschen Besatzer mit der Todesstrafe geahndet wurden...

Spaß muß sein, besonders im Krieg, sagten sich auch einige Angehörige der 1. Batterie. Von vielen Franzosen wurden die deutschen „Spaßmacher" belächelt - aber von einigen auch verachtet; sie sollten wieder nach Hause fahren, und das möglichst bald...

Foto: Kollektion H. Staab

Viele Soldaten und Offiziere hatten infolge ihrer Stationierungen und Einquartierungen nahen Kontakt zu den Franzosen. Nicht selten reichten derartige Beziehungen bis weit ins Familiäre, wie es unter vielen anderen auch Hans Staab erlebt hatte:

„Seit Anfang September 1943 bin ich jeden Abend in nordöstliche Richtung durch den nahen, kleinen Wald in die nächste Ferme *(Bauernhof)* gegangen - durch den Wald, dann über's Feld. Da war viel Wald... Habe für uns drei Mann *(Staab und zwei Kameraden)* einen Liter Milch geholt, alle zwei Tage einen Liter Sahne und fünf Eier für jeden. Die Bäuerin hieß Yvette, und die hat alles für uns Deutsche getan. Sie hatte eine Tochter, die jünger war als ich, und einen Sohn, der so alt war wie ich - auch achtzehn. Da wurde oft Vieh gekauft und geschlachtet, denn Hauptmann Wolter hat gesagt, *Lebet - wir wissen*

„Adler"-Kalender des Jahres 1943 für Wehrmachtangehörige, mit den eingedruckten Geburtstagen berühmter Deutscher. **Archiv von Keusgen**

nicht, was noch kommt... Ich war noch gar nicht so oft dort *(bei den Franzosen)* gewesen, da haben wir schon begonnen, jeden dritten Abend Mensch-ärgere-Dich-nicht zu spielen. Gemütlich war's da mit dem offenen Kamin, bei Kaffee und Calvados... Und wenn ein Sechser gewürfelt wurde, ham'se *juste! (richtig!)* geschrien. Mein Gewehr habe ich immer dabei gehabt und dort in die Zimmerecke gestellt, und der Junge, der so alt war wie ich, der wollte es immer gern mal nehmen. *Laß das schön stehen*, habe ich dann gesagt... Ich konnte kein Französisch, konnte mich aber wunderbar mit denen verständigen; und die Madame war meine französische Mutter, hat immer zu mir gesagt, *´aaans Du Baby...* Ihr Mann war in Dortmund in Gefangenschaft.

Eines abends ging ich wieder hin, ich ging ja jeden Abend hin, habe ja Milch geholt, die hat nur ein paar Centimes gekostet, und da kam ich wieder hin, da saß ihr Mann im Sessel. Er war aus der Gefangenschaft entlassen worden. *Bonjour Monsieur*, hab' ich gesagt. Da rief Yvette sofort, *non, non Monsieur - Papa!* Und er hat gesagt, *guten Abend, der Herr...!*"

In Hans Staabs Fall bestand für einen klaren Dialog und die Möglichkeit, unbeabsichtigt Informationen preiszugeben, eine zu große Sprachbarriere zu seinen französischen „Gasteltern". Aber durch derartig gute und private Beziehungen zu den deutschen Soldaten und besonders deren sehr häufig der französischen Sprache mächtigen Offizieren war es den Franzosen leicht möglich, viele wichtige und detaillierte Informationen zu erhalten, die in einer Atmosphäre augenscheinlichen Vertrauens leichtfertig ausgesprochen wurden. In der Folge haben viele Einheimische ihr Wissen dann heimlich weitergegeben - in diesem Bezirk einmal wöchentlich an einen als Immobilienmakler getarnten Agenten namens Dominique Ponchardier, der für den britischen Geheimdienst arbeitete. Ihm selbst war es infolge seiner „beruflichen" Tätigkeit möglich, sich sogar Zutritt zu Grundstücken und Immobilien zu verschaffen, die für die Deutschen wichtig waren. Ihn interessierte in seinem dortigen Umfeld am meisten die Batterie Merville und die Namen und persönlichen Eigenschaften jedes einzelnen ihrer Soldaten, besonders jene des Batteriechefs Karl-Heinrich Wolter und seines „Spieß´" Johannes Buskotte...

Alle Informationen, die von großen Teilen der Bevölkerung bei Ponchardier eingingen, sowie der von ihm selbst gesammelten, wurden über die französische Widerstandsbewegung *Résistance* ins Hauptquartier der West-Alliierten in Großbritannien übermittelt und dienten dort den streng geheimen Vorbereitungen der großen Invasion. Außerdem wollte man den eigenen Soldaten durch das Nahebringen persönlicher Fakten die Angst vor den, wie sie befürchteten, bis an die Zähne bewaffneten, furchterregenden, äußerst brutalen und kampferprobten Verteidigern des *Atlantikwalls* nehmen, von denen es hieß, daß sie Nerven aus Stahl hätten und bis zum letzten Blutstropfen kämpfen würden...

An einem klaren, milden November-Tag des Jahres 1943, radelte der 52-jährige Robert Douin von Caen aus nach Ranvillc, um dort cinc der *Verbotenen Zonen* aufzusuchen *(von deutschen Bezirkskommandanturen zum Zwecke der Geheimhaltung wichtiger Anlagen eingerichtete, häufig aneinandergrenzende Sperrzonen, die von den Franzosen nur mit besonderer Genehmigung betreten werden durften).* Aber Douin wollte diese Zone ganz legitim betreten...

Vor dem Ausbruch des Zweiten Weltkriegs war der Mann mit dem charakteristischen, breitkrempigen, dunklen Hut seit 1930 Direktor der *École des Beaux-Arts de Caen* gewesen *(der „Schule der schönen Künste“ = Kunsthochschule von Caen)*. Noch immer verdiente der gelernte Bildhauer sein Geld mit dieser Tätigkeit - und als Kirchen-Restaurator. Damit hatte er einen ständigen und völlig legitimen Vorwand, immer wieder auch die *Verbotenen Zonen* durchqueren oder betreten zu können, was ihm sehr wichtig war, denn Robert Douin hatte zudem noch eine „ehrenamtliche Nebentätigkeit“: Als Mitglied der *Réseau (=Netz) Centurie (abgeleitet von Zenturio, dem Befehlshaber einer altrömischen Soldatenabteilung von 100 Männern)* war er nicht nur seit dem Herbst 1940 als Leiter dieser Abteilung der *Résistance* tätig, sondern auch noch selbst als Spion unterwegs. So auch an diesem Tag...

Als ihn auf der Landstraße in die vor ihm liegende *Verbotene Zone* zwei deutsche Feldgendarmen mit strengen Gesichtern anhielten und nach seinen Papieren und dem Zweck seiner Passage fragten, wurde dem Künstler wieder einmal bewußt, wie gefährlich seine Tätigkeit als Agent war - denn jede Spionagetätigkeit, die sich gegen die deutschen Besatzer richtete, wurde mit dem Tode bestraft...

Robert Douin zeigte in gespielter Gelassenheit seine Papiere vor und benannte seine Arbeitsstelle, den Turm der alten Kirche Notre Dame in Ranville. Immer wieder hatte er dort als Restaurator kleine Renovierungsarbeiten zu verrichten... Tatsache aber war, daß Robert von gerade diesem Turm aus - besonders bei klarem Wetter - auch einen wunderbaren Überblick über das nur 5,5 Kilometer entfernte, weitläufige Gebiet zwischen der Orne-Mündung und Ouistréham hatte, und zur Zeit wimmelte es in dieser Region geradezu von Arbeitern der *Organisation Todt*, besonders im Raum Merville, denn dort entstand gerade ein großer Batterie-Stützpunkt - jener der 1. Batterie im Widerstandsnest 01.

Die Feldgendarmen betrachteten sich eingehend Douins Papiere, dann ließen sie ihn passieren. Der Franzose bedankte sich freundlich und trat kräftig in die Pedale und radelte davon - nicht zu schnell, nicht auffällig...

Bald darauf stand er wieder einmal auf dem Kirchturm in Ranville und fotografierte von dort oben aus den entstehenden Artillerie-Stützpunkt - mit einem Fotoapparat, den er heimlich unter seinem Mantel mitgeführt hatte, denn der Besitz eines Fotoapparates war von den deutschen Kommandanturen ebenfalls streng verboten. Der Spion meldete seine Beobachtungen dann mittels einer Brieftaube umgehend nach Großbritannien. Ein paar Tage danach überflog das erste Aufklärungsflugzeug der Alliierten den noch immer im Ausbau befindlichen Batterie-Stützpunkt. Im Zuge ständiger Luftaufklärungen seitens der Alliierten war die Lage des neuen Batteriegeländes nahe der Orne-Bucht, auf freiem Feld und an einer *(aus der Luft betrachtet)* charakteristischen Wegkreuzung, wegen des hellen und somit auffälligen, ockerfarbenen Erdaushubs für den großen, als erste Abwehrmaßnahme ausgehobenen Panzergraben für die Piloten weithin sichtbar und folglich von nun an immer wieder leicht zu finden...*

Robert Douin war Direktor der École des Beaux-Arts de Caen, Bildhauer, Restaurator - und ein französischer Spion mit dem Decknamen Civette. **Foto: Arciv von Keusgen**

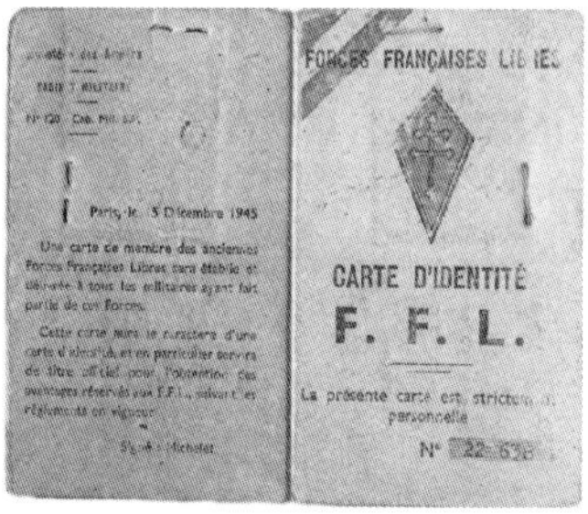

Um zu verhindern, daß sich Spione unter die Widerständler mischen konnten, hatten die Mitglieder der einzelnen Gruppen der Résistance eigene Ausweise mit Paßfotos herausgegeben - eine absolut nicht ungefährliche Maßnahme...

Fotos: Kollektion J. Favel

---

* Noch vor dem Ende des Jahres 1943 wurde ein großer Teil der *Réseau-Centurie*-Agenten von der Gestapo verhaftet. 75 von ihnen wurden noch am Mittag des 6. Juni 1944 im Gefängnis von Caen exekutiert. Robert Douin war am 17. März 1944 bei seiner Arbeit auf einer Baustelle verhaftet worden und gehörte ebenfalls zu den Hingerichteten.

Ein Leutnant namens Steiner

Leutnant Raimund Steiner, geboren am 1. April 1920, stammte als Sohn eines Innsbrucker Bäckereibesitzers aus einem mittelständischen Elternhaus mit äußerst gutsituiertem, christlich-sozialen Hintergrund.

Foto: Kollektion A. Steiner

Gegen Mittag des 24. Dezember 1943 meldete sich ein 23-jähriger Leutnant im Gefechtsstand des Artillerie-Regiments 1716 in La Folie bei Beuville *(westlich der Orne; 7 Kilometer nördlich von Caen und 10,5 Kilometer südwestlich von Merville)*. Der junge Offizier war ein aus Innsbruck stammender Österreicher namens Raimund Steiner und an diesem Heiligen Abend in die Normandie versetzt worden...

Raimund Steiners Vater, Dr. Ludwig Steiner, war politisch als Gemeinderat tätig. Er nahm in seinem großen Haus immer wieder sozial unterprivilegierte Studenten auf. Raimund hatte in einer von gemeinsamer Arbeit geprägten Familie gelebt und schon als Junge sehr früh morgens aufstehen und Brot und Brötchen austragen müssen. Für seine langen Touren durch das Stadtviertel hatte er immer seinen Kinderroller benutzt. Danach mußte er die Frühmesse, dann die Schule besuchen. Der Mittagstisch war grundsätzlich von der gesamten Familie gemeinsam mit den Gesellen und Dienstmädchen eingenommen worden. So war der junge Steiner von Haus aus mit klaren moralischen Wertvorstellungen und einem ausgeprägten Verantwortungsbewußtsein aufgewachsen, kulturell interessiert und hatte sogar das Klavierspielen erlernt.

Kurz nachdem Österreich im April 1938 dem Deutschen Reich angeschlossen worden war, war Raimund Steiners Vater von der Gestapo verhaftet und im Konzentrationslager Sachsenhausen inhaftiert worden - später in Dachau. Bis dahin hatte er eine führende Rolle bei der Organisation des Widerstandes in Tirol gespielt...

Am 1. April 1939, seinem 19. Geburtstag, einen Tag nach seinem Abitur, war Raimund Steiner zum Reichsarbeitsdienst nach Kundl eingezogen worden, ein halbes Jahr später zum Gebirgs-Artillerie-Regiment 111 in Solbad Hall. Dort zum Artilleristen ausgebildet, war Steiner für drei Monate zum Porsanger-Fjord am Nordkap geschickt worden, wo zu dieser Zeit arktische Kälte und schlimme Schneestürme herrschten.

Außer der Jäger-Divisionen des Heeres gab es auch noch 10 Gebirgsjäger-Divisionen. Eine solche Division, der 13.056 Offiziere und Mannschaften angehörten, bestand aus dem Hauptquartier sowie zwei Schützen- respektive Gebirgsjäger-Regimentern, einem Artillerie-Regiment mit 2.330 Soldaten, außerdem den üblichen Divisionstruppen. Dazu gab es Nachschubeinheiten und zirka 3.000 Lasttiere. Bedingt durch den Einsatz in schwierigem Gelände verfügte die Truppe über nur wenige Kraftfahrzeuge. Insgesamt betrachtet, war der Dienst der Gebirgsjäger gefahrvoller und härter als jener in anderen Waffengattungen (Sonder-Kommandos ausgenommen).

Im Frühsommer 1940 war Steiners Einheit nach Nordfinnland verlegt worden - in eine Landschaft völliger Einsamkeit und Ruhe. In diesen Monaten des gemeinsamen Aufeinanderangewiesenseins hatte der 20-jährige Steiner gelernt, was Kameradschaft und Zusammenhalt bedeutet. Doch diese Ruhephase hatte nur bis Anfang Juni 1941 gedauert, dann waren die jungen Soldaten an die Eismeer-Front verlegt worden und sollten dort in ein ihnen bis dahin unbekanntes Stahlgewitter geraten...

Nach dem deutschen Angriff auf die Sowjetunion *(am 22. Juni 1941)* war Steiners Einheit als eine der Ersten in der Nacht vom 21. auf den 22. Juni 1941 als Bestandteil der deutschen 20. Gebirgs-Armee in den Raum vor Murmansk *(an der Barent-See, 200 Kilometer nördlich des arktischen Kreises)* verlegt worden, um diese Stadt einzunehmen *(mit dem einzigen, das gesamte Jahr über eisfreien Hafen)*. Gleich zu Beginn der Kampfhandlungen hatte Steiner im Trommelfeuer russischer Granaten die brutale Wirklichkeit des Krieges zu spüren bekommen:

„Meine Uniform war blutverschmiert; aber alles das bemerkte ich nicht, als gerade neben mir mein Freund Friedl zur Seite flog und mit unserem Funkgerät rücklings hinter einen großen Stein fiel. Eine Granate hatte ihn im Unterleib getroffen, und seine Beine waren abgerissen, sein Oberkörper völlig verstümmelt..."

Zwei Monate später, am 15. August, hatte Steiners Batteriechef ihm seine Anteilnahme am Tod seines Vaters ausgesprochen, der, gezeichnet von schwersten Mißhandlungen, todkrank aus dem Konzentrationslager entlassen worden und kurz darauf in einem Innsbrucker Sanatorium verstorben war...

Den nächsten Schock hatte Raimund Steiner erhalten, als während eines russischen Fliegerangriffs in seiner unmittelbaren Nähe ein Kamerad ein Auge und seine rechte Hand verloren hatte. Ein weiteres Horror-Erlebnis hatte aus einer Minenexplosion bestanden. Danach war in Steiners Nähe ein Schuh zu Boden gefallen, in dem noch der Fuß mit dem Unterschenkel seines zerrissenen Wachtmeisters Aubel aus Kärnten gesteckt hatte. Daraufhin hatte Steiner unter äußerst heftigem Artilleriebeschuß seinen schwerverwundeten Kameraden Hofbauer aus Salzburg unter Einsatz seines eigenen Lebens aus dem Minenfeld gerettet. Für seine tapfere Tat war ihm daraufhin das Eiserne Kreuz II. Klasse verliehen worden.

Ab dem 24. Dezember 1943 war Leutnant Steiner in der Normandie und Angehöriger der 2. Batterie des Artillerie-Regiments 1716. Als solcher fuhr er gelegentlich dienstlich in einem offenen Zweispänner nach Caen.

Foto: Kollektion A. Steiner

Nur kurze Zeit später war Steiner durch mehrere Granatsplitter im Bereich seiner Augen verwundet worden und hatte das Bewußtsein verloren. Zusammen mit anderen Schwerverwundeten war das Sanitätsfahrzeug dann auf dem Weg zum Lazarett in einen russischen Artillerieangriff geraten und in Brand geschossen worden. Einem der Sanitäter war es gerade noch gelungen, nur genau jene Trage aus dem in Flammen stehenden Sanka herauszureißen, auf dem Raimund Steiner gelegen hatte. Nur erst leicht aus seiner Bewußtlosigkeit erwacht, hatte er wie aus weiter Ferne die Schreie seiner in dem Fahrzeug hilflos verbrennenden Kameraden mit anhören müssen...

Nachdem Raimund Steiner dann irgendwann in einem Feldlazarett wieder bei völligem Bewußtsein war, hatte er feststellen müssen, daß er visuell nichts mehr wahrnehmen konnte. Erst nach einer längeren, riskanten Operation, bei der man ihm mittels langer Pinzetten und starker Magneten die vielen winzig kleinen Granatsplitter aus dem unmittelbaren Umfeld seiner Augen entfernt hatte, war seine Sehkraft wieder hergestellt worden.

Nach seiner Genesung hatte Steiner, als guter Mathematiker, die Artillerie-Offiziersschule in Thorn in Schlesien absolvieren müssen. 1942 war er - inzwischen zum Leutnant befördert - nach Stalingrad versetzt und während der grausamen Kämpfe im äußeren Ring der Stadt wiederum schwer verwundet und sein Regiment fast gänzlich vernichtet worden. Daraufhin hatte man den jungen Leutnant dem Gebirgs-Artillerie-Regiment 112 zugestellt, das zu dieser Zeit auf der Krim-Halbinsel lag. Wiederum war Steiner während starker Kampfhandlungen verwundet worden - mehrmals und schwerer. Daraufhin hatte man ihn der Reserve-Armee im Solbad Hall in Österreich zugewiesen.

Nachdem er ein weiteres Mal genesen und wieder als kriegsverwendungsfähig erklärt worden war, hatte man ihn nach Triest geschickt. *(Nach Mussolinis Sturz am 25. Juli 1943 hatten deutsche Kampfeinheiten verhindern sollen, daß der neue italienische Staatschef, Marschall Pietro Badoglio, mit den West-Alliierten Frieden schließen konnte - jedoch vergeblich.)*

1943 war Steiner ein weiteres Mal im Einsatz - in Jugoslawien, zur Partisanenbekämpfung, anläßlich derer er in extrem schwierigem Gelände erneut mit schrecklichen Grausamkeiten konfrontiert worden war. Hier hatte er nochmals drei seiner engsten Kameraden verloren. Als der Dritte zu Grabe getragen wurde, hat Leutnant Steiner das Geleit angeführt:

„Noch keiner der drei Kameraden hatte sein 20. Lebensjahr erreicht. Nachdem der Trompeter am Grab den Zapfenstreich geblasen hatte, versuchten wir engsten Freunde mit halberstickter Stimme das Lied *Ich hatte einen Kameraden* anzustimmen... Als ich dann das Kommando zum Ehrensalut gab, war mir nach Weinen zumute..."

Und wieder war Raimund Steiner verwundet worden.

Nachdem der junge Leutnant wiederum genesen war, hatte er seinen Versetzungsbescheid zum Artillerie-Regiment 1716, das an der normannischen Kanalküste lag, erhalten.

(Viele der Erlebnisse des Raimund Steiner aus seiner Zeit in Rußland und am Balkan decken sich - nicht zufällig - mit den Schilderungen in Willi Heinrichs nach dem Zweiten Weltkrieg erschienen Roman „Steiner - Das geduldige Fleisch"...)

Feldpostkarte mit propagandistischem Text.

Foto: Archiv von Keusgen

Als Raimund Steiner nun am Heiligen Abend des Jahres 1943 beim Adjutanten des in der Normandie stehenden Artillerie-Regiments 1716 erschien, trug er noch immer die Uniform der Gebirgsjäger und das markante Edelweiß an seiner Mütze. Einer der anwesenden Offiziere sprach bewußt so laut, daß der Leutnant dessen Spott hören konnte:

„Jetzt schicken sie uns sogar schon einen mit zugebundenen Hosen..."

Der Regiments-Adjutant befahl Steiner, sich schnellstens eine „ordentliche" Uniform zu besorgen und sich dann bei der 2. Batterie im WN 16 bei Colleville-sur-Orne *(auf der westlichen Seite der Orne und des Kanals)* und dem *(derzeit)* dortigen Batteriechef, Leutnant Siegfried Ebenfeld, zu melden. Dort sollte er als Stützpunktführer eingesetzt werden.

Am späten Nachmittag desselben Tages traf Raimund Steiner bei der 2. Batterie ein:

„Ich war dort der einzige Ostmärker unter lauter Preußen..."

Der Leutnant sollte nun im Offiziers-Casino auf den Batteriechef warten. Das Casino befand sich in der 1. Etage des Hauses, in dem im Parterre auch das Büro der Batterie etabliert war. Steiner sah sich in dem komfortabel eingerichteten Raum um. Glasmalerein zierten die Fenster, und auf einem breiten Regal gab es eine reichhaltige Bar mit erlesenen Weinen, Cognac, Likören, Calvados und exquisiten Confisserien. Steiner war von der Ost-Front etwas ganz anderes gewohnt...

Nachdem Raimund Steiner mehr als eine ganze Stunde lang gewartet hatte, betrat plötzlich eine äußerst attraktive Französin den inzwischen von der tiefstehenden Sonne mit rötlichem Licht beschienenen Raum. Die selbstbewußt auftretende Frau war Anfang ihrer 20er Lebensjahre, weißblond und mit einem offensichtlich teuren Pelzmantel bekleidet. Sie sprach den verblüfften Leutnant in fast einwandfreiem Deutsch mit charmant wirkendem französischen Akzent an:

„Guten Tag, Monsieur! Sie sind sicher Leutnant Steiner, der neue Batterieoffizier. Ich bin Jacqueline B.* Sie werden an den Strand kommen, zum K 5..."

Steiner war verblüfft. Er wußte nicht, was *K 5* bedeutete und fragte sich, wie es sein konnte, daß eine französische Zivilistin seinen Namen kannte, bevor sie ihn überhaupt gesehen hatte, und so gut über militärische Dispositionen und Standorte informiert war...

Jacqueline bot dem Leutnant an, ihn nun direkt zu jenem mit *K 5* bezeichneten Bunker zu bringen. Doch Steiner wies darauf hin, daß er sich zuerst einmal beim Batteriechef, Leutnant Ebenfeld, zu melden habe. Doch die Französin sagte lächelnd:

„Siegfried ist mit seiner Freundin in Riva-Bella. Er wird wohl wieder erst gegen Morgen zurückkommen - und wie immer, betrunken..."

Dann reichte Jacqueline dem verwunderten Steiner eine Liste sämtlicher deutscher Stellungen, aller Posten, der Observations- und Gefechtsstände sowie der täglichen militärischen Routineabläufe. Außerdem erzählte sie, daß sie genau darüber informiert sei, wo sich die deutschen Batterie-Verantwortlichen immer aufhielten und an welchen Festivitäten sie gerade teilnahmen beziehungsweise teilnehmen würden. Die Französin war dem Leutnant unheimlich, und alles, was er in der nur kurzen Zeit an diesem Standort erlebt hatte, äußerst befremdlich:

„Angesichts der hier herrschenden Mißstände war ich sprachlos. In der gesamten Batterie gab es nur eine einzige kleine Wachmannschaft; alle anderen Soldaten eines jeden Dienstgrades befanden sich im sogenannten Urlaub am Ort..."

Noch während sich die hübsche Jacqueline und Raimund Steiner unterhielten, erschienen, viel früher als von der Französin erwartet, Leutnant Siegfried Ebenfeld und seine französische Freundin. Steiner schätzte ihr Alter auf Mitte dreißig:

„Ihr Make-up war zu stark aufgetragen und verschmiert. Eine ihrer falschen Wimpern hatte sich gelöst. Es war unschwer zu erkennen, daß beide angetrunken waren."

Steiner salutierte und meldete sich vorschriftsmäßig. Doch der Batteriechef winkte ab und unterbrach ihn mit lallender Stimme, sagte, daß alles das bis zum nächsten Tag warten könne. Dann verlangte er nach dem Abendessen...

Jacqueline bereitete rasch etwas zu, und man setzte sich gemeinsam zu Tisch. Während der äußerst unkonventionellen Konversation erfuhr Raimund Steiner von Jacqueline „so ganz nebenbei, daß sie eine Schwester hat. Sie hieß Denise und war die Freundin des Chefs der 3. Batterie, eines Hauptmanns namens Wolter. Aber diese Batterie war weit entfernt, irgendwo dort drüben, auf der anderen Seite der Orne..."

Steiner, der direkt von der Partisanenbekämpfung kam, war konsterniert, daß eine französische Zivilistin derart genau über die Soldaten der Wehrmacht in diesem Gebiet informiert war. Ihm war alles das äußerst suspekt...

Als Leutnant Steiner nach einiger Zeit mehr Einblick in die allgemeinen Gepflogenheiten bekommen hatte, war er schockiert darüber,

Im Zentrum einer der vier (nie benutzten) Geschützringstellungen der Batterie Merville wurde einst außer einem Reichsadler mit Hakenkreuz und zwei Lorbeerzweigen folgende Inschrift in den frischen Beton gekratzt: „Deutschland wird leben - wenn auch wir sterben. 26.7.1941"

Fotos: M. Passauer

* Da nicht geklärt ist, ob es sich dabei um Jaquelines tatsächlichen Familiennamen oder um einen Decknamen handelt, wird hier aus rechtlichen Gründen auf die Nennung des Namens verzichtet.

wie sehr sich die deutschen Soldaten auf private Beziehungen zur dortigen Bevölkerung eingelassen hatten, und daß sie offenbar ihr militärisches Verantwortungsbewußtsein geringer schätzten als ihr persönliches Vergnügen mit weiblichen Bekanntschaften, Festen, gutem Essen, Wein und Calvados. Steiner fragte sich auch, inwieweit die Soldaten bereits über die französische Bevölkerung von der *Résistance* infiltriert waren. Außerdem hatte er Jacqueline in Verdacht, dieser Widerstandsbewegung anzugehören...

Nach noch nicht einmal einer Woche ergab sich für Raimund Steiner eine Gelegenheit, mit seinem neuen Batteriechef ein vertrauliches Gespräch „unter vier Augen" zu führen. Steiner brachte seine Befürchtungen und seine Kritik betreffs der laxen Verhältnisse vor Ort unmißverständlich zum Ausdruck. Doch Leutnant Ebenfeld wollte davon absolut nichts hören und verbat sich ganz energisch jegliche Einmischung. Aber Steiner ließ nicht locker:

„Als ich schon bald die skandalösen und korrupten Verhältnisse durchschaut hatte, war ich endgültig empört. Ich war mit meinen 23 Jahren noch so naiv, zu glauben, daß ich eine neue Ordnung schaffen könnte, aber schnell fand ich mich isoliert und vielen Schikanen ausgesetzt..."

Generalfeldmarschall Erwin Rommel - im November 1943 zum Inspekteur des „Atlantikwalls" ernannt und ab 15. Januar zum Oberbefehlshaber der Heeresgruppe B. **Foto: Kollektion R. Munninger**

Rommel sorgt für Tempo

Am 5. November 1943 war Generalfeldmarschall Erwin Rommel von Hitler zum Inspekteur des *Atlantikwalls* eingesetzt worden. Ab 15. Januar 1944 befehligte er die Heeresgruppe B und begann sofort sämtliche Stellungen entlang der normannischen Küste zu inspizieren. Erst am 6. März erschien der Feldmarschall anläßlich einer Fahrt nach Caen überraschend beim Artillerie-Stützpunkt WN 01. Sein großer, schwarzer Horch rollte vor den Haupteingang der Batterie, gefolgt von einigen anderen Autos. Mit jugendlichem Schwung sprang der 53-jährige Rommel aus seinem Wagen. Schnell hatte Hauptmann Wolter seinen Stahlhelm aufgesetzt und kam angelaufen, nahm stramme Haltung an und salutierte vor dem Feldmarschall. In Rommels Gefolgschaft befanden sich sein Adjutant sowie sein Pionierführer der Heeresgruppe B, General Wilhelm Meise, Rommels Stabschef, Generalleutnant Dr. Hans Speidel, und Vize-Admiral Ruge.

6. März 1944: Rommels erste Inspektion der Merville-Batterie. Seine Beurteilung des Standes der Ausbauarbeiten war äußerst negativ...
Foto: Kollektion H. Buskotte

Mit zügigen Schritten ging Rommel über den Stützpunkt, sah sich die Baustelle an und stellte Wolter dabei einige knappe Fragen. Am Ende seines Rundgangs sagte er dem Batteriechef, daß die *Organisation Todt* für den Bau der Bunker viel zu lange brauche. Rommel ordnete einen sofortigen Ausbau zu einer vollverbunkerten Anlage an. Sein Gefechtsschreiber, Unteroffizier Rolf Munninger, sagte dazu:

„Natürlich war sich Rommel der wichtigen Aufgabe der Batterie bewußt; er hatte mehrmals darüber gesprochen. Deshalb wies er ja auch ganz nachdrücklich darauf hin, daß sich die Luftüberlegenheit der Alliierten beim Stand der gegenwärtig nur mangelhaft ausgebauten Verteidigungsanlagen fatal auf die deutschen Bodentruppen auswirken würde, und daß man deshalb schnellstens Bunker bauen müsse. Rommel befahl auch, daß die Stützpunkt-Besatzungen nicht, wie bisher, allesamt in weit entfernten französischen Privathäusern einquartiert werden, sondern hauptsächlich auf dem Batteriegelände untergebracht sein sollten - in Gruppenunterständen *(Offiziere waren davon ausgenommen)*."

Rommel befahl außerdem, daß innerhalb des großen Stützpunkt-Areals Betonpfähle gegen Luftlandeunternehmen aufgestellt werden und man sich mit allem von nun an gefälligst beeilen sollte. Dann fuhr er wieder davon. Die ganze Visite hatte keine zwanzig Minuten gedauert - und von nun an ging im WN 01 alles deutlich schneller voran.

Die groben Erdaushubarbeiten für die Bunker erfolgten mittels eines Baggers, dann gruben die Arbeiter der *Organisation Todt* mit Spitzhacken und Schaufeln den Rest aus. Außer der dazu täglich neu abgestellten Soldaten des Stützpunktes bestand nun die Masse der Bauarbeiter aus französischen Zwangsverpflichteten, die der Bürgermeister der Gemeinden von Merville und dem in nur 1,7 Kilometer benachbarten Gonneville jeden Tag neu zu bestimmen hatte. Dazu kamen viele im zwölf Kilometer entfernten Caen angeworbenen französische Freiwillige. Die Arbeiter wurden zwar besoldet, aber nur recht mäßig. Zu diesen Männern gehörte auch Marcel Saint-Bômer:

„Wir mußten jeden Tag schwere körperliche Arbeit verrichten - zwölf Sunden lang. Unser Lohn betrug sieben Franc pro Stunde. Das war sehr wenig, aber man war froh, überhaupt eine Arbeit bekommen zu haben..."

Etliche dieser freiwilligen Arbeiter gaben aber bereits vom Beginn der Ausbauarbeiten an heimlich diesbezügliche Informationen an die Widerstandsbewegung weiter...

Wie Rommel außerdem befohlen hatte, wurden nun auch die inzwischen gelieferten, drei Meter langen Betonpfeiler gegen Luftlandungen errichtet. Hans Staab war an dieser Arbeit beteiligt:

„Dann wurden etwa vierzehn oder fünfzehn Stück von den Betonpfählen aufgestellt - einen Meter tief eingegraben, von uns Soldaten. Ich mußte dabei auch mitmachen. Die Dinger waren so ungefähr fünfzehn mal fünfzehn Zentimeter dick und verdammt schwer. Die standen dann da überall herum; zwei Meter hoch ragten sie aus der Erde..."

Betreffs der Kasematte Nr.1 erklärte der Bauarbeiter Wolfgang Schneider: „Anfang März '44, zum Zeitpunkt von Rommels erster Inspektion, da war der große Bunker noch immer nicht ganz fertig. Da fehlte noch die große, eiserne Schartenblende und sämtliche Türen; und eingerichtet war da auch noch nichts..."

Foto: Kollektion A. Steiner

Im März 1944 wurden die beiden Leutnante Malsch und Schaaf von der Batterie Merville abberufen und anderen Einheiten zugewiesen. Malsch kam zum Regimentsstab nach Caen, und mit Schaaf verlor die Batterie ihren Stützpunkt-Führer, dessen Funktion der „Spieß", Johannes Buskotte, nun auch noch übernehmen mußte.

Zum Ende März erkannte man in Großbritannien anhand der Auswertung aktueller Luftaufnahmen, daß bei Merville bereits zwei Kase-

Diese Luftaufnahme eines britischen Aufklärungsflugzeugs vom 31. März 1944 zeigt die im Bau befindliche Anlage der 1. Batterie. Die

matten fertiggestellt und die beiden ersten Geschütze darin in Stellung gebracht worden waren. Außerdem hatte man mit dem Bau von zwei weiteren Kasematten angefangen. So begannen die Alliierten ab dem 20. April damit, den Artillerie-Stützpunkt sporadisch zu bombardieren und von Jagdflugzeugen aus zu beschießen.*

Kasematten Nr.1 und Nr.2 waren bereits fertiggestellt und mit Erdanschüttungen versehen, Nr.3 und Nr.4 noch im Zustand des Rohbaus. (Am Bildrand links das Offiziers-Casino = Pfeil.)

Foto: Battlefield Historian Ltd.

Hans Staab berichtete:

„Genau zu Führers Geburtstag ging's mit der Bombardiererei los; sowas vergißt man nicht... Ich saß auf dem Flak-Stand und hatte mein Hemd ausgezogen, weil die Sonne so warm schien. Ich hatte Flug-

* Trotz der sonst gewissenhaften Auflistung sämtlicher erfolgter Bombenangriffe durch Bomber der Alliierten auf deutsche Verteidigungsanlagen entlang der französischen Kanalküste gibt es im Kriegstagebuch des Admirals Kanalküste merkwürdigerweise keine einzige Eintragung betreffs der Bombardierungen der Batterie Merville...

zeugerkennungsdienst. Mittags um zwei Uhr kamen 18 Marauder. Ich kannte die feindlichen Flieger. Die waren aber sehr hoch, höher als unsere Flak reichte... Die Flieger haben da oben geglitzert, und darunter haben die herabfallenden Bomben gefunkelt. Es sah wunderbar aus - war aber sehr gefährlich... Und dann sind die Bomben alle daneben gegangen, keine einzige in unsere Stellung..."

Hans Staab auf dem Flak-Stand der 1. Batterie: „Der erste große Bombenangriff kam aus so großer Höhe, daß ich gar nicht erst zu schießen brauchte, weil meine 2-cm-Kanone da gar nicht hinaufreichte..." (Dieses Foto wurde bereits Ende April 1944 aufgenommen und zeigt auch zwei britische Aufklärungsflugzeuge, die das Batteriegelände gerade überflogen und fotografiert hatten - siehe die große Luftaufnahme in der Rücktitelklappe.)

Foto: Kollektion H. Staab

Dieser erste Bombenangriff war für die Artilleristen ein Schock. Von nun an befanden sie sich auch in der bisher so ruhigen Normandie im Krieg...

Diese Luftaufnahme eines britischen Aufklärungsflugzeugs vom 30. April 1944 bestätigt Hans Staabs Aussage, daß keine einzige der Bomben des Luftangriffs vom 20. April innerhalb des Batteriegeländes (im weißen Kreis) niedergegangen war, vielmehr wurden mehrere Häuser in Merville sehr stark beschädigt, einige sogar völlig zerstört.

Foto: Battlefield Historian Ltd.

Doch trotz weiterer fast täglicher Luftangriffe durch Jagdbomber *(tagsüber)* und schwerer Bomber *(hauptsächlich nachts)* ging der Ausbau der Verteidigungsanlage weiterhin relativ rasch voran. Um den Fortgang der Bauarbeiten tagsüber nicht durch überraschende feindliche Luftangriffe durch die schnellen Jabos *(Jagdbomber)* gefährden zu lassen, wurden die Arbeitszeiten auf die Nächte verlegt: Von

Das erste große Bombardement auf die 1. Batterie bei Merville hatte infolge seiner Zielverfehlung und der Zerstörung zweier Bauernhöfe auch die französische Bevölkerung aufgeschreckt. Viele Menschen verließen daraufhin fluchtartig das Umfeld des WN 01.

Foto: Battlefield Historian Ltd.

19:30 Uhr bis 05:30 Uhr, und es wurde bei Flutlicht gearbeitet.

Die etwa 240 auf dem Terrain tätigen Bauarbeiter *(die Anzahl der Arbeiter variierte täglich)* brauchten für den Erdaushub sowie für den Fundamentguß einer Kasematte jeweils eine einzige Nacht, für die Eisenmonierung zwei Nächte, eine weitere für die Installation der Lüftungs- und Elektroanlagen, für die Holzverschalungen *(durch französische Schreiner)* die nächste Nacht, für die Errichtung der Betonmischer-Galerien *(ebenfalls durch französische Schreiner)* eine weitere, und eine letzte, um den Betonguß einzubringen. Nur 48 Stunden später konnte man bereits die Verschalung abnehmen. Nur neun Tage nach dem „ersten Spatenstich" war ein Bunker fertig. Ähnlich verhielt es sich auch mit den Personal-Unterständen. Bereits kurze Zeit nach der Aushärtung des Betons und einigen Tagen Belüftung wurden die halbunterirdischen Gruppenunterstände bezogen - obwohl aus den Wänden noch für längere Zeit Feuchtigkeit austrat und die noch vom Kalk angereicherte Luft den Soldaten auf die Dauer unangenehm in den Augen brannte.

Die beiden anderen Geschützbunker Nr.3 und Nr.4 waren trotz der vielen, allerdings wenig treffsicheren Bombardierungen bis zur Mitte des Monats Mai fertiggestellt. An die Kasematten wurden gleichermaßen zur Tarnung wie zum weiteren Schutz seitlich noch Erdanschüttungen in der gesamten Höhe der Bunker vorgenommen und die Abdeckungen gegen Erkennung aus der Luft mit Grassoden getarnt. Die dafür notwendigen Soden waren auf den weiter vom Batteriegelände entfernten Viehweiden großflächig ausgestochen worden - zum Leidwesen der Bauern. Die noch freigebliebenen, pockenartig strukturierten Betonflächen der steilen Wände wurden mit einem grünbräunlichen Tarnanstrich unregelmäßig bemalt. Dann wurden die zwei letzten Haubitzen in ihre neuen Unterstände gerollt und die Eingänge mittels dicker Stahltüren verschlossen. *(Die Lieferung der Stahlplatten für die Verblendung der großen Scharten erfolgte nie mehr...)*

Von den vier Geschützbunkern war lediglich die Kasematte Nr.1 des Regelbau-Typs 611 mit einer Nahverteidigungsanlage ausgestattet. Die drei anderen Geschützbunker wurden gemäß des kleineren Regelbau-Typs H 612 errichtet *(Abbildung siehe nächste Seite).*

Der Schartenstand für Feldgeschütze des Regelbau-Typs 611 war eine sehr häufig gebaute Kasematte und wurde hauptsächlich in Belgien und Nordfrankreich errichtet. Die Scharte dieses Geschützbunkers konnte mittels einer versenkbaren Stahlplatte verschlossen werden. In der Kasematte befand sich außer einer Nahverteidigungsanlage, einer Gasschleuse (Dekonterminierungsraum) und je einem Raum für Kartuschen und Granaten sowie ein Bereitschaftsraum für neun Artilleristen (der bald auch als Gefechtsstand genutzt wurde). Unter dem Kampfraum befanden sich zwei weitere Räume: Der kleinere bildete die Hülsenkammer; im größeren wurde diverses Material gelagert (er wurde ab Mitte Mai 1944 auch als Notunterkunft genutzt). Auch gab es einen separaten Wartungszugang zu dem schmalen Schacht der stählernen Schartenverschlußplatte. In der rückwärtigen Flanke befand sich ein integrierter MG-Ringstand (Tobruk-Stand).

Die drei anderen Kasematten des Regelbau-Typs H 612 beinhalteten außer des Kampfraums und der beiden kleinen Munitionskammern keine weiteren Räume. In ihnen konnten bis zu 350 Granaten und Kartuschen des Kalibers 10 cm gelagert werden. Im Allgemeinen wurden diese Bunker nicht in Batterieaufstellung errichtet, sondern lediglich flankierend.

Eine der vier 1942 für die Haubitzen betonierten Ringstellungen, die aber wegen der guten Erkennung aus der Luft niemals genutzt und deshalb mit Erde und Grassoden abgedeckt wurden.

Foto: von Keusgen 2010

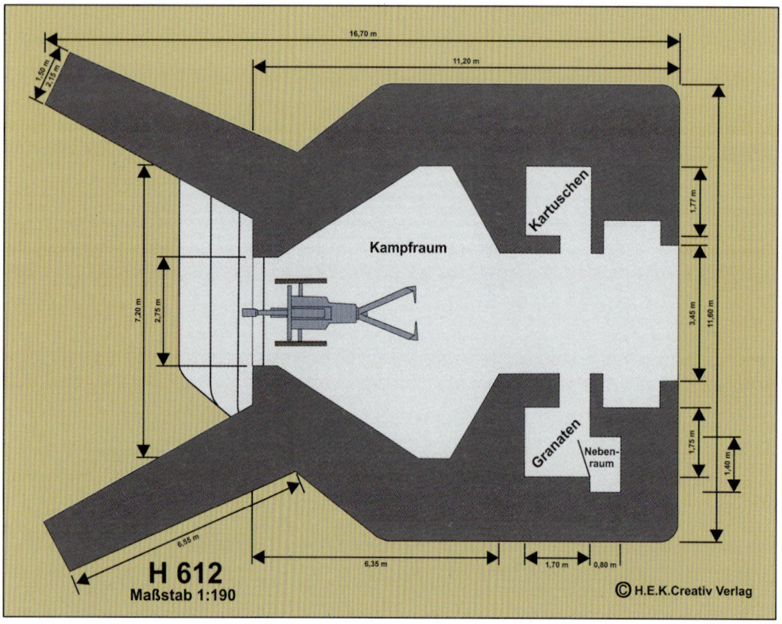

Der H 612 war der meistgebaute Kasemattentyp zur Aufnahme von Geschützen mit kleinen bis mittleren Kalibern (insgesamt wurden davon 649 Exemplare errichtet). Nicht selten hat man die Scharte dem jeweiligen Geschütz angepaßt. Für die Errichtung eines H 612 mußten 120 Kubikmeter Erdreich ausgehoben werden, und es bedurfte 4,1 Tonnen Formstahl, 17 Tonnen Rundstahl und 385 Kubikmeter Beton.

Nach der Fertigstellung aller vier Kasematten waren alle darin aufgestellten Haubitzen mit einem Seitenrichtbereich von 5° auf Ziele im Bereich der Orne-Bucht ausgerichtet.

Grafiken: von Keusgen

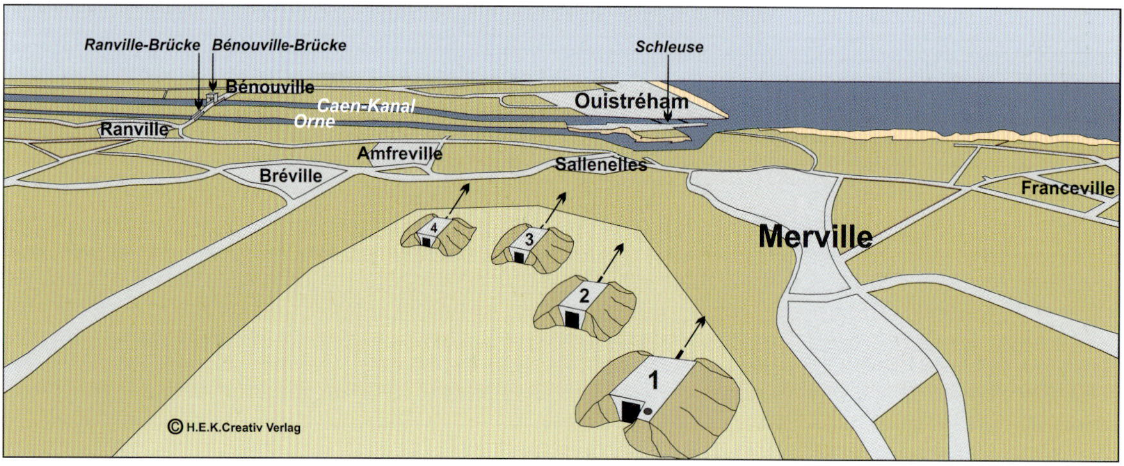

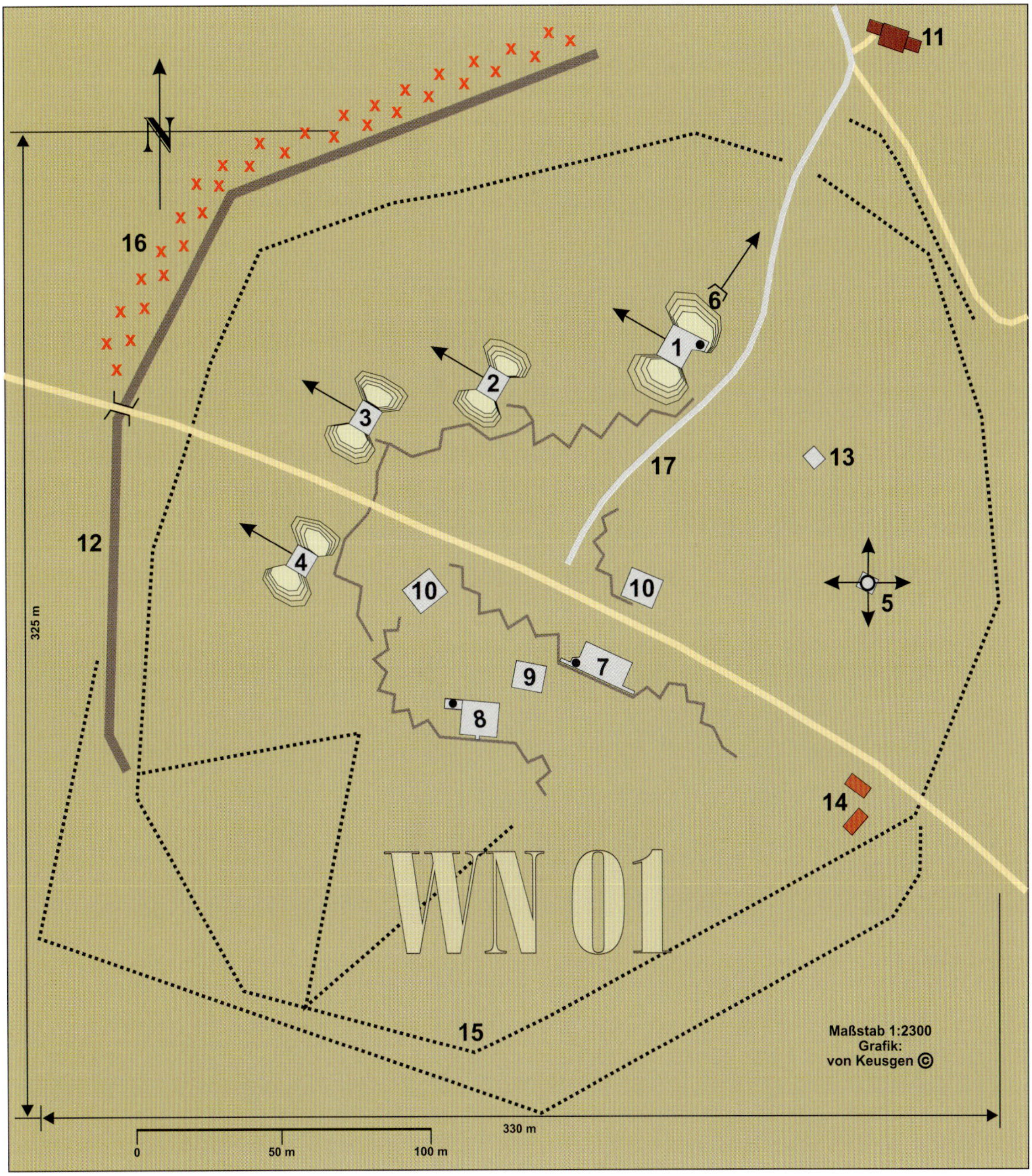

Plan der Batterie Merville

1 - Kasematte Nr. 1 (H 611) mit Batteriegefechtsstand
2-4 - Kasematten Nr. 2 - Nr. 4 (H 669)
5 - Stand für 2-cm-Flak auf dem Wasser-Bunker
6 - 4,7-cm-Pak (auf den Batterie-Eingang gerichtet)
7 - Doppelgruppenunterstand (H 622) für nur 6 Personen, da als Nachrichtenzentrale mit Funk und Telefon sowie Periskop genutzt (mit permanent unbestztem Tobruk-Stand)
8 - Gruppenunterstand (H 501) für 10 Personen (mit permanent unbesetztem Tobruk-Stand)
9 - Küche / 10 - Munitionsbunker (VF 76.SK) / 11 - Offizierscasino / 12 Panzerabwehrgraben
13 - Vorratsbunker / 14 - Latrinen / 15 - Stacheldrahtumzäunung / 16 - Minen / 17 - betonierter Weg

Da sich das Batterie-Terrain infolge der ab April 1944 einsetzenden Bombardierungen in ständiger Veränderung befand, somit auch die Laufgräben und Umzäunung immer wieder neu und mit anderem Verlauf angelegt wurden, ist dieser Grafik eine Luftaufnahme vom Mai 1944 zugrunde gelegt worden.

Betreffs der Verminung des Stützpunktes WN 01 gibt es äußerst widersprüchliche Angaben und Aussagen. Seitens der Briten wird von einem dichten, breiten, das gesamte Terrain umlaufenden Minengürtel geschrieben, doch stehen derartigen Ausführungen drei wichtige Aussagen kompetenter Berichterstatter gegenüber, die angaben, daß lediglich vor dem Panzergraben ein nur schmaler Streifen Schützen(abwehr-) und T-Minen verlegt worden waren. Hans Staab sagte diesbezüglich:

„Aber nur rechts von dem Weg, der durch den Stützpunkt über den Panzergraben führt. Aber viele Minen waren's nicht, die dort lagen - nur ein paar..."

Johannes Buskotte konkretisierte:

„Einen durchgängigen Minengürtel gab es bei uns nicht. Wir haben dann am Eingang sogar noch selbst ein paar Minenattrappen verlegt."

Heinrich Bachmann von der 3. Kompanie, dessen Zug nahe östlich des WN 01 stand und am 6. Juni 1944 an den Kampfhandlungen um den Stützpunkt teilnahm, sagte betreffs der Minen:

„Da standen wohl einige Schilder 'rum, die vor Minen gewarnt haben, aber auf unserer Seite gab's gar keine, nur ein Minenfeld in östlicher Richtung und ein Stück weiter weg..."

Durch Berühren der Druck- oder Zugzünder wurde die Schützenmine (Schrapnellmine) ausgelöst. Sie sprang dann etwa 70 cm hoch und explodierte, wobei sie Hunderte Stahlkugeln „verschoß". **Foto: Archiv von Keusgen**

In der Nacht vom 9. auf den 10. Mai 1944 flog wieder einmal ein Bomberpulk zur Batterie Merville - 56 Lancaster. Dann fielen eintausend Bomben in ihrem charakteristischen, taumelnden Fall heulend und pfeifend herab, doch die meisten schlugen wieder weit außerhalb der Batterie ein; nur 56 von ihnen im und unmittelbar beim Stützpunkt. Erde, Gestein, Feldbahnloren und Schienen wirbelten gefährlich umher. Hellgrauer Staub zerfetzter Zementsäcke hüllte das Areal in einen dichten, in den Atemwegen ätzenden Nebel, aber nur zwei der Bomben hatten ein Ziel getroffen; in beiden Fällen die Kasematte Nr.1. Die Bomben waren an ihrer südlichen, mit Erdboden angeschütteten Flanke eingeschlagen, ohne einen größeren Schaden am Bunker angerichtet zu haben. Es war lediglich viel Erde umhergewirbelt worden.

Der Luftangriff in der Nacht vom 9. auf den 10. Mai ließ im WN 01 und seiner Umgebung die Erde beben. 56 Bomben trafen das Terrain, von denen einige besonders schwere Kaliber waren. Doch war das erst der Beginn einer noch intensiven Serie schwerer Bombardements...

Foto: Battlefield Historian Ltd.

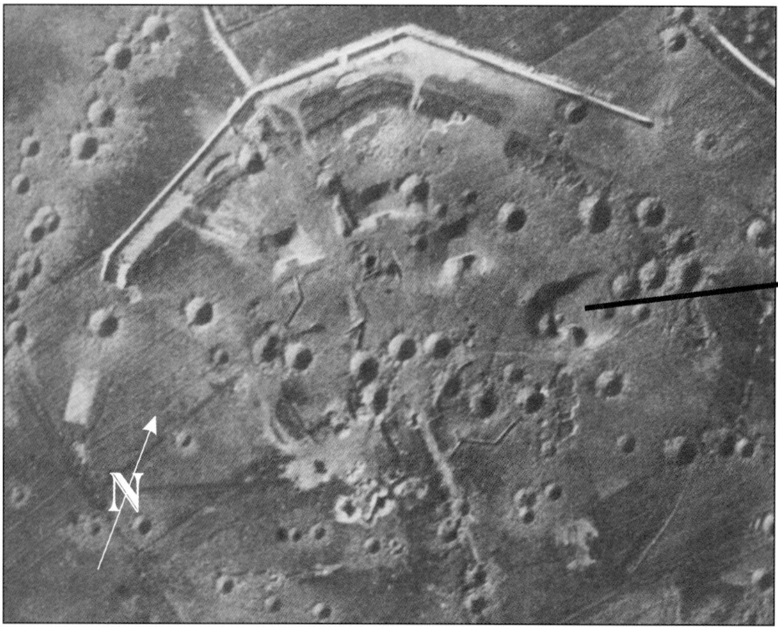

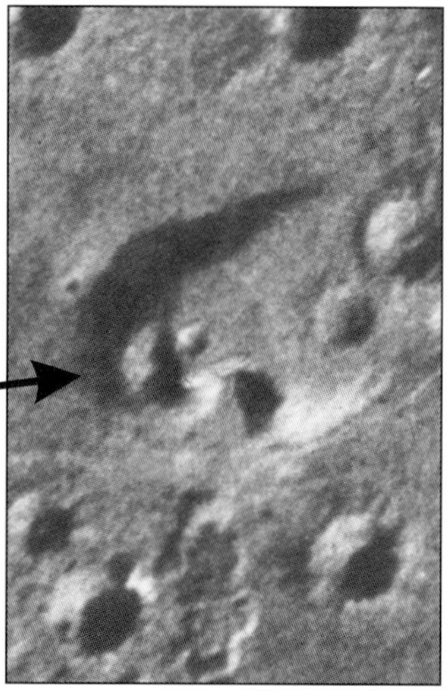

Die Kasematte Nr.1 war von zwei Bomben unmittelbar verfehlt worden.

Fotos: Battlefield Historian Ltd.

Alle anderen Bomben hatten in der weiteren Umgebung des WN 01 ein weiteres Mal erhebliche Schäden angerichtet. So war das Wirtschaftsgebäude des Bauernhofs Le Mavais getroffen worden, und beim Gehöft Grande Ferme du Buisson waren etliche Bomben im großen Obstgarten zwischen den Apfelbäumen eingeschlagen. Im nahen Descanneville waren vom Luftdruck fast alle Fensterscheiben zersprungen. Auf den Weiden, die im Umfeld des Batteriegeländes lagen, waren 27 Kühe getötet worden, 40 verwundet und 11 hatte man infolge zu schwerer Wunden direkt vor Ort notschlachten müssen. Ein großer, mehretagiger Kaninchenstall eines Bauern hatte einen Volltreffer erhalten. An seiner Stelle klaffte nun ein breiter Krater...

Ein paar Tage später gingen einige Artilleristen zum 800 Meter nordöstlich des Stützpunktes gelegenen Schloß von Merville. Nachdem der ganze Großraum um Merville ständig von den schweren Bombardements mitbetroffen war, hatten die Schloßbewohner das Gebäude vorsichtshalber verlassen, wie es auch etliche Einwohner von Merville getan hatten. Man war zu Verwandten in anderen Ortschaften gezogen. Auch Hans Staab gehörte zu der kleinen Gruppe deutscher Soldaten, die an diesem Tag das Schloß aufsuchte:

„Auf dem Weg dahin, da haben überall die toten Tiere herumgegelegen. Da hat's schlimm gestunken... Wir sind dann da ´rein *(ins Schloß)* und haben uns mit dem, was wir dort fanden und was wir gebrauchen konnten, versorgt. Da gab's sogar Hemden; die konnten wir gut gebrauchen..."

Hans Staab vor dem ersten, noch improvisierten Flak-Stand, der sich unweit südöstlich des Gruppenunterstandes H 622 befand, jedoch zu Beginn des Jahres 1944 auf dem Wasserbunker installiert wurde.

Foto: Kollektion H. Staab

Gegen Mitte des Monats Mai 1944 war der Stützpunkt weitgehend fertiggestellt, doch standen noch immer Feldbahnloren und Betonmischer auf dem Terrain herum, auch viele, die durch die Bombenangriffe zerstört worden waren. Nach den immer wieder erfolgenden Luftangriffen gab es für die Stützpunktbesatzung ständig Arbeit. In Anbetracht der Häufigkeit und Schwere der Bombenangriffe waren die angerichteten Schäden dennoch relativ gering. Allerdings fielen auch fast jedes Mal Bomben in die Nähe und auf die verlegten Minen, die den Stützpunkt stellenweise umgaben. Sie brachten die Minen zur Detonation, ebenso das nach den Explosionen wieder herabregnende Erdreich und die Steine. An vielen Stellen wurden die Stacheldrahtumzäunungen zerrissen. Danach mußten die Krater zugeschüttet und verschüttete Laufgräben wieder ausgehoben werden. Die Eingänge der Kasematten waren zwar mit widerstandsfähigen Stahltüren verschlossen, doch waren an ihnen die tiefen Stahlsplitter-„Wunden" der massenhaft in ihrer Nähe eingeschlagenen Bomben gut zu erkennen. Die flachen Betonabdeckungen wurden wieder komplett mit Grassoden bedeckt und einmal mehr für die feindliche Luftaufklärung „unsichtbar" gemacht. Doch der helle Erdboden des immer wieder um- und umgepflügten Stützpunktes sowie seine Umgebung waren aus der Luft ohnehin gut zu erkennen...

Die vier 10-cm-Haubitzen standen in ihren Positionen zwar nach Nordwesten ausgerichtet, auf die Orne-Bucht und das dahinter liegende offene Meer, und ihr Schußfeld betrug lediglich 60°, doch konnten sie auch problemlos nach vorn ins Freie hinausgeschoben werden, um somit ihr Schußfeld zu erweitern. Zum Hinterland hin war ein Beschuß von den Kasematten aus unmöglich, außer wenn die Geschütze rückwärts, nach hinten, und gänzlich aus den Bunkern gerollt und umgedreht wurden. Aus diesem Grund waren die Kasemattenböden und die Scharten ebenerdig.

Außer der Kasematten und der halbunterirdischen Mannschaftsunterkünfte waren auch noch drei Nahverteidigungsstellungen als sogenannte Tobruk-Stände installiert *(auf der Kasematte Nr. 1 und auf zwei der beiden Gruppenunterstände)*, von denen nur jener auf der Kasematte besetzt wurde, da die Batterie nur über ein einziges*(!)* Maschinengewehr verfügte. Auch einen Granatwerfer gab es in diesem nur spärlich mit Waffen ausgestatteten Stützpunkt nicht. Mehrere Laufgräben verbanden lediglich sämtliche Bunker miteinander.*

Der größere Unterstand verfügte über ein Periskop, um sich von innen einen Rundumblick von der Umgebung oberhalb der Abdeckung verschaffen zu können. In ihm wurde außer dem Mannschaftsquartier eine Fernmeldestelle eingerichtet, in dem auch Hans Staab schlief:

„Wir waren da mit sechs Mann einquartiert: Wir drei vom Flak-Stand, Hans Kehlenbach, Fernmelder Oberwachtmeister Hoheisl und ein Pole namens Bigin. Unsere Flak stand auf dem nahen Wasserbunker. Da ging eine Treppe hoch. Wenn's dann zu gefährlich wurde, sind wir einfach runtergesprungen, in den Bunker..."

Bild oben links: Der Doppelgruppenunterstand H 622, Quartier für 20 Soldaten. Doch wurden hier nur sechs Personen einquartiert, weil er primär als Kommunikationszentrale genutzt wurde.
Bild oben: Die noch auf der Abdeckung des H 622 vorhandene Durchführung des Periskops zur Rundumbeobachtung.

Fotos: von Keusgen 2012

Bild unten: Der als Batterieküche genutzte Bunker. (Im Hintergrund rechts der Wasserturm von Merville, der damals als Beobachtungsstand diente.)

Foto: R. Hellberg 2006

* Anmerkung des Autors: In manchen Publikationen werden fälschlich bis zu 15 Verteidigungspositionen angegeben.

Kameradschaftsabend im Gruppenunterstand H 622, der auch als Kommunikationszentrale genutzt wurde, und in dem ein Funkgerät und ein Telefon installiert waren (siehe Seite 48). (Bildmitte: Der 34-jährige Sanitäter der Batterie, Hans Kehlenbach.)

Außer einer stärkeren Bewaffnung gab es im WN 01 auch keinen Suchscheinwerfer, der bei Nachtangriffen unbedingt notwendig gewesen wäre. Gegen eine passive Abwehr von Panzern, erstreckte sich bereits seit 1941 über die gesamte Breite der nordwestlichen Seite des Batteriegeländes der breite Graben. Das gesamte Terrain hatte man mit einer dichten, 1,20 Meter hohen und ebenso breiten Stacheldrahtspirale eingezäunt.* Auf der östlichen Seite, außerhalb des Areals war mittels Schützenabwehrminen ein breites aber nicht sehr dichtes Minenfeld angelegt und mit Warnschildern gekennzeichnet worden *(auf der deutschen Generalstabskarte als MF = Minenfeld 77 bezeichnet, siehe Seite 19).* Auf der westlichen Seite befand sich vor dem Panzerabwehrgraben der nur kurze Streifen Schützenabwehr- und T-Minen. Aber etwas anderes war für die Verteidigung der Batterie wichtig: In ihrer Nähe lagen nahe südlich und nahe östlich zwei Züge der 3. Kompanie des Grenadier-Regiments 736 *(etwa 80 Infanteristen)*...

Immer häufiger kamen nun die Aufklärungsflugzeuge über den Ärmelkanal zur Batterie Merville geflogen, und immer wieder wurde das Fortschreiten ihrer Ausbauarbeiten fotografiert...** Da man die Bauarbeiter aus Sicherheitsgründen niemals in die Nähe der fast ständig mit großen Tarnnetzen überzogenen und gut bewachten 10-cm-Haubitzen gelassen hatte, war es auch den französischen Spitzeln nicht möglich gewesen, sich genau über die Kaliber der Geschütze informieren zu können.*** Johannes Buskotte sagte dazu:

„Es war den Soldaten streng verboten, zu irgend jemandem Angaben zur militärischen Einrichtung zu machen."

Der Obergefreite Krugewitt und Hans Staab vorm Eingang zum Küchenbunker (siehe Seite 48).

Fotos: Kollektion H. Staab

---

* In etlichen anderen Berichten wird fälschlich von einem fünf Meter breiten Stacheldrahtverhau geschrieben und das Widerstandsnest 01 völlig unzutreffend als eine stark befestigte Anlage mit einem breiten, umlaufenden Minenfeld dargestellt...

** In diversen Publikationen wird beschrieben, daß den Alliierten infolge ihrer vielen Aufklärungsflüge die ungewöhnlich große Dimension des Artillerie-Stützpunktes auffiel und dieses ein Indiz dafür war, ihren taktischen Wert hoch einzuschätzen. Aber den Planern der Invasion mußte eigentlich ohnehin klar gewesen sein, zu welchem speziellen Zweck die Anlage tatsächlich errichtet wurde...

*** Inwieweit das Kaliber der Haubitzen von ursächlicher Bedeutung für den Angriff auf die Merville-Batterie war, bleibt dahingestellt. Tatsache ist, daß es in relativer Nähe mehrere andere, deutlich stärkere Batterien gab, für die in der Folge seitens der Alliierten kein derartig großer Aufwand für ihre Neutralisierung getrieben wurde, wie für die Batterie Merville...

So hatten die französischen Spione auf die weite Entfernung ein deutlich größeres Kaliber geschätzt, und die regionale Widerstandsbewegung, die *Réseau Centurie*, meldete sie nach Großbritannien: 15 Zentimeter *(das war bei schweren Feldhaubitzen ein Kaliber, das den Kriegsschiffen einer Invasionsflotte im Extremfall bis zu 18 Kilometern Reichweite durchaus gefährlich werden konnte, denn als Faustregel gilt: Ein Zentimeter Kalibergröße entspricht etwa einer treffgenauen Reichweite von einem Kilometer - grundsätzlich flogen die Geschosse aber erheblich weiter.)* Auch die Personalstärke der Batterie wurde von den Spionen um das fünffache überschätzt und mit 200 angegeben.

Gelegentlich wurden mit den Haubitzen Probe- beziehungsweise Übungsschüsse abgegeben. Diesbezüglich erklärte Hans Staab:

„Wenn die Franzosen nicht im Meer gebadet haben, schossen wir auf den Strand vor Franceville, oder auf Flöße, die im Wasser lagen."

Entgegen andernorts üblicher Strandabsperrungen und -verminungen blieb der Strand bei Franceville-Plage über seine gesamte Breite von Cabourg bis weit in die Orne-Bucht hinein völlig offen und für die Franzosen frei zugänglich. So ging man bei schönem Wetter baden - auch die Soldaten, und auch Hans Staab:

„Nur mit der Badehose bekleidet, hat ja eh keiner gewußt, ob man ein Franzose oder ein Deutscher war. Wenn dann die so gefürchteten Jagdflieger übers Meer kamen, haben die uns nichts getan..."

Hans Staab während einer Mittagspause auf „seinem" neuen Flak-Stand.

Foto: Kollektion H. Staab

Personelle Umbesetzungen und ständige Bombardierungen

Am 13. Mai wurde „Spieß", Johannes Buskotte zum Hauptwachtmeister befördert. Außerdem mußte er mit seinem Büro aus dem Schloß bei Descanneville ausziehen und sich in dem Bereitschaftsraum der Kasematte Nr.1 des Artillerie-Stützpunktes einrichten, der außer der Geschützmannschaftsunterkunft nun zusätzlich zum Batteriegefechtsstand bestimmt worden war.

Am 15. Mai erkrankte plötzlich Oberstleutnant Hans-Joachim Andersen schwer und mußte für eine dringende Gallenblasenoperation sofort nach Deutschland überführt werden. Divisionskommandeur Richter bestimmte sofort, daß Andersens Posten als Regimentskommandeur nun durch Major Helmut Knupe ersetzt werden sollte, der deshalb umgehend zum Oberstleutnant befördert wurde.

Helmut Knupe war ein gänzlich anderer Typ als sein Vorgänger - forscher, strebsamer und einsatzfreudiger. Er war das, was die Soldaten „schneidig" nannten. Doch die Neubesetzung des Kommandeurpostens war nicht für alle untergebenen Offiziere, die im Regimentsgefechtsstand in Beuville *(6,5 Kilometer nördlich Caen)* tätig waren, erfreulich, am wenigsten für Hauptmann Schimpf. Er genoß bei seinen Leuten ohnehin nur wenig Sympathie...

Als Schimpf am 16. Mai aus seinem „Bomben-Urlaub" ins Regimentshauptquartier zurückkehrte, erfuhr er völlig überraschend, daß nun der frischbeförderte, dienstbeflissene Oberstleutnant Knupe sein neuer Regimentskommandeur war. Schimpf kannte ihn und seinen Ruf - aber umgekehrt war es ebenso... Knupe, der nun begann, viele Dinge innerhalb der Personalstruktur zu verbessern, wollte den Hauptmann in seinem Regiment so weit wie möglich von sich entfernt sehen. Der wenig einsatzfreudige Schimpf sollte jetzt den Chef der 1. Batterie ablösen, und Wolter sollte zur 2. Batterie bei Colleville-sur-Orne versetzt werden, wo er unter besserer Überwachung stand...

Am 13. Mai mußte der gerade zum Hauptwachtmeister beförderte Johannes Buskotte aus seinem bisherigen noblen Quartier im Château de Descanneville (im Hintergrund) aus- und in die Kasematte Nr.1 einziehen.

Foto: Kollektion J. Buskotte

Am 17. Mai fuhr der Kommandeur der I. Abteilung, Major Karl-Werner Hof, mit Hauptmann Schimpf nach Merville, damit der sich einen ersten Eindruck von der Batterie machen konnte - aber deren Chef war an diesem Tag einmal mehr nicht anwesend. So wurden Hof und Schimpf lediglich von Hauptwachtmeister Buskotte empfangen. Betreffs der neuen personellen Umbesetzung wurde nun besprochen, daß unter Schimpfs neuer Leitung ein Leutnant namens Tubbesing Stützpunktführer werden sollte, dafür würde der jetzige, Leutnant Rudi Schaaf, zum neuen Chef der 3. Batterie avancieren. Sie stand bei Bréville *(4,2 Kilometer südlich Merville)*, war motorisiert und mit schweren 15,5-cm-Geschützen ausgerüstet.

Während dieses Gesprächs mit Johannes Buskotte, „spuckte", wie der sagte, „Hauptmann Schimpf große Worte. Schimpf prahlte auch, daß er als neuer Chef unserer Batterie bei einer Invasion die Schiffe nur so aus dem Wasser blasen werde... Er erschien sehr unseriös, nahm den Mund oft zu voll..."

Am 17. Mai 1944 besuchten Major Karl-Werner Hof (Mitte) und Hauptmann Schimpf (rechts) die 1. Batterie und wurden von Hauptwachtmeister Johannes Buskotte (links) empfangen. (Im Hintergrund die requirierte und als Offizierscasino genutzte Schule samt des Rathauses von Merville. Die Loren am rechten Bildrand gehörten der noch immer auf dem Terrain tätigen „Organisation Todt" an). Foto: Kollektion H. Staab

Der 19. Mai 1944 war ein hochsommerlich-warmer Freitag, doch infolge des hohen Gezeitenstandes hatte in der Feuerleitstelle des Observationsbunkers wieder einmal schon seit zwei Tagen das salzige Wasser des Meeres gestanden. Bereits seit der Erstellung dieses Bunkers war darüber diskutiert worden, wie lange man dem Batteriepersonal noch nasse Füße zumuten konnte. An diesem Tag fiel nach etlichen Beschwerden die Entscheidung seitens des Regiments:

„Verlegung der B-Stelle in den östlicherseits benachbarten Bunker der 3. Kompanie."

Dieser Bunker gehörte ebenfalls zum Widerstandsnest 03 und ist *(noch heute)* der alten Festung La Redoute zur Seeseite hin 210 Meter nordöstlich vorgelagert. Auch er war so weit vorn am Strand gebaut worden, daß bei seeseitigem Wind, höchstem Tidestand und aufgelaufener Flut das Wasser fast die vordere Betonwand erreichte.* In diesem Bunker des Regelbau-Typs H*(Heer)* 506 stand in seiner nordostwärts gerichteten Scharte eine 4,7-cm-Panzerabwehrkanone. Das in der Kasematte stationierte Geschützpersonal bestand aus acht Infanteristen der 3. Kompanie des Grenadier-Regiments 736 der 716. Infanterie-Division. Einer der Infanteristen war ein junger österreichischer Leutnant namens Rix. Er war der Stützpunktführer des WN 03. Die Unterkunft dieser acht Personen bildete der Bereitschaftsraum des Bunkers. Telefonisch stand man von dort aus mit allen anderen Unterständen der 3. Kompanie in Verbindung, ebenso mit den Wachstuben der benachbarten Widerstandnester *(die sich in den jeweiligen Bunkern befanden)* und mit dem Stab der eigenen 716. und dem der im Westen benachbarten 711. Infanterie-Division.

Damit die Batterie Merville auch weiterhin über einen Beobachtungs- und Feuerleitstand in „vorderster Linie" - am Strand - verfügen konnte, hatte die *Organisation Todt* bereits einige Zeit zuvor innerhalb weniger Tage direkt an die westliche Flanke der geräumigen H-506-Kasematte einen Tobruk-Stand angebaut *(siehe Seite 31)*. Auf seine runde Luke war eine Renault-Panzerkuppel *(Modell 1931, ohne Kanone)* montiert worden, die von nun an der 1. Batterie als Observationsstand diente. Im Mannschaftsraum des Bunkers wurden außer der

---

* Heute befinden sich diese Bunker infolge des in den Jahrzehnten angeschwemmten Sandes, durch starke Verlandung und üppig gediehener Vegetation mehr als einhundert Meter vom Meeressaum entfernt.

Pak-Besatzung der 3. Kompanie nun auch die Artillerie-Beobachter einquartiert.

Die kürzeste Wegstrecke *(teilweise über schmale Pfade)* von diesem Beobachtungsbunker bis zum Artillerie-Stützpunkt bei Merville betrug 2,5 Kilometer. Ein Telefonkabel, das in einer speziellen, acht Zentimeter dicken Ummantelung 1,2 bis 1,5 Meter tief im Erdboden verlegt war, verband die B-Stelle mit der Feuerstellung *(eine allgemein übliche Technik)*. Wichtig war, daß die 1. Batterie und das Grenadier-Regiment 736 in wechselseitiger Beziehung zueinander standen, denn bei einem landseitigen Angriff auf die Batterie konnte ihr die Infanterie zu Hilfe kommen, und die Infanterie konnte bei einem seeseitigen Angriff Feuerunterstützung von der Artillerie erhalten...

Der 19.Mai war noch nicht vorbei, denn es geschah noch etwas in dieser warmen Nacht auf den 20. Mai:

Hauptmann Wolter hatte sich zu einer „besonders heißen" Liebesnacht mit seiner französischen Freundin im Offiziers-Casino verabredet. Dort hielten sich an diesem Abend auch noch einige andere Offiziere auf. Nach ein paar Drinks zogen sich Karl-Heinrich Wolter und „seine" Denise ins Privatgemach des Batteriechefs zurück und begaben sich in sein Bett... Vor dem Haus hielt in dieser Nacht der Kanonier Ewald Sturm Wache.

Gegen 01:30 Uhr röhrten 15 Lancaster- und 51 Halifax-Bomber der *Royal Canadian Air Force* auf die Merville-Batterie zu. Da das dumpfe Dröhnen des Bomberpulks immer schon von Weitem zu hören war, hatte es noch niemals jemand für nötig gehalten, im Stützpunkt einen Fliegeralarm auszurufen. So lief Ewald Sturm zum Haupteingang und von dort zusammen mit der Torwache in die Kasematte Nr.1, um darin vor dem zu erwartenden Bombardement Schutz zu suchen.

Dann setzte der inzwischen zwanzigste Bombenangriff auf die Batterie Merville ein. Hauptwachtmeister Buskotte beobachtete das Bombardement, auch, daß „die Bombenteppiche wieder einmal weit vor dem Zielgebiet 'runterkamen und weit darüber hinausreichten..."

Unmittelbar nach dem Angriff rief Buskotte in der B-Stelle an, um seinem Chef Meldung zu machen. Doch Wolter war dort nicht anwesend. So telefonierte der Hauptwachtmeister mit Leutnant Rix. Der gab die Meldung unverzüglich an die Division weiter. Dann vergewisserte sich Buskotte über das Ausmaß der von den Bombern angerichteten Zerstörung. Da kam Ewald Sturm angelaufen und meldete ihm aufgeregt, daß auch das Offiziers-Casino auf der Rückseite von einer kleineren Bombe getroffen worden war...

Es war normal, daß sich abends immer einige Offiziere im Casino aufhielten, besonders freitags und samstags. Sofort machte sich der Hauptwachtmeister mit noch einigen anderen Artilleristen auf, in dem Haus nach Überlebenden zu suchen. Aber offenbar hatten alle Offiziere das Gebäude noch früh genug verlassen können - bis auf Hauptmann Wolter und seine Geliebte. Als man etwas später den toten Batteriechef aus dem Haus trug, fiel Ewald Sturm auf, daß er außer einem Oberhemd auch noch an einem Fuß einen Stiefel trug...

Um das Ansehen deutscher Offiziere vor den Mannschaften nicht infrage zu stellen, sowie um Wolters Reputation zu wahren, mußte Hauptwachtmeister Buskotte in seinem schriftlichen Bericht vermerken, daß man „in der Nähe des Gebäudes auch den Leichnam einer unbekannten Französin gefunden" habe... Doch war trotz aller ver-

Diese Luftaufnahme vom 27. Mai 1944 zeigt die Folgen der Bombardierungen vom 19. zum 20. Mai - auch das davon betroffene Casino (im weißen Kreis).

Foto: Battlefield Historian Ltd.

suchten Diskretion etwas von der Wahrheit „durchgesickert". Dazu sagte Hans Staab:

„Es wurde zwar bekannt gegeben, daß Wolter bei dem Bombenangriff ums Leben gekommen war, aber nicht, daß er in seinem Bett mit seiner französischen Geliebten gestorben war; das hab' ich vom Ewald erfahren..."

(Karl-Heinrich Wolter war in der gesamten Zeit der Bombardierungen seit dem 20. April 1944 und nach Hunderten abgeworfenen Bomben das erste Todesopfer der Batterie Merville - und er sollte es bis zum 6. Juni bleiben. Denise B. hatte im Dienst der „Résistance" gestanden, ebenso wie ihre Schwester Jacqueline. Die beiden Frauen hatten der Spionageabteilung der Alliierten viele wichtige Informationen betreffs der Wehrmacht zukommen lassen. Jacqueline überlebte den Zweiten Weltkrieg, ohne von den Deutschen als Widerstandskämpferin überführt worden zu sein.)

Bereits am Samstagnachmittag traf beim Regiment der Bescheid betreffs Wolters Todes ein. Nun mußte schnellstens ein neuer Chef für die 1. Batterie gefunden werden. Oberstleutnant Knupe hatte für diesen Posten bereits Hauptmann Schimpf vorgesehen, doch der hatte schon wieder „zusätzlichen Bomben-Urlaub" genommen und war bereits unterwegs in seine sächsische Heimat, und ein anderer Hauptmann stand im gesamten Regiment nicht zur Verfügung. Aber da gab es noch einen jungen Leutnant, der fünf Monate zuvor von der Ost-Front gekommen war, einen Österreicher...

Noch am frühen Samstagabend wurde Leutnant Raimund Steiner von Oberstleutnant Knupe zum neuen, vorerst provisorischen Batteriechef ernannt, weil er von allen Offizieren der Batterie die meiste Kampferfahrung hatte.

Am späten Abend verließ Leutnant Raimund Steiner wegen der Gefahr durch Jagdbomber-Angriffe erst zum Einbruch der Dunkelheit, gegen 22:30 Uhr, mit einem ihm zur Verfügung gestellten Auto Colleville in Richtung Merville - und er war sehr froh darüber, weit fort von der von ihm so ungeliebten 2. Batterie versetzt worden zu sein.

Als Steiner am Tor des Stützpunkt-Haupteingangs anhielt, erwartete ihn schon der inzwischen fernmündlich informierte Hauptwachtmeister Johannes Buskotte. Er hatte den kleinen Batterie-Wachtrupp

Am Eingang zum Stützpunkt WN 01 wurde Leutnant Steiner (im Auto, einem englischen Ford, sitzend) trotz der späten Uhrzeit noch von Hauptwachtmeister Johannes Buskotte (rechts) empfangen (links Steiners Fahrer). **Foto: Kollektion A. Steiner**

zur Begrüßung ihres neuen Chefs in der warmen Nacht antreten lassen. Steiner reichte Buskotte die Hand und dankte ihm für die freundliche Geste. Bis zu diesem Moment hatten sich die beiden Männer, der eine aus Österreich, der andere aus Norddeutschland, noch niemals zuvor gesehen - und waren sich spontan sympathisch. Buskotte zeigte dem Leutnant seine Unterkunft in der Kasematte Nr.1, sofern er sich nicht in der B-Stelle am Strand bei Franceville aufhalten würde, denn auch dort war für ein Quartier innerhalb des Bunkers gesorgt.

Schon am nächsten Vormittag, am Montag, dem 21. Mai, wurde Karl-Heinrich Wolter beerdigt. Unmittelbar nach der Beisetzung stellte Hauptwachtmeister Buskotte der Stützpunkt-Besatzung offiziell den neuen Batteriechef vor, dessen „Spieß" er nun war.

Dann erklärte Johannes Buskotte dem Leutnant ausführlich die Bewaffnung des Stützpunktes, seine technische Ausstattung und die Mannschaft, nannte Namen und besondere Eigenschaften der jungen Soldaten. Buskotte war klar, daß Raimund Steiner erst einmal für längere Zeit auf ihn angewiesen war, und so stellte er sich gern an die Seite des sympathischen jungen Leutnants. Für Raimund Steiner war es wichtig, mit Johannes Buskotte einen zuverlässigen Mann an seiner Seite zu haben; und der korrekte Hauptwachtmeister spürte, daß die Batterie mit Steiner endlich einen guten und verantwortungsbewußten Chef bekommen hatte...

Gegen Mittag des 21. Mai radelte der Hauptwachtmeister mit seinem neuen Chef zum Observationsbunker im WN 03 bei Franceville Plage. Unterwegs wies Buskotte auf das Telefonkabel hin, das die B-Stelle mit der Feuerstellung verband. Er informierte ihn auch über die telefonischen Kommunikationsmöglichkeiten der von der 3. Kompanie belegten Widerstandsnester des Stützpunktes Franceville-West untereinander und deren Verbindungen zu den beiden Divisionsstäben. Wichtig war es, den jungen Leutnant darüber aufzuklären, daß die Merville-Batterie primär zur Verteidigung der Orne-Bucht und der Kanal-Zufahrt respektive der Schleuse errichtet worden war...

Als die beiden Männer den Observationsbunker bei Franceville erreicht hatten, war Steiner von dessen Standort positiv beeindruckt:

„Er war recht geräumig, und obenauf war eine Panzerkuppel montiert. Vor mir erstreckte sich das herrliche Meer, und bei Flut kamen die Wellen bis an die Betonwand heran. Rechter Hand konnte ich Cabourg sehen, halb rechts und weit entfernt, nordöstlich, Le Havre. Im Westen lag Ouistréham mit dem Hafen, dahinter Riva Bella. Aber um die Orne-Bucht einzusehen, war der Bunker nicht gut gelegen..."

...Doch dafür gab es noch immer den Beobachtungsstand auf dem Wasserturm in Merville.

Johannes Buskotte erklärte dem Leutnant, daß er als vorgeschobener Beobachter nicht nur für die eigene Batterie tätig sein sollte, sondern auch noch als Feuerleitoffizier für beobachtetes Schießen des östlich der Dives gelegenen Artillerie-Regiments 1711 der 711. Infanterie-Division.

Als der Hauptwachtmeister dann mit dem Batteriechef den unmittelbar benachbarten Bunker der Infanteristen betrat und ihm Leutnant Rix vorstellte, ergab sich nach nur wenigen Minuten dieses ersten und herzlichen Gesprächs der beiden Österreicher, daß Steiner die Frau des Infanterie-Leutnants aus Innsbruck persönlich bekannt war. Steiner und Rix waren sich vom ersten Moment an sympathisch.

Leutnant Steiner (links) und Leutnant Rix am Eingang zur B-Stelle (siehe Seiten 30, 31 und unten).

Foto: Kollektion A. Steiner

Der Eingang zur ehemaligen B-Stelle heute. **Foto: M. Krug 2011**

Am 22. Mai hielt sich Leutnant Steiner zum ersten Mal als neuer Batteriechef in der B-Stelle auf. Gegen 23:50 Uhr wollte er sich in dem Bunker gerade zur Nachtruhe begeben, als es zu einem ungewöhnlichen Zwischenfall kam:

Ein offenbar von einem feindlichen Jagdbomber abgeschossenes brennendes deutsches Flugzeug stürzte etwa dreihundert Meter vom Strand entfernt ins Meer. Niemand hatte den genauen Hergang beobachtet, lediglich im letzten Moment den Einschlag auf die Wasseroberfläche gesehen. Einige der benachbarten Infanteristen schwammen sofort hinaus und konnten den nur leicht verletzten Piloten retten.

General der Artillerie Erich Marcks.

Foto: Bundesarchiv Koblenz Bild 183-L19841a / Scherl Bilderdienst

Am dritten Tag seines Dienstes als Batteriechef erhielt Steiner in seinem Stützpunkt hohen Besuch: Der General der Artillerie Erich Marcks, Kommadierender General des LXXXIV. Korps, inspizierte die Anlage bei Merville. Kritisch und wortkarg betrachtete der hagere, von der Ost-Front schwer kriegsversehrte General durch seine runde Nickelbrille selbst Details, humpelte mit seiner Beinprothese um die breiten Bombenkrater herum und erklomm langsam und mühsam die Erdanschüttung zur Abdeckung der Kasematte Nr.1. Als ihm Leutnant Steiner behilflich sein und die Hand reichen wollte, wies Marcks ihn in schroffem Ton zurück. Von der Abdeckung der Kasematte hatte der General dann einen guten Überblick über den gesamten Stützpunkt und die vielen Bombenkrater...

Johannes Buskotte war bei der Inspektion des Generals ebenfalls anwesend:

„Dann fragte der Chef den General, ob und wann mit größeren Geschützen zu rechnen wäre, denn schließlich seien die Kasematten ja für wesentlich größere gebaut worden. Doch Marcks entgegnete schroff, daß seien interne militärische Entscheidungen, man würde Steiner zur gegebenen Zeit davon unterrichten, außerdem könne man die Haubitzen zum Schießen aus den Bunkern auch herausrollen..."

In der Nacht zum 25. Mai erfolgte der nächste Bombenangriff auf die Batterie Merville. Das Besondere an diesem Angriff war das neue, ungewöhnlich schwere Kaliber der Bomben. Ihre Einschläge und die Detonationen waren kolossal und überstiegen alles Bisherige um ein Vielfaches. Johannes Buskotte beschrieb den Luftangriff:

„Was da 'runterkam, war unglaublich... Der Boden hat gezittert, als würde unter uns ein Vulkan ausbrechen. Selbst in den geschlossenen Unterständen vibrierte die Luft dermaßen, daß man glaubte, die Trommelfelle würden einem zerreißen. Der Druck hatte mehrere Männer aus den Betten geworfen, und einige bluteten aus Mund, Nase und Ohren. Sogar am nächsten Morgen zitterten uns noch die Hände und die Beine..."

Hans Staab sagte über diesen Luftangriff:

„Unser ganzer Unterstand schaukelte mit dem Erdboden, so wie ein Schiff auf dem rauhen Meer..."

Bereits kurz nach Ausbruch des Zweiten Weltkriegs war von dem britischen Ingenieur Dr. Barnes Wallis eine ungewöhnlich große Bombe mit einem Gewicht von 10 Tonnen und weit überdurchschnittlicher Sprengkraft gegenüber der bisherigen entwickelt worden. Bisherige, konventionelle Bomben detonierten an der Erdoberfläche und gaben den größten Teil ihres Explosionsdrucks in die Atmosphäre ab. Diese Bombe jedoch sollte auf dem sogenannten Erdbeben-Prinzip basieren, folglich unterirdisch detonieren und statt eines Kraters eine Höh-

lung verursachen. Somit würde die Explosionsenergie vom Erdboden aufgenommen und als starke Schockwelle auf das Ziel einwirken. Da die Tragkraft britischer Bomber der Vorkriegszeit jedoch noch viel zu gering war, hatte man eine Realisierung derartiger Bomben verworfen.

Im Verlauf des Zweiten Weltkriegs hatte seitens der Alliierten das Interesse an gezielten strategischen Einsätzen stark zugenommen. Man benötigte zunehmend geeignete Waffen, mit denen man in der Lage war, schwer gepanzerte Objekte, große Bauwerke und Betonbauten zerstören zu können. Zwar griff Barnes Wallis 1940 seine Idee betreffs einer 10-Tonnen-Bombe wieder auf, doch konnte die Royal Airforce das Logistik-Problem noch immer nicht lösen. So entwickelte Wallis eine kleinere Versionen seiner Bombe, die sogenannte „Tallboy“ („Großer Junge“) mit 5,4 Tonnen Gesamtgewicht, davon 2,4 Tonnen hochbrisanten Sprengstoffs und mit einem Langzeitzünder versehen. Von diesen Bomben wurden insgesamt 854 Exemplare an die Royal Airforce ausgegeben...

Als sich Hauptwachtmeister Buskotte nach dem Bombardement von dessen Ausmaß überzeugte, war er entsetzt. So etwas hatte er noch nie gesehen:

„Da waren Riesenkrater, wie auf dem Mond. Eine der großen Bomben war ein Blindgänger. Das Ding hat fast zehn Meter vor Bunker Drei einen riesigen, schrägen Trichter in den Boden gehauen, dessen Tiefe man nicht erkennen konnte; ich schätzte so etwa zehn Meter. Die Bombe muß eine Tonne oder mehr gewogen haben und schien direkt unter dem Fundament des Bunkers zu stecken...“

Daraufhin ließ Buskotte die Kasematte Nr.3 vorsorglich räumen. Dann rief er Steiner in der B-Stelle an. Steiner und alle anderen Soldaten waren in der Nacht von dem Bombardement geweckt worden, und sie hatten das enorme Beben bis zur Küste hin spüren können.

Als der Batteriechef dann im Stützpunkt eintraf, konnte auch er „kaum glauben, was ich sah. Es war einfach unglaublich... Eine der Bomben war in der Nähe der Kasematte Nummer Eins eingeschlagen. Der Luftdruck war so stark gewesen, daß das gesamte, an den Flanken angeschüttete Erdreich fortgeblasen war - mehrere Tonnen festen Bodens... Das Batteriegelände war nur noch ein einziges Kraterfeld. Aber die Kasematten, die wichtigsten Bunker und das tief im Boden liegende Fernsprechkabel waren nicht getroffen worden und hatten das Bombardement überstanden...“

Der Leutnant schätzte anhand der extremen Wirkung das Einzelgewicht der Bomben auf mehrere Tonnen und meldete alles telefonisch an die Division. Dort forderte er auch Pioniere an, um den höchst gefährlichen Blindgänger möglichst schnell entschärfen und entfernen zu lassen.

Statt eines Räumtrupps erschien kurz nach Mittag der General der Pioniere. Er war im höchsten Maße an der Bombe und ihren Auswirkungen interessiert - und ebenso überrascht über das, was er da zu sehen bekam... Wie er nach der Begutachtung resümierte, hatte die Bombe einen Aufschlagwinkel von 50°, was bedeutete, daß sie ausschließlich von einem tieffliegenden Kampfbomber abgeworfen worden sein mußte, denn Bomben, die von den hochfliegenden Lancaster-Bombern abgeworfen wurden, schlugen in einem Winkel von fast 85° auf den Boden. Bemerkenswert war auch die ungewöhnliche Tiefe, die von der Bombe über einen auch noch recht langen Kanal in dem harten, kalksteinhaltigen Boden erreicht worden war.

Die Super-Bombe „Tallboy“ war 6,35 Meter lang, hatte einen Durchmesser von 95 Zentimetern und wog 5,443 Tonnen. Der Gefechtskopf wog 2,358 Tonnen (Torpex D1 = Torpedo-Sprengstoff).

Foto: Wikipedia

Dieses Bild stellt die Merville-Batterie (2. und 3. Kasematte) kurz vor der Invasion dar! Das Foto wurde während er Visite eines der höchsten deutschen Offiziere (wahrscheinliche des höchsten Pioniergenerals) gemacht! R. Steiner

Ein erst nach der Invasion veröffentlichter Zeitungsartikel der SS-Propaganda-Kompanie, der das verwüstete Batterieterrain zeigt. Er wurde mit folgenden Worten unterschrieben:
„Trotz einiger Volltreffer haben diese Bunker des Atlantikwalls den Beschuß durch schwerste Schiffsartillerie beinahe unversehrt überstanden. Das Gelände ringsum gleicht einem Kraterfeld." In Wahrheit war dieses Foto bereits am 25. Mai aufgenommen worden, wie Steiners hinzugefügter Kommentar beweist. Es zeigt das ausschließlich von Bomben zerrissene Gelände - somit wurde der Einsatz derartiger Super-Bomben verschwiegen und die Widerstandsfähigkeit der Bunker hervorgehoben. **Foto: Kollektion A. Steiner**

Nur zwei Tage später, am 27. Mai, hielten gegen 14:00 Uhr zwei große Personenwagen mit den markanten Standarten des Stabes auf den Kotflügeln in einiger Entfernung zum Haupteingang der Batterie. Raimund Steiner war gerade von der B-Stelle zurückgekommen und hatte selbst an der Seite seiner Soldaten mit Aufräumarbeiten begonnen. Wegen der Wärme hatte er seine Uniformjacke offen getragen und den Stahlhelm abgesetzt. Als er zwei Generäle mit drei weiteren hohen Offizieren im Gefolge zum Haupteingang gehen sah, konnte er gerade noch seinen Helm aufsetzen. Dann knöpfte er eilig die Jacke zu, und während er zum Eingang lief, klopfte er sich noch den hellen Staub von der Hose.

Steiner salutierte korrekt, doch die Generäle reichten ihm freundlich lächelnd die Hände. Einer war ein untersetzter, stämmiger und hochdekorierter Mann, der andere schlank und eine Pfeife rauchend. Der Leutnant entschuldigte seine schmutzige Uniform, verwies dabei auf die ständige, schwere Instandsetzungsarbeit, an der er sich selbst gelegentlich beteiligte. Die Generäle nickten, und der schlanke sagte anerkennend:

„Gut, gut; sehr löblich..."

Da wurde er von seinem Adjutanten mit Herr Generaloberst angesprochen, und nun begriff Raimund Steiner, wer ihm da gegenüberstand - Generaloberst Friedrich Dollmann, der Oberbefehlshaber der in der Normandie stehenden 7. Armee. Er hatte auch davon gehört, daß Dollmann ein Gegner von Hitlers Art und Weise der Kriegsführung sein sollte... Der andere war Generalleutnant Günther Blumentritt, der Chef des Generalstabs des Oberbefehlshabers West.

Hoher Besuch am Eingang zum WN 01: Leutnant Steiner (mit Stahlhelm) begrüßt die Generäle Günther Blumentritt (Mitte) und Friedrich Dollmann (rechts) sowie deren Adjutanten.

Foto: Kollektion A. Steiner

Während des ausgiebigen Rundgangs über den fast vollständig verwüsteten Stützpunkt betrachteten sich die Generäle die vielen großen Bombenkrater und beobachteten offensichtlich beeindruckt die fleißig an der Widerherstellung der Anlage arbeitenden Soldaten. Sie stellten dabei dem Batteriechef einige Fragen, die Steiner gern beantwortete, zumal sich dadurch für ihn endlich einmal die Möglichkeit ergab, auf diverse Mißstände und Mängel hinzuweisen. So erklärte er die infolge der Bombardierungen ständig rapide zunehmenden Verluste an Ausrüstungen, der ohnehin wenigen Minen und anderem Material. Die Generäle hörten sich Steiners Vortrag aufmerksam an, dann sagte Blumentritt zustimmend nickend:

„Gut, Herr Leutnant, sehr gut..."

Der Inspektionsrundgang der hohen Offiziere führte sie auch auf die Kasematte Nr.1, von der aus sie den besten Überblick über das verwüstete Batteriegelände hatten (links Generaloberst Friedrich Dollmann).

Foto: Battlefield Historian Ltd.

Als Steiner wieder auf die relativ kleinen Kaliber der Geschütze hinwies, sagte Dollmann:

„Sie können sicher sein, junger Mann, daß die Invasion ganz bestimmt nicht hier stattfindet..."

(Nach Aussagen seines Stabschefs Max Pemsel beging Dollmann am 28. Juni 1944 in seinem Hauptquartier in Le Mans im Alter von 62 Jahren Selbstmord, 22 Tage nach dem Beginn der Invasion - in der Normandie.)

Einen Tag nach dem letzten schweren Bombenangriff kam Steiners junger „Bursche", Alois Schilling, zum Batteriechef und gestand ihm, daß er schreckliche Angst habe, daß alle sterben würden, auch müßte er ständig an seine Mutter und seine Schwester denken, und er hätte das Gefühl, sie niemals mehr wiederzusehen...

Der Leutnant fühlte sich gerade diesem sympathischen Jungen besonders verantwortlich und riet ihm, noch bevor die nächste Bomber-Angriffswelle käme, zur B-Stelle zu gehen, da sie nicht das Ziel eines Bombenangriffs wäre.

Es war bereits Abend geworden, als Steiners „Bursche" in der B-Stelle am Strand eintraf. Nur wenige Minuten darauf grollte die nächste Bomberwelle auf die Küste östlich der Orne-Bucht zu, und einmal mehr wurden die Bomben nicht zielgenau auf die Batterie bei Merville abgeworfen - an diesem Tag viel zu früh...

Nachdem das Bombardement verebbt war, versuchte Steiner seinen „Burschen" in der B-Stelle anzurufen. Doch niemand meldete sich. Steiner wußte, daß Schilling der Einzige war, der sich zu dieser Zeit in der B-Stelle aufhalten müßte... So radelte der Leutnant los, um sich zu vergewissern, warum Schilling nicht ans Telefon gegangen war.

Als Steiner den Observationsbunker betrat, „fand ich meinen Burschen inmitten einer großen Blutlache. Durch den schmalen Beobachtungsschlitz war ein großer Stahlsplitter einer offenbar viel zu früh abgeworfenen Bombe geflogen und hatte Schilling den Kopf abgetrennt."

In der Nacht zum 27. Mai entlud sich infolge der starken Lufterwärmung *(im Laufe des Tages bis zu 26° Celsius)* ein schweres Gewitter im Orne-Raum. Am nächsten Morgen hatte sich der durch die vielen Bombardierungen ständig aufgewühlte Erdboden der Merville-Batterie in einen breiigen, ockerfarbenen Morast verwandelt, und in vielen Erdvertiefungen standen glänzende Pfützen, in denen sich das helle Blau des Himmels spiegelte. Als Hauptwachtmeister Buskotte gegen Mittag gerade den Gefechtsstand in der Kasematte Nr.1 verlassen hatte, sah er, daß sich mehrere Autos dem Eingang des Stützpunktes näherten. Der erste Wagen war ein großer Horch. Buskotte beauftragte rasch den Telefonisten, Steiner in der B-Stelle anzurufen und die Ankunft irgendwelcher hoher Persönlichkeiten zu melden.

Am 27. Mai erschien Feldmarschall Erwin Rommel zu einer weiteren Inspektion der 1. Batterie - dieses Mal mit großem Gefolge... (Links im Bild ein Bagger, der neben der Kasematte Nr.1 das von den Bombardierungen fortgeschleuderte Erdreich an der Bunkerflanke wieder aufhäuft.)

Foto: Kollektion J. Buskotte

Als der Hauptwachtmeister eilig dem Eingang zuschritt, „erkannte ich in der bunten Gruppe hoher und höchster Offiziere Feldmarschall Rommel. Da es inzwischen außer Leutnant Steiner keinen weiteren Offizier mehr in der Batterie gab, mußte ich die Position eines Stützpunktführers einnehmen. So machte ich vor den Offizieren Meldung. Rommel nickte freundlich, dann begann er mit seinem Gefolge über das Batteriegelände zu gehen. Wegen des Matsches und der vielen großen und kleinen Pfützen und den großen Bombenkratern gingen fast alle in einer langen Reihe hintereinander. An ihren blankgeputzten Stiefeln klebte schon nach wenigen Schritten dicker Matsch."

Eine Viertelstunde später traf Raimund Steiner mit einem Fahrrad atemlos im Stützpunkt ein:

„Da stand eine große Gruppe allerhöchster Offiziere und ihrer Stabsoffiziere wie auf einer kleinen Insel mitten in der Batterie herum. Sie sahen schick aus mit ihren roten, weißen und blauen Streifen an den Hosen. *(Rote Streifen für Offiziere des Heeres, blaue für jene der Marine und weiße für Offiziere der Luftwaffe.)*"

In diesem Moment rief jemand:

„Fliegeralarm!"

Schon heulten im Tiefflug vom Meer her zwei Spitfire-Jagdbomber heran. Aus ihren hämmernden Bord-MGs loderten zuckend die Stichflammen, und die Geschosse ließen in schneller Folge und in mehreren Bahnen nebeneinander dunklen Matsch und das schmutzige Wasser der Pfützen hoch aufspritzen. Sofort suchten die Offiziere Deckung - und warfen sich mit ihren guten Uniformen bäuchlings in den klebrigen Dreck. Die Jabos heulten über den Stützpunkt hinweg, flogen in einiger Entfernung eine Kurve und kamen zurück. Wieder loderten die Stichflammen an den Mündungen ihrer ratternden Maschinengewehre auf - und wieder jagten die schnellen, einmotorigen Flugzeuge über den Stützpunkt hinweg. Alles ging so schnell, daß weder mit der ohnehin schlecht funktionierenden 2-cm-Schnellfeuerkanone noch mit dem einzigen Maschinengewehr auf die Jäger geschossen werden konnte. Raimund Steiner schilderte die Situation:

„Alle die hohen Herren hatten sich aus Angst in den Dreck geworfen - nur Rommel war aufrecht und hocherhobenen Hauptes stehen geblieben, stolz und unerschütterlich..."

Steiner war der Meinung, daß dieser Jagdbomber-Angriff auf die Gruppe höchster deutscher Offiziere kein Zufall war. Außerdem resümierte Raimund Steiner retrospektiv:

„Rommel ignorierte die Verschmutzung seiner Begleiter, sprach dort weiter, wo er kurz zuvor von den Flugzeugen unterbrochen worden war. Er sagte, daß, wenn die Invasion beginnen werde, sie nicht lange dauern würde... Man konnte glauben, daß er damit meinte, daß die Alliierten bald wieder ins Meer zurückgetrieben würden, aber ich deutete das anders: Mir schien, daß Rommel genau das Gegenteil zum Ausdruck bringen wollte..."

Noch am späten Abend erfolgte der nächste Bombenangriff auf die Batterie. Dafür kam die Royal Air Force mit 55 Lancaster-Bombern über den Ärmelkanal. Johannes Buskotte sagte über die ständigen schweren Bombardierungen:

„Man konnte schon merken, daß man es darauf abgesehen hatte, unbedingt unsere Batterie zu zerstören. Aber der Aufwand, der dafür getrieben wurde, stand in keinem Verhältnis zum Erfolg..."

(Viele Indizien sprechen dafür, daß für die Alliierten die große Gefahr der 1. Batterie weniger im Kaliber ihrer Geschütze bestand, son-

*„Fliegeralarm!"
Noch bevor die Flak-Besatzung ihren Posten auf dem Wasserbunker einnehmen konnte (voran der Flak-Schütze Hans Staab), kehrten die Jabos schon wieder zurück. Hans Staab berichtete über diese Situation: „Alles ging derart schnell, daß weder mit der ohnehin schlecht funktionierenden 2-cm-Flak noch mit dem einzigen im Stützpunkt vorhandenen Maschinengewehr auf die Jäger geschossen werden konnte."*

Foto: Kollektion H. Staab

Bernard Law Montgomery (1887-1976), britischer General und am 6. Juni Kommandeur der gesamten Invasionsstreitkräfte sowie der britischen 21. Armeegruppe. 1944 bildete Montgomery zusammen mit General Eisenhower die Spitze des Planungsstabs der Alliierten und prophezeite kurz vor dem „D-Day“, daß seine britischen Truppen bereits am Abend dieses Tages 10 km im Hinterland stehen würden - Caen liegt 10 km im Hinterland, und im Zentrum der Stadt befindet sich ein großer Hafen, den der Caen-Kanal mit dem Meer verbindet...

Foto: Battlefield Historian Ltd.

dern daß diese auf die Orne-Bucht ausgerichtet waren - und auf die für sie so wichtige Schleuse bei Ouistréham, denn der Kanal bildete den einzigen direkten Weg vom Meer in den Binnenhafen von Caen...)

Der Mai war in diesem Jahr ungewöhnlich warm, da erschien am Nachmittag des 28. wieder einmal ein Aufklärungsflugzeug der Alliierten am wolkenlosen Himmel über dem Merville-Stützpunkt und machte Fotos von dem zerstörten Terrain. Raimund Steiner hatte es längst aufgegeben, seine Männer die Bunker immer wieder tarnen zu lassen:

„Es hatte infolge der ständigen Luftangriffe gar keinen Sinn mehr. Kaum hatte man getarnt, da kamen wieder die Bomber, und wieder riß der Luftdruck der Bomben alles herunter, und wieder wurde ein erheblicher Teil der Laufgräben verschüttet...“

Vorbereitungen der Briten auf den D-Day

Für ein Gelingen des Landeunternehmens der West-Alliierten und einer weiteren Fortführung ihrer Invasion war es unbedingt notwendig, die Flanken des Landeraums gegen ein seitliches Eindringen deutscher Truppen zu sichern. Außerdem mußten wichtige Straßen sowie Brücken für eigene nachfolgende Einheiten und den Nachschub eingenommen werden. An der rechten Flanke des Invasionsraums mit den Sektoren *Utah* und *Omaha* sollten die Amerikaner landen, an der linken Flanke mit den Sektoren *Gold, Juno* und *Sword* sollten die Briten und einige kanadische Verbände an Land gehen. *(Die jeweiligen Landesektoren der Alliierten grenzten über den gesamten Invasionsraum alle unmittelbar aneinander, jedoch waren die Bereiche, in denen an den Stränden angelandet werden sollte, deutlich schmaler und mit dem Zusatz „Beach“ bezeichnet.)* Am rechten Flügel des Invasionsraums sollten amerikanische Luftlandetruppen abgesetzt werden; am linken Flügel *(an der östlichen Flanke des Sektors „Sword“)* war der britische Luftlanderaum geplant. Doch dieser grenzte an die Orne-Bucht, in die auch der Caen-Kanal mündet - und genau dieser Angriffsbereich wurde von der Batterie Merville bedroht...* Außerdem sollten die fünf weiter östlich gelegenen Brücken über die Dives zerstört werden, um einen Vorstoß deutscher Truppen der 711. Infanterie-Division aus östlicher Richtung und über diesen Fluß zu vereiteln.

Vom Führungsstab der Westalliierten *(COSSAC = Combined Operations Strategic Allied Command)* war festgelegt worden, daß auch die aus rund 10.000 Fallschirmjägern und Infanteristen für Lastensegler-Einsätze bestehende, noch völlig kampfunerfahrene 6. Luftlande-Division an der Invasion teilzunehmen hatte. Dazu gehörte auch ein 600 Soldaten starkes kanadisches Fallschirmjäger-Bataillon.

---

* Anmerkung des Autors: Von britischer Seite wird es immer wieder so dargestellt, daß man es im Planungsstab der Alliierten für taktisch vorteilhaft hielt, für ein schnelles Vordringen und die Bildung eines starken Brückenkopfes an der östlichen Flanke der britischen Truppen, die beiden nördlichsten Brücken über den Caen-Kanal und die Orne einzunehmen, denn nur über sie sei es in diesem Raum *(bis Caen)* möglich gewesen, zu den abgesetzten britischen Luftlandetruppen vorzustoßen, um sie zu verstärken. Außerdem würde ein deutscher Stoß aus östlicher Richtung in die westlich des Kanals gelegene Flanke des Invasionsraumes weitgehend ausgeschlossen. Dazu sei festgestellt, daß die beiden nur schmalen Brücken über die Orne und den Kanal größere Truppenbewegungen in kurzer Zeit überhaupt nicht zuließen, außerdem es weiter südlich noch zwei Brücken über den Kanal und drei über die Orne gab. Aber die Bénouville- und die Orne-Brücke waren taktisch noch von ganz anderer Bedeutung - wie man anhand diesbezüglich von mir betriebener Recherchen noch sehen wird...

Der Kommandeur der 6. Airborne Division war der Generalmajor Richard Nelson Gale, der zusammen mit seinem Stab im Hauptquartier des I. Korps in London eintraf. Die Aufgabe dieser Division sollte nun darin bestehen, die Ostflanke der gesamten Invasionsfront einzunehmen und zu halten, um somit einem deutschen Flankenangriff von Osten her entgegenzuwirken. Ein diesbezüglicher und erfolgversprechender Plan wurde ausgearbeitet, dem in den folgenden Wochen zwar einige Modifikationen widerfuhren, der in seiner Grundstruktur jedoch bis zuletzt unverändert blieb.

Nach der bisher nur 1. Airborne Division (= Luftlandedivision; eine für die Briten noch junge Waffengattung) war 1943 eine zweite aufgestellt worden. Um den Deutschen Stärke vorzutäuschen, hatte man die neue Luftlandedivision nicht als 2. bezeichnet, sondern als 6. Sie sollte für den geplanten „D-Day" aus folgenden Einheiten bestehen:

Der 3. Fallschirmjäger-Brigade mit dem 8. und 9. Fallschirmjäger-Bataillon sowie dem kanadischen 1. Fallschirmjäger-Bataillon, der 5. Fallschirmjäger-Brigade mit dem 7., 12. und den 13. Fallschirmjäger-Bataillon und der 5. Luftlandebrigade mit dem 2. Bataillon "Oxfordshire and Buckinghamshire", dem 1. Bataillon der "Royal Ulster Rifles" sowie einer Kompanie des 12. „Devonshire"-Bataillons. Die Einheiten der Division gliedern sich in die 22. Unabhängige Fallschirmjäger-Kompanie (Pfadfinder), das 6. Bewaffnete Aufklärer-Regiment, eine Batterie des 53. Leichten Artillerie-Regiments, die 1. und 2. Schwadron des Lastenseglerpiloten-Regiments, dazu kamen verschiedene Ingenieur-, Signal-, Sanitäts- und Technische Fallschirmjäger-Kompanien. Zusätzlich für den Einsatz am „D-Day" sollte die 1. Special-Service-Brigade unter Brigadegeneral Lord Lovat abkommandiert werden, die aus den Spezial-Kommandos Nr.3, Nr.4 und Nr.6 sowie dem Marine-Spezial-Kommando Nr.45 bestand.

Generalmajor Richard Nelson Gale, Kommandeur der 6. Airborne Division.

Foto: Battlefield Historian Ltd.

Da es infolge erheblicher Logistik-Probleme unmöglich war, die gesamte 6. Airborne Division innerhalb eines einzigen Schubes hinter die normannische Küste einzufliegen, wurde beschlossen, in der Nacht zum *D-Day (vom 5. auf den 6. Juni)* zuerst einen kleinen Teil der Division unter dem Codenamen *Operation Tonga* in die Normandie hinüberzubringen; am Abend desselben Tages dann den Hauptteil unter dem Codenamen *Operation Mallard*.

Die Spezialaufträge im Rahmen der *Operation Tonga* sahen vor, alle sieben im Luftlandebereich befindlichen strategisch wichtigen Brücken über die Dives, die Orne und die Bénouville-Brücke einzunehmen, beziehungsweise jene fünf über die Dives zu sprengen, somit auch das Überschwemmungsgebiet zugunsten der Engländer gegen vorstoßende deutsche Panzer zu nutzen, denn ohne diese Brücken war ein deutscher Panzerangriff von Osten her unmöglich. Außerdem könnten die Briten sich dadurch auf eine Verteidigung nach Süden konzentrieren. Fast gleichzeitig sollte die Batterie Merville an der äußersten linken Flanke des Invasionsraumes eingenommen beziehungsweise eliminiert werden. Die beiden Brücken über den Kanal und die Orne waren so lange zu halten, bis von der Küste des britischen Landeabschnitts *Sword* Verstärkungstruppen eintreffen. Um die Brücken auch großräumig zu sichern, wurde der 5. Fallschirmjäger-Brigade eine Landezone *N* mit durchschnittlich 1,5 Kilometern Durchmesser eingerichtet, deren Zentrum sich nur zwei Kilometer östlich der Orne-Brücke und fünf Kilometer südlich der Batterie Merville befand. So sollte das 7. Bataillon westlich des Kanals Bénouville sichern, das 12. und 13. Bataillon das östlich der Orne gelegene Ranville und eine südlich davon gelegene Anhöhe einnehmen. Für das gesamte Unternehmen wurden insgesamt 733 Flugzeuge und 355 Lastensegler bereitgestellt. Denen voraus mußten Pfadfinder abspringen - zeitgleich mit der Landung der beiden Handstreichkommandos an den Brücken über die Orne und den Caen-Kanal. Die Pfadfinder-Einheit bestand aus einer Fallschirmjäger-Kompanie, die mit sechs Flugzeugen über den Ärmelkanal transportiert werden sollte. Sie hatte die Lande- und Absprungzonen der nachfolgenden Fallschirmjäger und Lastensegler zu markieren *(siehe Karte Seite 102)*.

Auf britischen Flugplätzen standen bis zum „Tag X" Tausende Flugzeuge zum großen Angriff auf die „Festung Europa" bereit, wie hier 48 Lastensegler und ihre Zugmaschinen.
Foto: Battlefield Historian Ltd.

Um von deutschen Aufklärungsflugzeugen unerkannt zu bleiben, durften die Luftlandetruppen erst nach Einbruch der Dunkelheit in Großbritannien abfliegen, mußten aber bis Sonnenaufgang ein Gebiet von 65 Quadratkilometern einnehmen, die deutschen Verteidigungsanlagen eliminiert und Positionen bezogen haben, die ihnen eine Verteidigung gegen anrückende deutsche Panzer ermöglichten. Da die eigenen Verteidigungsausrüstungen zu schwer für einen Fallschirmabwurf waren, mußten sie ausschließlich mittels Lastensegler abgesetzt werden, was einer Vielzahl von ihnen bedurfte - doch mangelte es an diesbezüglicher Erfahrung, denn es hatte niemals zuvor ein gezieltes Nachtlandeunternehmen derartigen Ausmaßes gegeben.

Da sich die Orne und der Kanal zwischen General Gales Luftlanderaum und dem britischen Küstenlandeabschnitt *Sword* befanden, besagte der Plan weiter, daß nach der Landung von See her Truppen zur Verstärkung der Luftlandesoldaten heranrücken sollten, sowie weitere für den Vormarsch ins Inland. Dazu mußten die beiden Brücken über die Orne und den Kanal von den Briten völlig intakt eingenommen und gehalten werden, denn über diese führt die einzige küstennahe Straße von Westen nach Osten. Die Luftlandeaktion sollte am 6. Juni 1944 zeitgleich mit jener der Amerikaner am äußersten rechten, 80 Kilometer entfernten Flügel der Invasionsfront beginnen.

Da Fallschirmjäger durch die Verzögerung ihrer Absprünge mit einer viel zu weiträumigen Streuung den Boden erreichen, hat man sich für den Einsatz von Infanteristen, die mittels Lastenseglern abgesetzt werden, entschieden. Jeder Segler könnte einen bis zu 28 Mann starken Trupp bis in die unmittelbare Nähe ihres Einsatzgebietes transportieren. Außerdem wären die Infanteristen sofort nach der erfolgten Landung einsatzbereit - so hoffte man...

Für ihr umfangreiches Luftlandeunternehmen arbeiteten die britischen Strategen folgenden Zeitplan aus:

00:20 Uhr: Gleichzeitige Landung der beiden Handstreichkommandos an der Orne- und der Kanal-Brücke, außerdem Absprung der Pfadfinder *(eine Fallschirmjäger-Kompanie, transportiert von sechs Flugzeugen, die etwas weiter östlich der Kanal- und Orne-Brücke niedergehen sollte, um mittels Licht- und Funkpeilgeräten den Landeraum für die Masse der Fallschirmjäger kenntlich zu machen).*

00:50 Uhr: Beginn des Fallschirmjägerabsprungs. Die Aufgabe der einzelnen Trupps bestand in der Zerstörung der Dives-Brücken bei Varaville, Robehomme, Bures und Troarn, der Verstärkung der ersten Sturmtruppe für die Verteidigung der Orne- und der Kanalbrücke, der Eroberung der Batterie bei Merville, der Besetzung des Terrains zwischen Orne und Dives sowie die Bereinigung der Landezone für das Hauptkontingent der Lastensegler innerhalb 160 Minuten.

03:30 Uhr: Landung von 72 Lastenseglern, beladen mit Infanteristen, Waffen und schwerem Gerät. Von diesen 72 Lastenseglern würde der Erfolg der gesamten 6. Airborne Division abhängen. Jede dieser Aktionen war abhängig vom Gelingen der vorausgegangenen...

Das sieben mal acht Zentimeter große Emblem der britischen Luftlandedivisionen an den Uniformärmeln zeigte ein hellblaues geflügeltes Pferd (den Pegasus) auf dunkelrotem Grund. Das Emblem wurde von der Romanschriftstellerin Daphne du Maurier, der Ehefrau des Kommandeurs der 1. Airborne Division, Generalmajor Frederick „Boy" Browning entworfen.

Foto: von Keusgen (Mémorial Pegasus)

Der britische Soldat William E. Toynton war bereits am 10. Mai 1943 im Alter von 18 Jahren zum Militär eingezogen worden. In der ersten Juni-Woche hatte er sich nach einer zweitägigen Bahnreise von seinem Heimatort Boston-Lincolnshire in der Kaserne in Omagh, im Bezirk Tyrone in Nord-Irland eingefunden. Nach 12-wöchiger Grundausbildung war eine 12-wöchige Spezialausbildung gefolgt, „dann konnte ich nochmals für kurze Zeit nach Hause fahren - zum Verabschieden", berichtete William Toynton. „Zurück in Nordirland wurde ich den Royal Irish Fusiliers zugestellt, einem Warte-Bataillon in Southampton in Süd-England. Dort verbrachten wir die meiste Zeit mit der Errichtung Tausender Zelte für die Ankunft amerikanischer Soldaten. Dann wurde ich zum 1. Bataillon der Royal Ulster Rifles abkommandiert. Ich wurde für einen Flug in einem kleinen Gleiter zugeteilt. Ich war nun ein Airborne Infantry Soldier *(Luftlande-Infanterie-Soldat)*, ein Red Devil *(Roter Teufel, wie die Soldaten dieser Einheit genannt wurden)*. Darauf war ich sehr stolz. Von da an war unser Programm bis zum Beginn des Mai 1944 ein sehr intensives Bereitschaftstraining. In der ersten Mai-Woche erhielten wir den Befehl, unsere gesamte Ausrüstung zusammenzupacken - für den Umzug in ein neues Lager. Das stellte sich als ein großes, mit Draht eingezäuntes Gelände heraus, mit Zelteinrichtungen im Außengebiet eines Flughafens im Süden Englands. Sämtliche Personen waren alle Tage in dem Lager eingeschlossen. Unsere Tage verbrachten wir mit Morgentraining und Straßenmärschen. Nachmittags gab es Zusammenkünfte, um auf Fotos das Gebiet anzusehen, in dem wir hofften, an dem großen Tag zu landen."

William E. Toynton 1943 als 18-jähriger Rekrut.

Foto: Kollektion W. Toynton

Planung des Angriffs auf die Batterie Merville

In ihrem Hauptsitz im Schloß Medmenham waren die Auswerter der ständig neuen Luftaufnahmen der Meinung, daß man nicht ausschließen könne, daß die in den großen Kasematten verborgenen Geschütze der Batterie Merville vielleicht sogar 15-cm-Langrohrkanonen sein könnten. Diese würden natürlich eine sehr ernste Bedrohung für die britische 3. Infanterie-Division darstellen, die im Landeabschnitt *Sword* Sektor *Roger*, im Raum Ouistréham/Luc-sur-Mer, landen sollte. Zu dieser Auffassung hatte auch die einige Wochen zuvor per Brieftaube eingetroffene Nachricht des *Centurie*-Agenten Robert Douin beigetragen.

Die Batterie Merville stellte für die Planer der Invasion eines der drei Hauptprobleme dar. Nachdem man die neuesten Luftaufnahmen vom 31. März 1944 ausgewertet hatte, wurde der 29-jährige Oberstleutnant Terence Otway zu seinem Divisionskommandeur, General Richard Gale, gerufen. Der teilte ihm mit, daß man durch französische Agenten darüber informiert worden war, daß die Batterie Merville über vier 15-cm-Geschütze verfügen würde, die der Invasionsflotte im geplanten britischen Landeabschnitt äußerst gefährlich werden könnten.

Am Sonntag, den 2. April 1944, hatte Generalmajor Richard Gale dem 9. Fallschirmjäger-Bataillon des Oberstleutnants Terence Otway, den Befehl zur Einnahme der Merville-Batterie übertragen. Der Befehl lautete, daß die Batterie mit ihren vier schweren Geschützen noch unbedingt vor der Landung neutralisiert werden müßte. Dazu wurde ein exakter Plan ausgearbeitet:

Ein Mann mit einer schwierigen Aufgabe: Oberstleutnant Terence Otway sollte mit seinem Sturmtrupp die Merville-Batterie einnehmen...

Foto: Airborne Assault Imperial War Museum Duxford

Von 00:30 Uhr bis 00:40 Uhr, vor dem Sturmangriff des 9. Fallschirmjäger-Bataillons, sollte das Batteriegelände von schweren Bombern stark bombardiert, weitgehend „angeschlagen" und somit die Verteidigung bereits zermürbt werden. Unmittelbar danach hatte der Absprung der Pfadfinder zu erfolgen. Daraufhin sollten sie zuerst mit den ebenfalls abgesprungenen Minenräumtrupps vorgehen und drei Wege durch die Minenfelder bahnen und markieren. Der Führer des Pfadfindertrupps sollte Oberstleutnant Otway ständig über Funk einen Lagebericht durchgeben. Außerdem wurden einige verschiedene Trompetensignale als Zeichen für die jeweiligen Befehle vor Ort vereinbart. Zur einerseits eindeutigen Identifikation während der zu erwartenden Kampfhandlungen und andererseits für die psychologisch erschreckende Wirkung sollte jeder der Männer der Sturmtrupps einen fast handflächengroßen, stark phosphoreszierenden Totenkopf mit gekreuzten Knochen auf dem Brustteil seiner Uniformen tragen.

Um kurz vor 01:00 Uhr sollte Otways Bataillon zwischen Merville und dem 1,5 Kilometer südlich gelegenen Gonneville abspringen, sich dann in dazu bestimmten Sammelräumen zusammenfinden, um in der Folge von Süden, vom Hinterland aus, im „Rücken" der Geschützbunker des Artillerie-Stützpunkts anzugreifen, ihn einzunehmen und die Geschütze zu eliminieren - bis spätestens 05:15 Uhr. Sollte das nicht gelingen, würde die Kriegsmarine exakt um 05:15 mit der Beschießung des Stützpunktes beginnen...

Das Wichtigste an der ganzen Aktion war die Landung dreier Lastensegler eines 60 Mann starken Handstreichkommandos, die genau im Moment des von außen beginnenden Sturmangriffs im Zentrum des Batteriegeländes herunterzukommen hatten und den als Handstreichaktion geplanten Überfall eröffnen sollte. Der Zeitplan war minutiös eingeteilt:

03:24 Uhr: Die Schleppflugzeuge klinken in einer Höhe von 2.000 Metern direkt über dem Artillerie-Stützpunkt die drei Lastensegler mit dem Handstreichkommando aus.

03:25 Uhr bis 03:30 Uhr: Auf das Trompetensignal *Wecken* werden mittels eines Granatwerfers Leuchtgranaten in das Batterieareal geschossen, um den riesigen Lastenseglern somit den Landeplatz anzuzeigen.

03:28 Uhr: Auf das Trompetensignal *Antreten* wird jedes Feuern eingestellt - außer dem des Granatwerfers mit der Leuchtmunition.

03:30 Uhr: Mit dem Signal *Ruhe* wird das Schießen der Leuchtmunition eingestellt. Dann werden die zuvor installierten Sprengladungen an den Drahthindernissen gezündet. Der Sturmangriff beginnt.

Bei dem nachfolgenden Sturmtrupp sollten sich zwei speziell geschulte, deutschsprachige Unteroffiziere befinden, die durch laut gerufene Fehlkommandos bei den deutschen Batterieangehörigen Verwirrung zu stiften hatten.

Otway sollte sofort mit den Vorbereitungen und dem Training für die Eroberung der Batterie beginnen. Für dieses Spezial-Kommando wurde das 9. Bataillon noch mit 150 kampferprobten kanadischen Fallschirmjägern verstärkt und war somit insgesamt 750 Soldaten stark; darunter befanden sich 35 Offiziere. Mit Ausnahme dieser Offiziere waren sämtliche Teilnehmer an der gefährlichen Aktion Freiwillige, viele erst 17 bis 20 Jahre alt. Ihnen wurde gesagt, daß sowohl ein Erfolg wie ein Scheitern ihres Angriffs auf die Merville-Batterie entscheidenden Einfluß auf den Ausgang der bevorstehenden Invasion haben würde. Auch wurde behauptet, daß es sich hierbei um eine der besten Bunkerfestungen des gesamten *Atlantikwalls* handele, die bisher selbst durch stärkste Bombardements nicht ernsthaft beschädigt worden war und die bei der bevorstehenden maritimen Landung genau jenen Strandabschnitt beschießen würde, an dem die britischen Soldaten an Land gehen sollten...

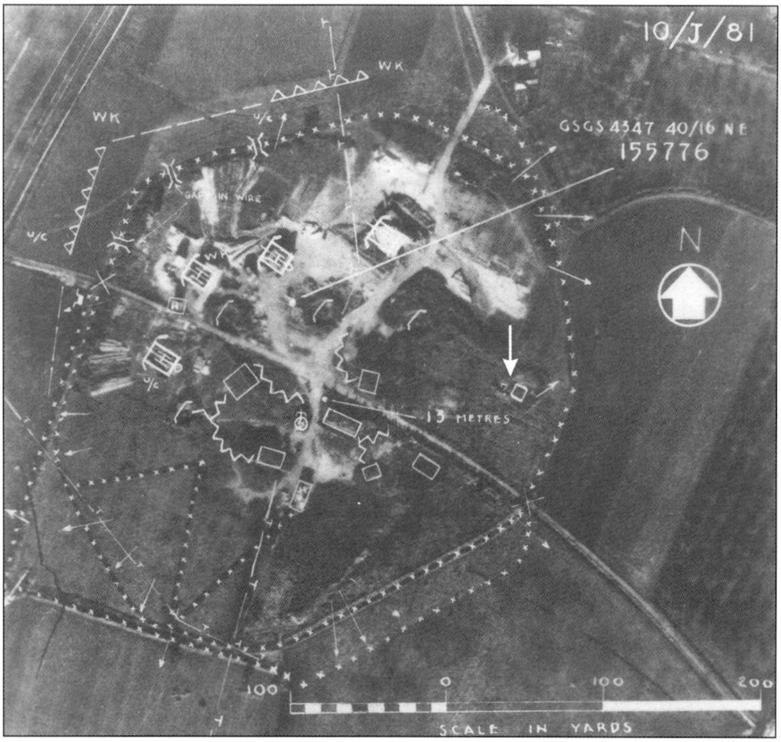

Eine der bereits schon im Frühjahr 1944 vom WN 01 aufgenommenen Luftaufnahmen, die noch die im Bau befindlichen Kasematten zeigt. Neben der Kasematte Nr.1 befand sich noch ein Teil der großen hölzernen Galerie, auf der die Betonmischer standen, auch lagen noch an vielen Stellen Rund- und Formstahlelemente herum, besonders nahe der zum Zeitpunkt dieser Fotoaufnahme noch nicht einmal ausgeschachteten Baugrube für die noch geplante Kasematte Nr.4, auch steht die Flak noch nicht auf dem Wasserbunker, der als unidentifiziert, mit einem Fragezeichen versehen wurde (siehe senkrechten Pfeil). Anhand dieses Fotos wurde Otway und seinen Männern die Bewaffnung und Ausstattung der Batterie dargestellt. Die beiden Reihen weißer Dreiecke bezeichnen exakt jene Bereiche, in denen Minen verlegt waren. Dahinter wurden drei Durchgänge im Stacheldrahtverhau eingezeichnet und sogar mit "gap in wire" (Lücke im Draht) beschriftet...

Foto: Battlefield Historian Ltd.

Zum Zwecke einer möglichst der Realität entsprechenden Übung wurde Anfang April 1944 anhand von Fotos der Luftaufklärung, die von der Batterie Merville aufgenommen worden waren, in Süd-England mit großem Aufwand und unter größter Geheimhaltung eine originalgetreue 1:1-Nachbildung des Artillerie-Stützpunktes gebaut, samt der Bunker, Stacheldrahtverhaue und des Panzergrabens. In der Umgebung wurden von Bulldozern sämtliche Feldwege gezogen, genauso, wie sie in der Normandie, nahe der Batterie, verliefen. Sogar Kühe wurden auf das Weideland getrieben und das Ganze weiträumig umzäunt und zur *verbotenen Zone* erklärt. *(Die Anlage wurde nach dem Krieg wieder vollständig beseitigt.)* Das Land, auf dem die Attrappe stand, war fruchtbares Ackerland, auf dem das Getreide reifte. Es war von Otway persönlich ausgesucht und dann innerhalb von zwei Tagen requiriert worden. Für den Ernteausfall wurden die Bauern vom Staat entschädigt. Der Oberstleutnant und seine Männer hatten nun zwei Monate lang an der nachgebauten Merville-Batterie zu trainieren.

Otway ließ seine Soldaten die gesamte zur Verfügung stehende Zeit über täglich bis zu fünf Angriffe auf die Modell-Batterie proben, nachts bis zu vier - mit scharfer Munition. Der gesamte komplizierte Ablauf wurde so lange trainiert, bis die Pfadfinder, die Pioniere und der Sturmtrupp ihren Weg und jeden Handgriff auswendig kannten. Auch die Handstreichtruppe, die mit den Lastenseglern auf dem Batteriegelände landen sollte, um die Geschützbedienungen zu überfallen, übten täglich mit den anderen Soldaten. Fallschirmjäger-Absprünge wurden aus 2.500 Metern Höhe geprobt. Otways Bataillon wurde für dieses Unternehmen besonders gut ausgerüstet: Leichte Geschütze, Jeeps, Sankas *(Sanitätskraftwagen)*, Bangalores, Flammenwerfer, Sprengstoff, Sturmleitern, Mikrofone, Lautsprecher und vieles mehr.

Zur ihrer weiteren Unterstützung beim Angriff sollten ihnen 109 schwere Lancaster-Bomber *(für das vorbereitende Bombardement)* und der Kreuzer *Arethusa (für den schweren Beschuß von See her)* zur Verfügung stehen. Dennoch war man sich darüber im Klaren, daß weder die Kriegsmarine von See her noch die Bomber aus der Luft in der Lage waren, eine derartige Batterieanlage zerstören zu können, denn schließlich war sie ja gerade gegen Angriffe dieser Art konstruiert und erbaut worden - was auch die sechswöchigen, erfolglosen Bombardierungen des Stützpunktes während der Errichtung der Kasematten bewiesen hatten. Die einzig reale Möglichkeit, sie neutralisieren zu können, war von innen her, durch einen Sturmtrupp...

(Dieser für die Briten so wichtige Angriff auf die Batterie Merville wurde zur aufwendigsten und bestvorbereiteten Aktion gegen ein einzelnes Ziel am ersten Tag der Invasion...)

Kurz vor Otways Einsatz mit seiner Spezialtruppe sprach Brigadegeneral James Hill zu den Männern warnende Worte:

„Seien Sie nicht überrascht, wenn plötzlich ein völlig unerwartetes Chaos herrscht - aber Sie werden sich zweifellos durchsetzen..."

Anfang 1940 wurde das 25,5 cm lange britische Bajonett mit Spießklinge für das Lee-Enfield Gewehr Nr.4, Mk II eingeführt.

Foto: Archiv von Keusgen

Plan zur Einnahme der Caen-Kanal- und der Orne-Brücke

Von mehreren französischen Agenten über Details informiert *(vornehmlich mittels Brieftauben)*, wurde in England an einer mit der Bénouville-Hebebrücke vergleichbaren über den Exeter-Kanal trainiert. Auch dort wurde die nähere Umgebung der Brücke mit Bulldozern entsprechend modelliert, um den beim Angriff beteiligten Soldaten die Möglichkeit für ein ausgiebiges und präzises Training zu ermöglichen. Die Soldaten der ersten beiden Handstreichkommandoeinheiten für die Einnahme der Kanal- und Orne-Brücke gehörten dem 2. Bataillon des *Oxfordshire and Buckinghamshire Light Infantry Regiment* an, das, wie für Soldaten typisch, gleichermaßen anerkennend wie ironisch-scherzhaft kurz als *Ox and Bucks (Ochsen und Böcke)* benannt wurde. Für das von den Soldaten im wahrsten Sinne des

Wortes als Himmelfahrtskommando bezeichnete Unternehmen war der 32-jährige Major John Howard ausgewählt worden. Er war Chef der D-Kompanie der *Ox and Bucks*. Zusammen mit zwei Pionier-Gruppen *(für die Entschärfung von Sprengsätzen)* zählte Howards gesamte Einsatz-Truppe, bei der sich auch fünf Pioniere befanden, inklusive seiner Person, exakt 180 Soldaten. John Howard sollte die Handstreichaktion an der Kanal-Brücke leiten, sein stellvertretender Kommandeur, Hauptmann Priday, jenes an der benachbarten Orne-Brücke. Nach deren Einnahme bestand ihre Aufgabe darin, Brückenköpfe zu bilden, um somit zu verhindern, daß deutsche Truppen eintreffen könnten, bevor die Entsatztruppen der Briten angekommen wären. Doch zuvor beauftragte man John Howard als Mitarbeiter an der Detail-Planung und als Trainer für dieses Handstreichkommando.

Major John Howard, Kompaniechef und Führer des Handstreichkommandos zur Einnahme der Bénouville-Brücke.

Foto: Airborne Assault Imperial War Museum Duxford

Reginald John Howard war am 8. Dezember 1912 im Londoner West End als erstes von neun Kindern geboren worden. Sein Vater Jack, Arbeiter als Böttcher für eine englische Brauerei, hatte als Soldat im Ersten Weltkrieg in nordfranzösischen Schützengräben gelegen; Johns Mutter Ethel war Hausfrau.

Als Schüler und Sportler zeichnete sich John Howard aus, als Mitglied der Pfadfinder wurde er jedoch von anderen verspottet. Bereits im Alter von 14 Jahren hatte er, um eigenes Geld zu verdienen, einen Ganztagsjob als Angestellter eines Makler-Unternehmens angenommen. Infolge seines guten Verdienstes war es ihm dann möglich gewesen, zuerst Abendkurse, später die höhere Schule zu besuchen.

Infolge der schlechten Wirtschaftslage war Howard 1931 arbeitslos geworden und 1932 in die britische Armee eingetreten. Seine Rekrutenausbildung hatte Howard als Infanterist absolviert. Wegen seiner guten körperlichen Konstitution war er bei diversen Übungen immer wieder positiv aufgefallen. Nach seiner Grundausbildung hatte er erst als Kompanieschreiber tätig sein müssen, dann als Ausbilder für körperliches Training. 1938 war er, im Rang eines Unteroffiziers aus der Armee ausgeschieden, zur *Oxford City Police* gegangen.

1939 heiratete John Howard Joy Bromley, die er seit 1936 kannte. Aus der Ehe gingen die Kinder Terry und Penny hervor.

Nach Ausbruch des Zweiten Weltkriegs hatte man John Howard am 2. Dezember 1939 zum Militär zurückberufen. Dort war er rasch zum Regimentsstabsfeldwebel aufgestiegen und nach einer Offiziersausbildung schon Mitte 1940 zum Leutnant befördert worden, 1941 zum Hauptmann. Am 9. November 1942 übernahm Howard im Rang eines Majors die Führung der D-Kompanie des 2. Bataillons der *Oxfordshire and Buckinghamshire Light Infantry*.

Die beiden Luftlandeunternehmen bei der Batterie Merville und an den beiden Brücken wurden von den Briten unter größter Geheimhaltung als sogenannte Handstreichaktionen geplant. Da diese Unternehmen äußerst präzise und minutiös durchgeführt werden mußten, begann man in Großbritannien schon lange vor dem *D-Day* mit den Vorbereitungen. Otways sowie Howards Soldaten wurden nun so trainiert, daß jeder im Notfall auch die Aufgabe eines anderen übernehmen könnte. Auch die Lastensegler-Piloten wurden speziell für ihre Aufgaben ausgebildet. Der Flieger-Hauptmann Lawrence Wright instruierte und trainierte die Piloten. Er war Künstler und Fotograf und verwendete eine von ihm persönlich konstruierte Kamera *(ein Vorläufer-Modell moderner Filmkameras)*, um einen Film über das Landegebiet zu drehen. Und noch etwas wurde auf die Invasion vorbereitet: Hunde - Fallschirm-Hunde. Ein spezielles Team von Fallschirmjägern trainierte die aus dem Elsas stammenden Deutschen Schäferhunde, die in den Kampfzonen anstelle der Soldaten gefährliche Meldegänge ausführen sollten. Als dann der erste zu trainierende Hund mit seinem Fallschirm aus einem Flugzeug abspringen sollte, weigerte er sich heftig gegen einen Sprung in die Luft. So wurde er einfach hinausgestoßen. Am nächsten Übungstag konnte es dasselbe Tier kaum abwarten, endlich aus dem Flugzeug springen zu dürfen.

John Howards Lastensegler-Crews

Zu Beginn des Monats März 1944 waren in Netheravon sechs Lastensegler-Crews ausgewählt worden. Einer dieser Piloten war der 24-jährige Oberfeldwebel James Wallwork.

James „Jim“ Horley Wallwork war am 21. Oktober 1919 in Manchester/Großbritannien als Sohn eines im Ersten Weltkrieg gedienten Artilleristen geboren worden. Im Alter von 20 Jahren war er am 28. August 1939 freiwillig dem Militär beigetreten, und im März 1942 hatte man ihn einem gerade aufgestellten Lastensegler-Piloten-Regiment zugewiesen. Im April 1943 war er mit seiner Einheit nach Nord-Afrika verlegt worden, um im Juli an der Sizilien-Offensive teilzunehmen. Anläßlich dieses Unternehmens hatte er einen der kleinen amerikanischen WACO-Segler mit 15 Süd-Staffordshire-Infanteristen geflogen. Noch im Dezember desselben Jahres war er nach Großbritannien zurückgekehrt.

Jim Wallwork - Lastenseglerpilot, „Haudegen“ und ein Mann mit ganz besonderem Humor. Foto: Kollektion J. Wallwork

Betreffs seiner neuen Bestimmung sagte Wallwork:

„Über das *Wofür* wurde uns gegenüber kein einziges Wort gesagt - entsprechend des üblichen Glider-Piloten-Stils...

Wir waren im Mittelfeld des Flugplatzes zusammengekommen und wurden von unserem Oberst, George Chatterton, angesprochen, hinter dem eine Schar von Armee- und Luftwaffen-Offizieren erschien - eine starke Schar... Er zeigte auf ein paar Dreiecke auf dem Flugfeld, die mit breitem, weißen Band gekennzeichnet waren; eins hier, eins dort. Nicht sehr groß, aber nach seiner Meinung offenbar groß genug. Seine Instruktion war sehr knapp und klar:

Sie werden in Ein-Minuten-Intervallen in 1.200 Meter Höhe geschleppt, was ungefähr eine Stunde dauert. Sie werden dann drei Meilen weit von dem entsprechenden Punkt von ihrer Trosse gelöst, von dem aus es ihnen möglich ist, diese Dreiecke zu sehen. Die Nummern 1, 2 und 3 werden in diesem hier landen, indem eine rechtshändige Kurve geflogen wird, und die Nummern 4, 5 und 6 in dem anderen mit einer linkshändigen Kurve. Nun startet zum Mittagessen. Alle Gleiter sind startbereit und auf dem Treidelpfad versammelt. Take off 13:00 Uhr!

Kein Wort darüber, wie wir ausgewählt worden waren - vielleicht durch die Ziehung von Losen...

Wir waren alle im Rang eines Oberfeldwebels. Mein Co-Pilot war Johnny Ainsworth. Ich sollte als Erster fliegen. Die anderen Crews hatten dann während des Trainings die Reihenfolge ihrer Nummern gewechselt - ein sehr weiser Zug. Ich blieb aber immer die Nummer 1. So hoben wir ab und machten einen kurzen Rundflug, sahen die Dreiecke, legten ab und landeten alle sechs zu unserem eigenen Erstaunen korrekt in unseren Gebieten. Ein ungläubiges Gemurmel ging von der Schar der Beobachter aus - und ein paar prahlerische Worte über *seine Jungs* von George. Aber die Royal-Air-Force-Leute warfen Zweifel ein. So machten wir am nächsten Tag genau dasselbe mit genau demselben, auch für uns unglaublichen Ergebnis. Ab diesem Zeitpunkt lief das Unternehmen an, obgleich es uns niemand sagte. Und Deadstick, die Code-Bezeichnung für das Gleiter-Pilot-Training begann...

Hier sollte die Äußerung des Air-Vice-Marshalls Arthur Harris, Chef des Air-Stabs, eingeschlossen werden, der der Meinung war, daß es katastrophal sei, zu versuchen, Armee-Personal dafür zu trainieren, Truppen-Transport-Segler zu fliegen. Er sagte:

Die Idee, daß halberfahrenes, unsortiertes Personal - Unteroffiziere waren, glaube ich, ebenso gemeint - *mit einem Maximum an Training mit dem Absetzen dieser Truppentransporter betraut wird, ist phantastisch. Ihr Unternehmen ist gleichwertig mit einer Landung eines größeren Flugzeugs ohne automatische Hilfe. Es gibt kein größeres Beispiel fliegerischer Geschicklichkeit.*

Wir konnten uns für diesen Ritterschlag bei Harris bedanken. Dann wurde trainiert. Deadstick übten wir 42 mal. Dadurch sollten wir - und das waren wir auch - verdammt gut auf unseren Einsatz vorbereitet sein. Wir haben trainiert und trainiert - bis zum Erbrechen...

Erst zum Schluß wurde uns erklärt, wie und warum die beiden Brücken über die Orne und den Caen-Kanal intakt eingenommen und gehalten werden müssen. Die Gleiter 1 bis 3 hatten die Kanal-Brücke zu nehmen, während 4 bis 6 die Brücke über den Fluß einzunehmen hatten. Nur die Kanal-Brücke sollte streng bewacht sein, und es war bekannt, daß sie mit Zündern für eine Sprengung ausgestattet war. Deshalb war der Gebrauch von Gleitern wichtig, um den Deutschen eine Überraschung zu bereiten, wenn sie landeten, jeder mit 30 Erste-Klasse-Infanteristen, die heiß darauf waren, im Moment der Ankunft loszutraben...

Wir sahen und studierten ein großartiges Modell von der Küste bis hinauf zu den Brücken, das jede Straße, jeden Weg, jeden Busch und jedes Haus aufwies - die absolute Katastrophe. Der Nachrichtendienst war einmalig. Täglich überflogen Spitfires zur fotografischen und militärischen Aufklärung das Angriffsgebiet und brachten die Objekte auf den neuesten Stand, sogar mit Einzelheiten, die zeigten, wie ein Haus am Kanal Stein für Stein abgetragen und ein Unterstand ihm gegenüber Stein für Stein ausgebaut wurde. Wir konnten fast die Deutschen daran arbeiten sehen. Das vermittelte uns allen ein großes Vertrauen. Dieses Vertrauen nahm einen tiefen Atemzug und hielt Ende Mai die Luft an, denn die Felder um unsere Ziele herum waren inzwischen mit Luftlandehindernissen bestückt worden..."

Luftmarschall Arthur Travers Harris (1892-1984) war seit 1942 Chef des britischen Bomberkommandos. Sein erklärtes Ziel bestand in der „Zermürbung der Moral des deutschen Volkes", und als „Bomber-Harris" wurde er in Deutschland zum „Schreckgespenst". Da auch in Großbritannien umstritten, überging man ihn bei Kriegsende anläßlich der Verleihungen militärischer Auszeichnungen. Zum Sir wurde Harris erst 1953 ernannt.

Foto: *Wikipedia*

Erst am 30. Mai, nur sechs Tage vor dem ursprünglich geplanten Beginn der Invasion der West-Alliierten *(der 5. Juni; der dann im letzten Moment wegen zu schlechten Wetters auf der britischen Seite des Ärmelkanals um 24 Stunden verschoben werden mußte)*, hatte man John Howard neueste Luftaufnahmen von der Bénouville-Brücke und ihrem Umfeld vorgelegt. Der Major konnte darauf viele weiße, bisher nie gesehene Punkte erkennen - genau dort, wo er mit seinen drei Lastenseglern und den darin befindlichen drei Zügen seines Handstreichkommandos herunterkommen wollte und mußte, um den gewünschten Erfolg durch einen Überraschungsangriff zu erzielen. Was man auf den direkt von oben aufgenommenen Fotos allerdings nicht erkennen konnte, war, ob es sich „nur" um erst ausgehobene Löcher für Pfähle gegen Luftlandeunternehmen handelte, oder ob diese Pfähle bereits darin steckten, was aber auf Grund der hellen Punkte auf den Bildern logischer erschien...

John Howard zeigte diese Bilder seinem Piloten Jim Wallwork. Der Flugzeugführer war ein ständig heiter gestimmter Mann mit einer ordentlichen Portion Mutterwitz und einer höchst positiven Lebenseinstellung. Er betrachtete die Fotos eingehend und beurteilte die als so bedrohlich erscheinende Situation äußerst pragmatisch, dennoch erschien es Howard, daß es nicht ohne eine gewisse Spur Zynismus geschah:

„Genau so etwas haben wir gebraucht. Wenn wir zwischen den Pfählen herunterkommen, werden sie unsere Geschwindigkeit sehr schnell verlangsamen und einen Aufprall gegen den Damm mit der Brücke verzögern oder sogar unmöglich machen..."

Der Major und die anderen umstehenden Segler-Piloten waren über diese Ausführungen sehr erfreut. Doch Wallwork sagte später *(dem Buchautoren)* über diese Situation:

„Zu meinem Erstaunen glaubte Howard mir. Zweifellos wollte er das auch. Aber zu meinem Schrecken trug er mir auf, am Nachmittag die Kompanie aufzusuchen und den mitfliegenden Männern dasselbe zu sagen, um ihr Vertrauen zu gewinnen. Was ich auch tat, und es traf mich nicht der Blitz - was ich sicherlich verdient hätte..."

Ein Lastensegler des Typs Horsa AS 51 im Schlepp. Beim Modell Mk I wurde das Schleppseil noch an beiden Tragflächen eingehängt, beim Mk II an seiner „Nase". Dieser Segler (engl. Glider = Gleiter) konnte 25 Soldaten oder deren Gewicht entsprechendes Material wie Jeeps oder Geschütze transportieren. Horsa-Segler wurden vom britischen Flugzeubauer Airspeed gebaut - als sogenanntes Verlustgerät, infolgedessen vollständig aus leichtem Holz gefertigt. Die Segler verfügten für ihren Start über ein Bugrad-Fahrgestell, das für die Landung abgeworfen werden konnte, um dann auf zwei Unterrumpf-Kufen über das (meistens unebene) Gelände rutschen zu können.

Foto: Wikipedia

Am 28. Mai erteilte John Howard an seine Truppe die Befehle. Er selbst würde mit Jim Wallwork in dem ersten der drei für die Einnahme der Bénouville-Brücke landenden großen Segler sitzen und verlangte von dem Oberfeldwebel, daß er das Flugzeug unbedingt mit der Nase innerhalb der Stacheldrahtumzäunung und so nahe wie möglich vor der Brücke zum Stehen bringen müßte. Die beiden anderen Gleiter hatten in einem Abstand von nur jeweils 10 Metern und einem Versatz von 5 Metern zum Stehen zu kommen - und das alles mit einer zu erwartenden Landegeschwindigkeit von zirka 160 km/h...

„Johnny Ainsworth und mir war schon früh klar", sagte Jim Wallwork, „daß, wenn wir mit dem Gleiter bis an den Chaussee-Damm an der Brücke kommen wollten, wir etwas schneller als normal anzukommen hatten, um einen ausreichenden Raum für die nachfolgenden Gleiter 2 und 3 freizulassen. Und mit diesem Wissen rechneten wir zur Strafe für jeden mit einem gebrochenen Bein - worüber wir noch glücklich sein könnten... Howard glaubte, ich würde den Damm erreichen und den Stacheldraht herausreißen, sodaß seine Kumpel einen freien Lauf über die Brücke, ohne Hindernisse, haben könnten. Aber in Wirklichkeit würden wir schon beim Hochkommen mit dem schwer beladenen Gleiter gut zu tun haben..."

Die Lastensegler wurden für dieses Unternehmen speziell umgebaut. Die Cockpits erhielten eine mehrteilige Rundum-Sicherheitsverglasung aus Plexiglas, womit man den Piloten ein breiteres Blickfeld ermöglichte, außerdem wurden Kreiselkompasse installiert. Um die Geschwindigkeit des Landeanflugs der sehr schwer beladenen Horsa-Segler im letzten Moment vor dem Aufsetzen reduzieren zu können, wurden in den Hecks der Gleiter Bremsfallschirme installiert. Dazu erzählte Jim Wallwork:

„Erst am 2. Juni kam nachts eine kleine Gruppe von Airspeed-Ingenieuren. Komplett mit fahrbaren Werkstätten ausgerüstet, kamen sie in Tarrant an und begannen, an unseren sechs Gleitern zu arbeiten. In jeden Schwanz wurde ein Bremsfallschirm eingebaut. Nun, Bremsfallschirme waren nicht neu, aber in einem Gleiter? Es entwikkelte sich ein prächtiges Beispiel klassisch-britischer Technik: Schneide eine Falltür in das Schwanzteil hinter dem letzten Querschott der Passagierabteilung, lege den Schirm darauf, und dann verbinde eine elektrische Schaltung mit zwei Knöpfen im Cockpit. Drücke den Knopf A, und die Falltür öffnet sich, der Schirm fällt heraus und bläht sich auf. Drücke den Knopf B, und der Schirm wird abgeworfen...

Wir mochten das ganz und gar nicht. Unser Vorschlag war, daß wir hier in Tarrant einen Probelauf mit einem Gleiter machen sollten, wurde aber seitens der Ingenieure von Entsetzen überrollt. Der genannte Grund dafür war, daß das alles viel zu gefährlich wäre, was uns nicht gerade aufbaute. Unsere Hauptsorge war, daß das verdammte Ding seinen Seilzug über dem Ärmelkanal verlieren könnte... Ein kluger Kopf von Airspeed hatte dafür eine Lösung: Der letzte Mann in der Kabine hält den Schirm auf seinem Schoß bis zum Ablegen *(Abkoppeln von der Zugmaschine)*, dann legt er ihn, während sich der Gleiter im freien Flug befindet, vorsichtig auf die kleine Falltür. Das haben wir auch getan, und Bill Bailey hatte die Ehre. Die Experten versicherten uns des echten Wertes des Bremsfallschirms, aber wir alle meinten, daß er beim Landen den Schwanz des Gleiters anheben würde, dabei vorn das Cockpit auf den Erdboden aufsetzte und dadurch abgerissen würde und somit auch das lenkbare Frontrad - was er dann ja auch tat..."

Die Bremsfallschirme waren nicht das einzige im letzten Moment entstandene Kriterium, denn gleichzeitig ergab sich ein neues Problem - die dramatische Überfrachtung der Segler. Den Piloten war klar, daß es ihnen nicht möglich sein würde, *(Zitat Jim Wallwork)* „einen so gröblich überladenen Horsa mit einer zu erwartenden Geschwindigkeit von mehr als 100 Meilen pro Stunde *(160,93 km/h)* zu landen..."

So wurde entschieden, alles auszusortieren, das nicht unbedingt wichtig war. Da gab es auch noch zwei zusammenfaltbare, sogenannte Sturmboote, die aus Segeltuch bestanden, und von denen in jedem der sechs Lastensegler zwei mitgeführt werden sollten.

„Wir fragten uns", so Wallwork, „ob wir einen der fünf Pioniere weglassen könnten. Jeder von ihnen trug allein schon neun Kilo Extramunition bei sich. Aber sie alle waren wichtig, um die Sprengkörper an der Brücke zu entschärfen. Wir konnten eines der beiden Sturmboote weglassen. Zwei davon sollten mitgeführt werden, für den Fall, daß die Brücke hochgejagt wird. Ich legte noch immer Wert darauf, daß weitere 270 Kilo raus sollten. So mußte Howard eine seiner miserabelsten Entscheidungen treffen und zwei Männer pro Gleiter herausnehmen. Da gab es Geschrei und Tränen, aber es mußte sein. Doch wir waren auch mit nur 28 Männern noch immer schwer überladen..."

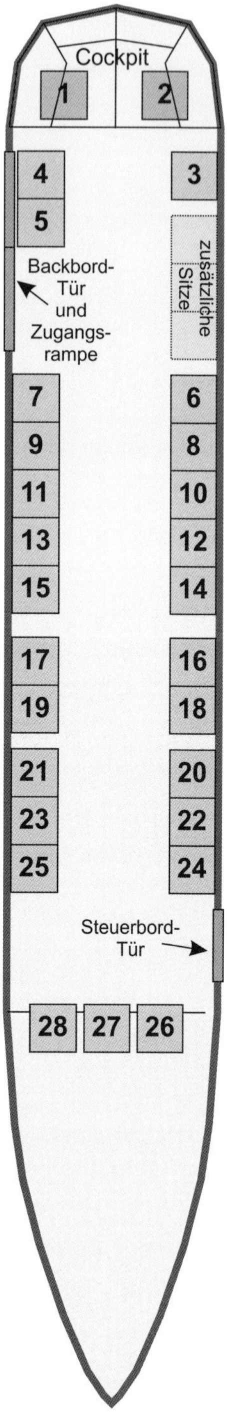

Grafische Darstellung des Innenraums eines Horsa-Lastenseglers mit den Sitzplätzen der zu transportierenden Soldaten.

Grafik: Linda Altenburg

In den britischen Sammellagern erhielten die Soldaten kurz vor ihrem Einsatz eine sogenannte Überlebensausrüstung. Sie bestand aus Sahnebonbons mit acht wichtigen Vitaminen, die einen Soldaten 48 Stunden stärken sollten *(allerdings erreichten nicht mehr viele Bonbons Frankreich)*, einigen Francs Bargeld in Scheinen sowie speziellen, als Hosenknöpfe „getarnte" Kompasse, die an die Kampfjacken angenäht werden konnten. Es gab auch auf seidendünnen Stoff gedruckte Landkarten, die von den Männern in die Innenseiten ihrer Jacken genäht werden sollten, damit, falls sie versprengt sein würden, sie den Heimweg finden könnten - allerdings waren versehentlich Pläne von Südfrankreich verteilt worden... Außerdem wurden dünne Feilen, Metallsägeblätter und Angelhaken ausgegeben, die ebenfalls von den Soldaten in ihre Uniformen eingenäht werden mußten.

Einen Tag vor dem Start wurde den Soldaten noch die Möglichkeit gegeben, einen Brief an ihre Familien zu schreiben. Diese Briefe sollten direkt nach ihrem Abflug zur Normandie zugestellt werden. Man teilte den Soldaten mit, daß die Briefe zensiert werden könnten, dennoch durften sie ihren Angehörigen mitteilen, daß, wenn sie der Brief erreichte, sie sich bereits irgendwo*(!)* in Frankreich befänden...

Kurz vor dem letzten Gottesdienst erfuhr der katholische Pfarrer, daß man an die Fallschirmjäger Kondome ausgegeben hatte. So predigte er ihnen nachdrücklich, daß sie auf gar keinen Fall mit derart sündigen Objekten dem Tod entgegentreten könnten... Nachdem der Gottesdienst beendet war, lagen massenhaft Kondompäckchen auf der Erde verstreut umher.

William E. Toynton

Foto: Kollektion W. E. Toynton

Der *Red Devil* William E. Toynton wartete mit Tausenden Kameraden auf den bevorstehenden Einsatz:

„[....] Aber das Wetter war schrecklich geworden. Alle die letzten Vorbereitungen auf die Invasion mußten immer wieder abgesagt und auf den nächsten Tag verschoben werden..."

Der 4. Juni war das *(ursprünglich)* festgesetzte Datum für das *Take-off*. Die Paarungen der Piloten und Co-Piloten der drei Segler für das Kommando an der Kanalbrücke bestanden aus den Oberfeldwebeln Wallwork und Ainsworth, Boland und Hobbs, Barkway und Boyle. Die Piloten-Gruppen der drei Horsas für das Kommando an der Orne-Brücke setzten sich zusammen aus den Feldwebeln Lawrence und Shorter, Pearson und Guthrie, Howard und Baack.

Mit Einbruch der Dunkelheit rollte bei stürmischem Regenwetter eine Halifax-Maschine nach der anderen mit einem Gleiter am Schlepptau auf dem Flugplatz zum Treidelpfad, da kam das Kommando: „Unten bleiben!" Eisenhower hatte den Beginn der Invasion wegen des hauptsächlich auf der britischen Seite des Ärmelkanals herrschenden schlechten Wetters um 24 Stunden verschoben.

Joseph Howard Nigel Poett, 37-jähriger Brigadegeneral und Kommandeur der 5. Fallschirmjäger-Brigade.

Foto: Battlefield Historian Ltd.

Am nächsten Nachmittag, am 5. Juni, erhielt John Howard ein zweites Mal das Codewort seines Einsatzes - *Cromwell*. Weiterhin wurde dem Major mitgeteilt, daß die Meteorologen für die kommende Nacht auf den 6. Juni klares Wetter vorhergesagt hatten... Auch Brigadegeneral Joseph H. N. Poett, war mit seinen Soldaten in mehreren Lastwagen zu einem der vielen Feldflugplätze im Süden Großbritanniens gebracht worden - nach Brize Norton. Dort kletterte Poett in eine der vielen bereitstehenden Albemarle-Flugzeuge. Die meisten seiner Männer waren schwerer als normal bepackt: Extra-Munition, Granaten, spezielle Waffen, Ausrüstungsgegenstände und sogar mit Lebensmitteln. Um 23:00 Uhr starteten sie in Richtung Normandie...

Seltsame Ereignisse vor dem D-Day...

Während sich in Großbritannien die Soldaten der Spezialkommandos für ihre Angriffe auf die sieben Brücken über die Dives, die Orne und den Caen-Kanal sowie die Batterie Merville vorbereiteten, trugen sich an der Bénouville-Brücke und auf dem Artillerie-Stützpunkt WN 01 sonderbare Ereignisse zu...

Seit einigen Wochen flogen in sporadischen Abständen immer wieder britische Aufklärungsflugzeuge über die Orne- und die Kanal-Brücke. Eine Flak gab es in diesem Bereich nicht.

„Natürlich wurde viel von einer bevorstehenden Invasion gesprochen", sagte Helmut Römer, „und uns war klar, daß sich die Piloten unsere Stellungen ansehen wollten, aber da gab es nicht so viel zu sehen; doch die kamen immer wieder und machten ihre Besichtigungsflüge. Sie kamen immer vom Hinterland, von Caen her, angeflogen, ganz im Tiefflug und guckten und winkten uns zu - und dann schossen sie mit ihren schweren Bord-MGs... Die Geschosse schlugen oft an der Brücke auf. Einmal sind mir ein paar Stahlsplitter auf die Finger geflogen, ist aber noch mal gutgegangen..."

In den ersten Mai-Tagen des Jahres 1944 waren von Pionieren mehrere starke Sprengsätze unter der Kanal-Brücke angebracht worden *(wie es an vielen anderen strategisch wichtigen Brücken auch geschah)*, um sie nach einer Landung feindlicher Truppen im Moment einer drohenden Einnahme durch eine Sprengung zerstören zu können - eine Maßnahme, mit der ein schnelles Vorrücken feindlicher Truppen vereitelt werden sollte *(auch auf dem Wasserweg, nämlich wenn die große Stahlkonstruktion zerbrochen im Kanal liegt)*.

Am 27. Mai 1944 *(zehn Tage vor dem „D-Day")* erschienen einige deutsche Pioniere an der Kanal-Brücke. Sie hatten den Auftrag, sämtliche erst drei Wochen zuvor unter der Brücke installierten Sprengsätze wieder zu entfernen. Es hieß, die Gefahr bestünde, daß sie *(trotz ständiger Tag-und-Nacht-Bewachung durch Doppelposten)* von Mitgliedern der französischen Widerstandsbewegung heimlich entfernt und irgendwann für einen Anschlag gegen die deutschen Besatzer benutzt werden könnten. So wurden die Sprengsätze von den Pionieren wieder entfernt.

Die den Caen-Kanal überspannende Hebebrücke bei Bénouville mit ihrer ungewöhnlichen Stahlkonstruktion war für die Planer der Invasion von allergrößter Bedeutung und ihre Einnahme folglich von großer Wichtigkeit...

Modellbau und Foto: F. Montag

Einen Tag später, am 28. Mai, rollte gegen Mittag ein Mann auf einem Motorrad auf die Kanal-Brücke, auf der zu dieser Zeit gerade die beiden jungen Posten Helmut Römer und Erwin Sauer Wache standen. Helmut Römer erzählte:

„Wir kannten den Mann nicht. Aber er sah aus wie ein deutscher Krad-Melder. Er sprach uns an und sagte, daß er ein Angehöriger der Organisation Todt wäre. Er trug auch eine dieser erdbraunen OT-Uniformen. Dann stieg er von seinem Motorrad und ging herum und sah sich alles an. Mit italienischen und französischen Hilfskräften haben wir da überall zwischen dem Kanal und der Orne den Rommel-Spargel pflanzen müssen *(lange, in den Erdboden eingegrabene Baumstämme, die noch etwa zwei Meter aus dem Boden herausragten und Luftlandeunternehmen vereiteln sollten)*. Aber wir waren damit ja noch nicht fertig, und es wurden von den Franzosen auf ihren großen landwirtschaftlichen Karren immer noch jeden Tag weitere Baumstämme herangeschafft. Der komische Typ sah sich alles ganz genau an. Er sprach zwar ein völlig akzentfreies Deutsch, aber irgendwie war er uns suspekt..."

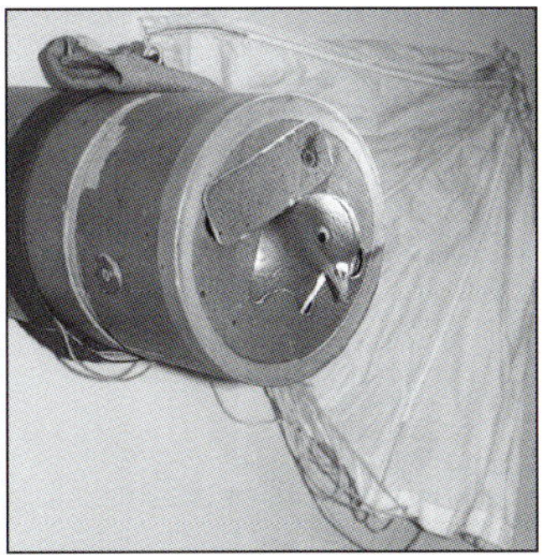

Für die Übermittlung geheimer Nachrichten französische Agenten wurden des nachts immer wieder von britischen Flugzeugen kleine Behälter mit Brieftauben mittels Fallschirmen über Frankreich abgeworfen. Da Brieftauben niemals von ihrem heimischen Taubenschlag zu einem ihnen fremden Ziel fliegen, sondern immer nur zu ihrem Schlag zurückkehren, hatte es wenig Sinn, Brieftauben dort abzuschießen. Um jedoch zu verhindern, daß aus England „eingeschleuste“ Tauben mit ihrer Nachricht (in einer kleinen Kapsel im Gefieder oder am Fuß - siehe Foto unten) wieder zurückfliegen, wurden an der französischen Küste, in Strandnähe, spezielle deutsche Wachtposten mit Schrotgewehren aufgestellt, die alle in Richtung des Ärmelkanals fliegenden Tauben abzuschießen hatten.

Fotos: von Keusgen (Mémorial Pegasus)

Bereits zu Beginn des Monats Mai war bei der Merville-Batterie ein kleiner Trupp deutscher Soldaten erschienen, die befehlsgemäß das technisch gute 2-cm-Geschütz vom Flak-Stand demontiert und dafür ein altes tschechisches aufgestellt hatten - die einzige Flak des gesamten Stützpunktes...

„Und Ende Mai“, so sagte Hans Staab aus, „kamen noch einmal ein paar Männer, die holten dann zu unserer Verwunderung einen großen Teil der 2-cm-Flak-Munition ab - die gesamte Panzermunition...“

Am 2. Juni hörte Thérèse Gondrée, wie sich vor ihrem Café zwei deutsche Soldaten darüber unterhielten, daß die Sprengladungen unter der Brücke entfernt worden waren. Madame sprach sofort mit ihrem Mann darüber. Georges Gondrée war der Gedanke, daß „seine“ Brücke zerstört werden könnte, sowieso verhaßt. Nun hoffte er, daß die wichtige Information schnellstens nach Großbritannien übermittelt werden konnte...

An diesem 2. Juni machten einige Artilleristen in der Nähe der Batterie Merville eine ungewöhnliche Entdeckung. Sie sahen mehrmals einen Schwarm Tauben ihre Runden fliegen. Dabei überflogen die Vögel auch das Batteriegelände. Das Besondere daran war, daß einige von ihnen kleine Kapseln an ihren Beinen trugen; so konnten es keine wilden Tauben sein, und Haus- beziehungsweise Brieftauben zu besitzen, war den Franzosen durch eine entsprechende Verordnung bereits seit 1940 streng verboten. Die Soldaten verfolgten die Richtung, aus der die Vögel immer kamen und wohin sie auf ihrer Flugbahn auch zurückflogen...

Zwei Kilometer südwestlich der Batterie gab es ein großes landwirtschaftliches Anwesen, die *Grande Ferme du Buisson*. Dieses Gehöft war vor erst gar nicht langer Zeit versehentlich bombardiert worden. *(Derartig tragische Irrtümer seitens der Alliierten waren schon seit Längerem nichts Außergewöhnliches mehr - nicht selten mit tödlichem Ausgang für die Bevölkerung und ihre Tiere...)* Die Soldaten erkannten nun, daß der Taubenschwarm immer wieder um das verlassene Anwesen kreiste, sich die Vögel auch gelegentlich auf dem Dach der großen Scheune niederließen. Sie meldeten ihre Beobachtung ihrem „Spieß“ Buskotte.

Nach einer kurzen Inspektion des aufgegebenen Anwesens befahl Leutnant Steiner seinen Artilleristen, sämtliche Tauben abzuschießen. Die Soldaten freuten sich über die Abwechslung auf ihrem sonst eher tristen Speiseplan. Doch noch am selben Abend erfolgte der nächste Bombenangriff.

Ein Leutnant namens Bleckmann war Chef des WN 05. Man hatte ihn beauftragt, mit seiner 3. Kompanie *(wie einige andere Kompanien auch)* am Strand und auf den großen Wiesen des Vorstrandgebietes Holzpfähle gegen feindliche Landeunternehmen im Boden aufzustellen. Raimund Steiner sprach dabei mit Bleckmann detailliert eine durch dessen Kompanie unterstützende Verteidigung der Batterie im Falle eines Angriffs ab. Bei diesem Gespräch erzählte Bleckmann, daß er in den letzten Tagen ein sonderbares Verhalten seitens der hiesigen Bevölkerung beobachtet habe: Allabendlich verließen die Franzosen neuerdings ihre Häuser und zogen zu Fuß oder mit Fahrrädern in Richtung Hinterland davon. Manche trugen dabei etliche Dinge bei sich, andere hatten sie auf Handwagen geladen. Aber am nächsten Morgen kehrten die Leute wieder in ihre Häuser zurück.

„Wovor haben die Franzosen Angst?“, fragten sich die Leutnante, fanden aber keine andere plausible Erklärung als die Angst vor nächtlichen Bombenangriffen...

Am nächsten Tag, Sonntag, den 4. Juni, mußten alle Artilleristen ein weiteres Mal ihren Stützpunkt in Ordnung bringen. Noch während sie arbeiteten, erschien kurz nach Mittag ein Zug von zwanzig Pionieren zur Beseitigung des noch immer tief im Erdboden unter der Kasematte Nr.3 steckenden, großkalibrigen Bombenblindgängers. Die Männer dieses Räumtrupps vermittelten nicht nur wegen ihrer schmutzigen, abgerissenen Uniformen den Artilleristen einen sonderbaren Eindruck; ihre Augen hatten einen gleichermaßen harten wie sentimentalen Ausdruck. Diese Pioniere gehörten, in Anbetracht ihrer höchst gefährlichen Arbeit, dem sogenannten *Toten Bataillon* an. Es waren Kriminelle, Deserteure, „Politische“ sowie polnische, jugoslawische und russische Kriegsgefangene. Man sagte über sie, daß sie zwar noch lebten, im Grunde aber zum Tode verurteilt waren - ihr Tod war nur eine Frage der Zeit... Sie sollten nun den Riesen-Blindgänger ausgraben. Doch bis zum Einbruch der Dunkelheit waren sie mit dem Graben noch nicht weit gekommen. So bot ihnen Johannes Buskotte an, die Nacht bei einigen der Artilleristen in den Bunkern zu schlafen.

Am Montag, den 5. Juni, wurde weitergearbeitet. Die Artilleristen setzten ihren Stützpunkt weiter instand, und die „toten“ Pioniere gruben nach dem tiefliegenden Blindgänger...

Als Raimund Steiner gegen Abend zu seiner B-Stelle radelte, begann es leicht zu regnen. Das Meer war stärker bewegt, der Wind wehte eine „steife Brise“, und die Luft war, im Gegensatz zum Mai, merklich abgekühlt *(im Bereich Franceville Plage +14° Celsius; Wind Westsüdwest, Stärke 5; Seegang Stärke 4; Sicht 15 Seemeilen)*. Der Vollmond war gelegentlich durch schmale Lücken in der Wolkenbank zu sehen.

Im Bunker angekommen, entkleidete sich der Hauptmann sofort und zog, entgegen einer strikten Anweisung, seinen Pyjama an, und erschöpft von der schweren Arbeit dieses Tages legte er sich auf sein schmales Bett. Sein letzter Gedanke war:

Das ist kein Wetter für eine Invasion...

Am Abend des 5. Juni, um 21:45 Uhr, informierte der Ic des Oberbefehlshabers West sämtliche infrage kommenden Kommandostellen vorab fernmündlich, dann per Fernschreiben über aufgefangene, verschlüsselte Funksprüche des *Radio London* von 21:15 Uhr, deren Bedeutungen bekannt waren, und die eine bevorstehende Invasion ankündigten. Es wurde mit der zusätzlichen Bemerkung gewarnt, daß damit gerechnet werden müsse, daß für den Invasionsfall vorbereitete Sabotageaktionen, eventuell sogar Aufstandsbewegungen der französischen Widerständler durch diese Radiodurchsagen ausgelöst werden könnten. Sämtliche Dienststellen waren bereits seit einiger Zeit durch diesbezügliche Befehle und Besprechungen auf erhöhte Aufmerksamkeit hingewiesen worden...

Um 22:33 Uhr teilte das A.O.K. *(Armeeoberkommando)* 15 allen Generalkommandos und Hauptquartieren mit, daß man nun auch über den zweiten Teil der verschlüsselten Rundfunkmeldung informiert sei was bedeutete, daß eine Invasion innerhalb der nächsten 48 Stunden zu erwarten war...

Um 22:45 Uhr warnte auch das Generalkommando des LXXXI. Armeekorps infolge einer entsprechenden Nachricht alle Divisionen in

Am Strand nahe Franceville: Feldwebel Fritz Waldmann im WN 03 anläßlich seines Dienstes in der B-Stelle der 1. Batterie. Der Vorstrandsaum war lediglich mit dichtem Stacheldraht abgegrenzt, und am Strand bildeten nur mittels dickem Draht und Seilen miteinander verbundene Pfähle die einzigen seeseitigen Hindernisse.

Foto: Kollektion H. Staab

den Abschnitten der 7. und 15. Armee vor einer direkt bevorstehenden Invasion. Man war nun der Meinung, daß somit sämtliche Truppenteile informiert und vorgewarnt wären - doch war das durchaus nicht so...

Der 32-jährige Major Hans-Ulrich Freiherr von Luck und Witten hatte bereits am Polen-Feldzug teilgenommen und mit dem EK II und dem EK I ausgezeichnet worden, danach mit der sogenannten Geister-Division in Nord-Frankreich gekämpft, dann beim *Unternehmen Barbarossa* in der Sowjetunion. Mit seiner Einheit war er bis auf nur wenige Kilometer vor Moskau vorgestoßen, dann war er nach Nordafrika versetzt worden, wo er in engerem Kontakt zu Generalfeldmarschall Rommel gestanden und unter dessen Oberbefehl die Panzeraufklärungsabteilung der 21. Panzer-Division geführt hatte. Von Luck hatte sich vor allem durch die heftigen Gefechte gegen die *Long Range Desert Group* besonders hervorgetan und war am 2. Januar 1942 mit dem Deutschen Kreuz in Gold dekoriert worden.

Erst seit fünf Wochen war der Major nun Kommandeur des Panzergrenadier-Regiments 125 der ab Mai 1944 in der Normandie stehenden 21. Panzer-Division. Er wußte, daß er schon Ende Juli 1944 zum Oberstleutnant befördert werden sollte, und bereits zwei Monate später zum Oberst - eine schnelle Karriere, wie ihm schien...

Im Verband des Afrika-Korps (Bezeichnung aller seit dem 21. Februar 1941 in Libyen stehenden deutschen Truppen) unter Generalfeldmarschall Rommel im Herbst 1941 aus der 5. leichten Division umgegliedert, war die 21. Panzer-Division dort an allen Siegen und Niederlagen beteiligt gewesen. Infolge unausreichenden Nachschubs über das Mittelmeer und nachdem auch noch die Amerikaner bei Casablanca gelandet waren, hatte das Afrika-Korps und somit auch die 21. Panzer-Division am 13.5.1943 in Tripolis kapitulieren müssen. Infolge ihrer Verdienste in Afrika war von Hitler eine Neuaufstellung dieser Division befohlen worden. Da der überwiegende Teil der Soldaten der „ersten" 21. Panzer-Division in Gefangenschaft geraten war, wurde der Kern der „neuen" aus damaligen Heimat-Urlaubern und in Lazaretten befindlichen, folglich nicht in Gefangenschaft geratenen „Ehemaligen" gebildet. Dazu kamen diverse Neuzugänge. Kommandeur der 21. Panzer-Division war Generalmajor Edgar Feuchtinger.

In Frankreich mehrfach verlegt, war die Division erst im April 1944, aus der Bretagne kommend, in die Normandie, in den Großraum Caen, verlegt worden. Ihr Gefechtsstand befand sich in St.-Pierre-sur-Dives, 29 Kilometer südöstlich von Caen. Von den drei in der Normandie, alle südöstlich von Caen stehenden Panzer-Divisionen war die 21. jene der Küste des Ärmelkanals am nächsten stehende (dahinter, in südliche Richtung, die 12. SS-Panzer-Division zwischen Falaise und Argentan, etwa 40 Kilometer von Caen entfernt, sowie die Panzer-Lehr-Division unterhalb Argentan, etwa 60 Kilometer entfernt). Das Panzer-Regiment 22 (Kommandeur Oberst Hermann von Oppeln-Bronikowski) lag nördlich Falaise, auf mehrere Dörfer verteilt, an der Nationalstraße 158, die von Falaise nach Caen führt. Die Bataillone des Panzergrenadier-Regiments 125 lagen nördlich, westlich und östlich von Caen.

Der am 15.7.1911 in Flensburg geborene Major Hans-Ulrich Freiherr von Luck und Witten war nach seiner Teilnahme am Polen-Feldzug, anschließend in Russland und Nordfrankreich, in Afrika ein kampferprobter und bereits hochdekorierter Soldat an Rommels Seite. Seit dem Frühjahr 1944 stand er mit seiner Truppe in der Normandie. (Das Ritterkreuz wurde ihm am 8. August 1944 verliehen.)

Foto: Kollektion H. von Luck

Hans von Lucks Quartier befand sich in einem schlichten Haus am Dorfrand von Bellengreville, 12 Kilometer südöstlich des Stadtzentrums von Caen, 22 Kilometer von der Kanal-Brücke und jener über die Orne entfernt. Der Major hatte auch an diesem 5. Juni die täglich von den Marine-Meteorologen erarbeitete und von der Division übermittelte Großwetterlage zur Kenntnis genommen und war der Meinung, daß ein feindliches Landeunternehmen auszuschließen sei. Infolge dessen hatte der Major der 5. Kompanie des Oberleutnants Brandenburg, des II. Bataillons, das im Raum Troarn-Escoville, zwischen Orne und Dives, stand, eine Übung für den kommenden Abend genehmigt, denn das entsprach dem Plan, nacheinander sämtliche Kompanien für einen Nachteinsatz zu trainieren und die Soldaten mit dem Gelände vertraut zu machen. So war an die Panzergrenadiere die dafür übliche Übungsmunition ausgeteilt worden... Das I. Bataillon, das mit Schützenpanzern und gepanzerten Halbkettenfahrzeugen ausgerüstet war, hatte weiter rückwärtig eine Wartestellung bezogen.

Von Luck, der Bewegungskämpfe gewohnt war, liebte es nicht, auf eine Invasion zu warten, die irgendwann stattfinden sollte, noch dazu, da die höchsten Stellen eine Landung am Pas-de-Calais erwarteten, nicht in der Normandie - aber kommen würde sie, das war gewiß... Deshalb hatte von Luck „den grundsätzlichen Befehl erteilt, daß bei möglichen Landungen alliierter Kommandotrupps die betroffenen Bataillone und Kompanien sofort und selbständig anzugreifen hätten, und zwar ohne Rücksicht auf das Verbot von höchster Stelle, erst nach Freigabe durch das Oberkommando West den Kampf aufzunehmen. Doch angesichts der uns übermittelten Großwetterlage dachte ich in dieser Nacht an einen solchen Einsatz nicht.“ *

Während auf deutscher Seite darüber spekuliert wurde, wann es wohl zu einer Invasion der Alliierten kommen könnte, wurden in Großbritannien bereits die letzten Vorbereitungen für die unmittelbar bevorstehende Großoffensive getroffen...

Soldaten der britischen 6. Airborne Divison verluden in Hunderte Horsa-Lastensegler schweres Kriegsgerät, das schon sehr bald in ihrem Luftlanderaum nahe östlich der Orne zum Einsatz kommen sollte. Auch bestiegen Tausende Infanteristen endlose Reihen von Lastenseglern... **Fotos: Battlefield Historian Ldt.**

Bis in den späten Abend warteten Major von Luck und sein Adjutant, Oberleutnant Helmut Liebeskind, auf die Meldung des II. Bataillons, daß die Nachtübung beendet war. Um Mitternacht vernahm der Major das dumpfe Dröhnen vieler Flugzeugmotoren und glaubte an einen der üblichen, im Hinterland erfolgenden Bomberangriffe.

Zu dieser Zeit hatten sich bereits seit einigen Stunden Tausende Seeleute und 156.000 Soldaten zu ihrem großen *D-Day*-Angriff unter dem Decknamen *Operation Overlord* auf fünf Landestrände in dem mehr als achtzig Kilometer breiten Invasionsraum und zwei geplanten, flankierenden Luftlanderäumen an der normannischen Küste in Bewegung gesetzt - mit 713 Kriegsschiffen, 805 Transport- und 59 Sperr-

---

* Zitat aus Hans von Lucks Buch *Gefangener meiner Zeit - Ein Stück Weges mit Rommel*, 1991 beim Verlag E. S. Mittler & Sohn GmbH, Herford, Seite 191.

schiffen sowie 4.216 Landungsbooten. 12.837 Kampf- und Transportflugzeuge und Lastensegler samt 156.036 Soldaten *(für die erste Angriffswelle)* warteten auf den kurz bevorstehenden Start. Insgesamt rollten zwei Millionen Tonnen Kriegsmaterial auf den *Atlantikwall* zu...

Zu dieser Zeit befand sich der Kommandeur der 21. Panzer-Division, Generalmajor Edgar Feuchtinger, samt seines Stabschefs, Oberstleutnant i. G. *(im Generalstab)* Wolf-Götz Freiherr von Berlichingen-Jagsthausen, trotz der Gefahr einer allgemein zu erwartenden Invasion in Paris. Offiziell beim Sonderstab, traf er sich aber auch mit einer attraktiven Theater-Schauspielerin. Vor seiner Abreise hatte der General seinen Regimentskommandeuren strikte Order erteilt, so berichtete Hans von Luck, „daß bei einem eventuellen feindlichen Angriff jegliche Gegenangriffe zu unterlassen sind, bis von der Heeresgruppe B *(Generalfeldmarschall Rommel)* nähere Umstände geklärt werden."

Nur diesen Befehl kannte der Kommandeur des Panzergrenadier-Regiments 125. Was viele Kommandeure auch nicht wußten, war, daß Rommel auf eigenen Wunsch zu einer Besprechung zu Hitler gebeten worden war und diesen Deutschland-Aufenthalt gleich mit dem Geburtstag seiner Frau verband - und Frankreich gerade verlassen hatte.

Generalmajor Richard Gale hielt seinen Männern der 6. Airborne Division eine letzte kurze Rede, in der er ihnen Mut und Erfolg zusprach...

Die letzte Mahlzeit der Infanteristen der D-Kompanie der *Oxfordshire and Buckinghamshire*, am frühen Vorabend des *D-Day*, war sehr mager ausgefallen. Man befürchtete, daß sie sonst die Luftkrankheit bekommen könnten *(die häufig gerade bei Soldaten in den leichten Lastenseglern auftrat)*, was zur Folge hätte, daß die mit schwerem Gepäck beladenen Männer aus Schwäche in dem nur schmalen Innenraum der Segler fallen und sich nicht mehr erheben könnten. Die Männer versuchten, ihre Mahlzeit einigermaßen zu genießen - trotz der schweren Aufgabe, die ihnen bevorstand...

Nach dem Essen wurde alles noch einmal durchgecheckt. Als das Material verladen wurde, hatten die Männer viel zu schleppen, doch wurde nicht die gesamte Ausrüstung für den Angriff auf die Brükken benötigt. Einiges sollte zuerst einmal im Gleiter verbleiben und würde erst später gebraucht. Dann mußten sich alle Männer ihre Gesichter schwärzen, denn es sollte ja ein Nachtangriff werden. Danach wurden sie mit Lastwagen zum inzwischen von Flugzeugen vollbesetzten Flugplatz nach Tarrant Rushton in Südengland gefahren.

Mit geschwärzten Gesichtern und über die lustigen Parolen auf ihren Lastenseglern lachend ins Abenteuer - in ein sehr gefährliches Abenteuer...

Fotos: Battlefield Historian Ltd.

Auf dem großen Flugplatz wurden die Soldaten von sämtlichen Piloten begrüßt, und man stellte sich lediglich mit den Vornamen vor. Gemeinsam verlud man die Ausrüstungen in die Lastensegler. Es wurde heißer Tee gereicht; einige Männer rauchten Zigaretten. Da rief John Howard zum Uhrenvergleich auf. Es war genau 22:40 Uhr, und jeder stellte seine Uhr exakt auf diese Zeit ein. Howard ging zu jedem der Soldaten, sprach ihnen Mut zu und gab den Offizieren die Hand, wünschte ihnen viel Glück. Daraufhin kletterten die Männer schweigend in die Flugzeuge.

Uhrenvergleich. Von nun an mußte alles auf die Minute genau ablaufen...

Auf dem Weg zur Orne und zum Caen-Kanal

Am 5. Juni wurde um 22:56 Uhr der erste Lastensegler in Großbritannien in die Luft gezogen. Er stieg durch tiefhängende Wolkenbänke in den darüber klaren Nachthimmel in 1.830 Meter Höhe auf. Sechs bereits von ihren Kampfeinsätzen gezeichnete Halifax-Bomber zogen die Horsa-Gleiter der Nummern 91 bis 96 mit insgesamt 168 Soldaten der D-Kompanie des 2. Bataillons der *Ox and Bucks Light Infantry* des Sonderkommandos des Majors John Howard. In jedem Segler saßen 28 Soldaten inklusive jeweils fünf Pioniere des 2. Zuges der 249. Feld-Kompanie der *Royal Engineers*. Sie alle bildeten die erste Angriffswelle der *Operation Tonga*. Um ihren Ängsten entgegenzuwirken, rauchten und sangen die Soldaten in den dunklen Transporträumen. Auch John Howard sang kräftig mit:

„Wir saßen uns in dem Gleiter *(auf zwei langen Sitzbankreihen)* gegenüber, mit Sicherheitsgurten - keine Fallschirme. Wir befanden uns absolut in den Händen der Gleiter-Piloten..."

Dazu sagte Jim Wallwork:

„Die D-Kompanie der Ox and Bocks Light Infantry war unsere einzige lebende Fracht, die wir jemals transportierten. Sie waren die beste Truppe, die wir getroffen hatten. Es umgab uns ein sicheres, kameradschaftliches Gefühl, zumal uns Gleiter-Piloten strengstens verboten war, in der Normandie zu kämpfen. Tatsache war, daß wir einen Passagierschein erhielten, von Gott selbst unterschrieben, der besagte, daß in jeglicher Hinsicht darauf zu achten war, daß jeder Gleiter-Pilot so schnell wie möglich nach England zurückkehren sollte. Unsere erste Reaktion war, daß jeder, sogar Montgomery, unseren Wert und

Die Flugzeuge mit den Lastenseglern im Schlepp starteten in Intervallen von nur einer einzigen Minute. Zur Erkennung ihrer Teilnahme an der Invasion waren sämtliche Flugzeuge am Rumpf und den Tragflächen mit drei breiten, weißen Streifen, die von zwei schwarzen verbunden wurden, sehr auffällig gekennzeichnet.

Fotos: Battlefield Historian Ltd.

Wichtigkeit zur Kenntnis genommen hatte. Aber der wahre Grund bestand darin, daß wir sofort für eine zweite *(Transport-)*Welle eingesetzt werden sollten..."

Nach einer Flugzeit von einer Stunde und vier Minuten überflog der erste Pulk, der für die Einnahme der beiden Brücken bestimmt war, planmäßig genau um Mitternacht, die französische Ärmelkanalküste der Normandie und eine Lücke in der deutschen Fliegerabwehr. Jim Wallwork war mit dem bisherigen Verlauf der Dinge zufrieden:

„Es war ein sanfter Flug. Wir umgingen dabei die Flugabwehr der deutschen Marine, den am meisten kriegslüsternen Service, der sein Bestes getan hatte, uns im Jahr zuvor auf dem Weg nach Sizilien abzuschießen...

Von Howard ermutigt, sangen die Soldaten, und, Gott sei Dank, war niemand luftkrank, weil die Konstruktion der Horsa ermöglichte, daß von hinten frische Luft bis ins Cockpit strömen konnte. Ein Training mit einem vollbesetzten Gleiter hatte es zuvor nicht gegeben, weil lebende Ladung im Training niemals beliebt war...

Dank unserer Schlepp-Crew waren wir zeit- und zielgenau unterwegs und sahen die französische Küste in noch ausreichender Zeit - und wir waren bereit..."

In fast völliger Dunkelheit, die in den fensterlosen, nur mit vier kleinen „Bullaugen" versehenen Transporträumen der Segler herrschte, saßen dicht gedrängt die Soldaten jener sechs Züge, die für die Einnahme der Orne- und der Bénouville-Brücke trainiert worden waren. Foto: Battlefield Historian Ltd.

Wegen der allgemeinen Geheimhaltung der größten Landeoperation der Weltgeschichte *(Operation Overlord)* wußten die Männer nur andeutungsweise von der riesigen Armada, die sich unter und hinter ihnen in Bewegung gesetzt hatte, und von den fast drei Millionen Soldaten, die in Großbritannien für den Angriff auf die *Festung Europa* und die Invasion zusammengezogen worden waren...

Das Wetter im normannischen Teil der Kanalküste war in dieser Nacht noch immer beeinflußt von dem schlechten der Vortage, das hauptsächlich im südenglischen Raum, auf der nördlichen Seite des Kanals, geherrscht hatte. Die Nachtsicht war trotz des Vollmonds unterschiedlich. Der Wind wehte in gelegentlichen steifen Brisen, doch über dem Erdboden war die Luft ruhig. Der Himmel war um Mitternacht noch von Wolken verhangen, die jedoch zunehmend aufrissen. Die Sicht betrug drei Meilen und die Lufttemperatur +12° Celsius, im Binnenland bis zu 6° mehr, und mit zunehmendem Aufklaren wurde das Land mehr und mehr vom bläulichen Licht des Mondes beschienen...

In unregelmäßigen Intervallen ruckten und zerrten die langen, dünnen, stählernen Schlepptrossen an den großen Lastenseglern, die mit 280 km/h von den Transportmaschinen gezogen wurden. Jim Wallworks Segler war der erste; er trug die offizielle Nummer 91. Für das bevorstehende Landeunternehmen war er jedoch als Nummer 1 deklariert. In ihm saßen Major John Howard und die Männer seines 1. Zuges - Howard direkt neben der vorderen großen Ausstiegluke auf der linken Seite des Transportraums. Unter ihnen reflektierten die schwarzen, kalten Wellen des Ärmelkanals glitzernd das helle Mondlicht. Von hinten, aus der Dunkelheit des Gleiters, in der die Soldaten mit ihren geschwärzten Gesichtern dicht nebeneinander saßen, rief eine Stimme:

„Hat der Major schon gekotzt?"

Nein, dieses Mal hatte er es nicht getan. Howard war für seine Luftkrankheit bekannt, und bei jedem Übungsflug hatte er sich bisher übergeben müssen. Seine Soldaten hatten es sich inzwischen zu einem von ihm tolerierten Scherz gemacht, danach zu fragen, und er selbst sagte dazu:

„Während des Trainings waren in den Gleitern viele der Männer luftkrank, aber keiner so schlimm, wie ich es war. In dieser Nacht, so glaube ich, war niemand luftkrank. Das kam daher, weil es ein teilweise sehr ruhiger Flug war. Ich hatte nur Sorge, daß ich luftkrank würde. Ich versichere Euch, daß wir *alle* Angst hatten. Bevor wir abhoben, hatte ich bemerkt, daß jeder ein Gebet für sich sprach.. Und jeder, der behauptet, daß er in einer solchen Situation keine Angst hatte, ist ein Narr oder ein verdammter Lügner..."

Angespannt saß Howard auf dem harten Sitz. Sein Auftrag hatte gelautet:

„Die Brücken einnehmen und halten bis Verstärkung kommt!"

Er war sich der großen Verantwortung bewußt, die betreffs des Gelingens seines Unternehmens wie auch gegenüber seiner Männer auf ihm lastete. Seitdem ihm dieses Kommando übertragen worden war, rechnete er angesichts des großen Risikos mit einem personellen Verlust seiner Truppe von bis zu fünfzig Prozent...

In diesem Moment konnte er den hellen, schmalen Streifen der französischen Kanalküste tief unter sich erkennen. Bis eben hatten die Soldaten in den Seglern gesungen und mit diesem Gesang ihre Befürchtungen vor dem nun unmittelbar bevorstehenden, höchst gefährlichen Einsatz zu vertreiben versucht.

Nun befahl Howard absolute Ruhe. In nur wenigen Minuten würde es soweit sein, endlich würde jener Moment kommen, für den er und seine 168 jungen Männer so lange und so hart trainiert hatten. Die meisten dieser Soldaten hatten allerdings noch niemals im Feuer gestanden... Jetzt saßen sie schweigend im Dunkeln, ausgerüstet mit Granatwerfern, PIATs *(Panzerabwehr-Raketenwaffen, den deutschen Panzerfäusten ähnlich)*, Maschinengewehren, Maschinenpistolen und Gewehren.

Jim Wallwork hatte dem von ihm pilotierten Lastensegler, in dem John Howard und die Männer seines 1. Zuges saßen, den smarten Namen *Lady Irene* gegeben.

Foto: Battlefield Historian Ltd.

Als Major John Howard 1942 davon erfahren hatte, daß die *Ox and Bucks* zu einer derzeit noch völlig unerfahrenen Luftlandeeinheit umgestellt worden waren, hatte er sich spontan dorthin versetzen lassen. Erst kurze Zeit zuvor hatte Howard geheiratet. An jenem Tag, an dem er seiner jungen, hübschen Frau Joy gesagt hatte, daß er sich zu den Fallschirmjägern hatte versetzen lassen, verriet sie ihm, daß sie schwanger war. Das war 1942 gewesen. Zwei Jahre waren inzwischen vergangen, und im Mai 1944 war ihr zweites Kind zur Welt gekommen, vier Wochen vor dem *D-Day*. Und nun saß Howard in einem hölzernen Lastensegler und betrachtete die breite Bucht von Ouistréham, in die nahe nebeneinander die Orne und der Kanal mündeten. Nur fünf Kilometer weiter, irgendwo dort unten im Dunkeln, stand jene Hebebrücke, die er und seine Männer in wenigen Augenblicken einzunehmen hatten, doch zwischen dem Jetzt und der erhofften Einnahme der Brücke lag noch das Landemanöver - eines der gefährlichsten der gesamten Invasion...

Einer der Horsa-Segler kurz vor dem Ausklinken von der Zugmaschine...

Foto: Battlefield Historian Ltd.

In dieser Nacht, es war die 1452. seit der deutschen Besetzung, patroullierten seit dem 5. Juni, 22:00 Uhr, der 18-jährige Helmut Römer zusammen mit seinem gleichaltrigen Kameraden Erwin Sauer als sogenannte Pendelposten *(einzeln; immer in entgegengesetzte Richtung)* über die Bénouville-Brücke hin und her. Außer der beiden Posten an der Orne-Brücke befanden sich alle anderen Wachsoldaten in ihren Unterkünften und schliefen, bis auf zwei der vier Polen - Vern Bonck und sein Kamerad. Erwin Sauer und Helmut Römer, hatten sie abgelöst. Helmut Römer erzählte:

„Das waren zwei Luftikusse, die hatten in Bénouville ihre Liebchen und sind dann über die Brücke ´rüber..."

(Die beiden Polen kamen nie mehr aus Bénouville zurück; ihr Schicksal blieb unbekannt.)

Für Römer und Sauer war der Wachdienst um 24:00 Uhr für die nächsten vier Stunden eigentlich erst einmal beendet - wenn ihre Wachablösung pünktlich erschienen wäre... Helmut Römer berichtete:

„Da standen wir nun so müde, und niemand kam, um uns abzulösen. Dann gingen die beiden Wachen für die Orne-Brücke vorüber. Sauer und ich haben noch bis fünfzehn Minuten nach Mitternacht gewartet, dann bin ich die zehn bis fünfzehn Meter zum Schlafraum im zukünftigen Gefechtsstand gegangen. Da drinnen kam mir völlig schlaftrunken der Janusch Marschilinski entgegen. Ich hab' dann in die Unterkunft reingebrüllt und den anderen noch schlafenden Kameraden geweckt. Die hatten beide glatt verpennt. Das war sehr ärgerlich, denn jede Minute ging uns von unserem eigenen Schlaf verloren, und müde waren wir wegen der vielen Wachdienste sowieso immer..."

Daraufhin kehrte Helmut Römer zu Erwin Sauer zurück. Mitten auf der Straße, zwischen der östlichen Brückenzufahrt und dem unfertigen Gefechtsstand stehend, warteten sie auf das Eintreffen der beiden Kameraden.

Schon seit längerer Zeit war das Dröhnen immer wieder von See her einfliegender Bomber und anhaltendes Flak-Feuer zu hören. Aber alles das war für die in der normannischen Küstenregion stationierten deutschen Truppen schon lange nichts Besonderes mehr - allerdings waren es in dieser Nacht mehr als in den Nächten davor... „Aber", so erzählte Helmut Römer, „zuerst glaubten wir, die Bomber würden nach Deutschland fliegen und dort wieder ihre Last auf unsere Städte abwerfen, dann war ich aber der Meinung, daß im Hinterland, vielleicht da bei Caen, wieder ein größerer Luftangriff stattfand..."

So erschien den beiden das alles auch nicht als besonders bedrohlich. Sie standen im Dunkeln direkt an der östlichen Seite der Brücke, ihre Karabiner am Trageriemen über die Schultern gehängt. Helmut Römer trug außerdem eine geladene, großkalibrige Signal-Pistole im Gürtel. Die Pistole sollte dazu dienen, daß, würde es einen Angriff auf die Brücke geben, er als Erstes mit dem Abschießen der weißen Leuchtkugel die Posten an der langen Orne-Brücke warnen sollte, die ihrerseits ebenfalls über eine derartige Signal-Pistole verfügten. Aber dann war es wieder ruhig geworden.

Die einzige an der Kanal-Brücke fest installierte Stellung, jene mit der 5-cm-Kampfwagenkanone, war infolge Personalmangels nachts niemals besetzt, ebenso die einzige, mittels einiger Sandsäcke befestigte MG-Stellung, jene an der fünfhundert Meter entfernten Orne-Brücke. Allerdings befand sich darin ständig ein feuerbereites MG 34. Trotz der relativen Gefahr einer allgemein erwarteten Invasion war kein Befehl betreffs einer besonderen Wachsamkeit erteilt worden. Der Chef der 4. Kompanie des Grenadier-Regiments 736 war Hauptmann Wil Luke, dessen Gefechtsstand sich in Ouistréham-Val befand. Der Kommandeur des I. Bataillons war Major Hans Schmidt, der in einem Privatquartier im unweit gelegenen Ranville wohnte.

Plötzlich waren da fremde Geräusche...

Der kleine Pulk der ersten sechs britischen Lastensegler hatte inzwischen die französische Küste nahe der Orne-Bucht erreicht. Die 12 Piloten und Co-Piloten des *Glider Pilot Regiments (Lastensegler-Führer-Regiments)* waren nun verantwortlich dafür, sich in der Dunkelheit schnell zu orientieren und die beiden Brücken finden zu können. Innerhalb von nur drei Minuten nach 00:20 Uhr mußten sechs Gleiter-Landungen durchgeführt werden, jeweils nur wenige Meter von den Brücken entfernt, und an jeder Brücke drei - und derartige Landungen waren grundsätzlich Bruchlandungen, bei denen die Soldaten nicht zu Tode kommen sollten, möglichst, noch nicht einmal verletzt werden...

Leutnant Herbert Denham Brotheridge war mit John Howard eng befreundet und als Führer des 1. Zuges der Spezial-Einheit zur Einnahme der Kanal-Brücke an der Seite des Majors.

Foto: Wikipedia

Neben Major Howard saß sein Adjutant, der 28-jährige Leutnant Herbert Denham Brotheridge, der allgemein nur kurz Den oder Denny genannt wurde. Der Major hatte seinen Freund damals überredet, sich ebenfalls zu dieser Spezial-Einheit versetzen zu lassen. Howard, der wußte, daß die junge Frau des Leutnants innerhalb der nächsten Tage die Geburt ihres ersten Kindes erwartete, hatte deshalb nun ein schlechtes Gewissen. Brotheridge hingegen sah die ganzen Umstände viel unkomplizierter als der Major, vielmehr hatte er mit ihm gewettet, nach der Landung eher aus der Luke hinausgesprungen zu sein, als Howard. Brotheridge wollte der erste Soldat der Alliierten sein, der französischen Boden betreten würde...

Ohne sich irgendwelche Emotionen anmerken zu lassen, lenkte Oberfeldwebel Wallwork den großen Horsa-Segler hinter der Zugmaschine her, John Ainsworth konzentrierte sich schweigend auf seine Uhr. Auch Wallwork war angesichts des vor ihnen liegenden Unternehmens nachdenklich:

„Die Küste lag nun unter uns - und plötzlich herrschte eine ungekannte Stille. Nun waren wir bereit für den großartigen Preis, den letzten Ritterschlag, den Raison d'être unseres Glider Pilot Regiments. Wir konnten jetzt unseren erweiterten und verspäteten Dank an Bomber-Harris für diesen besonderen Ritterschlag aussprechen..."

Es war genau 00:16 Uhr - exakt der errechnete Zeitpunkt, den Lastensegler von der Zugmaschine abzukoppeln. Wallwork rief John Howard über die Schulter zu:

„Ich klinke jetzt aus!"

Ainsworth gab Wallwork das Zeichen:

„Fünf, vier, drei, zwei, eins - cheers! Loswerfen!"

Über diesen Moment sagte der Pilot:

„Natürlich hatte ich Angst. Wir waren alle jung und wußten nicht, was gleich auf uns zukommen würde..."

Von diesem Augenblick an begannen die Luftlandungen an beiden Flanken des annähernd 90 Kilometer breiten, normannischen Invasionsraumes.

Borduhr eines abgeschossenen britischen Bombers, die auch in den Horsa-Lastenseglern Verwendung fanden. **Archiv und Foto: von Keusgen**

In dem Horsa-Gleiter war ein Rucken zu spüren, dann der freie Flug. Howard befahl absolute Ruhe. Die Gleiter waren von Norden aus herangeschwebt. Nur noch etwa 800 Meter von der Kanal-Brücke entfernt, steuerte Jim Wallwork nun den mit immer noch etwa 145 km/h dahinfliegenden Lastensegler nach Osten und entfernte sich in einem Rechten Winkel fast einen Kilometer weit von der Kanal-Brücke, dann änderte er die Flugrichtung nach Westen, um gegen den Wind anzufliegen und dadurch die Geschwindigkeit zu drosseln, was ihm auch ohne Schwierigkeiten gelang.

Jim Wallwork berichtete:

„Hoch mit der Nase, um während des Drehens auf Kurs 1 die Geschwindigkeit zu reduzieren. Der Flug war ruhig. So war's, als sich unsere sechs Horsas leise zu zwei kleinen Feldern in der Normandie schlichen, um 168 Kampfmänner in voller Schlachtausrüstung runter zu bringen und der deutschen Garnison da unten die Überraschung ihres Lebens und Nachhilfeunterricht im Einnehmen einer Brücke zu erteilen..."

Aber der Pilot hatte „nicht die geringste Ahnung, wie ich den Flieger mit der gewünschten Präzision direkt vor der Kanal-Brücke herunter und zum Stehen bringen sollte", dennoch war er zuversichtlich.

Die Männer auf den beiden sich gegenüber befindlichen Sitzbänken konnten den Wind, der an dem langen, aus Sperrholz gefertigten Rumpf des Gleiters entlang strömte, rauschen und am Heck leise pfeifen hören. Sie hörten aber auch das entfernte Grollen der ins Festland einfliegenden Bomberpulks, die Richtung Caen flogen, auch das dumpfe Dröhnen deutscher Fliegerabwehrkanonen und das Krachen ihrer krepierenden Granaten. Es hörte sich gefährlich nach Krieg an...

Der Himmel über der nur noch acht Kilometer entfernten Hauptstadt der Unteren Normandie, der Großstadt Caen, war gespenstisch erhellt. Die breiten Lichtstrahlen vieler himmelwärts gerichteter deutscher Scheinwerfer pendelten, feindliche Bomber suchend, unruhig in der Nacht umher. Unentwegt zuckten die orangefarbenen Blitze krepierender Flak-Granaten und abgeworfener schwerer Bomben...

Das Kriegstagebuch des britischen Bomber-Kommandos hatte nach dieser Nacht zwei neue „Rekorde" zu verzeichnen: Einen für die bisher meisten Bombardierungen - 1.211 Abwürfe; den anderen für die größte Tonnage, die in einer einzigen Nacht abgeworfen wurde - mehr als 5.000 Tonnen. Der Verlust der Briten betrug acht Flugzeuge.

Schnell schwebte Wallworks Segler tiefer. Die beiden anderen folgten ihm in weitem Bogen. Die drei für die Einnahme der Orne-Brücke bestimmten Gleiter hatten längst eine andere, ihnen vorbestimmte Flugroute in Richtung der Orne-Brücke eingeschlagen.

Wallwork konzentrierte sich auf seinen Zielanflug:

„Der Rückenwindanteil bei 185° für 3:45 Minuten mit 90 mph *(145 km/h)* ging problemlos, als Johnny die Stoppuhr kontrollierte. Da gab es kein Problem, einen 90°-Kurs zu vollziehen - eine Kurve in den Querabflug..."

Der Lastensegler war auf etwa 600 Meter gesunken. Bereits jetzt mußten die Türen geöffnet werden. In den Gleitern gab es zwei Türen - eine vorn und eine hinten. Die vordere befand sich genau gegenüber des Zugführers Den Brotheridge. Der Leutnant löste seinen Sicherheitsgurt, erhob sich von seinem Sitzplatz und wendete sich zuerst der vorderen Ausstiegsluke zu. Der Major und der Feldwebel dieses Zugs hielten den Brotheridge fest, um ihn zu stützen. Brotheridge ging vorsichtig zur Tür und öffnete sie. Die Tür schwang nach oben, und kalte, zugige Luft strömte in den langen, unbeleuchteten Innenraum des Lastenseglers. Der Mond beschien mit seinem fahlen Licht das flache Land. John Howard fröstelte und ihm bot sich in diesem Moment eine schauerliche Szenerie: Der Horizont war als Folge des schweren Bombardements von Hunderten Bränden orange gefärbt - das brennende Caen...

Einen Moment dachte Howard an seine Frau und die beiden Kinder, die im Moment friedlich in ihren Betten lagen und schliefen. In seiner Brusttasche trug der Major einen kleinen, roten Lederschuh bei sich - einen des ersten Schuhpaares seines Sohnes Terry...

Nun erhob sich auch John Howard von seinem Sitzplatz. Es war in dieser Nacht hell genug, daß der Major die Landung beobachten konnte. Als der Gleiter auf etwa 300 Meter Höhe war, konnte Howard genau erkennen, wo sie sich gerade befanden. Er hatte die Luftaufnahmen der Aufklärungsflugzeuge erst sechs Wochen zuvor sehr aufmerksam betrachtet und erkannte die Ortschaften und Wälder. So konnte er erkennen, daß sie auf genau dem richtigen Kurs waren. Der Lastensegler vollzog die erste Rechtskurve und glitt direkt hinunter zum Kanal, den Howard durch das Cockpit sehen konnte, auf dessen Wasseroberfläche sich das Mondlicht spiegelte.

Steuersäule eines Lastenseglers im heutigen Pegasus-Museum (Mémorial Pegasus), unweit der Kanal-Brücke.

Foto: von Keusgen (Mémorial Pegasus)

Im Cockpit konnte auch Jim Wallwork die beiden silbern glänzenden Wasserläufe des Kanals und der Orne deutlich sehen. Dann erkannte er die Bénouville-Brücke mit ihrer charakteristischen Stahlkonstruktion, die sich als dunkle Silhouette scharf vor dem hell reflektierenden Wasser abhob. Er sah auch den 490 Meter breiten Streifen Land, der die beiden Wasserläufe an dieser Stelle voneinander trennt. Dahinter erstreckt sich die flache, lange Orne-Brücke nach Ranville.

„Man konnte alles besser sehen, als erwartet", sagte Jim Wallwork, „natürlich wäre der Landstreifen zwischen den beiden Brücken breit genug gewesen, um darauf mit einer ganzen Armada von Flugzeugen zu landen, aber es war ja vorgesehen, die Gleiter bis in die unmittelbare Nähe der Brücken zu bringen. Es war verführerisch, den Rest sprichwörtlich auf dem Hosenboden zu landen, aber wir widerstanden der Versuchung und flogen in Kurs und Zeit peinlich genau weiter..."

Doch Wallworks diesbezügliche Aussage war nur eine Theorie, denn neben der Kanal-Brücke war das Terrain zur Mitte der Landzunge hin sumpfig, und es gab gerade dort auch noch drei schilfbewachsene Teiche. Dadurch reduzierte sich die Breite der Landezone auf nur

Von Süden her näherten sich die drei Lastensegler ihrem Zielgebiet, das im schwachen Licht des Mondes unter ihnen lag. Die Fläche, auf der sie landen konnten, war nur halb so groß wie zwei in der Länge halbierte, hintereinander liegende Fußballfelder, die sich zum Ende hin zuspitzen (auf der Luftaufnahme vom 24. März 1944 rechts unten rechts weiß markiert; Kanal-Brücke siehe Pfeil).

Foto: Battlefield Historian Ltd.

noch 52 Meter. Das war immer noch breit genug, um mit einem 20 Meter langen Lastensegler mit einer Spannweite von 26 Metern einigermaßen problemlos zu landen, wenn da nicht auch noch eine lange, hohe Baumreihe auf einem parallel zum Kanal verlaufenden, bis zu drei Meter hohen Erdwall gestanden hätte, die den Landeraum zwischen ihnen und dem größten der Teiche auf eine dramatische Enge von nur noch 38 Meter reduzierte - und direkt hinter diesen Bäumen verlief bereits der deutsche Schützengraben...

Die Chaussee, die von Bénouville kommend und über die Kanal-Brücke zu jener über die Orne führte, verlief auf einem ebenfalls drei Meter hohen Damm. Auch sie war von gerolltem Stacheldraht zur Niederung hin abgegrenzt. John Howard erkannte die Schwierigkeit der bevorstehenden Landung, sah, daß sich links von ihrer nur schmalen Landezone eine lange Reihe dicht hintereinander stehender hoher Bäume erstreckte und sich auf der anderen Seite ein breiter Teich befand. Exakt dazwischen mußten sie nun landen...

Nun konnte Jim Wallwork die in den Boden eingelassenen, etwa 1,70 Meter hohen, 10 bis 12 Zentimeter dicken Holzpfähle erkennen, die genau das verhindern sollten, was der Oberfeldwebel gerade beabsichtigte - landen...

Wallwork berichtete weiter:

„Der letzte Windanteil brachte uns direkt in die Linie parallel zu dem Kanal, und siehe da, die Brücke...!

Wir waren noch ein bißchen zu hoch, somit halbe Bremsklappe und beständig auf 90 bis 95 mph *(145 - 153 km/h)*. Jetzt volle Bremsklappe - und runter! Wir strömten den Bremsfallschirm, es ruckte, und wir warfen ihn nach nur zwei Sekunden schon wieder über Bord, weil zu befürchten war, daß sich die Nase unseres Vogels durch die enorme Verzögerung nach unten neigen würde."

John Howard beobachtete die Landung von seinem Sitzplatz aus und durch die offene Luke ihm gegenüber:

„Wir waren noch in etwa dreißig Meter Höhe und sahen den Kanal und die Bäume an uns vorbeisausen..."

Ainsworth rief aus dem Cockpit in den Frachtraum:

„Festhalten!"

Im Innenraum des Lastenseglers hatten sich indessen die nebeneinander sitzenden, angeschnallten Soldaten einander Arm in Arm eingehakt und die Füße vom Boden gehoben. Als der Gleiter in diesem Moment die lange Reihe der Pappeln entlang flog, ergab sich für einen kurzen Moment eine äußerst gefährliche Situation, die John Howard nicht entgangen war. Die linke Tragfläche streifte einige starke Äste der hohen Bäume. Augenblicklich wurden mehr als drei Meter der Tragfläche abgerissen und irgendwohin davongeflogen. Wallwork hatte den heftigen, gefährlichen Stoß bemerkt:

Während sich die drei Lastensegler der Kanalbrücke näherten und sich ihre Insassen betreffs des bevorstehenden Kampfeinsatzes Sorgen machten, war die Brücke bis auf die beiden Pendelposten Erwin Sauer und Helmut Römer völlig unbesetzt und ungesichert... (Links der Brücke befindet sich der mit Zeltplanen überdachte Laufgraben, in dem zu dieser Zeit der Zugführer, Feldwebel Ackermann, und der Gefreite Weber schliefen. Zwischen diesem Graben und dem Kanal befand sich die offene Ringstellung mit der unbesetzten 5-cm-KwK. Am unteren Bildrand befindet sich das überdachte und als Gefechtsstand und Mannschaftsquartier genutzte Kellergeschoß des ehemaligen Brückenwärterhauses.)

Modellbau und Foto: F. Montag

„...Und Ainsworth und ich, in der Nase des Vogels, pflügten nun das Feld und jagten in Richtung des Chaussee-Damms..."

In diesem Moment standen die beiden deutschen Wachtposten noch immer nebeneinander an der Kanal-Brücke und warteten auf ihre Ablösung. Da hörten sie plötzlich ein ihnen fremdes Geräusch. Helmut Römer beschrieb die Situation:

„Mit einem Mal kamen da so merkwürdige Geräusche regelrecht auf uns zu, die von uns niemals zuvor wahrgenommen wurden..."

Erwin Sauer ergänzte:

„Da war etwas, direkt vor uns, aber noch etwas weiter weg. Man konnte im Dunkeln nichts Genaues erkennen..."

Die großen Gleiter näherten sich aus südlicher Richtung der Brükke und wurden von Osten her vom leichten Mondlicht beschienen. Helmut Römer konnte den Ersten von ihnen, hinter hohen Bäumen und erst als schon dicht über dem Erdboden schnell dahinschwebenden, dunklen Schatten wahrnehmen. Er sagte:

Doppelposten auf der Kanalbrücke: Erwin Sauer (links) und Helmut Römer: „Wir waren müde und hatten auf unsere Kameraden gewartet. An eine Invasion war kein Gedanke, und erst recht nicht in dieser Nacht..."

Foto: Kollektion H. Römer

„Im ersten Moment glaubte ich, daß da ein feindliches Flugzeug notlandet, daß von einer Flak angeschossen war..."

Dann hörte er ein für ihn sonderbares Geräusch:

„Da war ein Sausen, Schurren und Rascheln, so wie trockene Blätter der Bäume im Wind. Da drüben standen ja auch riesige Pappeln..."

In diesem Moment hatte der Horsa-Gleiter mit immer noch *(von Jim Wallwork geschätzten)* etwa 85 km/h mit seinem gesamten Sperrholzrumpf aufgesetzt, gleichzeitig erfolgten die ersten harten Stöße gegen die aus dem Erdboden ragenden Holzpfähle.*

Auch die Insassen des Gleiters erkannten die gefährliche Situation. Sie konnten spüren daß zuerst die Räder wegbrachen. Alle wurden heftig geschüttelt, und es entstand ein furchterregender Lärm, da der Gleiter nun nur noch auf den Kufen dahinschlitterte. Er stieg nochmals etwas auf, stieß wieder an den Boden, hob ein weiteres Mal ab und rutschte dann dumpf polternd auf seinen beiden breiten Metallkufen weiter. Im Innenraum war lautes Krachen und das schnelle Schurren des Flugzeugs zu vernehmen. Nur in Bruchteilen von Sekunden erfolgten die harten Schläge. Lautes Knirschen und Bersten begleiteten das unregelmäßige Schlingern und schwerfällige Hüpfen des mit deutlich spürbarer Verzögerung dahinrasenden hölzernen Fluggeräts.

John Howard konnte durch die offene Luke einen starken Funkenflug an der Flanke des Gleiters sehen und glaubte im ersten Moment, es handele sich dabei um feindliche Leuchtspurgeschosse. Doch die Funken waren entstanden, weil die Metallkufen über Steine rieben. Jim Wallwork war sich „sehr wohl darüber im Klaren, daß wir da vorn in der Kanzel den gefährlichsten Platz im gesamten Gleiter hatten" und sagte über diese höchst brisante Situation:

„Wir beseitigten ein paar Zäune, und obwohl wir ein furchtbares Getöse verursachten, schienen wir die deutschen Wachtposten nicht zu stören. Die dachten vielleicht, daß hier ein Teil von einem abgeschossenen Bomber herunterkam..."

Helmut Römer berichtete weiter:

---

* Anmerkung des Autors: Wie man auf einigen der Fotos, die von den bruchgelandeten Seglern aufgenommen wurden, erkennen kann, hatte es sich bei den im Erdboden aufgestellten Holzpfählen nicht um solide Baumstämme gehandelt, sondern lediglich um mannshohe, nur armstarke Pflöcke, die nicht einmal bis zu den Tragflächen der Flieger reichten und durch die Wucht des Aufpralls zerbrachen.

„Es machte sch, sch, sch, sch, sch..., und dann waren mehrere sehr schnell aufeinanderfolgende dumpfe Schläge zu hören, verbunden mit einem tiefen Grollen - dann war es still..."

Wallworks Lastensegler war gegen die Böschung gestoßen und abrupt zum Stehen gekommen.

Die beiden jungen deutschen Wachtposten waren irritiert. Erwin Sauer zog seinen Kameraden an der Uniformjacke:

„Wir konnten mit der seltsamen Situation überhaupt nicht umgehen... Dann rannten wir die wenigen Meter zu dem unfertigen Gefechtsstand, liefen um ihn herum, duckten uns dahinter und warteten ab, was nun geschehen würde. Dabei haben wir dicht über die flache Betonabdeckung gesehen..."

Der erste der drei Horsa-Gleiter war sieben Sekunden nach dem Aufsetzen mit einer Landestrecke *(am Boden)* von mehr als 180 Metern gerade noch im äußeren Stacheldrahtverhau zum Stehen gekommen - exakt 78 Meter vor der Brücke.*

Beim letzten Aufprall gegen die Böschung war der Boden des ersten gelandeten Seglers derart hart angeschlagen, daß das Cockpit mit den Piloten heruntergeknickt und eingebrochen war. Dabei waren Ainsworth und Wallwork hinabgerutscht und zwischen den Wrackteilen eingeklemmt und mitgeschleift worden. Jim Wallwork erklärte:

„Johnny und ich steckten unter dem zu Bruch gegangenen Cockpit fest und waren wie betäubt. Aber die Truppe war ziemlich weit gereist und kam jetzt in die Gänge, und das rechtfertigte vieles ..."

Einige der britischen Soldaten hatten während der harten Landung ihr Bewußtsein verloren, und so herrschte für einen Moment eine gewisse Verwirrung im Inneren des Horsa-Gleiters... Dann lösten die Männer ihre Sicherheitsgurte und betasteten kurz ihre Körper, untersuchten, ob ihnen etwas zugestoßen war.

Der enorme Aufprall hatte auch zur Folge gehabt, daß John Howard mit seinem Stahlhelm gegen eine der hölzernen Streben im Rumpf des Gleiters angeschlagen war. Dabei war eine große Beule in

Jim Wallwork und John Howard (links), der über die Landung sagte:
„Es war allgemein bekannt, daß derartige Aktionen gefährlich sind, und genaugenommen hatten wir noch Glück gehabt, denn den Kameraden des Gleiters Nr.3 erging es sehr viel schlechter..."
(Das Foto entstand erst am 16. Juli 1944.)

Foto: Battlefield Historian Ltd.

* In anderen, immer wieder voneinander abweichenden Berichten wird die Entfernung des ersten Gleiters zur Brücke als deutlich kürzer angegeben. John Howard gab eine Entfernung zur Brücke von noch weniger als 15 Meter an. So wurde die oben benannte exakte Entfernung anhand diverser historischer Fotos und vor Ort nachgemessen, die auch mit dem Standort des heutigen Gedenksteins annähernd übereinstimmt.

dem Helm entstanden, der dabei dem Major über die Augen gedrückt wurde. Dadurch hatte Howard für einen kurzen Moment das Bewußtsein verloren. Als er gleich darauf wieder zu sich kam, erschrak er, weil er infolge des für ihn unwissentlichen Verrutschens seines Stahlhelms nichts mehr sehen konnte, „doch dann stellte ich fest, daß mir nur mein Schlachten-Bowler über die Augen gerutscht war..."

Nachdem der Major seinen Helm wieder zurechtgeschoben hatte, betrachtete er seine Umgebung, sah den zertrümmerten Türeingang, sah die Luft voller Staub, die Löcher im seitlichen Rumpf des Gleiters und vernahm das Stöhnen der beiden Piloten. Er löste seinen Sicherheitsgurt, dann stand er auf den Füßen. Die große Tür neben ihm war ausgebrochen, weil sie vor der Landung aufgeschoben worden war.

John Howard war noch benommen, nahm seine Maschinenpistole, sprang kopfüber hinaus und fiel auf den Boden. Als er wieder auf den Füßen stand, stellte er zu seiner eigenen Verwunderung fest, daß er die Landung ohne den kleinsten Kratzer überlebt hatte. Auch waren die Männer irritiert, denn sie hatten erwartet, daß sie sofort beschossen würden, besonders Howard:

„...Aber da war nichts; es fiel kein einziger Schuß..."

John Howard stand neben dem Horsa-Wrack und blickte zu dem markanten, hellgrauen Stahlgerüst der Hebebrücke hinüber, das sich in dem kalten Mondlicht deutlich vor dem tiefen Dunkelblau der Nacht abzeichnete. Den Brotheridge trat neben den Kompanieführer, und noch während die anderen Soldaten nun aus dem zerstörten Gleiter kletterten, rief Brotheridge das Erkennungswort seines A-Zuges aus:

„Able, Able...!"

Eine Kanalbrücke, die in der Nacht zum 6. Juni 1944 in die Weltgeschichte eingehen sollte - durch ein britisches Kommando-Unternehmen...

Foto: Battlefield Historian Ltd.

Stürmische Einnahme einer unbesetzten Brücke

John Howard wunderte sich, daß noch immer kein einziger Schuß seitens des deutschen Wachtrupps abgegeben wurde, denn die meiste Angst hatten sie davor, bereits während der letzten Phase des Landevorgangs beschossen zu werden, oder im Moment des Stillstandes des Gleiters. Howards diesbezügliche Sorge war durchaus nicht unbegründet, denn die Lastensegler bestanden ja lediglich aus dünnwandigem Sperrholz und waren somit wenig resistent gegen jede Art von Geschossen.

Dann fiel John Howard auf, daß Denham Brotheridge hinkte, und er fragte ihn, ob alles okay sei. Der Leutnant nickte. So befahl ihm der Major, daß er mit seinem Zug vorstürmen sollte. Daraufhin rannte Brotheridge in die Richtung der Brücke, und seine Männer folgten ihm. Noch immer fiel kein einziger Schuß. Jetzt mußte alles schnell gehen und weiterhin ganz genauso präzise ablaufen, wie sie es monatelang in Großbritannien geprobt hatten.

In diesem Moment erschien Lastensegler Nr.2 mit den Piloten Boland und Hobbs im Einflug zur Landezone. Da sah Boland rechts hinter sich bereits den dritten Gleiter der Piloten Barkway und Boyle herunterkommen, sah deren Landeanflug. Um eine Kollision der beiden Flieger zu vermeiden, ließ Boland sofort das Landelicht seines Horsa aufleuchten und überhöhte seinen eigenen Landeanflug. Dann flog er einen letzten Bogen und landete mit noch größerem Getöse als der erste Lastensegler - mit ebenfalls abgerissenem Fahrwerk, aber sonst unbeschadet.

Unmittelbar darauf kam auch der dritte Gleiter herunter. Direkt nach einem Aufsetzen mit viel zu hoher Geschwindigkeit war Barkway klar, daß er, wenn er den Kurs beibehielte, den gerade vor ihm gelandeten Segler rammen würde. So gelang es Barkway zwar noch, während der unregelmäßigen Sprünge auf dem Erdboden den Horsa an dem anderen vorbeizulenken, doch hatte es den Gleiter plötzlich seitlich versetzt, und infolge des daraus resultierenden enormen Seitenschubs brach sein Sperrholzrumpf in der Mitte mit lautem Krachen auseinander. Im Moment des Berstens, noch als sich der Gleiter mit hoher Geschwindigkeit drehte, waren einige Männer weit hinausgeschleudert und gleichzeitig sechs andere eingeklemmt worden .

Die Bruchlandung der Lastensegler Nr.1 und Nr.3 verlief äußerst spektakulär. Von Jim Wallworks Flieger hatte die linke Tragfläche die hohen Bäume neben dem Treidelpfad gestreift, wodurch drei Meter abgerissen wurden, außerdem beim letzten Anprall an die Böschung der Chaussee das gesamte Cockpit nach unten herunterbrach. Dicht hinter Gleiter Nr.1 war Nr.2 zum Stehen gekommen. Er war bei einer Halbdrehung auf dem unebenen Gelände auseinandergebrochen (Bild links), und es hatte einen Toten und mehrere Verletzte gegeben.

Fotos: Battlefield Historian Ltd.

Direkt hinter den Tragflächen gab es in den Rümpfen eine „Nahtstelle“, an der die ursprünglich in zwei Teilen gefertigten Lastensegler

nach ihrem Transport auf dem Flugplatz zusammengesetzt und, sofern erforderlich, zuvor mit schwerem Gerät beladen wurden. Diese Nahtstelle sollte nach der Landung dazu dienen, den Segler schnell öffnen zu können, um den Insassen somit einen noch zügigeren Ausstieg zu ermöglichen oder das schwere Gerät wieder ausladen zu können. Der Nachteil bestand darin, daß die schwerfälligen Sperrholzflieger oft schon während ihrer Landevorgänge infolge unregelmäßiger Traktion, besonders wenn sie sich dabei drehten, an dieser Stelle auseinanderbrachen. Nicht selten wurden Soldaten, die in der Nähe dieser Bruchstelle saßen, dann durch die Fliehkräfte hinausgeschleudert - so auch im Falle des dritten gelandeten Lastenseglers an der Kanal-Brücke.

Gleiter Nr.3 hatte mit zu hoher Geschwindigkeit aufgesetzt und somit den vor ihm gelandeten Gleiter überholt (weshalb er sich auf dem Foto in der Reihenfolge in zweiter Position befindet - unmittelbar neben einem der drei sumpfigen Teiche. Die Laufgräben des WN 13 wurden - offenbar zur besseren Kenntlichmachung - von der britischen Luftaufklärung auf dem Foto mit einem Stift nachgezogen.)

Foto: Battlefield Historian Ltd.

Von nun an verlief alles in größter Eile.

Die Männer des A-Zuges begannen, mit den Rufen „Able, Able!" und aus ihren Maschinenpistolen feuernd, eilig die flache Böschung hinaufzulaufen und den dünnen Stacheldrahtverhau zu überwinden. Erst jetzt konnten Erwin Sauer und Helmut Römer erkennen, daß sich da rasch Soldaten mit geschwärzten Gesichtern und in fremden Uniformen näherten. Sie begriffen sofort, daß es sich um feindliche Soldaten handelte, die da angestürmt kamen. Römer riß die große Signalpistole aus seinem Koppel, streckte den Arm zum Himmel und feuerte sie ab. Und noch während die Leuchtkugel mit ihrem gleißenden, weißen Licht einen weiten, hohen Bogen bis hinter den Stacheldrahtverhau vollzog, riß Erwin Sauer seinen Karabiner von der Schulter und gab, ohne ihn anzulegen, voreilig einen einzigen ungezielten Schuß in die Richtung der die flache Böschung heraufstürmenden Briten ab, doch zeigte er keinerlei Wirkung. Sauer schilderte die Situation:

„Ich war furchtbar aufgeregt... Der Schuß ging viel zu hoch, aber das war mir im Moment ganz egal. Mit unseren zwei alten Karabinern hätten wir die vielen Soldaten sowieso nicht aufhalten können, schon gar nicht auf die kurze Entfernung..."

In diesem Moment sprang ein Gefreiter namens Weber aus dem halbunterirdischen, provisorischen Unterstand in dem Laufgraben, in dem er bis eben geschlafen hatte, rannte über die Brücke in Richtung des nahen Bénouville davon und verschwand in der Dunkelheit. Unmittelbar darauf kam auch Feldwebel Gregor Ackermann zum Vorschein. Noch von der Schläfrigkeit verwirrt, rief er:

„Was ist denn hier los...?"

Maschinenpistolen ratterten, und im Hagel der Geschosse zuckte der Körper des Zugführers mehrmals, dann brach er leblos zusammen. Er war völlig unbewaffnet gewesen...

Helmut Römer sagte dazu:

„Es ging alles furchtbar schnell, auch erschien alles wie ein wildes Durcheinander. Der Sauer hat noch gesagt, auf die zu schießen hat doch überhaupt keinen Sinn; wir hauen ab! Außer dem Sauer mit seinem einen Schuß in die Luft hat ja auch kein einziger anderer von uns paar Deutschen geschossen - war ja auch keiner da..."

Römer und Sauer liefen nun in nördliche Richtung am Ufer des Kanals in die Nacht davon. Als sie den schmalen Stacheldrahtverhau erreichten, der ihr Wach-Areal am nördlichen Ende bis zum Kanal einzäunte, sprangen sie aus dem Laufen heraus darüber hinweg. Helmut Römer blieb mit seiner Uniformhose daran hängen und stürzte:

„Wir waren ziemlich verwirrt. Die feindlichen Soldaten schossen wie verrückt, aber sie trafen uns nicht. Wir rannten, so schnell es ging, davon, und als ich am Stacheldraht hängen blieb, zerriß ich mir daran die Hose. Aber in einem solchen Moment der Panik nimmt man das alles gar nicht richtig zur Kenntnis..."

Erwin Sauer stellte fest, „daß uns aber kein einziger der Engländer in die Dunkelheit verfolgte; sie haben nur wie verrückt mit ihren Maschinenpistolen geschossen..."

Die ersten Briten hatten indessen die Brücke erreicht. Einer warf eine Handgranate über den niedrigen Wall aus Sandsäcken in die kleine Ringstellung mit der 5-cm-KwK, die aber, wie immer, von keinem einzigen deutschen Soldaten besetzt und in der noch nicht einmal Munition vorhanden war. Obwohl sich seitens der Deutschen keinerlei Widerstand bemerkbar machte, liefen die Engländer dennoch weiter, ihren Code-Namen rufend und aus ihren Maschinenpistolen um sich feuernd, auf und über die Brücke...

Die Soldaten des zweiten Gleiters, David Woods Zug, waren kurz nach der Landung Brotheridges erstem Zug gefolgt - mit den Rufen „Baker, Baker...!"

Leutnant Wood hatte sich bei der Landung zwar den linken Arm gebrochen, führte seine Männer aber dennoch an.

Was Howard noch nicht wußte, war, daß der dritte Horsa-Gleiter eine wesentlich schlechtere und folgenschwere Bruchlandung erlebt hatte, als die beiden anderen. Beide Piloten waren durch das zertrümmerte Cockpit in den großen Teich geschleudert worden. Barkway war im ersten Moment bewußtlos gewesen und bis zum Kinn in dem kalten Wasser versunken. Doch da war er wieder zu Bewußtsein gekommen und durch das hohe Schilf zum Ufer zurückgewatet. Zwar hatte er dabei den bewegungslosen Körper eines seiner Kameraden im Wrack

Die alte Ringstellung mit der 5-cm-Kampfwagenkanone nahe der historischen Kanalbrücke. Das Geschütz war am 6. Juni 1944 personell unbesetzt und wurde folglich nicht gegen die angreifenden Briten eingesetzt.

Foto: von Keusgen 1984

Die ersten Soldaten des britischen Sonderkommandos stürmten auf die von den beiden Wachtposten verlassene Brücke - angeführt von Leutnant Den Brotheridge...

Modellbau und Foto: F. Montag

des Fliegers liegen sehen, doch in seinem desolaten Zustand galt sein vordergründiges Bestreben, seine PIAT-Waffe zu finden. Auch Boyle hatte den Körper des Obergefreiten gesehen. So waren beide losgegangen, um einen Sanitäter zu suchen. Ein Gefreiter namens Greenhalgh war ebenfalls aus dem Rumpf des dritten Gleiters in den Teich geschleudert worden, nur hatte das bisher noch niemand bemerkt...

John Howards erste Soldaten, die über die Brücke vorwärts stürmten, rechneten offenbar noch immer mit einem plötzlich einsetzenden deutschen Abwehrfeuer und liefen vorsichtshalber zick-zack und heftig um sich schießend - immerhin war es ihr erster Kampfeinsatz...

Die fünf der auf diesen Spezialeinsatz vorbereiteten britischen Pioniere der 249. Feldkompanie kletterten unter die Hebebrücke, um die vermeintlichen Sprengladungen zu entfernen. Doch zu ihrer größten Verwunderung mußten sie feststellen, daß lediglich die Zündkabel verlegt, aber überhaupt keine Sprengladungen mehr an oder unter der Brücke installiert waren...

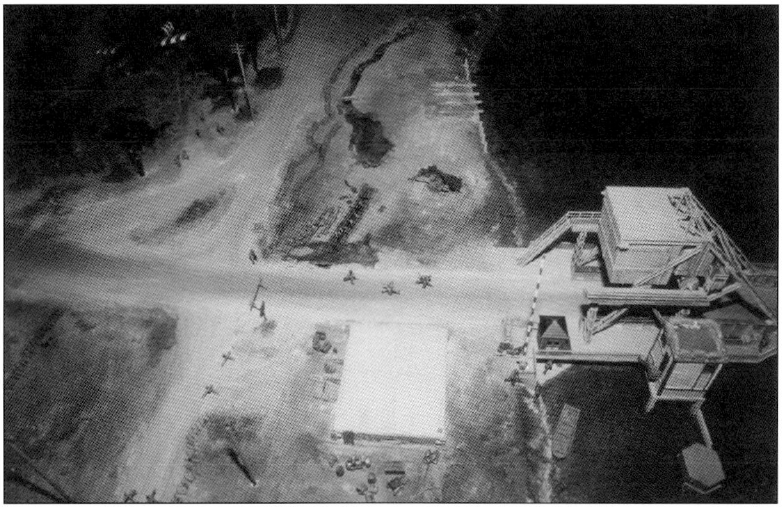

Dieses absolut originalgetreue Modell zeigt die ersten Soldaten des 1. Zuges, die wild um sich schießend auf die Kanal-Brücke stürmten. Die fünf Pioniere versuchten von ihrer Flanke her darunter zu gelangen, um die vermeintlichen Sprengsätze zu entfernen. Weitere Männer folgten aus der Dunkelheit (oben links), in der auch die drei Lastensegler lagen.

Inzwischen waren durch die heftige Schießerei der Engländer Unteroffizier Riet im Gefechtsstand und auch die anderen deutschen Soldaten in der provisorischen Mannschaftsunterkunft aufgewacht. Einige der Briten hatten nun diese Unterkunft erreicht. John Howards eigenen Angaben zufolge „...bombardierte ein Mann mit einer Phosphorbombe den Unterstand gegenüber der Straße, um Unteroffizier Bill Baileys Trupp Deckung zu geben, der herbeirannte und 36*(!)* Granaten durch die Öffnungen fallen ließ...“*

Nach den Explosionen versuchten die unverwundeten und verwundeten deutschen Soldaten, einige nur mit ihren Unterhosen bekleidet und teilweise brennend und schreiend, noch während der Schießerei panisch das kleine Terrain zu verlassen. Zwei von ihnen wollten sich in einem Teilstück des Laufgrabens verstecken, wurden aber von den Briten gesehen und, obwohl unbewaffnet, erschossen. Nachdem in dem lärmenden Durcheinander auch Unteroffizier Riet in die Nacht fliehen konnte, gelang es ebenso dem Polen Janusch

In diesem Teilbereich des Modells wurden Howards von den Lastenseglern in Richtung der Kanal-Brücke stürmende Soldaten dargestellt.

Modellbau und Fotos: F. Montag

* Zitat aus *The Pegasus Diaries - The private papers of Major John Howard DSO*, Seite 121, 2008 erschienen bei Pen & Sword Books Ltd., Barnsley, publiziert von John Howards Tochter Penny Howard Bates.

Marschilinski, in die Dunkelheit zu entkommen. Er lief, genau wie Helmut Römer und Erwin Sauer zuvor auch, am Rand des Kanals entlang. Als er im Dunkeln an den ersten mehrerer hintereinander stehender, hoher Holundersträucher kam, warf er sich Deckung suchend darunter - und erschrak, denn dort lagen bereits seine beiden Kameraden Römer und Sauer...*

Als das Feuer der Briten nach noch nicht einmal einer Minute eingestellt worden war und sich alles beruhigt hatte, sahen die Engländer auf der anderen Seite der Brücke, an ihrem westlichen Zugang, einen einzelnen Soldaten auf dem Bauch liegen. Zuerst vermuteten sie, daß es ein von ihnen erschossener Deutscher war, doch dann stellte sich heraus, daß es sich um den ersten britischen Infanteristen handelte, der allen voran über die Brücke gestürmt war. Ein verirrtes Geschoß hatte ihn direkt im Genick, nahe seiner Halswirbelsäule, getroffen und lebensgefährlich verwundet...

Die nahe der Kanal-Brücke befindliche offene Ringstellung war in der Nacht zum 6. Juni von keinem einzigen deutschen Soldaten besetzt gewesen. Infolgedessen wurde mit der 5-cm-Kampfwagenkanone kein Schuß abgegeben - auch von keinem Maschinengewehr.

Foto: H. Sauer 1964

---

* Anmerkung des Autors: Der hier dargestellte Bericht betreffs des Sturmangriffs der Briten basiert, mit Ausnahme der speziell angeführten Aussagen John Howards, ausschließlich auf den Beobachtungen und Berichten Helmut Römers und Erwin Sauers und weicht erheblich von den sehr viel spektakuläreren englischen Darstellungen ab, in denen von starkem deutschen Abwehrfeuer mit Maschinengewehren und heftigen Schießereien geschrieben wird. Auch hatte sich Helmut Römer während der späteren gemeinsamen Gefangenschaft in Kanada noch mit Unteroffizier Riet ausführlich über die Ereignisse an der Brücke unterhalten. Entgegen der allgemein publizierten spektakulären Darstellungen stellte Helmut Römer nachdrücklich fest:

„Eine echte MG-Stellung gab es an unserer Brücke überhaupt nicht - weder auf der einen noch auf der anderen Seite. An der Kanal-Brücke fanden während dieses Überfalls der Engländer überhaupt keine gegenseitigen Kampfhandlungen statt; wir wurden einfach nur überrascht!"

Nach dem 5-Jahres-Tagebuch ihres Vaters hatte John Howards Tochter Penny Howard Bates das Buch *The Pegasus Diaries* verfaßt. Auf Seite 120 heißt es darin, daß Lastensegler-Pilot Barkway von MG-Feuer am Arm getroffen und er fast bis zum Handgelenk aufgerissen wurde und Barkway später seinen Arm verloren habe.

Howards Tochter, die seinen Bericht allgemein in chronologischer Folge verfaßt hatte, beschrieb diese mit nur wenigen Worten dargestellte Verwundung inmitten der Ereignisse, die sich auf die Bruchlandungen beziehen und nicht innerhalb des erst danach stattfindenden Sturmangriffs auf die Kanal-Brücke. Außerdem heißt es, Howard selbst habe mehrmals in seinem schriftlichen Bericht ausgeführt, daß er verwundert darüber war, daß trotz der geräuschvollen Landung der drei Gleiter nicht sofort ein Beschuß seitens der deutschen Soldaten an der Brücke erfolgte. Weiterhin heißt es in *The Pegasus Diaries (auszugsweise)*:

„Beschuß hatte zum zweiten Mal begonnen [.....]"

Es wurde aber nicht erklärt, woher dieser Beschuß kam. Weiterhin wird ausgesagt, daß ein Maschinengewehr sein Feuer „von den Gräben über der Straße*(?)*" auf Howard eröffnet hätte, von dem er später erfuhr, daß es sich dabei um ein Spandau-MG gehandelt habe, das auf Den Brotheridge und seinen Zug aus der Richtung des Cafés auf der anderen Seite des Kanals geschossen hatte.

Bemerkenswert ist auch, daß auf Seite 122 geschrieben wird, daß man später beschlossen habe, in den schriftlichen Formalitäten aufzunehmen, daß Den Brotheridge infolge >wounds received in battle< *(in der Schlacht erhaltene Wunden)* gefallen war, und nicht sofort getötet wurde... Weiter heißt es, daß die Luft mit Geschützfeuer und Explosionen erfüllt war und herumirrende Kugeln hinter ihm und seinen Männern einschlugen, und rote, grüne und gelbe Leuchtgeschoße in alle Richtungen flogen. Abschließend auf derselben Seite:

„[.....] daß David Wood und sein Zug-Feldwebel außer Gefecht gesetzt waren, weil sie in den MG-Beschuß aus den Gräben gerannt waren."

Entgegen des ansonsten so detailliertem, sehr umfangreichen und präzisen Berichts erscheint gerade der wichtigste Akt seines Kommandounternehmens wenig faktisch dargestellt, dennoch sollte dabei berücksichtigt werden, daß Howard, wie man noch sehen wird, in der Folge sowohl an der Kanal-Brücke wie auch östlich der Orne noch in schwere Kampfhandlungen verwickelt war und Verwechslungen nicht auszuschließen sind, außerdem *The Pegasus Diaries* erstmals erst 2006 publiziert wurde...

Obwohl es trotz des Mondlichts noch immer ziemlich dunkel war, hatten einige von Howards Männern mit dem Bergen ihrer durch die Bruchlandung schwer verletzten Kameraden begonnen. Einige der Angehörigen des B-Zuges waren nach der Bruchlandung ihres Fluggeräts noch immer bewußtlos und schwer verletzt. Sie mußten dringend medizinisch versorgt werden. Da meldete einer der Männer des Bergungstrupps, daß ein Soldat des dritten Gleiters, der Gefreite Greenhalgh, unauffindbar sei. *(Erst nach Anbruch des Tageslichts wurde der Mann gefunden - er war bei der Bruchlandung in den direkt neben dem Flugzeugwrack befindlichen Teich geschleudert worden.)* Dazu sagte Jim Wallwork:

Von der linken Seite der vorderen Tragfläche des Lastenseglers Nr.1 war bei der Landung ein drei Meter langes Stück abgerissen worden (Pfeil).

Foto: Battlefield Historian Ltd.

„Er war einer unserer Maschinengewehrschützen und in dem flachen Teich ertrunken - in jenem Teich in unserem Landefeld, den man uns bei den damaligen Besprechungen verheimlichen wollte, damit wir nicht noch nervöser würden, als wir ohnehin schon waren...

Johnny und ich kamen mit Hilfe eines Sanitäters bald wieder auf die Beine. Er hatte es ganz allein geschafft, mich aus den Trümmern unter dem Gleiter zu befreien, doch um Johnny herauszuschleppen, mußten wir beide zufassen. Außer einem Knöchel hatte sich niemand etwas gebrochen, und unsere Verletzten waren hart im Nehmen... Johnny hatte sich allerdings die Knie ein paar Mal schwer gestaucht. Der Sanitäter brachte ihn zu jenem Graben, der als Regiments-Erste-Hilfe-Posten in den Besprechungen vorgesehen worden war. Das war das Letzte, das ich von ihm sah, bis ich einige Wochen später zum Geschwader zurückkam. Ich selbst war mit dem Kopf irgendwo im Cockpit in das Plexiglas geschlagen und hatte mir einen tiefen Schnitt über der rechten Augenhöhle zugezogen. Dabei war der Augenmuskel verkrampft und mein Auge, leicht seitlich blickend, fest fixiert worden. Die Wunde blutete stark, und ich glaubte die ganze Nacht, daß mir jetzt nur noch ein Auge blieb. Aber ich konnte laufen..."

Als John Howard von den Verletzungen erfuhr, ließ er sofort den Arzt suchen - jedoch erfolglos...

Funker-Unteroffizier Edward Tappenden saß neben John Howard an der flachen Straßenböschung auf der östlichen Seite des Kanals, direkt am provisorischen deutschen Gefechtsstand an der Brücke. Tappenden versuchte, per Funk mit jenem Teil der Kompanie Kontakt zu bekommen, der inzwischen irgendwo, siebenhundert Meter weiter, im Dunkeln an der Orne-Brücke heruntergekommen sein und sie inzwischen ebenfalls eingenommen haben mußte. Man hatte von dort her mehrere Feuerstöße gehört. Doch Tappendens unermüdliche Bemühungen blieben ohne Resonanz.

Helmut Römer und Erwin Sauer hatten sich indessen noch immer unter einem in etwa einhundert Meter von der Kanal-Brücke entfernten hohen und dichten Holunderstrauch mit tiefhängenden Ästen versteckt und beobachteten von dort aus die Ereignisse an der Brücke. Zu dieser Zeit stand der vor dem britischen Sturmangriff geflohene Brücken-Wachsoldat Weber in der Ortskommandantur in Bénouville und berichtete dem wachhabenden Unteroffizier von der Landung feindlicher Fallschirmjäger am Kanal. Kurz darauf wurde der schweren Kompanie des 2. Bataillons des Panzergrenadier-Regiments 192 *(Kommandeur Oberst Josef Rauch)* im 1,6 Kilometer *(Luftlinie)* westlich der Hebebrücke gelegenen Cairon der Befehl erteilt, sich sofort dorthin in Marsch zu setzen und „die Lage zu bereinigen". Aber es dauerte noch einige Zeit, bis sich Oberleutnant Braatz mit seiner 8. Kompanie endlich in Bewegung setzen sollte...

Ham and Jam

Inzwischen waren die drei zu Howards Handstreichkommando gehörenden Lastensegler 4, 5 und 6 gelandet, die mit den Zügen D, E und F die Orne-Brücke einnehmen sollten. Allerdings war dort nur der Gleiter des Piloten Roy Howard mit dem 6. Zug des Leutnants Archibald Fox wirklich nahe der Brücke heruntergekommen. Er war beim Landen mit seinem überladenen Horsa bis zu seinem Ziel durch eine Herde verschreckter und panisch auseinander stiebender Kühe geschurrt. Der letzte Stoß gegen eines dieser großen Tiere brachte den Segler in unmittelbarer Nähe seines Ziels zum Stehen...

Oberfeldwebel Pearsons Flieger mit dem 5. Zug war annähernd 700 Meter weiter nördlich gelandet, doch auch noch auf dem Landstreifen zwischen der Orne und dem Kanal. Feldwebel Lawrences Gleiter Nr.4 war infolge eines Navigationsfehlers des Schleppflugzeugs viel zu spät ausgeklinkt worden und erst jenseits der Dives heruntergekommen - 13 Kilometer vom Zielgebiet entfernt *(die Soldaten kamen in dieser Nacht nicht mehr zu einem planmäßigen Einsatz)*. Dennoch war sowohl die Landung an der Orne-Brücke wie ihre Einnahme durch die Briten eine äußerst unproblematische und unspektakuläre Angelegenheit gewesen. Einerseits gab es auf der großen Wiese, auf der die beiden Gleiter gelandet waren, noch keine im Boden aufgestellten Holzpfähle, andererseits waren die beiden dortigen deutschen Wachtposten sofort davongelaufen, als sie den ersten Lastensegler herabgleiten sahen. Einer der britischen Unteroffiziere war in die nun unbesetzte deutsche MG-Stellung gesprungen und hatte den Fliehenden einige Feuerstöße hinterhergeschossen. Das waren die einzigen Schüsse, die an der Orne-Brücke abgegeben wurden, und nur diese hatte John Howard gehört...

Beide Brücken waren von den Briten innerhalb weniger Minuten und mit nur geringen eigenen Verlusten eingenommen worden.

(Leigh-Mallory, der Vize-Luftmarschall der Luftstreitkräfte der Alliierten, würdigte diese beiden auf nur sehr schmalem Raum durchgeführten Landeaktionen als „die überragendsten Flugmanöver des gesamten Krieges".)*

Der Lastensegler Nr.6 mit dem 6. Zug des Leutnants Fox war der einzige der drei für die Orne-Brücke bestimmte Segler, der einigermaßen nahe an das Zielobjekt herangekommen war. Eine Kuh war es, die ihn auf ihrer Weide zum Stehen gebracht hatte.

Foto: Battlefield Historian Ltd.

Noch während Edward Tappenden vergeblich versuchte, mit dem Kommando an der Orne-Brücke Funkkontakt zu bekommen, bemerkte der Major plötzlich unterhalb der Straße vor ihnen im Dunkeln eine schemenhafte Bewegung. Dann erkannte er, daß da ein Mann heraufgekrochen kam. An seiner Uniform konnte Howard erkennen, daß es ein britischer Soldat war. Er reichte ihm die Hand, um ihm herauf zu helfen. Als sich der Mann dann vor dem Major aufrichtete, blickte Howard in ein völlig blutüberströmtes Gesicht - das Gesicht seines Piloten Jim Wallwork...

Howard war entsetzt.

In seiner freundlichen, „trockenen" Art erklärte Wallwork:

„Nichts Besonderes, Sir; ich bin nur beim letzten Aufprall aus dem Cockpit gefallen und gegen einen der verdammten Holzpfähle gedrückt worden..."

---

* Anmerkung des Autors: Leigh-Mallory kann bei seiner Bewertung nur ausschließlich britische Flugmanöver in Betracht gezogen haben, sonst hätte er auch das äußerst erfolgreiche deutsche Lastensegler-Landeunternehmen auf der relativ kleinen Abdeckung des belgischen Forts Eben Emael am Albert-Kanal am 10. Mai 1940 mit berücksichtigen müssen...

Trotz seiner nicht unerheblichen, stark blutenden Schnittverletzung im oberen Gesichtsbereich und einiger Prellungen hatte der Flugzeugführer inzwischen die ganze Zeit lang Munition aus dem Lastensegler-Wrack geholt und mühsam in die Nähe der Brücke geschleppt.

Nach zwei Minuten bekam John Howards Funker Kontakt mit dem Kommando an der Orne-Brücke, und Tappenden meldete:

„Sir, sie haben die andere Brücke eingenommen!"

Der Major war zwar beunruhigt, daß er kein einziges Zeichen von dem sechsten Lastensegler an der Orne erhielt, doch wollte er nach dem nun definitiv geglückten Unternehmen und der Einnahme der unzerstörten Brücken den vereinbarten, verschlüsselten Funkspruch an das Brigade-Hauptquartier senden lassen. Die erfolgreiche Aktion an der Kanal-Brücke sollte mit dem Wort *Ham (Schinken)* signalisiert werden, jene an der Orne-Brücke mit dem Wort *Jam (Marmelade)*. Unteroffizier Tappenden saß mit seinem kleinen Tornister-Funkgerät im Straßengraben und versuchte mehrmals vergeblich, das Hauptquartier zu erreichen. John Howard hoffte, daß diese Nachricht von Brigadegeneral Poett aufgefangen wurde...

Jim Wallwork - ein Mann mit außergewöhnlichem Mut und selbstlosem, harten Einsatz. Foto: Kollektion J. Wallwork

Nigel Poett hatte zusammen mit Pfadfindern vor der Haupttruppe abspringen sollen, etwa zur selben Zeit, da auch die sechs Lastensegler an den beiden Brücken heruntergekommen waren.

Nach einer halben Stunde erfolglosen Bemühens funkte Tappenden einfach immer wieder *hello Four-Dog, hello Four-Dog, ham and jam, ham and jam, ham and jam* in den Äther - jedoch konnte im Brigade-Hauptquartier niemand diese höchst wichtige Meldung empfangen, denn beim dortigen Absprung war deren gesamtes Funkgerät verlorengegangen.

Irgendwann hörte Howard seinen Funker sagen:

„Ham and bloody jam *(Schinken und verdammte Marmelade)...*"

Als John Howard auf seine Armbanduhr mit den großen Leuchtziffern blickte, war er verblüfft - es war 00:26 Uhr. Seit dem Ausklinken seines Lastenseglers waren gerade erst zehn Minuten vergangen...

Der erste in der Normandie gelandete General der Alliierten

Um 00:19 Uhr, drei Minuten nach Howards Landung, waren zwei Bataillone der 5. Fallschirmjäger-Brigade für die Landezonen *K* und *V* weit verstreut um diese Absprungzonen heruntergekommen - auch in dem gefährlichen, sumpfigen Überschwemmungsgebiet der Dives. Ihr Führer, der 37-jährige Brigadegeneral Joseph Howard Nigel Poett, war an seinem Fallschirm weit vom Zielgebiet mitten in einem Kornfeld und nahe des Sumpfgebietes gelandet und völlig desorientiert. Es hatte seit dem Absprung nur zwanzig Sekunden gedauert, bis er den Erdboden erreicht hatte. Überhaupt war ihm, seit sie über die Küste eingeflogen waren, alles viel zu schnell gegangen. Noch in der offenen Ausstiegsluke des Flugzeugs stehend, war es ihm nicht einmal gelungen, in der Eile den Kirchturm von Ranville erkennen zu können. Und nun war er unten - und es war völlig still. Auch war es um ihn herum dunkel, und ihm somit eine Orientierung an irgendwelchen markanten örtlichen Gegebenheiten in seiner Umgebung unmöglich. So marschierte er erst einmal in dieselbe Richtung, in die seine Transportmaschine weitergeflogen war...

Die Männer des 12. Bataillons des Oberstleutnants John Johnson waren in den Apfelplantagen und dem Wald östlich ihres Absprunggebietes heruntergekommen. Erst nach mehr als einer Stunde war es nur etwas mehr als der Hälfte von ihnen gelungen, sich am vorgesehenen Treffpunkt zu versammeln. Dennoch war Johnson der Meinung, genug Soldaten zu haben, um nach Südwesten, nach Le Bas de Ranville, zu ziehen.

Ähnlich verhielt es sich auch mit dem 13. Bataillon des Oberstleutnants Luard, der dann mit seinen Leuten direkt auf Ranville vorrückte, um die Ortschaft einzunehmen.

Nigel Poett war einige Minuten gegangen, als sich plötzlich zu seiner Rechten die Stille und die Dunkelheit ins Gegenteil verwandelten. Explosionen und Feuerblitze unterbrachen die nächtliche Ruhe. Nun stieß der Brigadegeneral auf einen seiner Soldaten. Gemeinsam durchstreiften sie Felder auf denen das fast reife Getreide stand und überquerten einige Wege und Straßen. Etwa 1,2 Kilometer von seinem Landeplatz entfernt erkannte Poett dann vor sich die Orne und die Brücke beim Weiler Longueville, direkt vor Ranville. In einiger Entfernung wurde geschossen und von irgendwo schallten Explosionen herüber. Der General war sich unsicher, ob die Brücke nun von den Briten eingenommen oder noch immer von den Deutschen besetzt war...

Die britischen Infanteristen an der Kanal- und der Orne-Brücke befanden sich in einer höchst brisanten Lage. Zwar hatten alle deutschen Soldaten ihre Posten beiderseits der Brücken sofort verlassen und sämtliche Unterstände waren „gesäubert“ worden, doch mußten sie nun von den noch 152 voll einsatzfähigen Männern der beiden Handstreichkommandos so lange gehalten werden, bis die im Raum zwischen Ouistréham und Bénouville gelandeten Soldaten der 5. Fallschirmjäger-Brigade oder die an der Küste *(vom britischen Landeabschnitt „Sword Beach“)* angelandeten Truppen bis hierher vorgestoßen waren - und das konnte noch Stunden dauern, und ein deutscher Gegenstoß war logischerweise in nicht allzu langer Zeit zu erwarten. Aber wenn alles gut ging, konnte man ja mit einer ersten, baldigen Verstärkung rechnen, denn dreißig Minuten nach Howards Landung war der Absprung von Oberstleutnant Pine-Coffins 7. Fallschirmjäger-Bataillon geplant in der nur 1,4 Kilometer östlich der Bénouville-Brükke gelegenen Absprungzone *N*, nahe Ranville. Aber John Howards Männer bereiteten sich vorsichtshalber an den beiden Brücken auf eine Verteidigung vor.

Leutnant Sandy Smith vom 3. Zug kam vom jenseitigen Kanalufer zu Howard und sagte, er glaube, daß sich in einigen Häusern in Bénouville deutsche Soldaten aufhalten würden. Der Major befahl dem Leutnant, zu den Soldaten des 1. Zuges zu gehen und die Häuser zu durchsuchen, worauf ein großer Teil der beiden Züge sofort damit begann...

Sodann schickte John Howard seinen Verbindungsoffizier, Leutnant MacDonald vom 7. Fallschirmjäger-Bataillon, in östliche Richtung los, um Kontakt mit seinem Kommandeur aufzunehmen. Der Major blickte erwartungsvoll zum Himmel auf. In diesem Moment kamen vier Soldaten mit einer Trage über die Brücke und blieben bei Howard stehen. Auf der Trage lag jener im Genick gefährlich verwundete Soldat, der als erster die Brücke überlaufen hatte. Der Major blickte in das farblose Gesicht seines Freundes Denham Brotheridge. Howard beugte sich über ihn, fühlte seinen Puls und versuchte, ihn anzu-

Kampfmesser der britischen Einsatzkommandos.

Foto: von Keusgen (Mémorial Pegasus)

sprechen. Doch Brotheridge reagierte nicht. Er lebte zwar noch, war aber ohne Bewußtsein. Dann wurde er zu einer an der Orne-Brücke provisorisch eingerichteten Verwundetensammelstelle getragen...

Nun erschienen die Soldaten des 6. Zuges des Leutnants Fox bei John Howard. Er befahl den Männern, einen Gefechtsvorposten vor der britischen Verteidigungslinie westlich der Kanal-Brücke zu bilden. Sie hatten die Aufgabe, eventuelle feindliche Aufklärungstrupps aufzuspüren und deutsche Gegenangriffe aufzuhalten.

Einen Moment erblickte Howard den Stabsarzt Dr. John Vaughan, der sich ihm von der Brücke her näherte. Noch immer von der harten Landung des zweiten Lastenseglers und infolge einer Gehirnerschütterung benommen, wankte er orientierungslos umher. Er war bei der Landung aus dem Lastensegler in einen der Teiche geschleudert worden und seine gesamte Uniform von dunklem, faulig stinkendem Schlick und Morast verdreckt. Howard faßte ihn an die Schulter und fragte, ob er Brotheridge oder irgendwelche anderen Verwundeten gesehen habe. Der Arzt sah ihn mit verschmutztem Gesicht an und fragte irritiert, wo die denn wären.

„Beim Sanitätsposten“, erwiderte Howard, und der Oberstabsarzt wandte sich ab, um in die entgegengesetzte Richtung über die Kanal-Brücke zurück zu wanken. Der Major hielt ihn davon ab.

Kurz darauf kam Hauptmann „Jock“ Neilson zu John Howard und meldete ihm, daß seine Pioniere definitiv keinen Sprengsatz an der Hebebrücke oder in ihrer näheren Umgebung gefunden hätten, ebenso an der Orne-Brücke. Aber genau deretwegen hatte man in Großbritannien einen derart enormen materiellen Aufwand betrieben, die Brücken und Stellungen nachgebaut, Spezialtrupps zusammengestellt, die monatelang hart daran trainiert hatten, und nur deretwegen man hier gelandet war, und nur deshalb waren nun einige britische Soldaten schwer verletzt, und zwei hatten ihr Leben verloren. Alles das nur für ein paar in Wahrheit gar nicht mehr installierte Sprengsätze und eine von ein paar Deutschen sofort und kampflos aufgegebene Brücke...

(Die Sprengmittel wurden kurze Zeit später im Zuge der Hausdurchsuchungen in dem alten Lagerschuppen an der westlich der Hebebrücke gelegenen Bahnstation gefunden. Die zwölf Piloten und Copiloten der Lastensegler waren bereits 48 Stunden nach ihren mutigen Einsätzen an der Kanal- und der Orne-Brücke wieder nach Großbritannien zurückgebracht worden.)

Die beiden gefallenen britischen Soldaten Brotheridge und Nash wurden auf dem Ortsfriedhof in Ranville bestattet. **Fotos: von Keusgen 2013**

Pfadfinder am falschen Platz

Um 23:03 Uhr des 5. Juni war vom Militärflugplatz Harwell eine Vorauseinheit für die britischen Luftlandeunternehmen in der Normandie gestartet. Sie bestand aus 60 Pfadfindern der 22. selbständigen Fallschirmjäger-Kompanie des 9. Fallschirmjäger-Bataillons der 6. Airborne Division, die um 00:20 Uhr aus sechs Albemarle-Transportflugzeugen abspringen sollte - exakt zeitgleich zu Howards Landung, allerdings etwas weiter östlich der Orne. Alle diese jungen Männer waren Freiwillige. Bevor die Bomber und dann, mit nur kurzem Abstand, die Transportmaschinen für die Fallschirmjäger ihre Absprunggebiete erreichen würden *(die Batterie Merville und den nordwest lichen Bereich der Absprungzone „V“)*, mußten deren spezielle Pfadfinder dort bereits mittels mitgeführter Licht- und Funkpeilgeräte den Absprungraum für die nachfolgenden Fallschirmjäger markiert haben.

Diese am Erdboden aufzustellenden Geräte waren gleichzeitig Lichtsignal- und Ultrakurzwellensender, bezeichnet mit dem Decknamen „Eureka". Die Empfänger in den Flugzeugen waren mit der Code-Bezeichnung „Rebecca" getarnt. Mittels dieses 15 Minuten vor dem Eintreffen der Flugzeuge einzuschaltenden Signal- und Peil-Systems konnten die Maschinen die letzten drei Kilometer zu ihrem Ziel gelotst werden.

Die Leitflugzeuge mit den Pfadfindern erreichten um 00:17 Uhr die französische Küste und gerieten sofort in heftiges Flak-Feuer. Viele der Maschinen kamen durch weiträumige Ausweichmanöver vom vorgeschriebenen Kurs ab. Ihre Korrekturen waren dann allerdings nicht genau, auch gab es erhebliche Schwierigkeiten, die Pfadfinder bei dem plötzlich stark auffrischenden Wind, den schnell dahinziehenden,

Plan der britischen Luftlandeunternehmen mit den vorgesehenen Absprunggebieten der Fallschirmjäger und den Lastenseglerlandezonen sowie den späteren Kampfräumen.

Grafik: Linda Altenburg

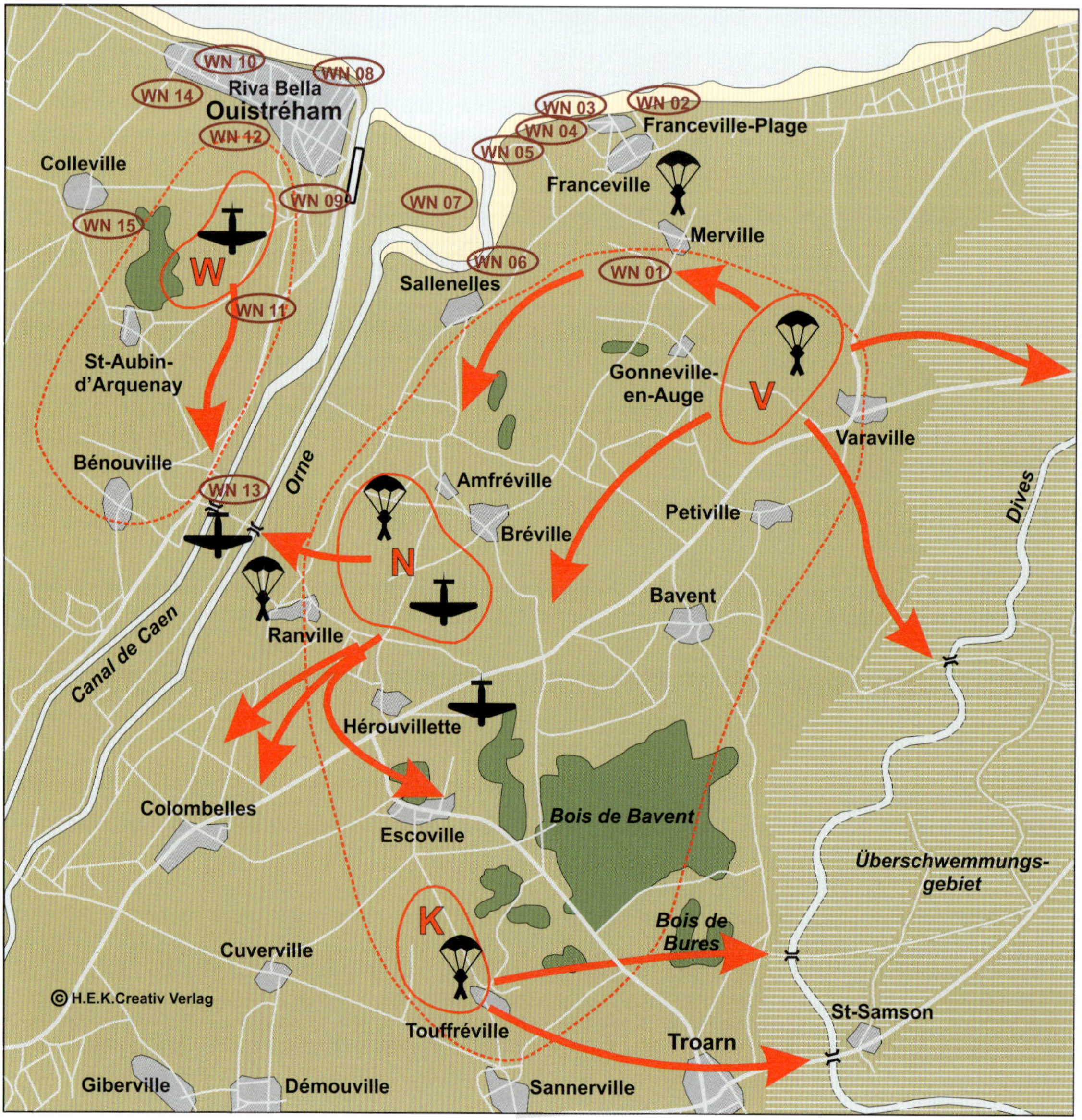

zerrissenen Wolkenbänken und den dadurch entstandenen irritierenden Lichtverhältnissen zielgenau an ihren vorbestimmten Absprungzonen abzusetzen.

Nachdem die Pfadfinder den Erdboden erreicht hatten, mußten sie feststellen, daß sie viel zu weit östlich und viel zu weit verstreut heruntergekommen waren. Einige waren in der Nähe deutscher Posten gelandet und wurden sofort festgenommen. Zwei Gruppen von jeweils zehn Pfadfindern sollten die Landezone *K* bei Touffréville kennzeichnen. Die erste Gruppe landete im vorgesehenen Gebiet, doch die zweite in der überfluteten Dives-Niederung. Sechs der Männer ertranken. Einer der vier Überlebenden wurde, kurz nachdem er sich aus dem Sumpf befreit hatte, aus genau jener Richtung erschossen, in der sich das gesuchte Zielgebiet befand. So stellten die drei restlichen Fallschirmjäger ihre Positionsgeräte einfach in jenem Kornfeld auf, in dem sie sich nun gerade befanden.

Um sich in dem fremden Land zurecht zu finden, benutzten manche der Pfadfinder Kompasse, andere orientierten sich an zufällig entdeckten Straßenschildern. Dennoch erreichte keiner der für den Sektor *N* bei Ranville bestimmten Pfadfinder sein Zielgebiet. Da ihnen für die Markierung der für die östlich der Orne geplanten Absprungzonen *K*, *N* und *V* nur dreißig Minuten Zeit zur Verfügung standen, versuchten sie gar nicht erst, ihre jeweils ursprünglich bestimmte Zone aufzusuchen und stellten ihre Signalgeräte dort auf, wo sie sich gerade befanden - vorausgesetzt, daß Terrain ließ eine Landung überhaupt zu. Eines wurde weit im Süden und gefährlich nahe eines Waldes aufgestellt, dem Bois de Bavent *(Wald von Bavent)*. *(In der Nähe eines Waldes zu landen, ist für Fallschirmjäger immer mit einem erheblichen Risiko verbunden.)* Ein anderes Signalgerät wurde direkt neben dem großflächigen und unregelmäßig tiefen Überschwemmungsgebiet der Dives in Position gebracht *(ein weiteres erhöhtes Risiko)*...

Rupert war der Deckname dieser aus grober, sandfarbener Jute gefertigten und mit Stroh gefüllten Puppen, die in der Nacht zum 6. Juni von britischen Flugzeugen abgeworfen wurden, um unter den deutschen Truppen Verwirrung zu stiften.

Foto: von Keusgen (Mémorial Pegasus)

Der Gefreite Werner Kortenhaus war nach seiner Grundausbildung im Sommer 1943 zur 4. Kompanie der 21. Panzer-Division gekommen und dem Panzer-Regiment 22 *(Kommandeur Oberst Hermann von Oppeln-Bronikowski)* beigestellt worden. Bereits wenige Minuten nach Mitternacht waren die Soldaten dieses Regiments durch Fliegergeräusche geweckt worden - auch Werner Kortenhaus:

„Schon kurz nach Mitternacht waren wir durch ungewöhnliche Geräusche in der Luft hellwach und wurden schnell alarmiert. Einige aus nördlicher Richtung sehr tief fliegende schwere Flugzeuge flogen in einem weiten Bogen ansteigend wieder nach Norden zurück, und ihre Geräusche waren ungewöhnlich. Vormals hörten und kannten wir nächtliche Überflüge nur in großer Höhe... *(Die ersten dieser Flugzeuge waren jene, die die Lastensegler mit John Howards Handstreichkommando zu den Brücken über den Kanal und die Orne geschleppt hatten; die nachfolgenden waren die Transportmaschinen für die Pfadfinder gewesen.)* Wir waren also schon sehr früh alarmiert und lösten schnell unser Quartier auf..."

Weit im Hinterland und südlich Evreux erreichte den Brigadeführer Fritz Witt, Kommandeur der 12. SS-Panzer-Division *Hitlerjugend*, eine Meldung betreffs Fallschirmjäger-Attrappe. Dabei handelte es sich um kleine, 1,20 Meter hohe, von grober Jute ummantelte Strohpuppen. Derartige Meldungen hatte es seit dem Frühjahr 1944 schon mehrfach gegeben. Also wieder so ein „falscher Alarm"...

Schon bald trafen weitere derartige Meldungen ein. Auf seine telefonische Anfrage beim I. SS-Panzer-Korps wurde Witt erklärt, daß man dort von nichts wüßte. Dennoch ließ der Brigadeführer sicherheitshalber mit der Parole *Blücher* für seine Division Alarm ausrufen - nicht ahnend, daß dieser absolut begründet war, es aber bis zu einem Einsatz der Panzer-Division noch sehr lange dauern sollte...

Der Gefreite Werner Kortenhaus war seit Sommer 1943 Angehöriger der 4. Kompanie des Panzer-Regiments 22 der 21. Panzer-Division.
Foto: Kollektion W. Kortenhaus

Die Einnahme der Batterie Merville - ein Himmelfahrtskommando...

Nachdem der erst 29-jährige Oberstleutnant Terence Otway damals von Brigadegeneral Hill seinen Auftrag erklärt bekommen hatte, konstatierte er:

„Diese Aktion ist ein Himmelfahrtskommando..."

Er sollte Recht behalten...

Der bis ins Detail erarbeitete Plan besagte, daß Otway mit seinen 750 Fallschirmjägern um 00:50 Uhr in der dazu markierten Zone südöstlich der Batterie abzuspringen hatte. Zur Erkennung untereinander hatte man den Fallschirmjägern Enten-Lockpfeifen mitgegeben. Dann sollten sie sich in einem vorbestimmten Sammelraum zusammenfinden, daraufhin zur 2,4 Kilometer entfernten Merville-Batterie marschieren, dort die Minen-Durchgangsschneisen für den Angriff freiräumen, den Stützpunkt bis 05:15 Uhr eingenommen und seine vier Haubitzen neutralisiert haben - und das alles in der Dunkelheit der Nacht, in unbekanntem Land und in maximal 4 Stunden und 25 Minuten, obwohl auch noch mit Kampfhandlungen zu rechnen war...

Die Aufgabe, die Geschütze zu eliminieren, war den *Royal Engineers* der 591. Fallschirmjäger-Schwadron übertragen worden. Sollte Otway bis spätestens zu diesem Zeitpunkt keine Erfolgsmeldung per Funk absetzen, hatte *(angeblich)* exakt um 05:15 Uhr die Kriegsmarine mit dem schweren Beschuß der Batterie zu beginnen...

Doch schon während der Oberstleutnant anläßlich des zweimonatigen Trainings seine Truppe üben sah und er sich alle Einzelheiten einprägen mußte, hatten ihn ernste Zweifel befallen, ob es in der kurzen Zeitspanne, die ihnen für ihre Operation zur Verfügung stand, überhaupt möglich wäre, mit den leichten Waffen die *(fälschlich so stark geglaubte)* Verteidigungsanlage zu durchbrechen und die Batterie zu erstürmen. Das Risiko, daß der Angriff scheitern würde, war nicht unerheblich. Als logische Konsequenz aus diesen Überlegungen war der kühne Plan entstanden, zusätzlich mit drei Lastenseglern insgesamt 60 Soldaten unmittelbar im Zentrum des Stützpunktes abzusetzen - und das genau in jenem Moment, in dem der Angriff von außen beginnen würde*.

---

* Anmerkung des Autors: Daß tatsächlich geplant sein sollte, drei Segler innerhalb des Areals landen zu lassen, erscheint äußerst befremdlich, denn immerhin waren die Briten durch ständige Luftaufnahmen bestens über die breiten Krater der über viele Wochen von ihnen selbst ständig abgeworfenen Bomben, den tiefen Laufgräben sowie die aufgestellten Betonpfähle und die aus dem Boden ragenden großen Kasematten und die anderen Gebäude informiert; folglich war eine Landung auf einem derart unebenen und hindernisreichen Terrain unmöglich, außerdem der Bereich für drei Segler viel zu schmal und viel zu kurz, denn ihr Bremsweg war am Boden normalerweise etwa dreihundert Meter lang... Es mußte auch klar sein, daß die Chance, einen derartigen Angriff innerhalb des Batteriegeländes zu überleben, für diese 60 Soldaten noch deutlich geringer war, als für jene, die von außen angreifen sollten. Infolgedessen mußte eine derartige Aktion zwangsläufig zu einem Debakel führen...

Otway hatte entschieden, diese höchst gefährliche Aktion der 1. Kompanie seines Bataillons zu übertragen. Nachdem er dort seinen Plan erklärt hatte, sollten sich Freiwillige für dieses Handstreichkommando durch Vortreten melden. Daraufhin war *(angeblich)* die gesamte Kompanie *(völlig kampfunerfahrener junger Männer)* einen Schritt vorgetreten. Nun hatte sich Otway gezwungen gesehen, zusammen mit dem Kompaniechef die benötigten 60 Männer auszusuchen...

In der Nacht vom 3. auf den 4. Juni hatte der Oberstleutnant in Anbetracht des bevorstehenden Einsatzes und der großen Verantwortung, die auf ihm lastete, nicht schlafen können. Aber dann war der *D-Day* um 24 Stunden verschoben worden, und in der Nacht zum 5. Juni konnte der übermüdete Einsatzführer endlich Ruhe finden. Am Abend vor dem Start in die Normandie hatte er noch mit jedem seiner Männer ein paar persönliche Worte gewechselt. Im Flugzeug war er dann wieder eingeschlafen...

Gleichermaßen zur Erkennung wie zur Abschreckung trugen Otways Männer ein floreszierendes Totenkopf-Emblem an ihren Uniformjacken.

Foto: Musée La Batterie de Merville

Um die Batterie Merville bereits vor dem Angriff durch Otways Fallschirmjäger zu zermürben, war geplant, daß ab 00:20 Uhr ein zehnminütiger Hagel von insgesamt 382 Tonnen Bomben darauf niedergehen sollte, darunter Kaliber von bis zu 1.816 Kilo*. Man hoffte, mit einem derart starken Bombardement nicht nur den Geschützbunkern einen möglichst erheblichen Schlag zu versetzen, sondern auch noch die *(vermeintlichen)* diversen Verteidigungsanlagen und insbesondere die *(ebenso vermeintlichen)* breiten Minenfelder weitgehend zu zerstören. Gleichzeitig sollten Lastensegler mit Pfadfinder-Pionieren in unmittelbarer Nähe des Batteriegeländes landen.

Sofort nach diesem Feuersturm sollten Otways Fallschirmjäger in der 2,4 Kilometer entfernten Absprungzone V herunterkommen. Noch während sich dann das niedergegangene Bataillon in der Dunkelheit am Boden sammeln würde, mußten bereits die Räumtrupps der Pioniere damit beginnen, von der Landseite aus drei Gassen durch das Minenfeld freizuräumen und zu markieren. Der Chef der Pioniere hatte Order erhalten, Otway über Funk darüber zu informieren, wenn die Gassen durch das Minenfeld fertig waren. Für das Sammeln des Bataillons sowie das Räumen der Minen standen den Briten fast genau drei Stunden Zeit zur Verfügung. Um sich in der nur vom blassen Mondlicht schwach erhellten Nacht untereinander erkennen zu können, hatte man die Uniformjacken der Männer der Sturmtruppe mit einem auffälligen, fast handflächengroßen, grünlichgelb fluoreszierenden Totenkopf mit gekreuzten Knochen auf der Brust ausgestattet - auch als „psychologisches Kampfmittel“.

Der detailliert und minutiös ausgearbeitete Zeitplan schrieb weiter vor, daß exakt um 03:24 Uhr die Schleppflugzeuge die drei Lastensegler mit dem Handstreichkommando in 1.820 Metern Höhe nahe der Batterie ausklinken und dann ein nach unten gerichtetes Lichtsignal als Vollzugsmeldung geben sollten. Um 03:25 Uhr würde am Boden ein erstes Trompetensignal geblasen: *Aufwachen!* Daraufhin sollten mittels eines Granatwerfers großkalibrige Leuchtgranaten auf das Batteriegelände geschossen werden, um den Gleitern durch Erhellen des Terrains, insbesondere der Kasematten, die Landung zu erleichtern. Um 03:28 Uhr mußte nach dem Trompetensignal *Antreten* jeg-

---

* Anmerkung des Autors: Allein dieses schwere Bombardement hätte ein zwingender Grund sein müssen, eine Lastensegler-Landung innerhalb des Stützpunktes von vornherein auszuschließen.

liche Beschießung der Batterieanlage eingestellt werden, mit Ausnahme der Leuchtgranaten. Um 03:30 Uhr sollte nach dem Signal *Ruhe* auch der Leuchtgranaten-Beschuß eingestellt werden, weil zu dieser Zeit die drei Horsa-Gleiter nacheinander in das Stützpunkt-Areal einschweben müßten. Aber das war alles nur Theorie - die Realität sollte gänzlich anders aussehen...

Otways Addition der Negativa

Terence Otways Probleme begannen, ohne daß er auch nur eine Ahnung davon hatte...

Nach dem Start der Lastensegler mit Otways zusätzlicher technischer Ausrüstung war noch gar nicht viel Zeit vergangen, da riß sich infolge des seit einigen Tagen anhaltenden starken Windes über und vor Südengland der erste Lastensegler von seinem Schleppflugzeug los und stürzte in die dunklen Fluten des Ärmelkanals. Er hatte das so wichtige schwere Spezialgerät für die Einnahme der Merville-Batterie zum vorbestimmten Landegebiet transportieren sollen. Doch das war erst der Anfang von Otways Desaster...

Um 00:20 Uhr brummten die 109 Lancaster-Bomber und dahinter die Transportmaschinen mit den Pfadfindern für die Merville-Batterie und Otways Absprungzone *V* heran. Die Lancaster-Piloten hatten ausschließlich die Aufgabe, den Artillerie-Stützpunkt bei Merville zu bombardieren.

Als sich die Flugzeuge der Batterie näherten, wurde dort „Fliegeralarm!" ausgerufen. Die Flak-Besatzung kletterte eilig auf ihre kleine Stellung. Hans Staab schwang sich auf den Schützensitz der Flak:

„Wir dachten erst alle, das wäre ein Übungsalarm. Unser Unteroffizier hat sogar noch seine Puschen anbehalten... Dann waren wir drei Mann da oben drauf. Wir sollten eigentlich fünf sein, aber wir waren nur drei. Da haben wir die Flugzeuge kommen hören. Wir hatten 20-Schuß-Magazine, und ich hab' davon drei auf so ein Riesending verschossen. Wie viele da von denen angeflogen kamen, weiß ich nicht; ich hab' ja immer nur auf einen Flieger zielen und schießen können. Als die 60 Schuß abgefeuert waren, hat der da oben auf seinen Knopf gedrückt, und dann hat's *ä-ä-ä-ä-ä-ä-ä* gemacht. Wir konnten

Ein Stück Außenhaut eines Horsa-Lastenseglers.
Oben: Mit grüner, wetterbeständiger Farbe gestrichene Außenseite.
Unten: Reste des roten Klebers, mit dem die Haut auf den Sperrholzrumpf geklebt worden war.

Archivmaterial und Foto: von Keusgen

Ein Foto von der kompletten Flak-Besatzung aus der Zeit vor dem 6. Juni 1944. Doch in der Nacht zum „D-Day" waren nur drei der Soldaten auf dem Stand. Immer anwesend war Flak-Schütze Hans Staab.

Foto: Kollektion H. Staab

die Stichflammen aus seinen Bord-MGs flackern sehen und haben uns schnell von unserem Stand in den Bunker 'runtergestürzt. Da hat er´s nochmal gemacht. Dann kamen die Bomben 'runter... Später haben wir gesehen, daß allein auf dem kleinen Flak-Stand sieben MG-Geschoßeinschläge auf einem Quadratmeter waren..."

Für die Briten bahnte sich nun eine weitere Verkettung äußerst unglücklicher Umstände an, denn ähnlich chaotisch wie den Piloten und Pfadfindern der Vorauseinheit erging es nun auch den sich in diesem Pulk der Orne-Bucht nähernden Minenräumtrupp. Das von Brigadegeneral Hill apostrophierte Chaos nahm weiterhin seinen Verlauf...*

Plötzlich befand sich nicht die anzugreifende Batterie Merville im Fokus der Bomberpiloten, sondern das benachbarte Dorf Gonneville. Innerhalb kürzester Zeit loderten helle, gelb-orangene, weithin sichtbare Flammen in den Nachthimmel...

Die nachfolgenden Piloten waren nun der Meinung, dort unten die bereits bombardierte und brennende Batterie zu sehen, und warfen ihre Bomben ebenfalls auf das Dorf ab - insgesamt 382 Tonnen, darunter etliche mit einem Einzelgewicht von annähernd zwei Tonnen.

Trotz des von den Besatzern verhängten Verbotes, einen Fotoapparat zu besitzen, fotografierte eine couragierte Einwohnerin des benachbarten Descanneville in der Nacht zum 6. Juni das brennende Gonneville.

Foto: Archiv von Keusgen

Das Chaos der Briten war aber noch lange nicht beendet, denn während dieses Bombardements gerieten die vom Kurs abgekommenen Bomber auch noch mit verfrühten Schleppflugzeugen und deren Lastenseglern durcheinander. Gleichzeitig erschienen auch die

---

* Anmerkung des Autors: Betreffs der Ursache der nun folgenden verhängnisvollen Bombardierung gibt es zwei deutlich voneinander abweichende Darstellungen:
Version 1
Die Pfadfinder setzten in dem entstandenen Durcheinander ihre Leuchtmittel versehentlich, anstatt über der Batterie Merville, über dem nur 1,3 Kilometer leicht südöstlich gelegenen, kleinen Bauerndorf Gonneville ab...
Version 2
Der erste Bomber des weit auseinandergezogenen Pulks überflog genau in jenem Moment, da eine heranziehende Wolkenbank den Mond verfinsterte, im Dunkeln das Zielgebiet - den Artillerie-Stützpunkt - und warf seine Bomben auf das nur 49 Flugsekunden entfernte kleine Bauerndorf Gonneville ab. Sofort standen mehrere der alten Fachwerkhäuser mit ihren Strohdächern in Flammen.
Gonneville versank in einem tosenden, feurigen Inferno. Das Dorf wurde fast gänzlich dem Erdboden gleichgemacht, und alles, was nicht von den Bomben zerstört wurde, ging in Flammen auf. (In Gonneville lebten 1944 259 Einwohner - 1946 nur noch 155.)

Transportmaschinen des Pfadfinder-Aufklärungstrupps, der die Aufgabe hatte, für Otways nachfolgende Angriffstruppe einen sicheren Weg durch das Minenfeld der Batterie mittels Suchgeräten zu bahnen. Aber infolge des Schadens am *Eureka*-Sender der Pfadfinder war es den Piloten mit ihren an Bord befindlichen *Rebecca*-Empfängern nicht möglich, einen präzisen Funkkontakt mit dem *Eureka*-Gerät am Erdboden zu bekommen. Da sich *(angeblich*)* auch noch die Wolkenbank weiträumig über diesem Gebiet geschlossen hatte, sprang der Aufklärungstrupp „blind" ab - genau in das tosende Bomben-Inferno bei Gonneville... Nahe der Merville-Batterie waren dennoch einige Pfadfinder und ein Lastensegler heruntergekommen...

Bis um kurz nach Mitternacht vom 5. zum 6. Juni hatte Major Hans von Luck noch immer auf eine Rückmeldung seines II. Bataillons gewartet. Als das Dröhnen der Flugzeugmotoren immer mehr zunahm, blickte von Luck aus dem Fenster - und erschrak. Am Himmel hingen sogenannte Christbäume *(langsam herabschwebende Leuchtmittel, die das Umfeld mit gleißendem Licht erhellen)*. In diesem Moment begann ein konzentrierter Bombenangriff auf Caen. Hans von Luck beschrieb das Bombardement mit knappen Worten:

„Die Hölle brach los."

Dem Major war klar:

„Jetzt beginnt die Invasion!"

Im selben Moment rief sein Adjutant, Oberleutnant Helmut Liebeskind, vom Gefechtsstand *(in Bellengreville)* an und teilte ihm mit, daß Fallschirmjäger abspringen und Lastensegler in ihrem Abschnitt landen würden. Außerdem versuchte er, eine Verbindung zum II. Bataillon herzustellen. Sofort befahl von Luck:

„Alles in Alarmbereitschaft versetzen und die Division verständigen. Außerdem soll das II. Bataillon eingreifen, wo immer es sein muß. Möglichst viele Gefangene nehmen und zu mir bringen!"

Dem Major fielen Rommels mahnende Worte ein, die er noch am 30. Mai, erst sechs Tage zuvor, bei seinem letzten Besuch bei der Division, gesprochen hatte:

„Sie sollten nicht damit rechnen, daß der Feind bei schönem Wetter und am hellichten Tage kommt...!"

Unentwegt und dumpf dröhnend flog vom Meer her Welle auf Welle der Bomber ins Inland...

Foto: Battlefield Historian Ltd.

Ein unerwarteter Überfall

Noch während auf das kleine Gonneville die Bomben fielen und die normannische Landschaft in einem dröhnenden, krachenden, von grellen Blitzen durchzuckten Chaos versank, glitt plötzlich ein brennender Horsa-Lastensegler zum Gelände der Batterie Merville hinunter, überflog es vom Haupteingang her, sackte tiefer, streifte mit seinem Rumpf plump hüpfend und laut knirschend einige Ränder der Bombenkrater, setzte gänzlich auf und zerschellte im hinteren Bereich des Areals, nahe der südlichen Umzäunung, an einigen der gegen Luftlandungen aufgestellten Betonpfähle. Unmittelbar darauf ging der hölzerne Flieger gänzlich in Flammen auf.

Nur einen kurzen Moment später verließ Johannes Buskotte den Fernmelde-Gruppenunterstand, um zur großen Kasematte Nr.1 hin-

---

* Anmerkung des Autors: Die immer wieder publizierte Behauptung einer zu dieser Zeit geschlossenen Wolkendecke über diesem Gebiet steht in krassem Widerspruch zu den Aussagen etlicher britischer Piloten, Fallschirmjägern und Soldaten.

über zu gehen - und machte eine erschreckende Entdeckung:

„Da lief da draußen plötzlich ein feindlicher Soldat vorbei... Als ich hinausging, sah ich im Stützpunkt hinten einen großen Lastensegler liegen, der lichterloh brannte...."

Um 00:26 Uhr klingelte in Leutnant Steiners B-Stelle, am Strand vor Franceville, das Feldtelefon. Steiner, der bis zum Einsetzen des schweren Bombardements, vier Minuten zuvor, geschlafen hatte, war noch mit seinem Pyjama bekleidet. Er hob den Hörer auf. Am anderen Ende meldete sich mit ungewohnt erregter Stimme Hauptwachtmeister Buskotte *(Zitat Raimund Steiner)*:

„Herr Leutnant, im Stützpunkt ist ein großer Gleiter nahe der Kasematte Nummer 4 ´runtergekommen; wahrscheinlich wurde er abgeschossen, denn er brennt! Wir haben feindliche Soldaten auf dem Batteriegelände! Es wird heftig geschossen...!"

An mehreren Stellen rings um den Artillerie-Stützpunkt waren zur Abschreckung Minen-Warntafeln aufgestellt worden - jedoch gab es fast nirgendwo Minen...

Foto: von Keusgen

Leutnant Steiner, für den zwar gerade erst sein 18. Tag als Chef der Merville-Batterie begonnen hatte, der aber von seinem Einsatz im Osten über erhebliche Erfahrung verfügte, erkannte sofort die Gefahr eines Handstreichkommandos:

„Keinen Widerstand leisten, Buskotte! Lassen Sie die Männer sich schnellstens alle in den Unterständen und Kasematten verschanzen!"

Dann kleidete sich Steiner eilig an, ging in den Bunker nebenan und unterrichtete Leutnant Rix über die Ereignisse. Als er zurückkam, ließ er sich mit dem Gefechtsstand des Kommandeurs der 716. Infanterie-Division in Caen verbinden. Es war 00:35 Uhr. Dort verlangte er, Generalleutnant Wilhelm Richter persönlich zu sprechen, der noch schlief und erst geweckt werden mußte:

„Herr General, ein feindlicher Gleiter ist innerhalb meines Stützpunktes gelandet! Es gibt heftige Kämpfe. Ich glaube, daß die Invasion begonnen hat...!"

Doch Richter reagierte auf die Meldung in barschem Ton und brüskierte den Leutnant:

„Typisch Österreicher; wegen eines abgestürzten Flugzeugs gleich eine Invasion melden..."

Daraufhin ließ der Generalleutnant Steiners Anruf lediglich in sein Divisions-Tagebuch als *Meldung von der Orne-Mündung* eintragen. *(Was Richter nicht vermerkte, war, daß Leutnant Raimund Steiner der erste Wehrmachtsoldat war, der den Beginn der Invasion gemeldet hatte. Der neue Regiments-Adjutant, Leutnant Karl Heyde, nahm Steiners Meldung sehr viel ernster, zumal kurz darauf auch Meldungen von der 711. Division eintrafen, die von Fallschirmjäger-Absprüngen und an Fallschirmen hängenden, abgeworfenen Strohpuppen berichteten. Heyde versetzte daraufhin die 716. in Alarmbereitschaft.)*

Nun ließ Steiner den Chef der 2. Batterie, Oberleutnant Steen, von Buskottes höchst beunruhigendem Telefonanruf unterrichten. Dessen Reaktion auf diese Information war für Steiner höchst befremdlich:

„Steen hatte sich zu dieser Zeit in seiner B-Stelle im Nachbarbunker befunden. Er verschwand sofort, nachdem ich ihn von Buskottes Anruf hatte verständigen lassen... Und der Chef der 3. Batterie, Hauptmann Schimpf, war am Tag zuvor wieder in den Urlaub gegangen *(trotz allgemeiner Urlaubssperre)*, sodaß diese Batterie überhaupt nicht zum Einsatz kommen konnte..."

Während Leutnant Steiner mit den wichtigen Telefonaten beschäftigt war, geriet die Stützpunktbesatzung bei Merville in zunehmende Bedrängnis - und die Zeit verrann...

„Es war 00:36 Uhr, exakt 20 Minuten nachdem Howards Gleiter an den Brücken gelandet waren", berichtete Gerald Leger, „und die Brükken schon eingenommen, als auch wir herunterkamen - an unseren Fallschirmen..."

Gerald Ledger war am 21. Juni 1926 in Halifax/Yorkshire geboren und noch nicht ganz 18 Jahre alt. Schon früh mußte er in einer Kohlengrube arbeiten, um seinen Lebensunterhalt zu verdienen.

„Da die Arbeit unter Tage brutal war, meldete ich mich mit 17 bei der Army", setzte er seinen Bericht fort, „da war ich zuerst als Volontär. Im Oktober 1943 bin ich dann zu den Fallschirmjägern gekommen, zum 8. Bataillon der 3. Brigade der 6. Airborne Division. Da wurden wir hart trainiert, wußten aber nicht, für was für einen Einsatz...

Das Wetter in jener Nacht war ideal, der Himmel wolkenlos mit hellem Mondschein und nicht stürmisch. Aber wir hatten alle große Angst, auch während des Fluges, da hat niemand gesungen, noch nicht einmal gesprochen. Wir waren alle nur erst 17, 18 und 19 Jahre alt. Ich habe gebetet, *lieber Vater, bring mich bitte sicher durch diesen Tag, daß ich den Kampf überstehe, und bring´ mich bitte wieder heil nach Hause*..."

Uniform-Ärmelaufnäher mit dem Emblem der britischen 6. Airborne Division.

Archiv und Foto: von Keusgen

Im dem Moment da sich Gerald Ledgers Fallschirm geöffnet hatte, war ihm die gesamte Ausrüstung samt seiner zusammenklappbaren Maschinenpistole heruntergerutscht und hing nun unter ihm. Ledger sorgte sich um seine erste Bodenberührung und die „Rolle", die er dabei vollführen mußte:

„Da hing ich nun, und es ging rasch hinab, nur etwa 20 Sekunden bis zum Erdboden... Ich hatte ja auch noch eine Pistole, eine Menge Munition und sechs Handgranaten an mir hängen - aber kein Messer. Man hatte uns in England gesagt, wenn die Deutschen uns mit diesen scharfen Messern erwischen, dann erschießen sie uns sofort. So haben wir sie aus Angst nicht mitgenommen; und nun hatte man Angst, in einem Baum zu landen, denn ohne Messer konnte man sich daraus kaum befreien...

Als wir dann am Erdboden angekommen waren, konnten wir kaum etwas sehen. Wir waren alle in einem großen Kornfeld gelandet, aber nur etwa dreißig Meter weit verstreut. Wir haben dann leise gepfiffen, um uns zusammenzufinden. In England waren kleine Holzknarren ausgegeben worden, um damit auf sich aufmerksam machen zu können, aber wir hatten keine einzige bekommen... Dann haben wir uns alle nach dem Zugführer umgesehen und uns in der Dunkelheit, die am Boden herrschte, dabei gegenseitig regelrecht überrannt."

Der erst 17-jährige britische Soldat Gerald Ledger war mit 19 anderen Fallschirmjägern aus einer amerikanischen Dakota-Maschine aus 500 Metern Höhe abgesprungen.

Foto: Kollektion G. Ledger

Das Ziel ihres Absprungs war die Zone *N*, nahe nordöstlich von Ranville. Da aber die Pfadfinder ihre Leuchtzeichen falsch aufgestellt hatten, war die Dakota acht Kilometer weit über die Absprungstelle hinweggeflogen und die Fallschirmjäger erst westlich Troarn heruntergekommen.

Doch bald hatten sich etwa fünfzig Fallschirmjäger zusammengefunden. Man beeilte sich damit, da allgemein angenommen wurde, daß seitens der Deutschen sofort etwas geschehe, sowie die Fallschirmjäger am Boden angekommen sind. Der Zugführer, ein Leutnant, hatte eine Taschenlampe und zeigte auf seiner Landkarte die eigentliche Landestelle. Gerald Ledger sagte dazu:

„Da wo wir landen sollten, waren überall Straßen eingezeichnet, und es war unsere Aufgabe, diese Straßen zu beherrschen und freizuhalten, aber wo wir uns nun befanden, gab es überhaupt keine einzige Straße - aber auch keinen einzigen Deutschen... Sie hatten wohl angenommen, daß unsere Flugzeuge gekommen waren, um Caen zu bombardieren; sie haben nicht geahnt, daß damit auch wir Fallschirmjäger kamen."

Dann marschierte man los, in nördliche Richtung...

Der Kommandeur des Panzergrenadier-Regiments 125 betrat seinen Gefechtsstand in Bellengreville. Von Lucks Adjutant machte ihm Meldung:

„Erste Meldungen besagen, daß über Troarn englische Fallschirmjäger abgesprungen sind, Herr Major. Der Kommandeur des II. Bataillons hat bereits mit nicht betroffenen Teilen seines Bataillons einen Gegenangriff eingeleitet. Es ist ihm gelungen, in Troarn einzudringen, wohin sich noch Teile der 5. Kompanie aus eigener Kraft zurückziehen konnten."

Dann gelang es Oberleutnant Liebeskind, einen telefonischen Kontakt mit dem Chef der 5. Kompanie herzustellen. Der saß in einem Keller in Troarn. Von Luck sagte:

„Brandenburg, halten Sie durch. Das Bataillon greift bereits an und muß bald bei Ihnen sein."

„Gut, ich habe hier den ersten Gefangenen. Es ist ein englischer Stabsarzt der 6. Airborne Division..."

„Schicken Sie ihn her, sobald die Lage geklärt ist."

Gleichzeitig telefonierte von Lucks Adjutant mit der Division und erhielt die Information, daß Generalmajor Feuchtinger noch immer nicht von Paris zurückgekehrt sei. So erteilte Helmut Liebeskind einen kurzen Lagebericht und bat den Ordonnanzoffizier, Oberleutnant Messmer, sofort nach der Rückkehr des Divisionskommandeurs die Freigabe für einen konzentrierten Nachtangriff des Panzergrenadier-Regiments zu erwirken...

Die ersten nach Major John Howards Spezial-Einsatz ins küstennahe normannische Hinterland einfliegenden Transportmaschinen setzten die Pfadfinder ab.

Foto: Battlefield Historian Ltd.

Um 00:40 Uhr rief der Kommandeur des Grenadier-Regiments 736 von der Höhe 61 aus den Kommandeur der 716. Infanterie-Division an. Oberst Krug meldete Generalleutnant Richter:

„Fallschirmabsprünge ostwärts der Orne...!"

Es waren noch keine drei Minuten nach diesem Telefonat vergangen, da rollte wie mit dem lange anhaltenden, tiefen Grollen eines entfernten Donners planmäßig die nächste Welle der Transportmaschinen des britischen Hauptverbands am nächtlichen Himmel von See, östlich der Orne, heran.

Raimund Steiner verließ den Tobruk-Stand, um zu sehen, was nun geschehen würde:

„Plötzlich dröhnten tieffliegende Bomberverbände über uns hinweg. In unbeschreiblichem Lärm erzitterte die Luft, und am ständig vibrierenden Boden rieselte der Dünensand hin und her. Sie flogen derart tief, daß man das Glühen in den Auslaßöffnungen ihrer Motoren sehen konnte."

Der großen Formation der Bomber folgten die Transporter der Fallschirmjäger und Zugmaschinen mit Lastenseglern im Schlepp. Die ersten Bomben kamen viel zu früh und bereits in Franceville herunter - unmittelbar darauf auch Fallschirmjäger...

Das schwere Bombardement auf die Merville-Batterie hatte lediglich den Vorratsbunker zerstört.

Foto: von Keusgen 2012

Leutnant Rix trat mit seinem Karabiner in der Hand neben Steiner und begann auf die Gleiter zu schießen. Auch der Batteriechef gab einige Schüsse aus dem Gewehr eines seiner Soldaten ab:

„Einen haben wir getroffen. Der Gleiter kippte seitlich weg und stürzte östlich der Batterie ab..."

Im Artillerie-Stützpunkt Merville belagerten indessen die Invasoren die dicht verschlossenen Kasematten und Bunker. Hauptwachtmeister Buskotte hatte alle 39 weiteren Artilleristen in die schützenden Bunker befohlen. Er selbst saß mit einigen im Mannschaftsraum der Kasematte Nr.1:

„Da drangen plötzlich derart starke Phosphor-Dämpfe in den kleinen Raum, daß wir alle Tränen in den Augen hatten und kaum noch atmen konnten..."

Buskotte rief ein weiteres Mal in der B-Stelle an, um seinem Chef eine aktuelle Lagemeldung zu erstatten. Raimund Steiner berichtete:

„Der Hauptwachtmeister sagte, daß die Angreifer gerade dabei waren, flüssigen Phosphor von oben durch das Lüftungssystem in den Innenraum seines Unterstandes fließen zu lassen und daß die akute Gefahr bestand, daß alle ersticken würden..."*

Steiner war in großer Sorge:

„Nach meinen Erfahrungen an der Eismeer-Front und vor Stalingrad wußte ich, daß Bunker aufgesprengt und mit Flammenwerfern ausgeräuchert werden. Davor mußte ich meine Leute bewahren..."

Der Batteriechef überlegte einen Moment, wie er das Problem lösen könnte. Dann rief er im Gefechtsstand der 711. Infanterie-Division in Vauville *(37 Kilometer Luftlinie östlich Merville)* dessen Kommandeur an, Generalleutnant Josef Reichert. Nach einem kurzen Lagebericht bat er den General um Beschuß seines Stützpunktes bei Merville mit einem *einzigen* Geschütz dessen Artillerie-Regiments. Steiner hoffte, somit die Angreifer schnell wieder von den Bunkern und aus seinem Stützpunkt vertreiben zu können:

„Der General versprach, mir seine Artillerie zur Verfügung zu stellen. Er verlangte aber, daß ich mich bis zu meiner Batterie durchkämpfen sollte, um von dort aus das Feuer zu leiten..."

Danach rief Leutnant Steiner ein weiteres Mal in seiner Feuerstellung an und informierte Hauptwachtmeister Buskotte über sein Vorhaben. Buskotte bestätigte dieses:

„Ich wußte, daß wir von der Nachbar-Batterie Feuer angefordert hatten, um die Engländer aus unserem Stützpunkt wieder rauszubekommen..."

Unmittelbar nach dem Telefonat machte sich der Batteriechef mit seinem Funker und einem Unteroffizier auf den Weg nach Merville...

Bereits während der ersten Phase des Angriffs waren etliche Bomber und Transportmaschinen an der normannischen Küste von der deutschen Flak abgeschossen worden und viele Lastensegler bruchgelandet...

Foto: Battlefield Historian Ltd.

Absprünge ins Chaos

Um 00:47 Uhr erreichte die Masse der britischen Fallschirmjäger-Transportmaschinen ihre von den Pfadfindern mangelhaft und unkorrekt gekennzeichneten Absprungzonen *K*, *N* und *V*. Bei diesem Pulk befanden sich auch 32 Transporter mit Oberstleutnant Terence Otway und seiner Truppe.

Die umfangreiche Ausrüstung, die Otway für den Sturm auf die Batterie in den Flugzeugen und den erst später nachfolgenden Lastenseglern mitführen ließ, bestand aus Mikrofonen und Lautsprechern, Sturmleitern, geballten Ladungen, Flammenwerfern, Bangalores *(Rohr-Torpedo-Minen)*, Jeeps, einem Sanitätsfahrzeug, Panzerabwehrgeschützen und vielem mehr.

Dicht gedrängt hockten die Fallschirmjäger am Boden der Transportmaschinen. Man war um 23:30 Uhr in Großbritannien gestartet, und es hatte während des Fluges keine Nervosität unter ihnen gegeben - bis zum Erreichen der französischen Küste...

Oberstleutnant Terence Otway hatte in Großbritannien zur allgemeinen Sicherheit den Genuß von Alkohol innerhalb der letzten 24 Stunden vor dem Einsatz kategorisch verboten, jedoch selbst eine volle Flasche Whisky eingesteckt. Nun zog er sie aus seinem Gepäck hervor und ließ sie unter den zwanzig Fallschirmjägern herumreichen, die mit ihm im selben Flugzeug saßen. Gleich kam der Moment, da er und seine Truppe abspringen mußten - ins Ungewisse, und mit nur einem einzigen Ziel: Erfolg zu haben...

Zu jener Zeit, da die Bomber, Transportmaschinen und Lastensegler ins küstennahe Hinterland flogen, näherte sich auch eine riesige Armada von insgesamt 6.479 Kriegsschiffen und Landungsbooten der Küste.

Fotos: Battlefield Historian Ltd.

Terence Otway und seine Fallschirmjäger ahnten von ihrer bereits begonnenen Katastrophe noch nichts. Voller Hoffnung, daß nach der langen Zeit des intensiven Trainings und der exakten Planung die Einnahme der Merville-Batterie einigermaßen unproblematisch ablaufen würde, näherten auch sie sich ihrem Zielgebiet. Nach dem vorausgegangenen Bombardement war auch mit einem Beschuß durch deutsche Fliegerabwehrkanonen aus der Batterie nicht mehr zu rechnen - doch da wurden sie plötzlich und gänzlich unerwartet von deutscher Flak beschossen. Aus verschiedenen Richtungen feuerten Flugabwehrgeschütze ihre 3,7- und 8,8-cm-Granaten in den dunklen Himmel und zu dem großen Flugzeugpulk hinauf, krepierten auf ihrer Höhe, und Tausende messerscharfer, großer und kleiner Stahlsplitter stoben umher. Auch die 32 Transportmaschinen der Merville-Einsatztruppe wurden unter Beschuß genommen. Einige der Piloten versuchten, durch schnelle Ausweichmanöver den gefährlichen Granaten und ihren Splittern zu entkommen. Im Inneren der Flugzeuge hatten sich aber schon die Fallschirmjäger mit ihren mehr als vierzig Kilo schweren Ausrüstungen und Waffen zum Absprung bereit gemacht und hintereinander aufgestellt. Die abrupten Ausweichmanöver führten zu einem nicht unerheblichen Durcheinander unter den Fallschirmjägern, so auch in jener Maschine, in der sich Terence Otway befand. Für die Männer waren derartige, von ihnen völlig unerwartete Flugkapriolen im wahrsten Sinne des Wortes niederschmetternd.

Nachdem sich die Fallschirmjäger in den Transportflugzeugen wieder einigermaßen geordnet hatten, sahen die Piloten von Otways Maschinen das 1,6 Kilometer hinter Merville liegende, kleine, lichterloh brennende Gonneville und hielten es für die kurz zuvor und offensichtlich äußerst erfolgreich bombardierte 1. Batterie - und ließen in ihren Maschinen das grüne Lichtzeichen erst für einen zeitgerechten Absprung auf dieses „Ziel“ aufleuchten. So wurde mit den Absprüngen 54 Sekunden, folglich 2,4 Kilometer zu spät begonnen. Gleichzeitig erschienen genau in diesem Luftraum noch weitere, zuvor verirrte Bomber, deren Piloten ebenfalls der Meinung waren, dort unten das brennende Batteriegelände zu sehen - und warfen den bereits im Absprung befindlichen Fallschirmjägern ihre beim Herabfallen heulenden und pfeifenden Bombenteppiche hinterher...

Als sie aus den offenen Luken hinabsahen, zögerten viele von Otways Männern, angesichts des entstandenen Chaos abzuspringen und kamen infolge der zusätzlichen Zeitverzögerung noch deutlich weiter östlich und weit voneinander entfernt herunter. Nur ein kleiner Teil von Otways Fallschirmjägern landete in der vorgesehenen Landezone *V*. Von der Masse der Bomben jedoch, die auf das Batteriegelände und seine *(vermeintlichen)* Minenfelder abgeworfen werden sollten, hatten nur sehr wenige ihr tatsächliches Ziel getroffen.

Die Bombenabwürfe fanden nicht immer über dem geplanten Zielgebiet statt...

Foto: US National Archives

In dem großen Flugzeugpulk dieses Hauptverbandes befanden sich auch Maschinen mit Soldaten der 3. Fallschirmjäger-Brigade. Sie sollten nun über den von den *Pfadfindern* unkorrekt abgesteckten Arealen *N* und *K* abspringen und möglichst zielgenau herunterkommen. In einem der Flugzeuge befand sich auch ein sogenannter Hundeführer mit seinem Hund. Der Hundeführer war der Gefreite Emile S. Corteil. Offiziell war er 19 Jahre alt, tatsächlich aber eher 18, oder sogar nur 17... Sein Hund war ein speziell ausgebildeter elsässischer Meldehund namens Glen. Beide gehörten zur A-Kompanie des 9. Fallschirmjäger-Bataillons der 3. Fallschirmjäger-Brigade - und beide hatten eine wichtige Aufgabe zu erfüllen...

Emile S. Corteil mit seinem Meldehund Glen im Winter 1943/44.

Foto: Airborne Assault Imperial War Museum Duxford

Meldehunde wurden (als einzige Alternative zu Brieftauben, und besonders vorteilhaft auf Kurzstrecken) erstmals im Ersten Weltkrieg eingesetzt, sowohl von den Armeen der Briten, der Deutschen und der Franzosen. Gegenüber den Meldegängern haben die Hunde gleich mehrere Vorteile: Sie sind deutlich kleiner, folglich nicht so schnell zu erkennen und ein schwerer zu treffendes Ziel; sie überwinden oder unterlaufen leichter Hindernisse; sie sind sehr viel schneller und ausdauernder, auch bei sehr hohen oder niedrigen Temperaturen; sie sind imstande, selbst extrem zerklüftetes und sehr steiles Terrain einigermaßen mühelos zu überwinden; sie verfügen über einen äußerst hilfreichen Geruchs- und Spürsinn; und ihre Intelligenz ermöglicht eine unproblematische und schnelle Ausbildung. Mit einer Tasche oder einer kleinen Box am Halsband sind die Tiere in der Lage, Nachrichten und/oder Depeschen etc. in relativ kurzer Zeit zu überbringen - und wenn sie bei der Ausübung ihrer Aufgabe getötet werden, wird „nur“

Exakt ab 00:50 Uhr begannen an der östlichen Flanke des Invasionsraumes die Massenabsprünge britischer Fallschirmjäger; an der westlichen Flanke begannen die Absprünge der Amerikaner um 01:15 Uhr.
Foto: Battlefield Historian Ltd.

ein Hund getötet, kein Mensch... Die elsässische Hunderasse ist auch als Deutscher Schäferhund bekannt. Da diese Tiere das ungefähre Gewicht eines Fahrrades haben, wurden sie mit speziellen, kleineren Fallschirmen ausgestattet, mit denen man auch Fahrräder aus der Luft absetzen konnte. Es war normal, daß die Hunde zu Beginn ihrer Ausbildung ihren ersten Sprung aus dem Flugzeug verweigerten - so wurden sie von ihren Trainern hinausgeworfen. Aber es war ebenso normal, daß die Tiere sehr schnell Freude an diesem „Spiel" fanden...

Das Transportflugzeug hatte sich seinem Zielgebiet bis auf wenige Kilometer genähert. Glen saß zu Füßen seines ihm von den vielen Wochen ihres Trainings vertrauten Hundeführers Emile Corteil am Boden der Maschine, seinen Fahrrad-Fallschirm auf dem Rücken. Sie hatten eine schöne Zeit während der Ausbildung miteinander verbracht, und Glen hatte offensichtliche Freude an der Fallschirmspringerei gefunden und es jedes Mal kaum abwarten können, daß die Luke geöffnet wurde und er mit Emile in die Luft hinaus springen konnte.

Nun waren von weitem die Explosionen krepierender Flak-Granaten zu hören. Die Männer mit ihren zur Tarnung geschwärzten Gesichtern, die noch niemals einen Kriegseinsatz erlebt hatten, versuchten schon seit einiger Zeit, ihre Angst vor dem Bevorstehenden durch Singen zu vertreiben. Da leuchtete in dem Flugzeug die rote Lampe auf. Der Gesang brach ab und die Fallschirmjäger erhoben sich, stellten sich hintereinander auf und klinkten die Zugleinen ihrer Fallschirme in das an der Decke gespannte Stahlseil ein. Auch Emile Corteil wartete nun auf den Absprung. Neben ihm stand Glen - leise winselnd.

Die Luke wurde aufgeschoben, und die vorn stehenden Soldaten konnten trotz der Dunkelheit in einiger Entfernung einen großflächig überfluteten Landstrich erkennen. Das schwache Licht des Mondes spiegelte sich auf der schier endlos breiten, schwarzen, sich vom Wind leicht kräuselnden Wasseroberfläche. Irgendwo in den Fluten dort unten wälzte sich die eigentlich nicht besonders breite Dives dahin - und Glen winselte noch immer...

Das grüne Licht leuchtete auf. Der Jump-Master rief:

„Go!"

Mutig sprang der erste Fallschirmjäger aus der offenen Luke in die Nacht - und in eine höchst ungewisse Zukunft...

„Go! Go! Go!..."

Und einer nach dem anderen sprangen die Männer hinaus...

Dann trat Emile Corteil mit seinem Hund an die Luke:

„Los, Glen!"

Doch Glen blieb unbeweglich an der Luke stehen. Emile stieß den Hund an:

„Los, Glen, los! Spring!"

Doch Glen verweigerte den Absprung - jetzt, in dieser Situation...

Der hinter dem Hund und Corteil stehende Gefreite Baty trat an die Luke. Man hatte keine Zeit zu verlieren, sonst würden alle viel zu weit voneinander entfernt und im falschen Gebiet herunterkommen. Rasch half Baty seinem Kameraden, den sich sträubenden Hund einfach hinauszuwerfen. Corteil sprang hinterher, dann die restlichen Männer...

Als Folge ihrer extremen Flugmanöver waren aber auch hier viele Piloten deutlich von ihrem eigentlichen Kurs abgekommen und verfehlten dadurch ebenfalls die Absetzzonen. Erschwerend wehte ein in diesem Bereich aufgekommener Westwind. So kam die für die Zone *N* bestimmte 5. Fallschirmjäger-Brigade sehr weit verstreut und nur in großen Abständen zueinander herunter. Ebenso erging es außer dem 9. auch dem 7., 12. und 13. Bataillon, die auch noch untereinander stark vermischt wurden.

Infolge des breiten Überschwemmungsgebietes, das sich bis zur Küste erstreckte, hatten etliche Piloten der Transportmaschinen die Dives-Mündung für die Orne-Bucht gehalten und flogen, immer noch nach der Dives suchend, viel zu weit nach Osten. Aus Flugzeugen, deren Piloten durch Ausweichmanöver oder unorientiertem Verfliegen die Absprungzone verfehlt oder die Dives nicht als solche erkannt hatten, wurden die Fallschirmjäger bis mehr als fünfzig Kilometer davon entfernt abgesetzt. Einige Piloten, die ihren Ziel-Überflug erkannt hatten, wendeten ihre Maschinen in weiten Bögen und flogen in der Dunkelheit zurück - den anderen Flugzeugen entgegen. Transporter und sogar Lastensegler, die von der Flak getroffen wurden, mußten notlanden oder stürzten ab. Manche versanken mit ihrer Fracht im fast grundlosen Sumpf des Überschwemmungsgebietes, ebenso Hunderte Soldaten. Trotz des überwiegend nur flachen Wassers ertranken etliche aus Erschöpfung infolge des strapaziösen Watens in dem schlammigen Grund und von der schweren Last ihrer Ausrüstung behindert und hinabgezogen.

Das 1. kanadische Fallschirmjäger-Bataillon, das in der Landezone *V* herunterkommen sollte - wie auch Otways 9. Bataillon - war nach den Absprüngen über ein extrem weites Gebiet verstreut, das vom Westufer der Orne bis in das Überschwemmungsgebiet der Dives reichte, in dem etliche der Männer ertranken. Lediglich ein kleiner Trupp von ihnen erreichte ihr Einsatzgebiet bei Varaville.

Die Bataillone, die in dieser Nacht absprangen, verloren nicht nur

Meldehunde im Ersten Weltkrieg (Nordfrankreich).

Fotos: Archiv von Keusgen

Außer der deutschen Soldadaten stellte das weiträumige Überschwemmungsgebiet der Dives die größte Gefahr für die Fallschirmjäger dar - besonders nachts....

Foto: von Keusgen

einen großen Teil ihrer Soldaten, sondern auch ihre Ausrüstungsgegenstände, oder sie wurden bei der Landung beschädigt. Die großen Taschen, die sich die Fallschirmjäger an ein Bein gebunden hatten, bereiteten ihnen besondere Schwierigkeiten, weil sie von der zusätzlichen Munition so schwer waren, daß sie den Fall der Soldaten deutlich beschleunigten, abrissen oder, wenn sie im Sumpf des breiten Überschwemmungsgebietes gelandet waren, gefährlich hinabzogen. Auch der Kommandeur der 3. Fallschirmjäger-Brigade, Brigadegeneral James Hill, wäre beinahe ein Opfer dieses großflächig überfluteten Gebietes geworden. Er war in der Dunkelheit in brusthohem Wasser in der Nähe von Cabourg heruntergekommen, etwa vier Kilometer von seiner Absprungzone entfernt. Kaum war er unten angekommen, gab es in seiner Nähe im Dunkeln einen kurzen Schußwechsel. Es stellte sich aber rasch heraus, daß einer seiner Leibwächter versehentlich auf einen anderen Leibwächter geschossen und ihn dabei ins Bein getroffen hatte.

Ein weiteres Problem bei der Fortbewegung im Wasser bestand darin, daß die Wiesen bereits vor dem Überfluten eingezäunt gewesen waren und sich diese Zäune nun unterhalb der Wasseroberfläche befanden... Außerdem ertranken viele Soldaten in den unter der Wasseroberfläche liegenden, folglich ebenfalls unsichtbaren, ursprünglich als Entwässerungsgräben dienenden Vertiefungen, die das gesamte Überschwemmungsgebiet durchzogen. Um dieser Gefahr entgegenzuwirken, ließ der Brigadegeneral sich seine Männer durch Seile am Koppel und von Mann zu Mann verbinden. Hill trug in seiner Kampfanzughose einen „Proviant“ von etwa sechzig Teebeuteln bei sich und sagte später über seinen gefahrvollen, weiten Weg durchs Wasser:

„Alles, was ich während dieser Zeit vollbracht habe, war, viel kalten Tee produzieren...“

Am schlimmsten war Hills 3. Brigade von den desorientierten Flügen der Transportmaschinen und den in der Folge deplazierten Absprüngen betroffen. Ein großer Teil der Fallschirmjäger verlor sich im Dunkel der Nacht völlig und fand erst nach vielen Stunden, meistens rein zufällig, wieder zusammen *(manche erst nach mehreren Tagen; und viele blieben für immer vermißt)*. Für jene, die sich einigermaßen rasch an ihren vereinbarten Treffpunkten sammeln konnten, waren einige ihrer in Großbritannien erteilten Instruktionen infolge der aktuellen Umstände bereits überholt.

„Die Invasion ist da!“

Um 00:47 Uhr orientierte das Seekommando Normandie in Ouistréham *(Leutnant zur See Fritz Sponholz)*:

„Ab sofort Alarmstufe II von Division befohlen *(höchste Gefechtsbereitschaft)*! Grund: Schwere Fliegerangriffe in Merville...“

Fast zeitgleich mit den britischen Luftlandungen hatten auch die Amerikaner an der Westflanke des Invasionsraums, im Zentrum der 95 Kilometer (Luftlinie) entfernten Cotentin-Halbinsel, mit ihrem ebenfalls groß angelegten Luftlandeunternehmen begonnen (siehe den Titel zu dieser Buchserie „Sainte-Mère-Église und Merderet“).

Schon wenige Minuten nach Mitternacht war nach den ersten amerikanischen Luftlandungen vom Kommandeur des Regiments-Kampfzugs des Fallschirmjäger-Regiments 6 in Carentan, Major Freiherr von der Heydte, der Alarm an das LXXXIV. Armeekorps in St. Lô gegeben worden. Doch noch bevor auf deutscher Seite koordinierte

Abwehrmaßnahmen getroffen werden konnten, waren bereits mehr als 22.000 Soldaten der Alliierten auf französischem Boden gelandet...

John Howard saß an einen der breiten, stählernen Pfosten der Kanal-Brücke gelehnt und hörte das von ihm um diese Zeit so sehnlichst erwartete Dröhnen heranfliegender Flugzeuge. Er sah auf seine Armbanduhr. Es war genau 00:50 Uhr und die Maschinen auf die Minute pünktlich. Der Major hoffte, daß es sich dabei auch um die Ankunft Oberstleutnant Geoffrey Pine-Coffins 7. Fallschirmjäger-Bataillon handelte, das Howards kleine Truppe an den Brücken verstärken sollte. Der Major sah, wie sich nun Hunderte Fallschirme am dunklen Himmel öffneten und mit ihren Soldaten rasch herabschwebten, er konnte aber auch die Leuchtspurgeschosse sehen, die unentwegt zu den Fallschirmjägern hinaufjagten. Das wahre Ausmaß des Desasters, das sich im Zuge des Massenabsprungs seiner britischen Kameraden ereignete, blieb seinen Augen allerdings verborgen...

Der Major erhob sich und begann nun, auf seiner Polizei-Pfeife das Victory*(Sieg)-Signal (dreimal kurz, einmal lang)* zu pfeifen - das Erkennungssignal aller an der Invasion beteiligten Soldaten der Alliierten. Er pfiff es wieder und wieder, und die hellen Töne klangen weit durch die klare Nachtluft... *(Durch Howards akustisches Signal wurde es etlichen Fallschirmjägern, die ihr Absprungziel verfehlt hatten, ermöglicht, im Dunkeln den Weg zur Damm-Chaussee zwischen den beiden Brücken zu finden.)*

Eine zusätzliche große Gefahr stellten in dem ohnehin sehr gefährlichen Überschwemmungsgebiet in der Dunkelheit die vielen Zäune mit Stacheldraht dar...

Foto: von Keusgen

Ein Teil der vielen östlich der Orne abgesprungenen Fallschirmjäger sollte nun die fünf Brücken über die Dives zerstören, ein anderer von hier aus die Merville-Batterie angreifen - aber auch dabei sollte nicht alles nach Plan verlaufen... *(Die Absprünge der britischen Fallschirmjäger dauerten bis 01:17 Uhr.)*

In der Absprungzone *V* war inzwischen Brigadegeneral James Hill dabei, die völlig desorientierten Männer seiner 3. Brigade zu ordnen. Beide Bataillone - das 9. britische und das 1. kanadische - waren in sehr großem Umkreis in Wäldern, Obstgärten, auf Feldern und im Überschwemmungsgebiet gelandet. Oberstleutnant Terence Otways Männer, die den Auftrag hatten, die Batterie Merville einzunehmen, waren am weitesten auseinandergerissen. Otway selbst war an seinem Fallschirm in eine Landschaft herabgeschwebt, die ihm durch die vielen Kartenstudien einigermaßen bekannt vorkam.

Innerhalb der ersten 50 Minuten nach Mitternacht des 6. Juni waren nördlich Caen insgesamt 4.255 Soldaten der britischen 6. Airborne Division an Fallschirmen oder mittels Lastenseglern heruntergekommen. Außerdem waren östlich der Orne, zwischen Yvetot und Le Havre, viele der Fallschirmjäger-Puppen abgeworfen worden, um dort Luftlandungen vorzutäuschen und die deutschen Truppen somit zu verwirren. Deutsche Soldaten sahen diese in größeren Pulks abgeworfenen Puppen mit ihren vom Mondlicht hell beschienen Fallschirmen vom Himmel herabschweben und riefen:

„Die Invasion ist da! Sie kommen...!“

Tatsächlich lieferten sich einzelne kleine Trupps „Gefechte“ mit diesen „Ruperts“.

Oberstleutnant Pine-Coffins 7. Fallschirmjäger-Bataillon, das von John Howard an der Kanal-Brücke so sehnlichst erwartet wurde, war zwar planmäßig um 00:50 Uhr in seiner westlich des Caen-Kanals gelegenen Landezone *W* abgesprungen, jedoch waren die Fallschirmjäger wegen widriger Absprungbedingungen nur weit verstreut heruntergekommen. Der Oberstleutnant entschied sich, noch einige Zeit auf ein Zusammenfinden seiner Männer zu warten...

Um 00:50 Uhr war auch Major J. C. A. Roseveare an seinem Fallschirm heruntergekommen. Er hatte den wichtigen Auftrag, mit einem Pionier-Trupp der Royal Engineers und mit Unterstützung durch Infanteristen die Dives-Brücke einzunehmen und zu zerstören. Diese Brücke befand sich östlich von Troarn, an der Chaussee nach Dozulé und 6 Kilometer östlich jenes Sektors, den die britische 6. Airborne Division halten sollte, jedoch auf der westlichen Seite des Überschwemmungsgebietes und bereits darin gelegen. Sie war von allen zu zerstörenden Brücken die wichtigste, weil die Chaussee Caen-Rouen-Le Havre darüber hinweg in östliche Richtung führte. An einem Straßenschild konnte Roseveare jedoch erkennen, daß er sich nördlich des Waldes von Bavent befand - 11 Kilometer von seinem Ziel entfernt. Auch hier lief durchaus nicht alles so ab, wie es einst in Großbritannien so akribisch geplant worden war. Nun mußte er zuerst einmal seine Pioniere und den benötigten Sprengstoff zusammensuchen.

Die bei Troarn befindlichen und von den britischen Fallschirmjägern zu sprengenden Brücken über die Dives.

Fotos: von Keusgen (Mémorial Pegasus)

Vorsichtig hatten sich indessen Brigadegeneral Nigel Poett und sein Begleiter der Orne-Brücke genähert. Da sahen sie einige britische Soldaten an der Brücke stehen. Man rief das Kennwort, und bald darauf reichten sich der Brigadegeneral und Leutnant Tod Sweeney die Hände. Sie stellten die Zeit fest: 00:52 Uhr. Alles, was man nun noch brauchte, um den Orne-Brückenkopf bei Ranville zu verstärken, waren noch viel mehr Männer.

Nur ein paar Minuten später erschien General Nigel Poett bei John Howard. Die Männer begrüßten einander, und Poett erkundigte sich bei dem Major, wie dessen Aktion an der Brücke gelaufen war. Nun stellte sich heraus, daß Poetts Funkgerät bei der Landung kaputtgegangen war. Deshalb war es Tappenden nicht gelungen, die *Ham-and-Jam*-Meldung von der Besetzung der Brücken an den General durchzugeben.

Unmittelbar nach dieser kurzen Unterhaltung verschwand Nigel Poett wieder in der Dunkelheit...

Um 00:55 Uhr ging ein weiteres Telefonat bei Generalleutnant Richter ein. Wieder meldete sich Oberst Krug:

„Herr General, die Absprünge dauern laut ostwärts der Orne stehender 3. Kompanie noch an, auch laut Artillerie-Meldung. Meiner Ansicht nach handelt es sich nicht um das Absetzen von Jagdkommandos, wie schon öfter vorgekommen, sondern um den Beginn der Invasion! Ich habe deshalb für den Abschnitt Riva Bella Alarmstufe II befohlen."

Da General Richter inzwischen derselben Ansicht war, befahl er der gesamten Division ebenfalls Alarmstufe II. In seinem schriftlichen Bericht notierte Richter später:

Während dieser telefonischen Meldung beobachteten auch der Ia der Division und der Adjutant vom Divisionsgefechtsstand aus, daß in Richtung Orne-Mündung die Gegend durch „Christbäume" mit rotviolettem Licht erleuchtet wurde. In der Annahme, es handele sich wieder um die Markierung eines Bombenabwurfraumes, wurden die Offiziere zweifelnd, da einmal die „Christbäume" nicht nur rötliches Licht, sondern auch weiß-grüne Leuchtsterne zeigten und weil keine

Bombenabwürfe in der gleichen Gegend folgten.

Gegen 01:00 Uhr gab der Generalleutnant die Meldung betreffs der feindlichen Luftlandungen an das Armee-Korps weiter. Der Chef des Korps, General der Artillerie Erich Marcks, meldete dieses sofort an das Armee-Oberkommando in Le Mans.

Werner Kortenhaus vom Panzer-Regiment 22 erklärte betreffs der Situation, in der sich seine Einheit befand:

„Um etwa 01:00 Uhr standen wir marschbereit an unseren Panzern und wunderten uns, daß wir keinen Marschbefehl nach Norden erhielten. Darüber ärgerten wir uns sehr."

(Die Ursache der Bewegungslosigkeit deutscher Truppen in den ersten Stunden der Invasion bestand primär in der Abwesenheit der obersten Führungskräfte.)

Was die Panzersoldaten nicht wußten, war, daß sich Generalfeldmarschall Rommel noch bei seiner Frau in Herrlingen *(bei Ulm)* aufhielt, und Generalmajor Feuchtinger sich zu dieser Zeit noch in Paris vergnügte. So wartete man ab...

Brigadegeneral Nigel Poett war gerade wieder von der Kanal-Brücke fortgegangen, da hörte John Howard ein weiteres Mal von der Küste heranfliegende Flugzeuge. Ihm war klar, daß es sich dabei um die geplante Verstärkung des 7. Fallschirmjäger-Bataillons unter dem Kommando des Oberstleutnants Pine-Coffin handeln mußte, deren Aufgabe darin bestand, von der westlichen Seite des Kanals, bei Bénouville, zu erwartende deutsche Gegenangriffe auf die Brücken abzufangen... Aber noch etwas anderes vernahm der Major: Das entfernte Klirren sich bewegender Panzerketten. Die Geräusche kamen vom westlichen Kanal-Ufer, aus südwestlicher Richtung, und näherten sich offenbar vom Château de Bénouville der Kanal-Brücke, waren aber noch weit entfernt... Gleichzeitig fielen am Ost-Ufer der Orne, nahe Ranville, Schüsse...

Es hatte nur wenige Minuten gedauert, da erhielt Howard eine Meldung, in der ihm mitgeteilt wurde, daß Leutnant Sweeneys Männer dort drüben eine deutsche Patrouille von vier Soldaten entdeckt hätten. Sie hatten sich auf dem alten Treidelpfad von Caen her genähert und das Feuer auf die Briten eröffnet. Dabei wurde einer von Sweeneys Männern verwundet. Das Feuer wurde erwidert und die vier Soldaten getötet. Als man die Toten näher betrachtete, hatte sich herausgestellt, daß einer von ihnen ein gefangener britischer Fallschirmjäger war...

Kaum war der Schußwechsel verklungen, näherte sich Sweeneys Zug auf der von Ranville zur Orne-Brücke führenden Straße im Dunkeln ein Motorrad und ein Auto. Sie fuhren mit hoher Geschwindigkeit zwischen den britischen Posten hindurch und wurden von diesen sofort aus Maschinenpistolen beschossen. Von einem der Geschosse getroffen, stürzte der Motorradfahrer mit seiner Maschine und rutschte von der Fahrbahn in den Fluß, wo er ertrank. Das Auto raste auf die Brücke, doch einige weitere MPi-Feuerstöße zerfetzten die Hinterreifen. Der Wagen schlingerte ein paar Mal hin und her und blieb dann stehen. Die Türen wurden aufgerissen, und drei Männer sprangen heraus, wollten fliehen. Wieder feuerten die Briten, und zwei der Deutschen wurden erschossen, der dritte war an beiden Beinen verwundet und konnte gefangengenommen werden. Es handelte sich dabei um Major Hans Schmidt, den Kommandeur des I./736. Als Schmidt dann zu einem Sanitätsposten getragen wurde, sagte er in einwandfreiem

Derartige stabile Seile waren an sämtliche Fallschirmjäger der 6. Airborne Division vor ihrem Einsatz ausgegeben worden und fanden verschiedenste Verwendungszwecke: Wenn sie durch die Schlingen miteinander verbunden wurden (siehe Foto), bildeten sie einen sehr starken, mit einem Handgriff versehenen Strang zum Tragen schwerer Lasten und zum Ziehen von Fahrzeugen; außerdem dienten sie als Rettungsleinen bei Flußüberquerungen und als Halteseil beim Ersteigen hoher Bäume.

Foto: von Keusgen (Mémorial Pegasus)

Englisch, daß er seine Ehre verloren habe und bat darum, sofort erschossen zu werden. Der britische Militärarzt verabreichte Schmidt eine Morphium-Injektion, und zehn Minuten später dankte der Major für die gute medizinische Versorgung...

Indessen untersuchte Leutnant Sweeney mit ein paar seiner Männer das Auto des Majors. Sie fanden darin offenbar erst kurz zuvor benutzte Weingläser und Teller, außerdem Kosmetikartikel und reizvolle Damenunterwäsche. Der Major hatte es augenscheinlich nicht sehr eilig gehabt, sich nach der Ursache der bereits 45 Minuten zuvor an der Kanal-Brücke stattgefundenen, wilden und weithin hörbaren Schießerei zu erkundigen...

Um 01:15 Uhr erteilte Generalmajor Max Pemsel Alarmstufe II für die gesamte 7. Armee. Zu diesem Zeitpunkt näherten sich bereits 59 Schiffskonvois der Alliierten und noch weitere 150.000 Soldaten der normannischen Küste *(und mehr als 2 Millionen standen gegenwärtig für die längerfristige Invasion in Großbritannien bereit)*...

Jene britischen und kanadischen Fallschirmjäger, die in ihren Zielgebieten einigermaßen genau gelandet waren, konnten ihre Handstreichaktionen planmäßig, rasch und ohne auf starken deutschen Widerstand zu stoßen, durchführen: Die Brücke über die Dives, im Verlauf der Straße Varaville-Grangues, wurde eingenommen, außerdem die Brücken über diesen Fluß bei Troarn, Robehomme und Bures gesprengt - somit den östlich des Invasionsgebietes stehenden deutschen Truppen ein Vorstoß nach Westen deutlich erschwert.

PIAT = Projector, Infantry, Anti Tank. Eine der deutschen Panzerfaust ähnliche, 1941 entwickelte, tragbare Panzerabwehrwaffe; erstmals 1943 anläßlich der Invasion auf Sizilien eingesetzt, war sie eine der ersten, für die Hohlladungsgeschosse verwendet wurden.

Foto: von Keusgen (Mémorial Pegasus)

Indessen hatten die zuvor bereits von Howard und seinen Männern akustisch wahrgenommenen Kettenfahrzeuge die T-Kreuzung in Bénouville erreicht und drehten nach rechts - in Richtung der Kanal-Brücke. Es waren zwei deutsche Kampfwagen und der erste nur noch 220 Meter von der Kanal-Brücke entfernt...

Auch Helmut Römer und seine beiden Kameraden, Erwin Sauer und Janusch Marschilinski, konnten die Motoren in ihrem Versteck unter dem Holunderstrauch hören:

„Da kamen auf einmal zwei Kettenfahrzeuge angerollt, eines dem anderen ein Stück voraus...", erzählte Erwin Sauer, „und wir hatten da eine gewisse Hoffnung..."

Zwar lag zu diesem Zeitpunkt die 21. Panzer-Division noch weit südöstlich hinter Caen und hatte noch immer keinen Befehl, in die Kampfhandlungen einzugreifen, doch hatte General Richter zwei selbstfahrende Geschütze in Marsch setzen lassen.

Auf der westlichen Seite der Brücke befand sich in diesem Moment der britische Unteroffizier Thornton, der mit dem Gleiter Nr.6 gelandet war. Er sah die grauen Fahrzeuge auf die Brücke zufahren und war der Meinung, es handele sich um deutsche Panzerkampfwagen des Typs Mark IV. Mit einer PIAT bewaffnet, lief Thornton beherzt bis auf die Mitte der Brücke, kniete nieder und feuerte aus einer Entfernung von etwa dreißig Metern auf das vorausfahrende Fahrzeug. Zu seiner Überraschung verursachte sein Geschoß sofort eine enorme Explosion...

„...Dann gab's einen lang anhaltenden Knall, und ein orangefarbener Feuerball stieg auf", erzählte Erwin Sauer weiter, „und gleißendhell flogen offenbar irgendwelche Leuchtspurgeschosse wie bunte Fontänen in den dunklen Himmel. Das Feuerwerk hielt noch eine ganze Zeit lang an. Das war ein so helles Licht, das war kilometerweit zu sehen.

Das zweite Fahrzeug hatte sich sofort zurückgezogen und war wieder in der Nacht verschwunden..."

John Howard war froh, daß dieser, vermutlich erste deutsche Angriffsspitze abgeschlagen worden war. Da erhielt er die Nachricht, daß sein Freund, Den Brotheridge, ohne nochmals das Bewußtsein wiedererlangt zu haben, verstorben war. *(Brotheridge war der erste anläßlich der gerade begonnen Invasion gefallene Soldat der Alliierten.)*

Um 01:20 Uhr versuchte Generalmajor Richter telefonisch, einen Teil der am nahesten, südöstlich Caen stehenden 21. Panzer-Division gegen östlich der Orne gelandete und weiterhin landende britische Fallschirmjäger in Marsch setzen zu lassen. Doch noch immer waren weder deren Kommandeur noch sein Ia zu erreichen. Somit konnte ein Einsatzbefehl der Panzer-Division immer noch nicht erfolgen. *(Generalleutnant Richter war gemäß seines erst am 31. Mai 1947 abgefaßten schriftlichen Berichts indessen der Meinung, daß der Kommandeur der 21. Panzer-Division bereits die Mitteilung betreffs der Alarmstufe II von der 716. Infanterie-Division erhalten und für seine Division das Gleiche befohlen hatte. Generalmajor Edgar Feuchtinger hätte dem Divisionskommandeur daraufhin zugesagt, daß er mit allen südlich Hérovillette dem feindlichen Luftlanderaum zunächst stehenden Truppenteilen in den Kampf eingreifen würde.)* Hans von Luck war wegen des nicht erteilten Befehls zum Gegenangriff seiner Truppe äußerst verstimmt:

„Wir hätten gleich in der ersten Phase des Angriffs, noch in der ersten Nacht, die Unsicherheit des Feindes ausnutzen und bis zur Küste vorstoßen müssen. Wir hätten verhindern können, daß der Feind einen Brückenkopf bilden konnte, wenigstens es ihm schwer machen. Obwohl wir so früh Meldung an den Oberbefehlshaber West *(Generalfeldmarschall von Rundstedt)* machten, geschah nichts, rein gar nichts..."

Inzwischen hatte von Luck mehr Überblick über die Lage gewonnen. Nach dem äußerst begrenzten Gegenangriff durch das II. Bataillon waren dem Regimentskommandeur erste britische Gefangene zugeführt worden. Der Erste war ein Stabsarzt der 6. Airborne Division, der, nach anfänglichem Zögern, im offenbar begrenzten Rahmen seines Wissens einiges vom Auftrag seiner Truppe berichtete.

Generalmajor Edgar Feuchtinger, Kommandeur der 21. Panzer-Division hielt sich zum Zeitpunkt des Beginns der Invasion in Paris auf.

Foto: Bundesarchiv / Speck, 30. Mai 1944 Bild 101I-300-1863-21

Inzwischen hatten die ersten Massenlandungen britischer Lastensegler begonnen. Bis zu 28 Infanteristen wurden in jedem Horsa-Gleiter bis in die Nähe ihres vorgesehenen Landeraums geschleppt und dann ausgeklinkt...

Foto: Battlefield Historian Ltd.

Östlich der Orne gingen nun massenhaft Lastensegler hernieder, um auf unbekanntem Terrain ihre gefährliche Landung zu vollziehen...
Foto: Battlefield Historian Ltd.

Um 01:30 Uhr orientierte das Seekommando Normandie:

„Viele Lastensegler und Fallschirmjäger abgesprungen im Raum Ouistréham-Caen."

Zur selben Zeit orientierte das Marinegruppenkommando West *(Admiral Kanalküste)*, daß *(auszugsweise)* „bei der H.K.B. *(Heeres-Küsten-Batterie)* 2./1261 und im Bereich der 711. Infanterie-Division *(die östlich der Orne lag)* und der 716. Infanterie-Division im Raum Bernerville bis Auberville Fallschirmjäger-Absprünge in großer Zahl stattfinden. Obwohl es sich nach hiesigen Vermutungen um keine feindliche Großlandung handelt, wird Sofortbereitschaft befohlen. In dem betroffenen Gebiet ist Alarmstufe II ausgelöst."

Längst gingen auch woanders von anderen Stellen etliche Meldungen von verschiedenen „Vorkommnissen" ein und hielten auch weiterhin an...

Wegen der ungünstigen Tideverhältnisse sowohl beim Ablaufen (zu dieser Zeit war die Flut gerade beim Ablaufen) wie beim Auflaufen (erst wieder nach Anbruch des Tageslichts, ab 06:50 Uhr) und wegen der allgemeinen Wetterlage wurden in der Seine-Bucht keine verschärften Vorfeldüberwachungen befohlen. Die ungünstigen Gezeitenverhältnisse und keinerlei faktische Anzeichen einer unmittelbar bevorstehenden Invasion waren auch der Grund dafür, daß in der Nacht vom 5. auf den 6. Juni keine Vorpostenpositionen auf See besetzt worden waren...

Für die Deutschen zeichnete sich, wie sie zu dieser Zeit noch meinten, der Schwerpunktbereich feindlicher Luftlandungen im Großraum Caen ab. Außerdem hatte man inzwischen an verschiedenen Orten entdeckt, daß es sich bei der Masse der vermeintlichen Fallschirmjäger lediglich um Attrappen handelte - sie waren also völlig harmlos... Auch trotz der Meldungen weiterer Luftlandungen an mehreren Stellen, war Generalfeldmarschall von Rundstedt noch immer der Meinung, „daß es sich dabei um keine größere Operation handelt".

Um 01:40 Uhr meldete der Offizier vom Dienst dem Ia des Oberbefehlshabers West:

„Absprünge auf Halbinsel Cotentin, bei Caen, südlich Seine-Mündung, Lastensegler in Orne-Mündung."

Auch aus dem noch weiter östlich der Dives gelegenen Raum

nahmen die Meldungen von Luftlandungen immer mehr zu...

Gleichzeitig wurde die 3. Kompanie des Ost-Bataillons 642 dem Grenadier-Regiment 736 für einen Angriff auf die gelandeten Fallschirmjäger bei Bréville unterstellt - 3,5 Kilometer südlich der Batterie Merville, und in unmittelbarer Nähe der Landezone *N*...

Um 01:45 Uhr orientierte Generaloberst Hans von Salmuth *(Chef des A.O.K.15)* telefonisch Generalleutnant Dr. Hans Speidel *(Chef des Generalstabs der Heeresgruppe B = Rommels Stabschef)* über die Lage und stellte *(nach vorliegenden Ortungsergebnissen)* den Antrag einer Alarmierung und Zuführung der 12. SS-Panzer-Division aus ihrem über einhundert Kilometer entfernten, weit südöstlich gelegenen Bereitstellungsraum zur Aufklärung in den Absprungraum der Fallschirmjäger bei Granville. *(Dafür hätte es einer Dauer von mehr als drei Stunden bedurft.)* Doch wurde dieser Antrag von Speidel nicht an den OB West weitergeleitet...

Um 01:47 Uhr erging von der 716. Division an alle Artillerie-Führer der Befehl:

„Hansafeuer in die Absprungräume legen!“

Hansafeuer war das auf das Stichwort *Hansa* automatisch auszulösende Artilleriefeuer in sämtliche Teile des *Kampfgebietes Küste*, wo Luftlandungen möglich waren. Die Beobachtung und Lenkung des Feuers hatte von den Gefechtsständen, rückwärtig gelegenen Luftspähposten und durch motorisierte vorgeschobene Beobachter zu erfolgen.

Um 01:59 Uhr meldete der Befehlshaber der Sicherung West:

„Gefangennahme einiger feindlicher Fallschirmjäger. Absprünge halten an.“

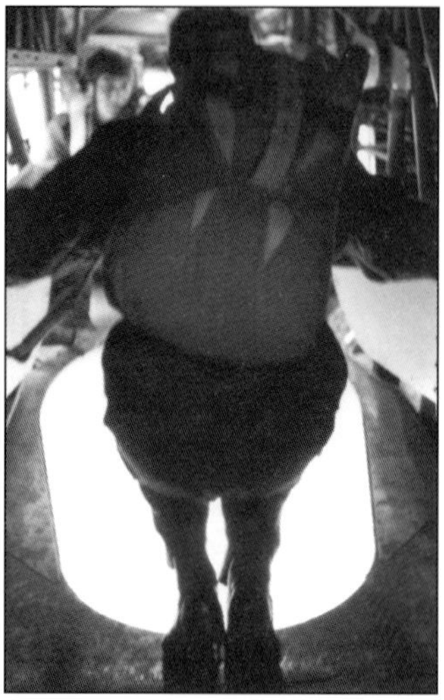

Fallschirmjäger-Absprünge aus Transportmaschinen des Typs „Albermale“ erfolgten nicht wie bei anderen Truppentransportern durch seitliche Ausstiegsluken, sondern durch im Boden befindliche Heckklappen.

Foto: Battlefield Historian Ltd.

Steiners qualvoller Weg zur Batterie Merville

Leutnant Raimund Steiner war mit dem Funker und dem Unteroffizier erst bis zur Hauptstraße in Franceville gekommen, als in ihrer Nähe die Kampfhandlungen zwischen Infanteristen der 1. sowie der 3. Kompanie und britischen Fallschirmjägern zunahmen. Ein deutscher Schützenpanzerwagen rollte auf die Straßenkreuzung und begann mit seiner Kanone zu feuern. *(Südlich von Franceville hielten sich in dieser Nacht mehrere solcher Selbstfahrgeschütze auf, die im Laufe des Tages auch den östlichen britischen Küstenlandeabschnitt „Sword Beach“ unter Feuer nahmen.)* Überall in der Umgebung wurde ebenfalls geschossen. Die drei Artilleristen mußten sich äußerst umsichtig vorwärts bewegen. In gebückter Haltung schlichen sie durch die unruhige Nacht. Der Himmel war bis zum Horizont glutrot. Sie hatten gesehen, daß auch in ihrer Nähe viele Fallschirmjäger herunterkamen, nur wußten sie noch nicht, welcher Nationalität sie angehörten, aber man hatte ja sowieso immer nur die Briten erwartet...

Sie waren noch nicht weit über die Kreuzung gegangen, da beobachteten sie die ersten Nahkämpfe, und diese grausamen Kämpfe nahmen überall um sie herum rasch zu... So begannen der Leutnant und seine beiden Begleiter, sich von nun an vorsichtshalber zeitweise auf den Knien und langsam auf dem Bauch weiterzubewegen. Wenngleich Steiner auch durchaus nicht zum ersten Mal in Kampfhandlungen geraten war, so machte er sich dennoch ernste Sorgen:

„Inzwischen gab es überall Nahkämpfe - Mann gegen Mann. Jeder schoß auf jeden. Am Boden war es stockfinstere Nacht. Es war ein einziges Chaos. Da kamen Bomber und Lastensegler. Wir konnten das schöne Seebad Franceville brennen sehen - und vor uns das brennende Merville. Es war die Hölle, und wir robbten mitten durch dieses Inferno. Andauernd wurden wir von Fallschirmjägern beschossen; sie waren überall..."

In der Zwischenzeit hatte General Reichert seine der Merville-Batterie am nächsten liegende II. Abteilung über Steiners dringende Bitte um Artilleriefeuer auf seinen Stützpunkt orientiert. Daraufhin waren vier schwere 15,5-cm-Feldhaubitzen der 6. Batterie *(vom neun Kilometer entfernten Bruyère Manet)* und vier desselben Kalibers der 7. Batterie *(vom 10,5 Kilometer entfernten Grangues)* dorthin ausgerichtet worden...

Fast neunzig Minuten hatte Raimund Steiner mit seinen beiden Begleitern für den 2,9 Kilometer langen, gefahrvollen Weg bis zu ihrem Stützpunkt gebraucht, und er machte sich große Sorgen, was dort inzwischen geschehen war. Fast hatten sie ihn nun erreicht:

„Als wir unserer Batterie schon so nah waren, daß wir Einzelheiten erkennen konnten, gingen wir in einem Bombenkrater in Stellung. Deutlich konnten wir die feindlichen Soldaten sehen, die da auf unserem Kommandobunker saßen und Zigaretten rauchten. Sie glaubten wohl, es sei schon alles vorbei... Den Bunker zu sprengen, hielten sie offenbar für nicht notwendig, denn es konnte ja sowieso nicht mehr lange dauern, bis meine Männer am Phosphor ersticken würden..."

Jetzt lag Steiner zwischen dem Funker und dem Unteroffizier und bereitete sich auf den Artilleriebeschuß seines Stützpunktes vor *(davon, daß inzwischen acht schwere 15,5-cm-Haubitzen darauf ausgerichtet waren, hatte Steiner nicht die geringste Ahnung)*:

„Eines der Geschütze des Artillerie-Regiments 1711 sollte nun unsere Bunker beschießen, und ich wollte dessen Feuer lenken... Wir nahmen einander bei den Händen und wußten, jetzt geht's um Leben und Tod. Um 02:10 Uhr gab mein Funker auf meinen Befehl hin das Kommando durch: Feuer!"

Unmittelbar darauf brach ein Orkan los. Statt nur eines einzigen, feuerten gleichzeitig *(wie Steiner erst später erfuhr)* acht Geschütze mit viel zu großer Streuung auf die Batterie - und ihr Umfeld. Auch bei Steiners kleinem Spähtrupp schlugen Granaten ein. Der Leutnant war entsetzt:

„Die Granaten kamen völlig ungezielt. Alles wurde beschossen, und überall dort waren Menschen... Es war grauenhaft. Wir versuchten, irgendwie den schrecklichen Beschuß zu überleben. Die enorme Feuerkraft raubte uns fast den Atem. Wir beteten laut..."

Ein gewaltiger Orkan brach los, als der Beschuß der acht schweren 15,5-cm-Haubitzen auf den Stützpunkt der 1.Batterie niederging - und auf die nähere Umgebung.

Foto: Archiv von Keusgen

Als das Trommelfeuer erst nach fast fünf Minuten beendet war, hatte der enorme Luftdruck der Detonationen Steiners Funker von ihm weggerissen und ein Stück weit fortgeschleudert. Als der Leutnant ihn im schwachen Licht des Mondes und dem orangen Schein der Feuersbrünste erblickte und zu ihm hinkroch, lag da nur noch sein zerfetzter Oberkörper, ohne Arme und ohne Beine. Dem Unteroffizier neben dem Batteriechef war der rechte Fuß bis zur Mitte des Unterschenkels abgerissen, und Steiner, der zwischen seinen beiden Soldaten gelegen hatte, war von einigen kleinen Granatsplittern leicht verwundet worden. Doch nach dem schweren Artilleriefeuer gab es keine Angreifer auf dem Batteriegelände mehr - nur noch völlig zerfetzte Körper.

Ohne zu zögern, zog sich Steiner den wimmernden und stark blutenden Unteroffizier auf seinen Rücken und kroch, so schnell es ihm möglich war, in die Richtung des ihm bekannten Verbandplatzes des I. Bataillons des Grenadier-Regiments 736, der sich in nur 220 Metern Entfernung in einer Scheune nordöstlich von Merville befand...

Otways Kampf gegen die Zeit

Terence Otways Desaster hatte indessen weiterhin seinen Lauf genommen: Der Oberstleutnant war sich darüber im Klaren, daß ihm nicht nur der Kampf beim Sturm auf die Batterie Merville bevorstand, sondern daß er bereits in einen weiteren Kampf involviert war - den gegen die Zeit...*

Während seines anstrengenden Marsches zum vereinbarten Sammelpunkt traf Otway im Dunkeln auf einige Männer seiner Truppe. Etliche von ihnen steckten im sumpfigen Grund des Überschwemmungsgebietes fest. Zusammen mit seinem Stabs-Hauptmann, John Woodgate, versuchte Otway, einige von den auf diese Weise in Not geratenen Soldaten herauszuziehen, doch die Männer waren behängt mit Säcken voller Ausrüstungsgegenständen, die teilweise bis zu 27 Kilo wogen. „Außerdem", so berichtete Otway, „war der Sog des Sumpfes unglaublich stark. Wir konnten die Männer nicht mehr herausziehen..."

So mußten Otway und sein Stabs-Hauptmann mit ansehen, wie die jungen Soldaten langsam versanken und in dem dunklen Wasser ertranken.

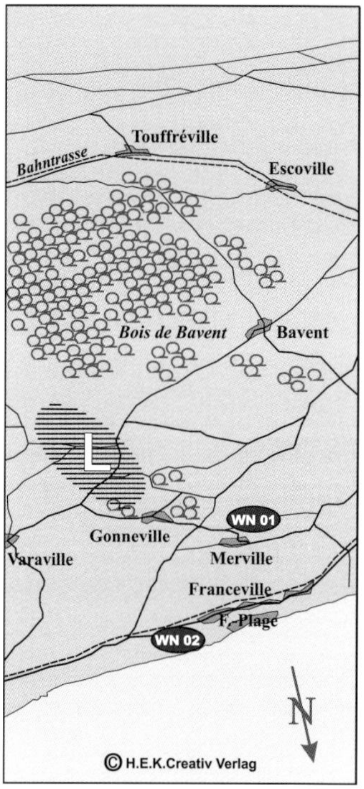

Infolge des Irrtums der Piloten wurden Terence Otway und der überwiegende Teil seiner Truppe viel zu weit von ihrem Zielgebiet (L), erst hinter Gonneville und weit verstreut, abgesetzt.

Grafik: von Keusgen

Es war fast 02:00 Uhr bis sich auch Terence Otway an der vereinbarten Sammelstelle am Rand eines kleinen Waldes eingefunden hatte. Sein erster Stellvertreter war froh, daß Otway eingetroffen war, und er berichtete, daß der Absprung ein einziges Chaos gewesen sei. In der ganzen Zeit bis zu diesem Augenblick waren nur etwa fünfzig der 750 Fallschirmjäger bei ihm eingetroffen. 90 Minuten waren seit der unglücklichen Landung Otways Fallschirmjäger schon verstrichen, doch er wußte, daß seine Männer fast immer nur allein oder zu zweit durch die Dunkelheit schlichen und den deutschen Posten ausweichen mußten. Da sein Zeitplan noch eine Reserve von 15 Minuten beinhaltete, wartete man weiter...

(Erst einige Zeit später erfuhr Otway, daß es von seinen zwanzig Männern in dem durch den Flak-Beschuß entstandenen Durcheinander in seinem Flugzeug nur sieben gelungen war, gleich beim ersten Anflug abzuspringen. Die beschädigte Maschine hatte das Zielgebiet noch weitere drei Mal anfliegen müssen, bis endlich alle Fallschirmjäger abgesetzt waren.)

Um 02:00 Uhr erging vom Kommandeur der 21. Panzer-Division infolge eines entsprechenden Gesuchs der 716. Infanterie-Division der Befehl:

„Mit der ganzen Panzer-Division den Feind ostwärts der Orne angreifen und in Verbindung mit den von der 716. Division eingesetzten Teilen den Raum ostwärts der Orne freikämpfen!"

Nur fünf Minuten später wurden zwei Züge der Panzerjäger-Kompanie in Marsch zur Kanal-Brücke bei Bénouville gesetzt - zur Verstär-

---

* Über Otways Absprung gibt es widersprüchliche Berichte. So heißt es einerseits, er sei mit seinem Fallschirm gegen eine hohe Hauswand eines großen Anwesens getrieben worden, in dem sich ein deutsches Stabsquartier befunden hätte, andererseits soll der Oberstleutnant in das überflutete Randgebiet der Dives gefallen sein...

kung der dortigen Brückenbesatzung. Außerdem unterstellte sich die Division das II. Bataillon des Panzergrenadier-Regiments 192 mit dem Auftrag, über die Kanal- und die Orne-Brücke hinweg die ostwärts der der Orne gelandeten Fallschirmtruppen anzugreifen - verstärkt durch Teile der Artillerie-Abteilung 989 und der Panzerjäger-Kompanie 716. Aber bis zum gemeinsamen Einsatz sollte es noch mehr als eine weitere Stunde dauern...

Verstärkung an den Brücken

Oberstleutnant Geoffrey R. Pine-Coffin,

Foto: Battlefield Historian Ltd.

Bis kurz nach 02:00 Uhr war es Oberstleutnant Geoffrey Pine-Coffin endlich gelungen, einen Teil seiner Leute des 7. Fallschirmjäger-Bataillons zusammenzusammeln. Statt der erwarteten 600 Männer waren es nur *(etwa)* 100. Sie hatten bei der Landung fast ihre gesamte Ausrüstung und die schweren Waffen wie Maschinengewehre und Granatwerfer verloren. Da dem Oberstleutnant klar war, daß John Howard dringend auf seine Verstärkung wartete, entschied er nun, mit den wenigen Männern in Richtung der Kanal-Brücke abzurücken. Für eventuell später eintreffende Versprengte ließ der Oberstleutnant seinen Stellvertreter, Major Baume, zurück. *(Insgesamt fanden im weiteren Verlauf der Nacht noch bis zu 240 Soldaten des Bataillons zusammen - weniger als die Hälfte des Bataillons.)*

Um 02:12 Uhr meldete die deutsche 2. Sicherungs-Division der Marine, daß es sich bei den gelandeten Fallschirmjägern zum Teil um Strohpuppen handelte.

Um 02:14 Uhr orientierte die 716. Infanterie-Division ihre zur linken Seite benachbarte 352. Division:

„Fallschirmjäger bei Amfreville, Bréville, Gonneville und Hérouvillette."

Um 02:15 Uhr war die Truppe des Oberstleutnants Otway bis auf lediglich *(etwa)* 150 Männer angewachsen - und die Zeitreserve verbraucht. Man mußte, um den Zeitplan einhalten zu können, nun unbedingt in Richtung der Batterie Merville losmarschieren...*

Um 02:30 Uhr meldete die Heeresgruppe B an den Ia des Oberbefehlshabers West, daß man vom AOK 15 die Meldung von Fallschirmjäger-Absprüngen auch im Abschnitt der östlich der 716. Infanterie-Division benachbarten 711. Division erhalten habe. Da noch keine Einzelheiten bekannt waren, außerdem beim Gefechtsstand der 711. Infanterie-Division Gefechtslärm hörbar sei, hatte das AOK 15 Aufklärung aus dem Bereich der 12. SS-Panzer-Division beantragt. Daraufhin erging sofort der telefonische Befehl des Ia an die Panzergruppe West:

„12. SS-Panzer-Division, ohne ihre Eigenschaft als OKW-Reserve zu beeinträchtigen, soll sofort Aufklärung Richtung 711. Infanterie-Division vortreiben, Verbindung mit der 711. Infanterie-Division aufnehmen und halten, und Achtung in eigenem Raum auf etwaige Luftlandung."

Um 02:30 Uhr trafen an den beiden Brücken über die Orne und den Kanal die ersten britischen Verstärkungstruppen ein. Von der westlichen Seite war Oberstleutnant Geoffrey Pine-Coffin mit seinen

---

* gemäß Otways eigener Angaben in Peter Liddles Buch *D-Day - By those who were there*, 2004 erschienen bei Pen & Sword, Barnsley, Großbritannien.

(etwa) 100 Männern bei John Howard an der Kanal-Brücke erschienen. Pine-Coffin übernahm nun das Kommando über die Brücken. Er befahl, eine Vergrößerung und personelle Verstärkung der beiden von Howards Leuten bereits gebildeten Brückenköpfe. Die meisten der Soldaten des 7. Bataillons bezogen auf der westlichen Seite Stellung. Howards Kompanie ging zusätzlich an der Orne-Brücke als Reserve in Stellung. Die Kompanien A und C besetzten den südlichen Teil des kleinen Bénouville. Somit sperrten sie die Straße Bénouville-Caen. Die B-Kompanie zog bis zu dem Wald nahe der Siedlung Le Port und blockierte die Straße nach Ouistréham.

Vom Eintreffen des Oberstleutnants Geoffrey Pine-Coffin wurde auch Brigadegeneral Nigel Poett unterrichtet, der sich seinerseits nun über die Situation seines 13. Bataillons informierte. Er traf den Bataillonskommandeur, Peter Luard, der weniger Schwierigkeiten gehabt hatte als Pine-Coffin. Seine Männer waren bereits dabei, Ranville Haus für Haus nach deutschen Soldaten zu durchsuchen. Soldaten des 12. Bataillons sicherten das Gebiet nach Osten, und Fallschirmjäger des 3. Bataillons verteilten sich in Ranville.

In diesem Moment trafen die beiden vorausgesandten Züge der 1. Panzerjäger-Kompanie 716 am westlichen Ortsrand von Bénouville ein. Sofort kam es zu Schießereien mit den kurz zuvor eingetroffenen britischen Soldaten. Der deutsche Angriff wurde nach wenigen Minuten abgewiesen, der Kompanieführer schwer verwundet.

In ihrem Haus in Ranville waren Madame Christine Peronc und ihr Mann „von irgendeinem Geräusch geweckt worden". Sie standen aus ihrem Bett auf und Madame sah aus dem Schlafzimmerfenster:

„Da kamen Soldaten die Straße herunter... Ich dachte, es wären Deutsche, die wieder einmal eine ihrer vielen Übungen durchführten. Mein Mann und ich waren also deshalb nicht beunruhigt und haben uns wieder schlafen gelegt..."

Doch die Soldaten, die Madame Peronc gesehen hatte, waren Briten, Männer des 5. und 6. Zuges, die zum Handstreichkommando an der Orne-Brücke gehörten...

Auf der anderen Seite der Brücke, nahe des Kanals, waren einige Männer von John Howards Trupp dabei, in dem ehemaligen deutschen Gefechtsstand ihren eigenen einzurichten. Als Howard den Unterstand betrat, fand er eine am Boden liegende Hakenkreuz-Fahne, auf der sich seine Männer die Stiefel abtraten. Sie hatten sie zuvor von einer der Wände heruntergerissen. Der Major hob die Fahne vom Boden auf und verstaute sie in seinem Sturmgepäck. *(Diese Fahne wurde nach dem Krieg im Regiments-Museum in Oxford ausgestellt.)*

Zu dieser Zeit erreichten die ersten Kriegsschiffe der Alliierten ihre Aufstellungsräume mehr als dreißig Kilometer vor der normannischen Küste in der über einhundert Kilometer breiten Seine-Bucht.

Foto: Battlefield Historian Ltd.

Um 02:34 Uhr erhielt der Admiral Kanalküste vom Seekommando Normandie eine Meldung von Kampfhandlungen mit Fallschirmjägern im Raum Caen.

Um 02:35 Uhr ging beim Generalkommando LXXXI. A.K. die Meldung ein, daß beim Divisions-Gefechtsstand der 711. Infanterie-Division erste britische Gefangene eingebracht wurden und „der Feind führt mit Lastenseglern neue Verbände in den Raum südwestlich Glanville."

Um 02:45 erfolgte eine Meldung der Fu.M.B. Longues betreffs Fallschirmjäger-Absprüngen; und es gingen weitere Meldungen bei der 2. Sicherungs-Division ein, die besagten, daß sich als Hauptlandegebiete der Fallschirmjäger die Gegend um Caen und jene östlich Carentan *(im amerikanischen Luftlanderaum, in dem aber schwerpunktmäßig westlich abgesprungen wurde)* abzeichnen würden.

Bei Merville spitzte sich die Lage zu

Mehrmals war Leutnant Steiner mit seinem schwerverwundeten Unteroffizier auf dem Rücken für kurze Momente erschöpft liegengeblieben und hatte nach Luft gerungen:

„Überall wurde geschossen und gekämpft. Ich dachte, daß es keine Hoffnung mehr gibt, glaubte, es nicht mehr zu schaffen, und flüsternd bat ich Gott, es mit uns kurz zu machen... Aber dann kroch ich doch jedes Mal wieder weiter..."

Nach dreißig Minuten anstrengenden Weges traf Raimund Steiner dann mit seinem schwerverwundeten Unteroffizier gegen 02:30 Uhr völlig erschöpft endlich bei dem bereits mit vielen Verwundeten belegten Verbandplatz ein. Nachdem er den Unteroffizier an einen Sanitäter übergeben hatte, wollte man ihn von dort nicht mehr fortgehen lassen. Man sagte ihm, daß er unter den gegenwärtigen Umständen kaum eine Chance hätte, seine Batterie lebend zu erreichen. Doch sein humanes Moralempfinden und die Verantwortung gegenüber seiner Soldaten beherrschten das Handeln des jungen österreichischen Leutnants:

„Ich wollte unbedingt wissen, wie es meinen Männern erging..."

Da ihm der Weg vom Verbandplatz aus, im Schutz zweier Wälder, zu seiner B-Stelle sicherer erschien, als jener zum Batteriegelände, machte er sich trotz seines desolaten Zustandes allein auf den risikoreichen Gang zum Strand - nur mit einer Pistole bewaffnet...

Erst in der zweiten Hälfte des August 1944 entdeckten britische Soldaten das Wrack des am 6. Juni abgestürzten und ausgebrannten Horsa-Gleiters auf dem Terrain der Batterie Merville...

Foto: Battlefield Historian Ltd.

Um 02:50 Uhr war Leutnant Steiner wieder in seine B-Stelle am Strand zurückgekehrt:

„Noch immer war es stockfinster. Nun stellte sich heraus, daß der Telefonkontakt mit meiner vorgesetzten Stelle *(im Regimentsgefechtsstand)* unterbrochen war. Damit war ich auf mich allein gestellt. Ich rief Buskotte an. Er sagte, daß alle aus den Bunkern heraus und gesund waren. Auch teilte er mit, daß sämtliche der Invasoren getötet oder vertrieben waren."

In dem Stützpunkt lagen einige zerfetzte Soldaten und abgerissene Körperteile herum, doch das Terrain war wieder feindfrei. Man hatte inzwischen den ausgebrannten Lastensegler näher untersucht. Darin stand das ausgeglühte Wrack eines US-Jeeps. Während des Brandes war dessen Treibstofftank explodiert. Auch hatte man mehrere schwere Preßlufthämmer und Flammenwerfer gefunden - typische Ausrüstungsgegenstände für Belagerungstruppen. *(Mit den Preßlufthämmern wurden Bunker an- oder aufgebohrt, dann gesprengt oder mittels Flammenwerfern deren Besatzungen „ausgeräuchert". Der Jeep sollte dann für eine schnelle Absetzbewegung dienen.)* Sämtliche Beweismittel, denen man eine Truppenzugehörigkeit der Lastensegler-Besatzung hätte entnehmen können, waren allerdings durch das Feuer vernichtet worden.

Als der Batteriechef seinen Hauptwachtmeister fragte, ob die (wenigen) eigenen Verwundeten ordentlich versorgt würden, erklärte Buskotte, daß bereits ein Sanitäter mit einem Sanka (Sanitätskraftfahrzeug) vom Verbandplatz eingetroffen sei und sie abgeholt habe. Steiner sagte seinem „Spieß" eindringlich, daß die Männer nun ganz besonders wachsam sein sollten. Dann rief der Batteriechef Peter Timpf an, den Beobachter auf dem Wasserturm in Merville. Timpf sollte so schnell wie möglich für Verstärkung durch Infanteristen der 3. Kompanie sorgen...

Den ganzen Weg über hatte Raimund Steiner überlegt, wie man seine Batterie für die Angreifer unattraktiv machen könne - in der Hoffnung, daß dann der schwere Beschuß und weitere Angriffe eingestellt würden. Inzwischen war ihm klargeworden, daß die Briten bei ihrer Invasion jeden nur schnellstmöglichen Weg ins Inland nehmen würden, und einer dieser Wege war der Wasserweg auf dem Kanal bis Caen... *(Steiner sagte aus, daß er später erfahren habe, daß von den Alliierten tatsächlich geplant war, im Laufe der weiteren Invasion den Kanal mit Sturmbooten und Schiffen zu befahren und auf diesem Weg zirka 38.000 Soldaten nach Caen zu transportieren.*)* Wenn der Kanal nun aber infolge einer zerstörten oder funktionsunfähigen Schleuse nicht mehr schiffbar wäre, so sinnierte der Leutnant, könnte es vielleicht sein, daß man seitens der Briten von weiteren Attacken gegen seinen Stützpunkt absehen würde. Unwissentlich folgte Steiner damit genau der ursprünglichen Bestimmung der Batterie.** Davon, daß bereits eine spezielle Sturmtruppe zur Batterie unterwegs war, ahnte der Leutnant nichts...

Nach dem Krieg schrieb Raimund Steiner mit Schreibmaschine an den oberen Rand dieses Landkartenausschnittes: „Beleg für meinen Hinweis auf das wichtige 1. Ziel der Invasion: CEAN = Eisenbahn- und Straßenknotenpunkt, und durch den Orne-Kanal leicht zu erreichen - falls die Schleuse intakt bliebe...“ **Foto: Kollektion A. Steiner**

Steiner rief Buskotte an und befahl ihm, die Schleuse zu beschießen. Ihm war aber klar, daß man die sechs Meter hohen, stählernen Tore nicht so leicht zerstören konnte, außerdem würde es ohnehin nicht einfach sein, sie zu treffen, denn sie standen im geschlossenen Zustand fast genau parallel zur Schußrichtung der Haubitzen - und da zur Zeit Ebbe herrschte, waren sie geschlossen. Deshalb erteilte Steiner den Befehl, auf das Maschinenhaus der Schleuse zu schießen, um durch einen Treffer die gesamte Anlage funktionsunfähig zu machen...

Um 02:55 Uhr erteilte der Batteriechef seinem Hauptwachtmeister telefonisch den Befehl, die Geschütze feuerbereit zu machen...

Auf Otways zwei Kilometer langem Weg von der Sammelstelle bis zum Artillerie-Stützpunkt bei Merville kam seine bisher nur wenig vergrößerte Kolonne in nur etwa einhundert Metern Entfernung an einer deutschen 8,8-cm-Flak-Batterie vorbei. Zwar hatte der Oberstleutnant äußerste Ruhe befohlen, doch war der Marsch seiner Truppe im Lärm der unentwegt feuernden Flugzeugabwehrkanonen ohnehin untergegangen. Dennoch war er nicht ungefährlich, denn bei jedem Abschuß waren die Fallschirmjäger wie von einem Blitzlicht beleuchtet, und es erfolgte Blitz auf Blitz. Außerdem wurden da gerade jene Flugzeuge und Lastensegler beschossen, die zu ihrer eigenen Einheit gehörten. Die Versuchung, auf die Soldaten der Batterie zu schießen, war groß... Otways Offiziere mußten an der Kolonne zurückeilen und den Männern befehlen, die bereits in Anschlag gebrachten Waffen wieder sinken zu lassen und sicherheitshalber tatenlos weiterzuziehen.

Um 03:00 Uhr hatte Otways Truppe nach 2,2 Kilometern den Stützpunkt bis auf etwa fünfhundert Meter erreicht, doch ihr Weg war

Die Kanal-Schleuse (im unteren Bildbereich) mit dem für den gesamten Betrieb wichtigen Maschinenhaus (im weißen Kreis). **Foto: Battlefield Historien Ltd.**

---

* Montgomery hatte vor der Invasion gegenüber Eisenhower erklärt, er stünde am Abend des *D-Day* mit einem Teil seiner Truppen zehn Kilometer im Hinterland - und Caen liegt zehn Kilometer im Hinterland...

** Im Schießplan der 1. Batterie gab es neben anderen auch eine Geschützgrundeinstellung mit dem Kommando *Düsseldorf*, ausgerichtet auf diese wichtige Kanal-Schleuse an der linken Flanke der Orne-Bucht, direkt am östlichen Ortsrand von Ouistréham...

Diese Puppe im „Musée La Batterie de la Merville" stellt Leutnant Steiner in der B-Stelle bei Franceville-Plage dar, wie er mit seiner Feuerstellung telefoniert.

Foto: von Keusgen 2012

äußerst mühsam gewesen. Die Bomber der Royal Air Force hatten die Merville-Batterie inzwischen mehrmals bombardiert - und sie genauso oft verfehlt. Viele der großkalibrigen Bomben waren entlang des Verlaufs jenes Weges heruntergekommen, den Otway mit seinen Männern zum Batteriegelände gehen mußte. So waren sie gezwungen, mit ihren schweren Ausrüstungen durch bis zu drei Meter tiefe Krater zu klettern - im Dunkel der Nacht eine ganz besondere Schikane. Doch da war plötzlich ein deutscher Trupp heranmarschiert gekommen. So hatten genau diese Krater Otway und seinen Männern Schutz vor ihrer Entdeckung geboten.

Inzwischen hatten sich noch weitere seiner Fallschirmjäger zusammengefunden. Im Dunkeln hockten nun Otways Soldaten in einem schmalen, feuchten Straßengraben, etwa 500 Meter von der Merville-Batterie entfernt - weit weniger als die ursprünglich gestarteten 750.*

Die Masse der Fallschirmjäger, die zu Otways Truppe gehörten, blieb vorerst verschollen, und die Verkettung der Mißgeschicke nahm kein Ende, denn in dem Durcheinander mit den Bombern waren auch die Lastensegler mit den Geschützen, den Granatwerfern, den Jeeps sowie der Pionier-Trupp der *Royal Engineers* mit seinen Minensuchgeräten und den wichtigen Sprengmitteln für die Zerstörung der Geschütze verlorengegangen. Mit den Geräten hatte man einen sicheren Pfad durch die Minenfelder bahnen wollen, und die Pioniere hätten die Geschütze zerstören sollen. Von ihnen war nicht ein einziger eingetroffen - die meisten hatten ihren Absprung nicht überlebt, die anderen waren viel zu weit entfernt heruntergekommen.**

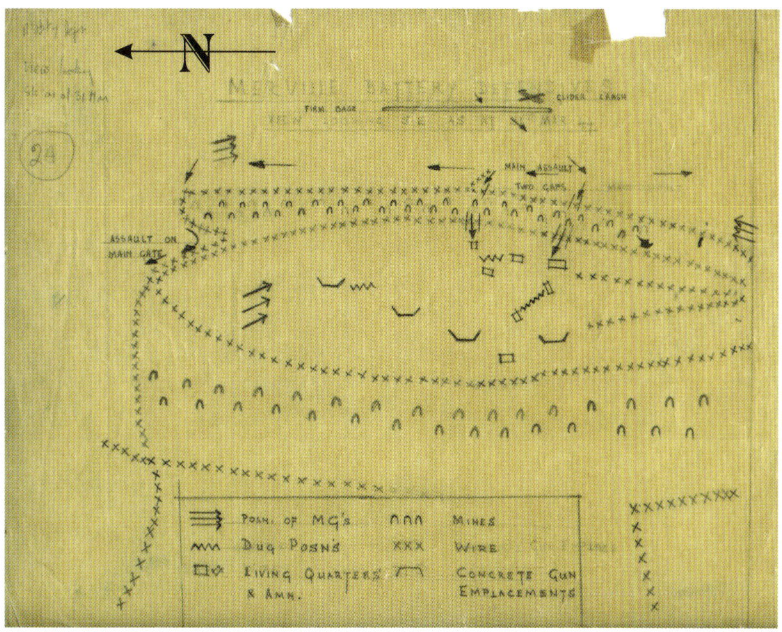

Von Otway eigenhändig gezeichnete Skizze vom Terrain der Batterie Merville, die ihm beim Angriff zur besseren Orientierung dienen sollte. Bemerkenswert daran ist, daß Otway offenbar davon wußte, daß die Batterie tatsächlich nicht von einem umlaufenden Minengürtel umschlossen war. Es ist nicht auszuschließen, daß die von Spionen gemeldeten Minen im östlichen Stützpunktbereich (auf dem Plan oben) gar nicht unmittelbar zur Batterie gehörten, sondern das etwas weiter östlich befindliche Minenfeld Nr.77 gemeint war (Vergleich siehe Seite 19), folglich Otway bei seiner Skizze von falschen Voraussetzungen ausgegangen war...

Abbildung: Battlefield Historian Ltd.

* Gemäß Otways eigener, zeitlich nicht benannter und im Ablauf teilweise verworren dargestellter Angaben in Peter Liddles Buch *D-Day - By those who were there*, Seite 74, sollten es 150 Männer gewesen sein.

** Der britische Autor David Howarth schrieb in seiner bereits 1958 erschienenen Publikation *Dawn of D-Day* auf Seite 33, daß es unter Otways Männern keinen Arzt gab, dafür aber sechs Krankenpfleger mit umgehängten Sanitätstaschen - ironischerweise Kriegsdienstverweigerer. In einer anderen englischen Publikation wird aber von einem später noch eingetroffenen Arzt berichtet.

Einige Minuten nach 03:00 Uhr stieß ein Major namens George Smith mit seinen Fallschirmjägern nahe des Batteriegeländes zu Otway. Es handelte sich dabei um einen Aufklärungstrupp, der den Stützpunkt schon lange vor Otway erreicht hatte, um die dortigen Verhältnisse auszukundschaften. Smith erklärte dem Oberstleutnant, daß die Batterie trotz des schweren Bombardements nur wenig beschädigt war. Außerdem hatte man infolge der ungeordneten Absprünge in der Nacht selbst sämtliche Pioniere und deren Minensuchgeräte verloren, auch die hellen Markierungsbänder, mit denen die freigeräumten Minengassen gekennzeichnet werden sollten...*

Otway mußte nun sein so gut geprobtes Vorgehen aufgeben. In Erwartung der drei Lastensegler mit dem Handstreichkommando bereitete er sich mit seiner kleinen Sturmtruppe aber dennoch darauf vor, die Batterie Merville zu erstürmen. Nun mußte für den Oberstleutnant alles schnell gehen. Otway stellte statt der ursprünglich geplanten vier Gruppen nur rasch zwei Gruppen von jeweils 15 Männern zusammen.**

---

* Es heißt in einigen englischen Publikationen, ein Major namens George Smith und zwei Stabsfeldwebel hätten - zur Sicherheit in einiger Entfernung voneinander und auf dem Bauch kriechend - *(im Dunkeln)* einen Weg durch den äußeren Stacheldraht und das Minenfeld bis zum inneren Verhau des Stützpunktes gebahnt, indem sie die Minen mit den Händen ertastet, aufgenommen und entschärft hätten. Die freigelegten Minengassen wären dann mittels ausgerissener Grasbüschel und mit den Stiefelabsätzen in die Erde gekratzter Furchen markiert worden. Während dieser Tätigkeit hätten sie feststellen können, daß die Anlage gar nicht so stark befestigt war, wie die britische Abwehr angenommen hatte. Auch sei es ihnen gelungen, von dort aus deutsche Posten in ihren Stellungen zu sehen - und alles das ohne selbst nicht bemerkt worden zu sein. Diese Darstellungen stehen jedoch im Widerspruch zu Otways nachfolgend selbst beschriebenen Ereignissen, die auch von anderen englischen Publikationen abweichen. Auch eine wichtige Aussage Raimund Steiners läßt die Darstellung der Briten äußerst fragwürdig erscheinen:

„Von den Minen und dem Drahtverhau war ja gar nichts mehr übrig. Statt dessen lagen nach dem schweren Artilleriebeschuß überall Tote und abgetrennte Gliedmaßen herum."

Neil Barber schrieb in seinem Buch *The Day the Devils dropped in* auf Seite 69, Major Smith habe berichtet, daß er von der Batterie her nicht das geringste Geräusch gehört hätte. Als er sich jedoch gerade halb durch die Umzäunung gearbeitet hatte, sei plötzlich ein Schleppflugzeug mit einem Segler in einer Höhe von etwa 240 Metern herangeflogen. Das Erscheinen der beiden Flieger, die bereits von einem Strom von Leuchtspurgeschossen von weither verfolgt wurden, hätte dann in der Batterie schlagartig eine tumultähnliche Situation ausgelöst. Gleichzeitig hätten vier Maschinengewehre innerhalb des Stützpunktes den Beschuß eröffnet. Doch die Flugzeuge flogen weiter, und der Beschuß hörte auf. Im Licht der Leuchtspurgeschosse hätte Smith erkennen können, daß die Batterie sehr wohl besetzt war. Von einer Unterscheidung der deutschen Soldaten innerhalb des Stützpunktes zwischen Artilleristen und Infanteristen war jedoch in keiner einzigen der im Anhang dieses Buches angeführten Publikationen etwas zu finden...

** In Peter Liddles Buch *D-Day - By those who were there*, macht Otway widersprüchliche Aussagen betreffs der bereits vorstehend beschriebenen Räumung der beiden Minengassen. So heißt es auf Seite 75:

„Somit sprengte ich mit Bangalore-Torpedos anstatt vier Lücken nur zwei," [.....]

Das wäre ein Vorgehen, daß überhaupt nicht zu einem Überraschungsangriff paßt; und nur wenige Zeilen später eine völlig andere Darstellung:

„[Einige Männer] krochen durch das Minenfeld und entschärften in der Dunkelheit die Minen mit ihren Fingern. Das war sehr, sehr tapfer von ihnen. [.....] Glücklicherweise gab es genug Mondlicht, aber sie wurden nicht entdeckt. Dann krochen sie zurück, drehten sich auf den Rücken und gingen rückwärts, zogen einen Pfad, den sie für uns mit den Hacken *(Stiefelabsätzen)* machten, damit wir ihm folgen konnten."

Bei dieser Darstellung gibt es gleich vier Ungereimtheiten:

1. Wieso sollten Otways Männer auch noch das große und zeitraubende Risiko der Bildung von Minengassen auf sich nehmen, wenn doch schon Major Smith und

Die Schützenabwehrminen gehören zu den gefährlichsten Landminen, die jemals entwickelt wurden. Es gibt Ausführungen mit drei und mit zwei Zünderstiften, die bereits auf leichten Druck oder Zug reagieren.

Foto: von Keusgen

Im Juni steht das Gras bereits derart hoch, daß es die 21 Zentimeter hohen Granaten längst um die doppelte Höhe überwachsen hat und sie somit geradezu unsichtbar werden läßt (Bild oben) - und in einem Minenfeld, noch dazu in einem, in dem die Zugzünder der Granaten untereinander verbunden sind, wird das Gras niemals gemäht. Da des nachts bei Mondschein alle Farben weitgehend aufgehoben werden, sind die Granaten dann vollends unsichtbar... (Für das Bild unten wurde dieselbe Granate wie oben freigelegt.) **Fotos: von Keusgen**

seine beiden Feldwebel unter Einsatz ihres Lebens derartige Gassen geschaffen hatten? In Neil Barbers Publikation „verläuft" sich die Darstellung der Minenräumung durch Smith und seine Leute und geht im Text „schwammig" in die Minenräumung durch Otways Leute über...

2. Da ausschließlich Pioniere mit dem Scharfmachen und der Entschärfung von Sprengmitteln betraut und vertraut sind, dürfte es recht unwahrscheinlich sein, daß „normale" Fallschirmjäger in dunkler Nacht, in Eile und ohne Hilfsmittel in einer Wiese mit hohem Gras Minen ertastet und entschärft haben, noch dazu, da es sich hierbei um hochsensible, auf jede nur geringste Bewegung reagierende Schützenabwehrminen *(Schrapnellmine 35)* handelte. Der deutsche ehemalige Pionier-Soldat Josef Wimmer erklärte diesbezüglich:

„Es ist völlig unmöglich, daß jemand, der kein Experte ist, Minen entschärfen kann, egal welche. Speziell diese Schützenabwehrminen waren mit einem kleinen Stift oben drauf gesichert. Wenn wir den ´rausgedreht haben, waren die Dinger von dem Moment an scharf, und sie verfügten gleich über drei Zündauslöser-Mechanismen: Durch Druck auf den Druckzünder; durch Zug an den Drähten der seitlichen Zugzünder, mit denen alle Minen untereinander verbunden waren, und durch elektrische Fernzündung. Ähnliche Schwierigkeiten ergäben sich auch bei T-Minen, denn die waren unten d'runter auch noch mit einem in der Erde verankerten, dünnen Kabel mit dem Zündmechanismus verbunden. In dem Moment, da man sie anheben würde, hätt's schon gekracht..."

Betreffs der Schneisenräumung im Minenfeld mittels Bangalore-Torpedos gibt es in englischen Publikationen zeitlich deutliche Abweichungen. Im Buch „The Day the Devils dropped in" wird der Einsatz der Bangalores erst für den Moment unmittelbar vor dem Sturm auf die Batterie angegeben. Und noch etwas: Sagte Steiner nicht aus, daß ohnehin alles von dem schweren, fünfminutigen Trommelfeuer der 15,5-cm-Geschütze verwüstet war? Wo gab es dann da noch Minen zu entschärfen und Stacheldraht zu zerschneiden...?)

*** Es ist nicht auszuschließen, daß es sich so weit außerhalb des ohnehin schon östlichsten Landeabschnitts *Sword Beach* um Schiffe und Boote gehandelt haben könnte, die darauf gewartet hatten, nach aufgelaufener Flut den Caen-Kanal bis zum Binnenhafen hinauf zu fahren...

Um 02:49 Uhr meldete Hauptwachtmeister Buskotte an Leutnant Steiner telefonisch das 1. und 2. Geschütz zum Beschuß der Schleusenanlage feuerbereit. Zeitgleich setzte sich nun das verstärkte II. Bataillon des Panzer-Regiments 192 in Richtung Ranville in Bewegung...

Um 03:15 Uhr erteilte Steiner an Buskotte den Feuerbefehl, und zwei Geschütze feuerten sofort jeweils sechs Granaten ab. Trotz der schlechten Sicht konnte der Batteriechef von seinem Panzerturm aus, während der kurzen Momente der Explosionsblitze, zwar nicht die Einschläge beobachten, doch sah er große Gesteinsbrocken umherfliegen und hohe Wasserfontänen aufsteigen:

„Das Maschinenhaus hatte mindestens zwei Treffer erhalten..."

Somit war nun die gesamte Schleusentechnik außer Kraft gesetzt und jegliches Bewegen der Schleusentore unmöglich. *(Infolge der völligen Zerstörung des Maschinenhauses der Schleuse blieb der Caen-Kanal bis Ende 1945 unbenutzbar.)*

Zu dieser Zeit orientierte der Chef des Admirals Kanalküste an das A.O.K. 15:

„Seeziele 10 Kilometer ostwärts Orne-Mündung." ***

Um 03:20 Uhr meldete der Hafenkommandant Ouistréham an Seekommando Normandie, daß „mehrere Lastensegler im Anflug" waren - und da kamen sehr viele Lastensegler angeflogen und brachten dringend benötigtes, schweres Kriegsgerät sowie Versorgungsgüter in den inzwischen von den Briten gebildeten Brückenkopf östlich der Orne. Gleichzeitig bewegten sich südlich von Ranville Teile des Panzergrenadier-Regiments 125 in Richtung der Fallschirmjäger.

Jedoch wurden sie von inzwischen aus der Luft abgesetzten britischen Panzerabwehrgeschützen unter heftigen Beschuß genommen und zum Stehen gebracht.

Um 03:25 Uhr meldete Hafenkapitän Ouistréham an Admiral Kanalküste:

„Bei Cabourg Engländer an Land gegangen. Ostwärts Ouistréham Landungsboote im Anmarsch."

Indessen bereiteten sich bei Merville Terence Otways Männer im Schutz eines Kornfeldes auf den Angriff vor. Es war jetzt 03:30 Uhr, folglich zeitlich völlig planmäßig - unplanmäßig war die geringe Anzahl seiner Männer. So nahm das Desaster der Fallschirmjäger weiterhin seinen Lauf...

Zu dieser Zeit war das II. Bataillon des Panzer-Regiments 192 bis nahe Bénouville vorgestoßen, um die Briten von der Kanal-Brücke zu vertreiben. Der britische Brückenkopf war jedoch bereits derart stark, daß es wiederum zu einem Gefecht kam, das mit unterschiedlicher Heftigkeit noch mehr als fünf Stunden anhalten sollte...

Mit dem Gros der Lastensegler war auch Divisionskommandeur Richard Gale in der Landezone *N* abgesetzt worden.* Gale nahm die Zerrissenheit seiner Luftlandetruppen einigermaßen gelassen auf. Auch die Landung seines Gleiters war äußerst rauh verlaufen. Von den 72 Lastenseglern dieses Pulks waren 49 ziemlich zeitgleich angekommen und innerhalb nur weniger Minuten gelandet - infolge des enormen Massenandrangs jedoch nicht problemlos. Der Mond war hier wolkenverhangen, und am Erdboden war es völlig finster. So rasten mehrere Gleiter ineinander, Tragflächen rissen von den Rümpfen ab, Räder und sogar ganze Fahrgestelle wirbelten umher, und einige der Flugzeuge überschlugen sich oder kamen auf ihrer „Nase" zum Stehen.

Bruchlandung eines Horsa-Gleiters an einer normannischen Natursteinmauer... In einem Landstrich, der seit dem Mittelalter von alten Mauern durchzogen ist, waren derartige Crashes während der Invasion durchaus keine Seltenheit. Außer vieler Mauern gibt es in der Normandie auch sehr viele hohe Bäume...

Foto: Battlefield Historian Ltd.

Sofort nach seiner Landung marschierte Gale in Richtung Ranville, wo von den Briten bereits ein Gefechtsstand *(als Hauptquartier bezeichnet)* eingerichtet worden war.

---

* Obwohl Gale gegen 03:30 Uhr abgesetzt worden sein sollte, gibt es betreffs der Frage, ob nun er oder James Hill der erste britische General der Invasion auf normannischem Boden war, widersprüchliche Aussagen.

Um 03:30 Uhr sichtete auch Admiral Kanalküste östlich des britischen Landeraums *Sword* Landungsboote *(vor Cabourg - zu dieser Zeit aber noch weit auf See)*:

Zur selben Zeit ging beim Oberbefehlshaber West eine erste *(zweifelhafte)* Erfolgsmeldung der Heeresgruppe B ein:

„21. Panzer-Division meldet an Orne-Mündung Feind in Regimentsstärke zurückgeworfen."

Um 03:35 Uhr meldete A.O.K. 7 an die Heeresgruppe B:

„Feindliche Luftlandungen im Raum Caen bei Gonneville - Bréville - Hérouvillette - Verson."

Um 03:40 Uhr erhielt der Befehlshaber Sicherung West fernmündlich über Gruppe West die Meldung, daß auch vor Ouistréham und Cabourg Landungsboote gesichtet worden waren. Somit mußte nun davon ausgegangen werden, daß ein feindlicher Angriff nicht nur aus der Luft, sondern auch, mindestens in der Seine-Bucht, von See her erfolgte. Die Erkenntnis war nun, daß sämtliche verfügbaren Streitkräfte des BSW *(Befehlshaber der Sicherung West)* eingesetzt werden mußten...

Um 03:44 Uhr meldete der Seekommandant Normandie:

„Ein verstreutes Bataillon Fallschirmjäger südwestlich Brévands; bei uns nur schwacher Feind abgesprungen. Laufende Luftangriffe."

Um 03:45 Uhr wurde die erste von Admiral Kanalküste erstattete Meldung ergänzt und in der Fernmeldestelle des Gefechtsstandes der Merville-Batterie von Oberwachtmeister Hoheisl und Hans Staab mitgehört:

„03:30 Uhr: Landungsfahrzeuge in Seine-Bucht im Raum Grandcamp, Port-en-Bessin, Ouistréham, Cherbourg gemeldet. Auf Cherbourg und Marcouf sind schwere Luftangriffe durchgeführt. Quartier des Seekommandanten ist getroffen. Kanalinseln sind durch größeren Luftverband mit langsamer Geschwindigkeit südwärts überflogen; offenbar Lastensegler. Über England ist Ansammlung größerer Luftverbände gemeldet."

Nun mußten Hans Staab und zwei weitere Soldaten ihre Posten auf dem Flak-Stand beziehen. Staab setzte sich wieder auf seinen Schützensitz der Schnellfeuerkanone.

Um 03:50 Uhr gab der Chef des Generalstabs A.O.K.15 dem Chef des Generalstabs der Heeresgruppe B durch:

„LXXXI. Armeekorps meldet geortete Seeziele in Gegend Orne-Mündung. Bei den Fallschirmabsprüngen im Raum der linken Division handelt es sich anscheinend um ein verstreutes Fallschirmjäger-Regiment, das sich zur Zeit in der Gegend Glanville sammelt. Ein Teil dieser Leute bereits in Minenfelder geraten und liegengeblieben."

Ein aus dem Überschwemmungsgebiet geborgenes Horsa-Wrack im Mémorial Pegasus. **Fotos: von Keusgen 2012**

Probleme über Probleme

Oberstleutnant Terence Otway wollte seinen Angriff auf die Batterie gleichzeitig mit der Landung der drei erwarteten Lastensegler beginnen. Er hoffte, daß die Verwirrung seitens der Batteriebesatzung durch den Doppelangriff von Norden und Osten her so groß sein würde, daß eine effektive deutsche Abwehr einigermaßen unwahrscheinlich wäre. Otway und seine Männer waren für den Sturm auf die Batterie Merville bereit, und die Lastensegler mußten jeden Augenblick erscheinen. So wartete man weiterhin ab...

Der Oberstleutnant ließ nun Major Parry *(zirka)* 50 Männer in vier

Angriffsgruppen einteilen, um *(laut Neil Barbers Bericht)* die Kasematten anzugreifen. Kasematte Nr.1 unter Führung des Leutnants Jefferson, Nr.2 durch Leutnant Dowlings Gruppe, Nr.3 durch Stabsfeldwebel Ross und Nr.4 durch Unteroffizier Long. Wenn die Gruppen durch das vermeintliche Minenfeld hindurch waren, sollten sie sofort die drei Nahverteidigungsanlagen erstürmen und neutralisieren *(von denen auch zu diesem Zeitpunkt nur jene auf der Kasematte Nr.1 besetzt war).**

Als schwerste Waffe verfügte Otways Truppe allerdings nur über ein einziges unhandliches Maschinengewehr. Major Parry sagte über diesen Angriff aus, daß es keinerlei Kommunikationsmöglichkeiten der einzelnen Gruppen untereinander gab, somit jede Gruppe völlig eigenständig agieren mußte. Die restlichen Männer sollten vorerst als Reserve zurückbleiben. Otway hatte allerdings nicht die geringste Ahnung davon, daß Wachtmeister Peter Timpf inzwischen vorsichtshalber einen Zug der 3. Kompanie des Grenadier-Regiments 736 zum Artillerie-Stützpunkt bei Merville geführt hatte. Diesbezüglich erklärte Hans Staab:

„...Da war aber nur ein Oberfeldwebel mit seinem Zug gekommen, so ungefähr vierzig Mann; mehr nicht, war'n doch keine Leute da; das war doch alles wie in Friedenszeiten besetzt. Der Oberfeldwebel kam aus meiner Heimat und hieß Josef Philipp; der hat den Zug angeführt.** Die haben sich aber hauptsächlich draußen aufgehalten, oben am Eingang und unten, am anderen Ende - sicherheitshalber, weil die benachbarte Artillerie ja vielleicht noch mal auf unseren Stützpunkt schießen könnte..."

Einer dieser Infanteristen war der erst wenige Tage zuvor als Rekonvaleszent von der Ost-Front in die Normandie versetzte 34-jährige Obergefreite Heinrich Bachmann:

„Wir hatten schon zuvor die Schießerei mit den Granaten auf die Batterie gehört. Nun mußten wir da hin. Selbst im Dunkeln konnte man sehen, daß da schon ganz schön was los gewesen war... Wir waren mit Handgranaten und Karabinern und Maschinenpistolen bewaffnet. Nahe des Haupteingangs, und ich glaube, irgendwo südwestlich der Batterie, waren Maschinengewehre in Stellung gebracht worden - je eines, mehr hatten wir nicht. Ein paar Mann von uns mußten direkt auf's Gelände gehen; ich gehörte auch dazu. Wir bezogen an verschiedenen Stellen in den Bombenkratern Position, direkt neben den Kasematten. Wir dachten, daß der Spuk nach dem ersten Spektakel da nun vorbei war... Von den Artilleristen habe ich in der Nacht keinen einzigen gesehen. Warum die sich da nicht selbst verteidigt haben, weiß ich nicht..."

Diesbezüglich erklärte Johannes Buskotte:

„Nach dem ersten Angriff hatte der Chef angeordnet, daß wir uns alle in die Bunker zurückziehen sollten. Als dann der zweite Angriff kam, befanden sich außer vier Bereitschaftsposten sämtliche Artilleristen innerhalb der abgeschlossen Bunker."

Leutnant Alan Jefferson gehörte zu Terence Otways erstem Angriffstrupp. 1987 publizierte er sein themenbezogenes Buch „Assault on the guns of Merville" (Angriff auf die Kanonen von Merville). **Foto: Battlefield Historian Ltd.**

Oberfeldwebel Josef Philipp war Führer des 2. Zuges der 3./736 und ein kampferfahrener Soldat von der Ost-front. **Foto: Kollektion J. Philipp**

---

* Die Stärke der Angriffsgruppen wurden in den diversen englischen Publikationen unterschiedlich angegeben. Die Gesamtstärke der Otway-Truppe wurde von Alan Jefferson in seinem Buch *Assaults on the Guns of Merville* auf Seite 106 zu diesem Zeitpunkt mit „nicht mehr als 150 Mann" beziffert, was auch von dem am Angriff auf die Kasematte Nr.1 beteiligten Soldaten Fred Milward bestätigt wurde. Somit weicht diese Stärke-Angabe deutlich von den von Otway selbst benannten 300 Soldaten ab.

** Philipp und Staab hatten sich nach dem Krieg noch mehrmals getroffen und ausführlich über diese Situation unterhalten.

Um 03:55 Uhr näherten sich wie dunkle Schatten am nachtblauen Himmel von See her mehrere Flugzeuge der Batterie. Für Hans Staab war im ersten Moment noch nicht ersichtlich, daß es sich um zwei Flugzeuge mit Horsa-Gleitern im Schlepp handelte. Er begann mit seiner 2-cm-Flak zu feuern...

Plötzlich entdeckte Terence Otway den ersten der drei so sehnlichst erwarteten Lastensegler mit dem Sonderkommando. Der östliche Horizont wurde bereits von zartem, frühmorgendlichem Dämmern von dunkelblau in dunkles Silbergrau verwandelt... Doch der Oberstleutnant konnte in einiger Entfernung zum ersten Lastensegler nur noch *einen* weiteren der großen Horsa-Gleiter erkennen, der am dunklen Himmel herangeschleppt wurde - nur zwei Segler, statt drei..., und Hans Staab feuerte mit der Flak darauf...

Anhand dieser nach dem 6. Juni entstandenen Luftaufnahme wurde Otways Weg, den er mit seinem kleinen Trupp von der Sammelstelle bis zur Batterie Merville über mehr als zwei Kilometer zurücklegen mußte, nachvollzogen. Auch wurde auf diesem Foto jene Stelle gekennzeichnet, an der der erste der beiden dringend erwarten Lastensegler abgestürzt war (siehe die Notiz „Glider Crash here" im weißen Kreis).

Foto: Battlefield Historian Ltd.

Ohne die geringste Chance, die Ereignisse in irgendeiner Weise positiv beeinflussen zu können, mußte Otway nun mit ansehen, wie die 2-cm-Leuchtspurgeschosse zu dem ersten Flugzeug hinaufjagten und einige seinen hölzernen Rumpf mehrfach durchschlugen *(was von Alan Jefferson bestätigt wurde).**

Außer der Soldaten transportierte dieser Lastensegler unter den Sitzen auch noch eine Menge Werfer-Granaten. Die Leuchtspurgeschosse entzündeten in und an dem Segler mehrere kleine Feuer, die von dem starken Luftzug schnell angefacht wurden.** Die in dem Lastensegler befindliche hochexplosive Munition wurde von den Flak-Geschossen nicht getroffen, nur eine Kiste mit Rauchgranaten. Der Horsa-Gleiter drehte ab und verschwand hinter dem Batteriegelände in der Dunkelheit. Es gelang den Piloten noch, das Flugzeug in einiger Entfernung vom Artillerie-Stützpunkt mit einer Bruchlandung in den Bäumen einer Apfelplantage herunterzubringen. Sämtliche Insassen konnten das Flugzeug noch rechtzeitig verlassen, dann ging es gänzlich in Flammen auf.

Dann sah Otway, wie der zweite Horsa-Gleiter am Stützpunkt vorbeigezogen wurde, denn man suchte noch nach dem Zielgebiet. Die Zugmaschine und der Segler verschwanden ebenfalls im Dunkeln, denn auch diese Piloten hatten irrtümlich die brennenden Häuser des zwei Kilometer entfernten Gonneville für den Stützpunkt gehalten und klinkten den Gleiter erst in der Nähe der Ortschaft aus. Als die Lastensegler-Piloten dann den Irrtum der Piloten des Schleppflugzeugs erkannten, gelang es ihnen gerade noch, im letzten Moment ihren Segler nahe der Ortschaft noch einmal hochzuziehen. So landeten sie sieben Kilometer weit von der Merville-Batterie entfernt. *(Dem Kommando-Trupp dieses zweiten Lastenseglers war es dann infolge eigener Gefechte mit deutschen Soldaten unmöglich, Otways Angriff auf die Batterie zu unterstützen.)*

Hans Staab hatte inzwischen vier Magazine leergeschossen, und das Geschützrohr war heiß geworden. Man mußte einen Rohrwechsel vollziehen, was die beiden anderen Kanoniere übernahmen.

In diesem Moment befahl Terence Otway spontan, seine ersten zwei Trupps angreifen zu lassen - Trupps, die ohne Funkgeräte, folg-

---

* Die Angaben betreffs der Höhe, in der sich der Segler befand, differieren in den verschiedenen Publikationen von „etwa dreißig Meter" bis zu mehr als 300 Meter. Hans Staab gab „etwa 50 Meter" an.

** Diese Angabe wurde ebenfalls von Alan Jefferson bestätigt. Betreffs der Insassen gab es bisher widersprüchliche Berichte, in denen es einerseits heißt, es hätte keine Verwundeten gegeben, andererseits, daß einige der Soldaten leicht verwundet wurden.

lich ohne jede Kommunikationsmöglichkeit, auf dem weitläufigen Terrain jeweils völlig auf sich allein gestellt waren...

Alan Jefferson spornte seine Männer an, indem er sie aufhetzerisch fragte, was wohl mit ihren Frauen, Freundinnen, Müttern und Geschwistern geschehen würde, wenn es den Deutschen gelänge, Großbritannien zu erreichen...*

Dann stürmten die Fallschirmjäger zu dem von Bomben und Granaten zerklüfteten Terrain. Alan Jefferson näherte sich mit einigen anderen Männern der Batterie über den Weg entlang eines Obstgartens, der ihnen von den Luftaufnahmen her bekannt war. Plötzlich rief einer der Fallschirmjäger den Leutnant zu sich. Als Jefferson bei ihm ankam, deutete der Fallschirmjäger mit seiner kurzen Sten-Maschinenpistole auf eine freiliegende Tellermine. Nicht weit entfernt befand sich auch Jeffersons „Bursche" namens George Smith. Noch bevor Alan Jefferson den Fallschirmjäger warnen konnte, drückte der seine Maschinenpistole ab, und die Mine detonierte mit einem flammenden Blitz. Trotz der enormen Explosion blieben der Fallschirmjäger und sein Zugführer unverwundet - nur dem am entferntesten stehenden Smith schlug ein Stahlsplitter ein Auge aus.

Noch bevor sämtliche Männer der Sturmtrupps in das Batteriegelände eindringen konnten, waren die ersten im völlig überraschenden Abwehrfeuer der beiden Maschinengewehre der Männer der 3. Kompanie gefallen. Die Briten feuerten aus ihren kleinen Maschinenpistolen und riefen *(angeblich)*:

„Get in, get in!" *(Rein, rein!)***

Derweil sprang Hans Staab von dem Flak-Stand herab, „um zur nächstgelegenen Kasematte Nr.4 hinüberzulaufen und meine dortigen Kameraden über das Geschehen zu informieren". Noch während er unterwegs durch die zerbombten Laufgräben war, hörte er fremde Stimmen:

„Da bin ich schnell, aber vorsichtig, zum Bunker gelaufen und habe halblaut hineingerufen, *die sind schon da!* Aber als ich zurück wollte, knallte es überall, und die Engländer waren schon überall in unserer Stellung. Wo die so schnell, und ohne vorher Lärm zu machen, hergekommen sind, weiß ich nicht, es war ja ganz dunkel. Wie die Katzen sind die schwarzen Gestalten da plötzlich ´rumgehoppst; und sie waren alle mit Maschinenpistolen bewaffnet..." ***

Als nun die ersten Fallschirmjäger zu schießen begannen, erhoben sich die wenigen innerhalb des WN 01 befindlichen Infanteristen

---

* Auch das Signal zum Angriff auf die Batterie wurde in verschiedenen Publikationen abweichend dargestellt: Es heißt, daß auch der Hornist mit seiner Trompete noch nicht zu Otway gestoßen war, und er deshalb das Signal zum Sturm auf die Batterie mit einer Leuchtkugelpistole gab, aber auch, daß Major Parry auf seiner Pfeife pfiff, und Leutnant Jefferson soll das Angriffssignal mit einem von ihm mitgeführten Spielzeug-Horn gegeben haben...

** Alan Jeffersons schriftlichem Bericht ist nicht einwandfrei zu entnehmen, ob die britischen Kampfgruppen lediglich durch zwei Lücken in das WN 01 eindrangen, oder auch durch die regulären Eingänge. In anderen Berichten wird von „mehreren Schneisen" und/oder durch den „nur wenig verbarrikadierten Haupteingang, der kein großes Hindernis darstellte", geschrieben. Ein Eindringen durch einen, zwei oder alle drei Eingänge wäre, da man somit kein *(vermutetes)* Minenfeld durchqueren mußte, ohnehin der einfachste Weg gewesen und erscheint folglich am realistischsten.

*** Hans Staab besteht auf seiner und der Feststellung seines Kameraden Josef Phillipp, daß es vor dem Angriff der Fallschirmjäger *keine* Bangalore-Sprengungen im Minenfeld der Batterie gegeben hatte - auch keine „Get-in"-Rufe. Auch Heinrich Bachmann hatte, wie er aussagte, nichts dergleichen wahrgenommen.

Ruhig, unheimlich und drohend lag die Merville-Batterie im Dunkeln vor Otway und seinen mutigen Männern. Von ihrer größten Gefahr ahnten sie jedoch noch nichts - von dem Zug Soldaten der 3. Kompanie...

Foto: Battlefield Historian Ltd.

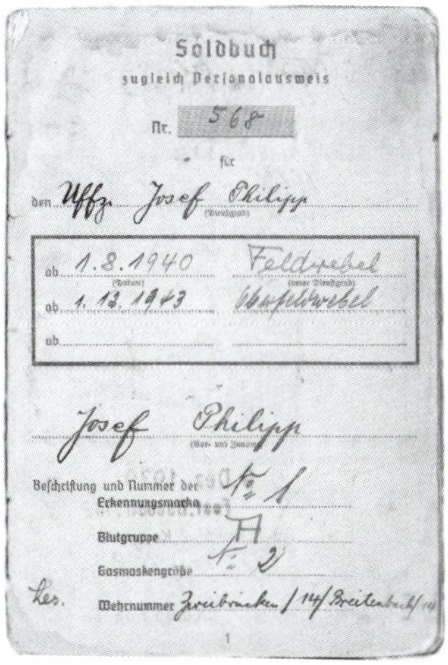
Soldbuch
zugleich Personalausweis
Nr. 568
für
den Uffz. Josef Philipp
ab 1.8.1940 Feldwebel
ab 1.12.1943 Oberfeldwebel
ab
Josef Philipp
Beschriftung und Nummer der Erkennungsmarke Nr. 1
Blutgruppe A
Gasmaskengröße Nr. 2
Wehrnummer Zweibrücken / 14 / Breitenbach

Erste Seite des Soldbuches des Oberfeldwebels Josef Philipps. **Foto: Kollektion J. Philipp**

Von jener östlichen Flanke des WN 01, von der aus die Fallschirmjäger in den Stützpunkt eindrangen, waren bis zur Kasematte Nr.1 165 Meter zu überwinden - über von Kratern zerklüftetes, unbekanntes Terrain und in am Boden noch immer herrschender Dunkelheit... (Im Hintergrund die Kasematte Nr.1, im Vordergrund die Reste der ehemaligen Flak-Stellung.) **Foto: von Keusgen 2012**

der 3. Kompanie, die sich seit des ersten Überfalls in einigen der Bombenkrater versteckt hielten, und feuerten auf die Angreifer. Sofort wurde in der Batterie wieder Alarm ausgelöst und auf den Angriff mit starkem Flankenfeuer seitens der außerhalb befindlichen Infanteristen reagiert. Heinrich Bachmann kauerte sich mit seiner Maschinenpistole in sein Erdloch am Bunker und drückte sich an die Betonwand:

„Auf einmal wurde überall geballert. Zuerst war's wohl unser MG am Eingang. Dann ratterten Maschinenpistolen los, aber nicht unsere, man konnte das hören... Ich machte mich so klein wie es ging; konnte erst gar nichts sehen. Aber da rannte plötzlich einer direkt an meinem Loch vorbei, und das war keiner von uns..."

Nun erhoben sich auch die an verschiedenen Positionen stehenden Infanteristen und die vier Artillerie-Posten aus ihren Löchern und begannen zu schießen.* Auch Johannes Buskotte verließ für einen Moment das Periskop, durch das er bisher alles beobachtet hatte, und, entgegen Steiners strikter Anweisung, auch die Kasematte Nr.1:

„Die da kamen, das waren mehr als nur ein paar Mann. Die hatten alle schön schwarz getarnte Gesichter. Ich war ganz nah an ihnen heran, ganz dicht; doch in den Laufgräben konnte ich sie nicht sehen...

Dann kam einer auf mich zu. Ein Deutscher? Aber der war ganz schwarz im Gesicht. So hab' ich auf ihn geschossen..."

Unter Otways Männern herrschte Konfusion.

Hans Staab wollte von der Kasematte Nr.4 zu seinem Unterstand zurücklaufen und war ebenfalls in die Schießerei geraten:

„Da haben sie auf mich geschossen. Ein paarmal hat's geknallt, aber das macht einem Soldaten nichts aus, wenn's knallt, das kannten wir nach den vielen Luftangriffen inzwischen ja schon. Ich konnte nicht so schnell zurückschießen, hatte keine Zeit, mit meinem schweren Karabiner zu zielen. So bin ich nach vorn, zum Panzergraben ´rübergerannt und hab' darin Deckung gesucht. Da saßen auch schon drei andere von uns drin - Ältere. In dem Graben stand fünf Zentimeter hoch kaltes Wasser. Aber da sind wir erst mal hocken geblieben..."

Da die deutschen Maschinengewehre schnellstens ausgeschaltet werden mußten, bezog ein kleiner MG-Trupp der Fallschirmjäger auf dem freien Feld südöstlich und in einiger Entfernung zum Haupteingang mit einem schweren Vickers-Maschinengewehr Position und begann, auf die Mündungsfeuer der deutschen MGs zu schießen...

Terence Otway beobachtete, daß eine Gruppe seiner Männer, die an der rechten Flanke angriff, plötzlich eine Richtungsänderung vollzog. Auch konnte der Oberstleutnant erkennen, daß diese Soldaten heftig auf die nahe des Haupteingangs befindliche Gruppe der Infanteristen feuerten.

---

* Neil Barber schrieb in seinem Buch auf Seite 76, Major Smith hätte später ausgesagt, daß 10 Maschinengewehre auf die angreifenden Fallschirmjäger gefeuert hätten - vier aus der Batterie, je drei außerhalb - von beiden Flanken. Diese Aussage widerspricht den von Heinrich Bachmann, Johannes Buskotte, Hans Staab und Josef Philipp benannten zwei Maschinengewehren der Infanteristen und jenem batterieeigenen im Tobruk-Stand der Kasematte Nr.1 - folglich waren es nur drei.

Alan Jefferson schrieb in seinem Buch auf Seite 112, daß es ihm erschien, als seien die Fallschimjäger gezielt unter Kreuzfeuer genommen worden. Offenbar war es ihnen nicht möglich gewesen, die deutschen Infanteristen als eigenständige, hauptsächlich außerhalb des WN 01 positionierte Truppe von den Artilleristen zu unterscheiden - es war bisher auch in keiner einzigen der diversen, mir *(dem Autoren)* vorliegenden englischen Publikation von deutschen Infanteristen in und an der Batterie die Rede.

Der größte Teil von Otways Männern war inzwischen in den Artillerie-Stützpunkt eingedrungen. In diesem Moment fuhr ein Fahrzeug mit sechs Soldaten des Aufklärungstrupps der Heeres-Flak-Abteilung vor dem Stützpunkt vor. Unteroffizier Windgassen war mit diesen Männern auf dem Weg von Franceville nach Caen in das *(falsche)* Absprunggebiet der Fallschirmjäger geraten. Die Deutschen glaubten, sich hier in Sicherheit bringen zu können. Aber nun sahen sie sich Soldaten mit geschwärzten Gesichtern und in der Dunkelheit unheimlich leuchtenden Totenköpfen auf ihren Uniformen gegenüber. Obwohl sie sofort die Arme hochrissen, wurden sie von einigen von Otways Männern aus Maschinenpistolen beschossen, und es gab Verwundete. Trotz des allgemeinen Durcheinanders nahmen Otways Männer die Deutschen sofort gefangen.

Der Tobruk-MG-Stand auf der Kasematte Nr.1 war der einzige mit einem Maschinengewehr besetzte von insgesamt drei derartigen Ständen auf dem Batterie-Terrain. Foto: von Keusgen

Alan Jefferson hatte in diesem Moment gerade die Kasematte Nr.1 erreicht, die einzunehmen er speziell trainiert worden war. Da spürte er in der ganzen Schießerei einen heftigen Schlag über seinem linken Oberschenkel und stürzte zu Boden. Der Leutnant empfand zwar keinen Schmerz, war aber nicht imstande, sich wieder zu erheben. So schleppte er sich zu einem Stapel Holzpflöcke, an dem er sich wieder aufrichten konnte.

Eine Handgranate flog in den Tobruk-Stand auf der Kasematte Nr.1, tötete den MG-Schützen der Artilleristen und eliminierte diese Stellung. Aber der große Geschützbunker war an der Scharte mit seiner starken Stahlverblendung fast gänzlich geschlossen, am Eingang durch breite Panzertüren, die Innenräume durch weitere Stahltüren. Als einer der Artilleristen „Fallschirmjäger!" rief, zogen sich auch die im Stützpunkt befindlichen Infanteristen in die Kasematte Nr.1 zurück. In ihr verbrachten die Ost-Soldaten, die als Pioniere die gefährliche große Bombe hätten bergen und entschärfen sollen, bereits ihre dritte Nacht in dem unterirdischen Raum. In dem Moment, da nun die Stahltür geöffnet wurde, drängten sie sich eilig hinaus und rannten ins Freie, hoben die Hände und riefen:

„Ruski! Ruski!"

Johannes Buskotte, der sich zu diesem Zeitpunkt ebenfalls in der Kasematte Nr.1 aufhielt, hatte die Russen beobachtet:

„Sie hofften wohl, sich als Kriegsgefangene ihrem gefährlichen Auftrag, den großen Blindgänger entschärfen zu müssen, somit entziehen zu können."

Die Russen wurden auch sofort von einigen Fallschirmjägern abgeführt *(allerdings wurden Kriegsgefangene Ost-Soldaten, die freiwillig der Wehrmacht beigetreten waren, später von den West-Alliierten an die Sowjets ausgeliefert und viele davon in der Folge exekutiert)*.

Auf den Kasematten Nr.1 und Nr.4 hockten indessen einige Fallschirmjäger und versuchten, mittels Phosphor-Granaten, die sie in die Ausgangsstutzen der Lüftungsschächte steckten, die darin befindliche Geschützbesatzung zum Aufgeben zu zwingen...

Um 04:05 Uhr rief Johannes Buskotte von der Kasematte Nr.1 aus nochmals seinen Chef in der B-Stelle an:

„Herr Leutnant, der Feind ist wieder in unserer Stellung! Es sind eindeutig britische Fallschirmjäger. Es wurde geschossen; aber das schlimmste ist, daß wieder Soldaten auf unseren Bunkern hocken und wieder Phosphor in die Luftschächte gießen. Aber dieses Mal haben sie es angezündet. Wir brauchen dringend nochmals Artilleriefeuer auf unsere Batterie!"

Raimund Steiner war in größter Sorge um seine Artilleristen. Er berichtete ergänzend:

„Ich konnte meine Männer durch das Telefon keuchen und röcheln hören; sie kämpften mit dem Erstickungstod. Manche beteten, andere fluchten..."

Der Leutnant wies Buskotte an, auch die innerhalb des Stützpunktes befindlichen Infanteristen sofort in die Bunker zu rufen, was aber bereits geschehen war - bis auf Heinrich Bachmann, der noch immer in seinem Loch saß. Wieder brauchte der Batteriechef Artilleriebeschuß zur Bereinigung seines Stützpunktes, und wieder mußte er sich dafür schnellstens nach Merville begeben, um auch dieses Feuer zu lenken. Ihm graute davor...*

Oberstleutnant Otway und seine Männer erlebten in den frühen Morgenstunden auf dem von Bomben zerklüfteten, völlig unwegsamen Terrain der 1. Batterie ein grauenhaftes Horror-Szenario...

Foto: Kollektion J. Buskotte

Ein paar der polnischen Kanoniere und einige ältere deutsche Artilleristen, die in der Kasematte Nr.4 saßen, befürchteten inzwischen, an dem in den Atemwegen ätzenden Phosphor zu ersticken. Sie öffneten die stählerne Eingangstür und traten mit erhobenen Händen ins Freie hinaus. Die Polen riefen:

„Kamerad! Kamerad!"

Sofort waren einige der britischen Fallschirmjäger zur Stelle, nahmen die Männer gefangen und führten sie eilig vom Stützpunkt. Unter ihnen waren auch jene bis dahin in der Kasematte verbliebenen Deutschen, die sich eigentlich nicht hatten ergeben wollen. Hans Staab sagte dazu:

„Da waren auch zwei meiner Kameraden dabei, die ich schon von unserer Ausbildung her kannte, und auch der Geschützführer, Unteroffizier Seliger. Da nahmen die Engländer zwölf von unseren Leuten mit; die anderen hatten sich ja in den anderen Bunkern eingeschlossen; da konnten sie ihnen nichts tun..." **

---

* Kontrovers zu Steiners und Buskottes Aussagen berichtet Alan Jefferson in seinem Buch auf Seite 113, daß er aus dem Inneren der Kasematte und durch die nicht gänzlich verschlossenen Stahltüren dumpfe Detonationen, Rufe, Schreie und Rauchwolken vernommen hatte... Wörtlich heißt es weiter:

„[.....] daß genügend Zerstörung [seitens der britischen Fallschirmjäger] ausgeführt worden war, es [das Geschütz Nr.1] außer Gefecht zu setzen, und daß es nicht mehr möglich war, damit zu schießen [.....]"

** In Neil Barbers Publikation wird berichtet, daß der am Bein verwundete britische Major Parry die Kasematte Nr.1 betreten und das Kaliber der Haubitze fälschlich auf 7,5 cm geschätzt hätte... Diesbezüglich sagte Johannes Buskotte aus:

„Ich war während des zweiten Angriffs die ganze Zeit über in der Kasematte Nr.1, die nur für den kurzen Augenblick geöffnet wurde, als die Infanteristen rein und die Russen raus sind. Aber keinen Moment war auch nur ein einziger der Fallschirmjäger in diesem Bunker."

Frank Delsignore erklärte in demselben Buch auf Seite 84, daß er die rückwärtigen Türen der Kasematte Nr.1 geöffnet fand:

„Johnny Walker und ich waren die Ersten, die die Geschützstellung erreichten. Wir gingen zu dem Eingang und riefen, wenn noch jemand darin sei, möge er herauskommen. Wir bekamen keine Antwort, so warfen wir ein paar Handgranaten hinein..."

In englischen Publikationen wird immer wieder von wilden Schießereien und heftigen Mann-gegen-Mann-Kämpfen „berichtet", doch stellte Johannes Buskotte derartigen Aussagen seine eigenen Beobachtung entgegen:

„Innerhalb des Stützpunktes wurde kaum geschossen, weil sich ja alle Artilleristen in den Bunkern verschanzt hatten, außer dem MG-Schützen; und die stählernen Eingangstüren, die zum Innenbereich unseres Stützpunktes führten, waren fest verschlossen. Auch die paar Infanteristen, die sich bis dahin in der Batterie aufhielten, waren darin in Sicherheit; ich selbst hab´ sie ja reinrufen lassen. Einer meiner Männer hatte vorher laut >Fallschirmjäger!< gerufen. Die Engländer wollten uns dann mit Phosphor ausräuchern..."

Buskotte wußte nicht, daß draußen noch einer der Infanteristen verblieben war...

Leutnant Steiner hatte sich indessen beeilt, wieder in Sichtweite seiner Batterie zu gelangen. Da sich die zunehmenden Kampfhandlungen bei Franceville inzwischen etwas weiter nach Osten verschoben hatten, war ihm das schon nach etwa zwanzig Minuten schnellen Gehens gelungen - nun in Begleitung eines Funkers der 3. Kompanie. In der anbrechenden Morgendämmerung sah er von Weitem die Kasematten mit den beiderseitigen Erdanschüttungen inmitten der Kraterlandschaft wie dunkle Hügel liegen:

„Das Gelände wurde dieses Mal von mir sicherheitshalber aus größerer Entfernung beobachtet als vorher..."

Terence Otway hatte inzwischen auch noch seinen kleinen Reservetrupp in den Kampf um die Batterie geschickt. Leutnant Steiner konnte im allerersten Dämmerlicht des anbrechenden Morgens und vor dem vom Feuer des brennenden Gonneville orangefarben leuchtenden Horizont deutlich die schwarzen Silhouetten der Fallschirmjäger auf den Bunkern erkennen. Johannes Buskotte sagte über die Situation kurz vor dem zweiten Artilleriebeschuß:

„Geschossen wurde in unserer Batterie nicht mehr, weil ja nun auch die Infanteristen mit in den Bunkern waren."

Um 04:30 Uhr forderte Steiner nochmals von der 711. Division Artillerie-Beschuß auf seinen eigenen Stützpunkt an. Zu diesem Zeitpunkt befanden sich fast alle *(etwa)* 150 Fallschirmjäger auf dem Batteriegelände...

Nun erfolgte der Beschuß gezielt - fast fünf Minuten lang, und er verwandelte ein weiteres Mal das gesamte Gelände in eine tosende, brüllende Hölle... Pfeifend flogen die Granaten in schneller Folge heran und schlugen krachend auf dem ohnehin schon völlig verwüsteten Terrain ein. Granatsplitter stoben umher und Fontänen aus Erde und Gesteinsbrocken stiegen auf, um Sekunden später als schmutziger Hagel wieder herabzuregnen. Überall gelborange, zuckende Blitze krepierender Granaten, umhüllt von einem kreischenden, brüllenden Getöse. Heinrich Bachmann drückte sich noch tiefer in sein Erdloch:

„Ich war so froh gewesen, in die ruhige Normandie versetzt worden zu sein - aber plötzlich war ich wieder in Rußland..." *

„Das gesamte Spektakel hatte nur höchstens dreißig Minuten gedauert", erzählte Hans Staab, „aber weil wir, die wir da in dem Wassergraben hockten, nicht wußten, wie das alles ausgehen würde, sind wir da schön hocken geblieben und haben erstmal abgewartet..."

Auch Johannes Buskotte sagte, daß „der Kampf so ungefähr dreißig Minuten gedauert" hatte.

Nachdem wieder Ruhe eingekehrt war, verließ der Hauptwachtmeister die Kasematte Nr.1 - und ihm bot sich ein Bild des Grauens... Im grautrüben, frühmorgendlichen Licht konnte er bis zur Unkenntlichkeit verstümmelte, umherliegende Soldaten erkennen, abgerissene Arme und Beine mit Uniformfetzen daran, dazwischen einige noch

Leutnant Steiner konnte die Einschläge der Granaten auf seinem Stützpunkt beobachten - doch dieses Mal sicherheitshalber aus größerer Entfernung.

Foto: Archiv von Keusgen

---

* In Neil Barbers *The Day the Devils dropped in* auf Seite 93 sagte Otway zu dem plötzlichen Feuerüberfall aus:

„Dann wurde Dantes Inferno losgelassen. Die Deutschen begannen, uns von Nachbarstellungen mit [von ihm falsch vermuteten] Granatwerfern zu beschießen; ohne Rücksicht auf ihre eigene Truppe."

Soldat Alex Taylor lag ebenfalls in dem Trommelfeuer:

„Der Beschuß begann, schwer und gezielt. Unsere Zeit war abgelaufen. Unsere einzige Chance zu überleben, bestand darin, die Batterie zu verlassen und zum Treffpunkt im Süden zu gelangen."

lebende, schwerverwundete Fallschirmjäger. Stöhnen, Seufzen und Röcheln drang an seine Ohren, und aus nördlicher Richtung schallte von Franceville anhaltender Kampflärm herüber. Die Granaten des zweiten Artillerie-Trommelfeuers hatten den Stützpunkt nunmehr fast gänzlich verwüstet; nur die Vertiefung des Hauptlaufgrabens, der den Fernmeldeunterstand mit der Kasematte Nr.1 verband, war gerade noch zu erkennen. Alan Jefferson beschrieb den Zustand des Stützpunktes als „nur noch ein schauerliches Durcheinander von Hügeln und Löchern, ohne eine Spur von Grün; eine Wüste von braunem und grauem Dreck...“ *

Im Gefechtsstand angekommen, gab Buskotte „sofort Anweisung, die noch transportfähigen Verwundeten zu bergen und zum Verbandplatz abtransportieren zu lassen. Dann ging ich den halbverschütteten Graben entlang, leuchtete mit meiner kleinen Taschenlampe das Terrain ab. Da fand ich den Feldwebel der Pioniere. Ein handgroßer Granatsplitter hatte seine Bauchdecke zerfetzt. Für ihn kam jede Hilfe zu spät...“

Der Hauptwachtmeister kehrte in seinen Bunker zurück. Darin befanden sich inzwischen noch sechs verwundete Infanteristen. Buskotte rief die Geschützführer in den einzelnen Kasematten an, dann in den Unterständen, um sich nach der jeweils darin herrschenden Situation zu erkundigen. In Kasematte Nr.4 fehlte der Geschützführer, Unteroffizier Seliger. Auch Buskottes Sanitäter, Hans Kehlenbach, war einer der von Otways Männern Gefangengenommenen...

Heute erinnert ein Denkmal an die Eroberung der Batterie Merville durch die Briten: „Zur Erinnerung an das 9. Fallschirmjäger-Regiment und die Unterstützung der Royal Navy, der Royal Airforce und der Armee zur Einnahme dieser Batterie um 5:00 Uhr am 6. Juni 1944 zur Verhinderung des weiteren Beschusses dieses Stützpunktes auf die Flanke der Angriffsstrände.“

Fotos: von Keusgen

Rückzug

Ab 04:35 Uhr begannen die britischen Fallschirmjäger, sich nach einem chaotischen Durcheinander und erheblichen Verlusten wieder vom Batteriegelände zurückzuziehen. Die Infanteristen der 3. Kompanie vertrieben die letzten von Otways noch gehfähigen Männern, die den Kampf und den Artilleriebeschuß überlebt hatten. Dabei gelang es ihnen noch, sieben der Fallschirmjäger gefangen zu nehmen.** Sie wurden in der Kasematte Nr.3 eingeschlossen.***

---

* In seinem Buch auf Seite 117.

** In einigen Publikationen wurde von 11 Gefangenen geschrieben.

*** Der Ablauf dieser Kampfhandlungen wurde bisher in den diversen englischen Publikationen offenbar nirgendwo wirklich chronologisch und unmißverständlich definiert - mit Ausnahme von Alan Jeffersons Buch, jedoch ohne Zeitangaben, dafür aber vieles durch Zufügung etlicher mehr oder weniger spektakulärer, beziehungsweise mehr oder weniger glaubwürdiger, dafür umso verwirrender Anekdoten durcheinander gebracht. Immer wieder wurde von englischer Seite Otways Sturmangriff auf die Batterie anderslautend, dennoch für die Briten glorifizierend und einigermaßen erfolgreich dargestellt. In Peter Liddles *D-Day - By those who were there* sagte Terence Otway auf Seite 75 aus:

"Sobald die Deutschen sahen, daß wir Fallschirmjäger waren, hoben sie die Hände. Sie riefen, ich hörte es, >Fallschirmjäger!<, und wir töteten oder verwundeten die ganze Besatzung bis auf 23. Wir nahmen 23 Gefangene und brachten sie hinaus. [Alan Jefferson schrieb von 22 gefangengenommenen Deutschen.] Das Problem war, was ich zu einem meiner Offiziere sagte, >wie, zur Hölle, kommen wir hier ´raus? Die verdammten Minen sind noch immer da.< Und so sagte ich zu den Deutschen, und glücklicherweise war damals mein Deutsch fließend, >zeigt mir den Weg<, und sie weigerten sich. Aber als ich es ihnen befahl, hatten sie keine Wahl.“

Offenbar hatte es seitens der Briten doch keine Beseitigung von Minen gegeben...

Nachfolgend noch eine sinngemäße, allgemeine Zusammenfassung aus weiteren englischen Publikationen:

>Nach dreißig Minuten heftiger Mann-gegen-Mann-Kämpfe war das Ringen um die Batterie zu Ende. Die Artilleristen waren aus den Kasematten vertrieben, und als

Otways Zerstörer-Trupp nun die großen Bunker betrat, mußten die Männer erstaunt feststellen, daß es sich gar nicht um moderne 15-cm-Langrohrkanonen handelte, sondern lediglich um längst veraltete 7,5-cm-Feldhaubitzen aus dem Ersten Weltkrieg, die nur einen relativ kleinen Teil des britischen Landeabschnitts vor der Bucht beschießen konnten. Nun offenbarte sich den Männern des Zerstörer-Trupps ein weiteres Problem, denn sie verfügten über keinerlei Sprengmittel mehr...<

In *D-Day - By those who were there* sagte Otway auf Seite 75 aus:

"Sie [seine Männer] gingen um die Vorderseite der Kasematten herum, man kann nicht hinten durch die Stahltüren [.....]. So war der einzige Weg, dort hineinzukommen, der, wo die Geschütze herauszeigten [gemeint sind die Scharten]."

In einigen moderneren Büchern wird auch von 10,5-cm-Geschützen geschrieben. Hier nun vier bisher in diversen Publikationen erschienene, völlig voneinander abweichend dargestellte Versionen betreffs der Eliminierung der Haubitzen durch den von Otway zusammengestellten [nicht offiziellen] Zerstörer-Trupp:

Version 1:

Der Zerstörer-Trupp benutzte für die Neutralisierung der Haubitzen sämtliche deutschen Handgranaten, die man finden konnte.

Version 2:

Der britische Zerstörer-Trupp hatte irgendwelche Granaten in die Rohre geschoben, damit beim nächsten Abschuß alles explodierte.

Version 3:

Die namentlich benannten Fallschirmjäger Bill Pincton und Fred Milward hatten die Haubitzen auftragsgemäß gesprengt - mit Gammon-Granaten.

Version 4:

Der Zerstörer-Trupp entfernte die Verschlußkappen der Haubitzen.

In Peter Liddles Buch sagte Otway auf Seite 75 diesbezüglich aus:

„Die Angriffstruppen hatten Granaten in die Batterie-Geschütze getan, aber sie hatten überhaupt keine Auswirkung auf das glänzende, polierte, harte Metall [.....]. Aber wir nahmen auch alle Verschlußklappen heraus und warfen sie fort, somit konnten sie ohne neue Verschlußklappen mit den Geschützen nicht schießen."

In Neil Barbers Buch *The Day the Devils dropped in*, Seite 88, schreibt der Autor, der Fallschirmjäger Harold Long habe ihm berichtet, daß er für das Geschütz, zu dem er in die Kasematte eingedrungen war, überhaupt keinen Sprengstoff hatte, um es außer Funktion zu setzen. So habe er die Verschlußklappe demontiert und deren Einzelteile in verschiedene Richtungen geworfen... Außerdem hatte Johnny Novis dem Autoren Barber *(auf Seite 89)* erzählt, daß er einen Offizier beobachtet hätte, der ebenfalls eine Verschlußklappe demontieren konnte... Major Parry gab an, sich nach dem Zerstörungsversuch eines anderen Geschützes davon überzeugt zu haben, „daß ausreichende Arbeit ausgeführt wurde". Barber weist in diesem Zusammenhang darauf hin, daß Parry ein erfahrener Offizier war, der schon 1940 in Frankreich „gedient" hatte. Obwohl er kein Artillerist war, so Barber, „wäre es schwer zu glauben, daß er nicht gewußt hätte, ob das Geschütz in der Lage war, [noch] zu schießen"... Weiter heißt es, daß noch andere Fallschirmjäger ausgesagt hätten, daß man [auch] das Geschütz in der Kasematte Nr.2 zerstört hätte, „indem man eine Granate in den Verschluß und eine in das Geschützrohr gesteckt hatte". Wenn dann die deutschen Artilleristen damit schießen würden, hätten sie dadurch das Geschütz sicher „dauerhaft außer Gefecht gesetzt"... George Hawkins gab auf Seite 123 an, er hätte noch vier Tage lang verwundet in der Kasematte Nr.4 gelegen und in dieser Zeit nur drei oder vier Abschüsse einer einzigen Haubitze gehört, und das Geschütz jener Kasematte, in der er lag, hätte niemals mehr geschossen [was ja auch richtig war, denn der Geschützführer war ja gefangengenommen worden]. Doch Hawkins, der sich mit anderen Aussagen widersprüchlich äußerte, war [wie man noch sehen wird] nur noch bis zum nächsten Tag in der Kasematte verblieben...

In einigen Publikationen wird aber auch berichtet, daß die Geschütze nur zeitweise „außer Gefecht" gesetzt worden waren und die deutschen Kanoniere sie später wieder repariert hätten...

Der britischen Darstellung einer auch nur zeitweisen Neutralisierung der Haubitzen widersprach Raimund Steiner entschieden, zumal sie in geschlossenen und auch nach seinen Aussagen „von den Briten niemals gänzlich eingenommenen Kasematten" standen. Er sagte:

„Alle vier Geschütze waren auch nach diesem zweiten Angriff noch immer vollständig intakt..." - eine Aussage, die auch von Johannes Buskotte und Hans Staab nachdrücklich bestätigt wurde. Staab erklärte ergänzend:

„Leute, die etwas von dieser Art der Zerstörung behaupten, haben überhaupt keine Ahnung von Geschützen. Außerdem hätten die Engländer doch bloß die kleinen, aufsteckbaren Rundblickfernrohre abzuziehen brauchen, dann wären die Haubitzen schon nicht mehr einsatzbereit gewesen. Das haben sie aber wohl nicht gewußt

Das Rundblickfernrohr ist ein optisches Gerät zum Einrichten der Geschütze. Es ermöglicht einen Rundblick, die Seiten- sowie die Höhenwinkelmessung und folglich das Übertragen der (Schuß-)Richtung auf das Geschütz.

Foto: Bundesarchiv Bild 101I-554-0865-08A Dr. Stocker, 1943

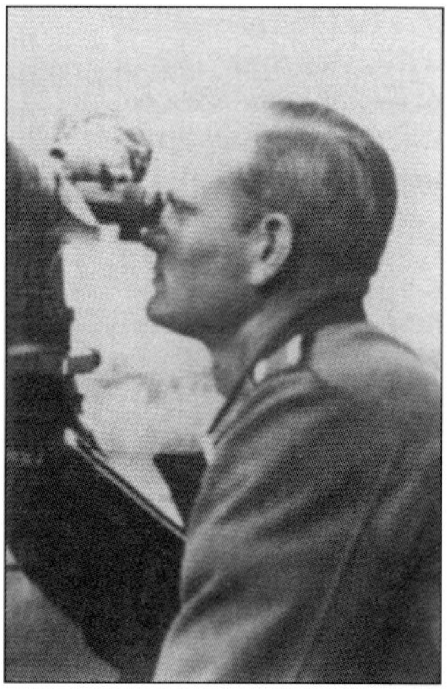

Johannes Buskotte am Rundblickfernrohr.

Foto: Kollektion J. Buskotte

und deshalb den Unsinn mit den Granaten und den Verschlußklappen erfunden - die kann man nämlich überhaupt nicht entfernen..."

In *The Day the Devils dropped in* schrieb Neil Barber, daß Terence Otway herumgegangen wäre, um sich in den einzelnen Kasematten persönlich von der Zerstörung der Geschütze zu überzeugen. Weiter heißt es allgemein, daß Otway nach den Geschütz-Eliminierungen das vereinbarte Leuchtsignal in den Himmel schoß, um dem weit über ihm kreisenden Aufklärungsflugzeug die Erfüllung seines Auftrags anzuzeigen, jedoch wäre von dem Flugzeug keine Bestätigung erfolgt. Woanders wird gesagt, man hätte lediglich gelben Rauch aufsteigen lassen... So mußte der Oberstleutnant davon ausgehen, daß man sein Signal nicht bemerkt hatte. Ihm war auch klar, daß bald vom Kreuzer *Arethusa* der schwere Beschuß auf die Batterie einsetzen würde... Auch wird, abweichend von Otways eigenen Angaben, behauptet, daß von den 130 Artilleristen der Batteriebesatzung nur 16 verwundete und 6 unverwundete überlebt hätten und gefangengenommen wurden - 108 seien gefallen...

Da sich aber am 6. Juni 1944 lediglich 52 Artilleristen in der Batterie befanden und die 3. Kompanie einen aus nur etwa 40 Infanteristen bestehenden Zug zur Verteidigung der Batterie abgestellt hatte, ist auch die Angabe betreffs der deutschen Verluste völlig unrealistisch.

Über die Verluste der Fallschirmjäger sagte Terence Otway in Peter Liddles Buch auf Seite 75:

„Ich ging mit 150 hinein und kam heraus mit nur 65, die noch auf ihren Füßen standen, inklusive mir selbst. Von den Verlusten waren nicht alle tot, einige von ihnen waren verwundet, aber wir mußten die Verwundeten mit dem Arzt dort verlassen."

Weiter berichtet er, daß man einen deutschen Arzt gefangen nahm, der dann in die Batterie zurückging, um seinen medizinischen Vorrat zu holen, und somit Otways Leuten helfen zu können *(gemeint ist der Sanitäts-Wachtmeister Hans Kehlenbach).*

Weiter sagte Otway aus, daß man etwa dieselbe Anzahl von deutschen Verwundeten hatte, wie eigene. Ihr Pater, der als Seelsorger dabei war, sei mit einigen Einheimischen in die Ortschaft gegangen, und er habe ein paar deutsche Stabs-Lastwagen organisiert und zur Batterie gebracht. Dort wurden alle Verwundeten aufgeladen, um sie zurück zur 6. Airborne Division zu fahren. *(Aber war die nicht weit in der Gegend verstreut?)* Dazu klebte man ein Rotes Kreuz an die Front des Fahrzeugs, und die Deutschen ließen sie durch.

Nach dem Angriff lagen auf dem völlig verwüsteten Terrain der 1. Batterie etliche gefallene britische Fallschirmjäger umher.
Foto: Kollektion W. Harig

Gemäß Hans Staabs Aussagen gab es schon seit einigen Monaten weder eine Sanitätsstelle noch einen Arzt im direkten Bereich der Merville-Batterie, in dem irgendwelche medizinischen Vorräte gelagert waren. Auch auf „noch mehrere Lastwagen", die irgendwelche Verwundeten abtransportiert haben sollten, gab es keinen einzigen Hinweis...

Noch während des Kampfes hatten die Fallschirmjäger begonnen, ihre vielen Verwundeten abzutransportieren - aber, abweichend von Otways Darstellung, auf von den Bauarbeitern zurückgelassenen Schubkarren und angeblich auch auf deutschen Munitionsschlitten...

Betreffs besagter Munitionsschlitten erklärte Hans Staab:

„Sowas gab's bei uns doch überhaupt nicht! Unsere Granaten kamen in Kisten und konnten bequem getragen werden. Was sollten wir da mit irgendwelchen Schlitten anfangen...?"

Eine weitere und plausiblere Variante des Abtransports der Verwundeten besagt, daß einer der Sanitäter vor einem in etwa 300 Metern Entfernung befindlichen Bauernhaus einen großen Pferdewagen entdeckt hätte. Die gefangenen deutschen Soldaten halfen, den Wagen zu „organisieren" und jene Verwundeten darauf zu legen, die sich nicht mehr aus eigener Kraft vorwärts bewegen konnten. Ein britischer Sanitäter namens Trottle habe später erzählt, daß die deutschen Gefangenen hätten fortlaufen können, wann immer sie gewollt hätten, doch stattdessen kamen noch einige freiwillig hinzu. Gemeinsam wurde der schwere Wagen dann fortgezogen und -geschoben...

Der britische Autor David Howarth hatte, wie schon vorstehend erwähnt, geschrieben, daß es unter Otways Männern keinen Arzt gab, lediglich einige Sanitäter... Neil Barber und Alan Jefferson berichten hingegen in ihren Büchern von einem britischen Arzt namens Harold Watts, der in einem der Bombenkrater [bei Barber zwischen den Kasematten Nr.1 und Nr.2, bei Jefferson zwischen Nr.2 und Nr.3] Verwundete versorgt haben soll...

Betreffs des deutschen Artilleriefeuers auf die Batterie Merville gab Generalleutnant Wilhelm Richter in seinem offiziellen Bericht vom 31. Mai 1947 unter D/b. an:

Die 3./A.R. 1716 [3. Batterie, Artillerie-Regiment 1716] hatte die Luftlandungen des Feindes im Raum Ranville bald nach Beginn 00:30 Uhr unter Feuer genommen. Gegen 7 Uhr wurde der Feind durch zusammengefaßtes Feuer der 3. und 4. Battr. 1716 zum Verlassen der ehemaligen Feuerstellung der 1. Battr. [Batterie Merville] gezwungen.

Dieses steht jedoch im Widerspruch zu den Aussagen der Herren Steiner und Buskotte. General Richter hatte auf den ersten alarmierenden Anruf des Kommandeurs des Grenadier-Regiments 736, Oberst Krug, um 00:40 Uhr, in keiner Weise reagiert, obwohl er bereits fünf Minuten zuvor von Leutnant Steiner über den in seiner Batterie heruntergekommenen Lastensegler unterrichtet worden war. Erst auf den zweiten Anruf des Oberst Krug, um 00:50 Uhr, wurde seitens Richter reagiert und Alarmstufe II befohlen - allerdings vorerst nur im Raum Riva Bella, also lediglich westlich der Orne... Außerdem war die 3. Batterie völlig passiv geblieben, da sich ihr Chef, Hauptmann Schimpf, im Heimaturlaub befand.

Oberstleutnant Otway rückte nun mit seinen letzten noch lebenden, gehfähigen Männern von dem zerklüfteten Batteriegelände zum vereinbarten Treffpunkt am Kalvarien-Kreuz ab.

Da auch bezüglich der Angaben der Verlustzahlen der britisch-kanadischen Fallschirmjäger nicht unerhebliche Differenzen bestehen, ist bei einer daraus folgenden Durchschnittsbewertung davon auszugehen, daß Otways Sturmtruppe zirka 70 Gefallene und ebenso viele Verwundete, davon etwa 20 Schwerverwundete, sowie 7 von den deutschen Gefangenen zu verzeichnen hatte. Otway selbst gab 65 noch gehfähige Männer an.

Immer mehr Invasoren, und immer mehr Konfusion - auf beiden Seiten...

Inzwischen hatte um 04:07 Uhr die 716. Infanterie-Division wieder die 352. Division orientiert:

„Laufende Verstärkung der Lastensegler und Fallschirmverbände ostwärts der Orne."

Um 04:30 Uhr hatte der Chef des Generalstabs des A.O.K. 7, Generalmajor Max J. Pemsel, den Chef des Generalstabs der Heeresgruppe B, Generalleutnant Dr. Hans Speidel unterrichtet:

„Feindliche Seestreitkräfte vor Orne-Mündung geortet, werden durch eigene Artillerie bekämpft."

Gleichzeitig unterbreitete der Chef des A.O.K. 15, Generaloberst Hans E. K. von Salmuth, dem Chef der Heeresgruppe D, Generalleutnant Günther A. F. Blumentritt, den Antrag, die 21. Panzer-Division östlich der Orne einzusetzen. Doch Blumentritt war „der Ansicht, daß mit dem Einsatz der 21. Panzer-Division noch abgewartet werden muß"...

Um 04:40 Uhr, zur selben Zeit, da Oberstleutnant Otway mit seinen Männern bereits dabei war, sich vom WN 01 zurückzuziehen, meldete das LXXXIV. Armeekorps an A.O.K. 7:

"1./ und 3./Artillerie-Abteilung 1716 von Lastenseglern angegriffen. 1. Batterie im Nahkampf. Mit 3. Batterie keine Verbindung mehr."

Um 04:45 Uhr meldete der Ia der 716. Infanterie-Division an das A.O.K. 7:

„Brücke bei Bénouville vom Feind besetzt. Angriff dagegen mit Front nach Osten angesetzt."

Auch am westlichen Flügel des Invasionsraums waren bereits die Luftlandeunternehmen der Amerikaner im großen Stil im Gange, doch war die deutsche Aufklärung zu dieser Zeit noch immer nicht imstande, die gesamte Dimension des Angriffs zu überblicken.

Überall in den Landeräumen in der Normandie herrschte unter den Invasoren Konfusion. Viel zu weit verstreut waren die Luftlandetruppen heruntergekommen. Bereits um 00:50 Uhr war der Fallschirmjäger-Major Roseveare nördlich des Waldes von Bavent und 11 Kilometer von der durch seinen Pionier-Trupp zu sprengenden Brücke bei Troarn gelandet. Es hatte einige Zeit gedauert, bis er im Dunkeln sechs Offiziere und *(etwa)* vierzig weitere Soldaten zusammenge-

Das großflächige und völlig unregelmäßig verlaufende Überschwemmungsgebiet der Dives wurde für Hunderte von Fallschirmjägern zu einer äußerst gefährlichen Falle... **Foto: Archiv von Keusgen**

sucht hatte. Die für ihn bestimmten Lastensegler mit den wichtigen Jeeps waren woanders heruntergekommen. Aus mehreren anderen Gleitern hatte man Munition, Sprengstoff und einen Munitionshandkarren geborgen. Der Karren war voll Sprengstoff geladen worden, dann war man gegen 02:30 Uhr losmarschiert. Der schwer beladene Karren mußte von einigen Männern gezogen und geschoben werden. Man mußte sich beeilen, denn es würde lebensgefährlich, das von deutschen Soldaten besetzte Troarn bei hellem Tageslicht zu durchqueren...

Es war schon weit nach 04:00 Uhr, als der kleine Trupp endlich eine schmale Landstraße erreicht hatte, auf der ihm der Jeep eines Sanitätszugs begegnet war. Der gesamte Jeep sowie der Anhänger waren randvoll mit Medikamenten und Verbandmaterial beladen. Roseveare hatte den Jeep sofort stoppen und das gesamte Material abladen und die Ladung des Karrens aufladen lassen. Dann setzte sich der Major persönlich ans Steuer und nahm einen seiner Offiziere und sieben weitere Soldaten mit. Die restlichen Männer schickte er zur nächstgelegenen Brücke von Robehomme, um auch sie zu sprengen...

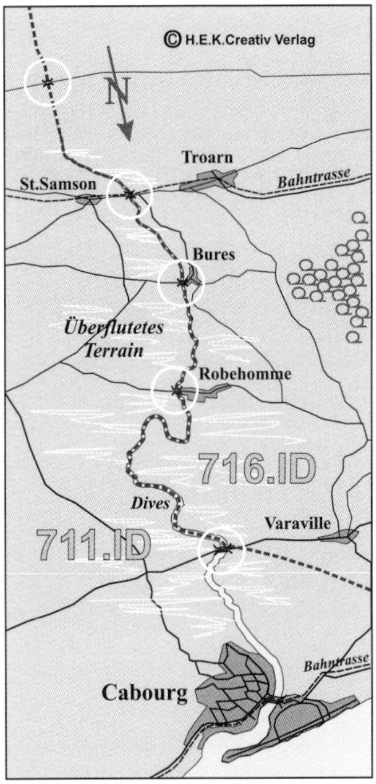

Um einem Angriff der 711. Infanterie-Division in ihre linke Flanke entgegen zu wirken, mußten zuerst deren Rollbahnen unterbrochen werden. Aus diesem Grund bestand die primäre Aufgabe der ersten britischen Fallschirmjäger darin, die für die deutschen Truppen wichtigen fünf in Ost-West-Richtung führenden Brücken über die Dives (weiß eingekreist) zu zerstören.

Grafik: von Keusgen

Nach einer abenteuerlichen Fahrt mit mehreren kleinen Schießereien mit deutschen Soldaten, war es Major Roseveare mit seinen wenigen Männern gelungen, Troarn mit dem schwer beladenen Jeep samt Anhänger unter mehrfachem Beschuß zu durchqueren - lediglich einer seiner Soldaten war während der eiligen Fahrt heruntergefallen und mußte unter Beschuß und in der Eile liegengelassen werden.

Als die Morgendämmerung anbrach, hatte der kleine Pionier-Trupp 500 Meter hinter Troarn endlich die gesuchte Brücke über die Dives gefunden, die bereits in dem breiten Überschwemmungsgebiet lag und durch die sich die jahrhundertealte Chaussee von Caen nach Le Havre und Rouen wand. Die Brücke wurde auftragsgemäß gegen 05:00 Uhr gesprengt.

Bis zum Tagesanbruch gelang es den britischen Einsatzkräften, auch die drei weiteren Brücken über die Dives zu zerstören. Eine außergewöhnliche Begebenheit erleichterte überraschenderweise den britischen Fallschirmjäger-Pionieren die Einnahme und Sprengung jener Brücke der Chaussee von Varreville nach Grangues:

Eine Kompanie des in der Nähe der Brücke stationierten II. Bataillons des Infanterie-Regiments 744 hatte drei Wochen zuvor eine Nachtübung durchgeführt, bei der die Einnahme dieser Brücke geprobt werden sollte - allerdings ohne die Übung der „Gegenseite" angekündigt zu haben. Der „verteidigende" Brücken-Wachtposten hatte daraufhin zwei der „angreifenden" Soldaten erschossen...

Als nun in der Nacht zum 6. Juni ein echter Angriff stattfand, war der Wachtposten infolge der fälschlichen Annahme einer Wiederholung der damaligen Ereignisse irritiert, zögerte einen Moment zu lange - und wurde von einem der Fallschirmjäger mit dessen Kampfmesser erstochen. Wenige Minuten später konnte auch diese Brücke gesprengt werden.

Erst vier Stunden nach seinem Absprung hatte Brigadegeneral James Hill 42 mittels Seilen untereinander verbundener Soldaten bis zum Rand ihrer vorgesehenen Absprungzone geführt, die inzwischen von Kanadiern eingenommen worden war. Für Hill war es nun wichtig, so schnell wie möglich zur Batterie Merville zu marschieren, die zu zerstören ja der Befehl lautete. So setzte er sich mit seinen Nachzüglern und einem Meldehund und dessen Hundeführer in Bewegung. Der Hund hieß Glen, sein Führer Emile Corteil...

Als man sich auf einem nur schmalen Weg befand, der durch sumpfiges Gelände führte, näherten sich im ersten Morgengrauen einige tieffliegende Spitfire-Jagdbomber. Hill befahl seinen Leuten „Volle Deckung!“, und alle warfen sich auf den Boden. Neben dem General befand sich in diesem Moment ein Offizier des Granatwerfer-Zuges des 9. Bataillons namens Peters, der sich ebenfalls hinwarf. So kam es im Moment der Konfusion dazu, daß sich Hill zufällig auf diesen Offizier warf. Die Spitfires ließen mehrere Splitterbomben fallen, und einige detonierten in der Nähe der Soldatengruppe. Der General spürte einen heftigen Schlag am linken Oberschenkel. Als er die Augen wieder öffnete, sah er in seiner Nähe ein abgerissenes Bein auf dem Weg liegen, und er erschrak. Dann bemerkte er, daß dieses Bein in einem braunen amerikanischen Springer-Stiefel steckte. Er selbst hatte untersagt, daß seine Soldaten derartige Stiefel trugen. Aber es gab einen, der es dennoch getan hatte - Peters, der Offizier, auf dem Hill gerade lag...

Nach dem Bombeneinschlag konnten sich von Hills Männern nur noch zwei erheben, alle anderen waren schwerverwundet oder tot - so auch Peters. Der General hatte selbst eine starke Oberschenkelverwundung erhalten, doch mußte er gemäß seines Einsatzbefehls weitermarschieren. *(General Hill mußte sich kurz danach für einige Zeit in ärztliche Behandlung begeben.)* Den Verwundeten wurde eilig Morphium gespritzt, das jeder Soldat in seinem Kampfanzug bei sich trug. Den Toten wurde dieses wichtige Schmerzmittel abgenommen.

Als James Hill dann mit seinen beiden letzten Männern weiterzog, blieb unter den Toten auch ein junger Hundeführer namens Emile Corteil zurück - und sein Meldehund Glen...

Grabstätte des Gefreiten Emile Corteil auf dem britischen Soldatenfriedhof in Ranville, Gräberfeld IA, Reihe G, Grab Nr.13.
Am Fuße des Grabsteins steht geschrieben:
„Hättest Du unseren Jungen gekannt, hättest auch Du ihn geliebt. Glen, sein Fallschirm-Hund, wurde mit ihm getötet.“
Und weil beide zusammen gefallen waren, wurden sie auch an dieser Stelle zusammen beerdigt.

Foto: von Keusgen

In einigen der kleinen Ortschaften in der Normandie entstand im Verlauf der Nacht eine gewisse Unruhe. Madame Christine Peronc, Einwohnerin in Ranville, berichtete:

„Gegen 05:00 Uhr wurden wir plötzlich von Kampflärm geweckt. Mein Mann und ich kleideten uns rasch an und liefen auf die Straße, um zu sehen, was dort vor sich ging... Draußen zogen wieder Soldaten vorbei. Sie hatten geschwärzte Gesichter und zogen kleine Kanonen hinter sich her. Auch ein kleiner Panzer kam die Straße heruntergerollt. Dann sah ich kleine weiße Sterne auf den Kanonen und auf dem Panzer. Da kam mir der Gedanke, daß es Engländer waren... Ja, es waren Engländer! Und als wir dann auch noch die Lastensegler heranrauschen hörten und landen sahen, erkannten wir, daß das hier kein Manöver war... Dennoch, uns überkam nicht gleich die große Freude. Wir standen der ganzen Sache neutral gegenüber. Wir wollten dann aber doch die Engländer begrüßen. Aber die schickten uns sofort wieder nach Hause zurück. *Schnell, schnell,* sagten sie, *die Deutschen werden bald versuchen, die Brücke zurückzuerobern...!* Man verbot uns, daß wir uns auf der Straße aufhielten...“

Hans von Lucks Regiment hatte indessen genau dort eine Abwehrfront aufgebaut, wo es, zur Tatenlosigkeit verurteilt, gerade stand. Auch der Rest der Division mit dem Panzer-Regiment 100 und dem Panzergrenadier-Regiment 192 stand still - in höchster Alarmbereitschaft...

Oberleutnant Helmut Liebeskind rief noch einmal bei der Division an und sprach mit dem Ic *(Dritter Generalstabsoffizier)*, Major Forster, doch auch ihm war es nicht möglich, die Befehlslage zu ändern. Die Armee teilte lediglich mit, „daß es sich bei der ganzen Angelegenheit um ein Ablenkungsmanöver handelt, denn schließlich haben die Engländer ja auch eine Menge kleiner Strohpuppen an Fallschirmen abgeworfen..."

Der Morgen begann bereits heraufzudämmern, und Major Hans von Luck schickte seinen Adjutanten zum Divisionsgefechtsstand nach St.-Pierre-sur-Dives *(20 Kilometer südöstlich Troarn und 29 Kilometer südöstlich Caen)*, um nun endlich die Freigabe zum Gegenangriff zu erwirken... Inzwischen nahmen die Ereignisse zum bevorstehenden Großangriff auf die deutschen Truppen in der Normandie und an ihrer Küste ihren weiteren Verlauf:

Um 05:30 Uhr nebelten Flugzeuge der Royal Air Force die britischen Kriegsschiffe vor ihrem Landeabschnitt *Sword* ein, um sie vor Feindeinsicht zu schützen, da der Tag zunehmend heraufzudämmern begann - bewölkt und grau.

Ab 05:45 Uhr wurde Ouistréham derart stark bombardiert, daß in der Folge sämtliche Telefonverbindungen nach außerhalb ausfielen.

Um 05:47 Uhr zählten deutsche Beobachter im Morgendunst am Horizont des Seeraums nördlich von Ouistréham die ersten achtzig Kriegsschiffe *(viele weitere wurden auch in den anderen Landeabschnitten des bis zu 90 Kilometer breiten, von der Orne-Bucht bis auf die Cotentin-Halbinsel reichenden Invasionsraums gesichtet)*.

Exakt um 05:55 Uhr begann die Beschießung der deutschen Küstenverteidigungsanlagen von See her...

Foto: US National Archives

„Da gab's ein echtes Donnerwetter..."

Um 05:55 Uhr erhielt der Admiral Kanalküste eine Meldung aus Rouen, dergemäß vor der Orne-Mündung viele feindliche Landungsboote gesichtet wurden.

In diesem Augenblick brach mit dem ersten Tageslicht an der normannischen Küste ein brüllendes Inferno los. Trotz graubezogenen Himmels ohne gute Weitsichtmöglichkeit begann auf der gesamten Invasionsfront der West-Alliierten das Trommelfeuer der schweren Schiffsgeschütze auf die deutschen Küstenverteidigungsanlagen *(die großen Schlachtschiffe aus anfangs dreißig Kilometern Entfernung, im Laufe der Zeit näher kommend)*. Zwischen den Schlachtschiffen und dem Küstensaum dümpelten auf dem noch vom schlechten Wetter der Vortage unruhigen Meer lange, schlanke Prähme, bestückt mit Raketenwerfern für Salven von jeweils 324 Raketen, dazwischen mit leichten Geschützen bestückte Landungsboote. Alles feuerte unentwegt auf die Küste; und unter dieser konvexen Glocke aus Granaten und Raketen näherten sich in mehreren Angriffswellen Hunderte kleinerer, vollbesetzter Landungsboote, die ihre lebende Fracht in Richtung der Strände transportierten - mehrere tausend Infanteristen für den ersten Sturm auf die deutschen Stellungen.

Auch auf die Batterie Merville hatte der schwere Beschuß eingesetzt. Die Anlage wurde mit 15,2-cm-Kalibern der Schiffsartillerie des Kreuzers *HMS Arethusa* unter Feuer genommen. Da das Kriegsschiff aber aus nördlicher Richtung schoß *(3° Nordnordost)*, die Scharten der vier Kasematten aber nach Nordwesten ausgerichtet waren, konnte trotz des unentwegten Beschusses kein einziger Schartentreffer erzielt werden.

Während der Dunkelheit hatten bisher Hans Staab und seine drei Kameraden in dem nassen Panzergraben Schutz gefunden und ihre Position vorerst beibehalten:

„Nachdem es hell geworden war, konnten wir aber wegen des schweren Granatbeschusses der Schiffsartillerie erst recht nicht mehr zu unseren Unterständen zurücklaufen. Da gab's ein echtes Donnerwetter. Jetzt mußten wir in dem Graben Deckung nehmen - und so sind wir halt weiterhin d'rin hockengeblieben..."

Das schwere Trommelfeuer der Schiffsartillerie ließ die Luft vibrieren. Pfeifend und heulend flogen die großkalibrigen Granaten kilometerweit ins Inland und sollten den deutschen Abwehrgürtel zermürben. Einige schlugen in der Nähe der Kanal- und der Orne-Brücke ein - zum Entsetzen der dort stehenden britischen und kanadischen Truppen. Gleichzeitig wurden Howards Männer an der Bénouville-Brücke auch noch aus Gewehren beschossen. Die Schüsse kamen aus der Richtung des 820 Meter südwestlich der Kanal-Brücke gelegenen Châteaus de Bénouville und dem benachbarten Wasserturm *(920 Meter von der Brücke entfernt)*. Howard war der Meinung, daß vom Dach des Schlosses und vom Wasserturm aus geschossen wurde. Der Major und ein Teil seiner Soldaten hatte inzwischen jenen Keller-Unterstand aufgesucht, der noch bis vor ein paar Stunden den provisorischen Gefechtsstand an der Hebebrücke gebildet hatte. Die Soldaten Charlie Gardner, William Gray und Wally Parr stiegen in die Geschützgrube der betonierten Ringstellung mit der 5-cm-Kampfwagenkanone nahe der Brücke hinab und begannen in Richtung des Schlosses und des benachbarten Wasserturms zu feuern. Die Munition dafür hatten sie in dem Unterstand entdeckt.

Nach ein paar Schüssen traf eine der 5-cm-Granaten den Wasserturm. Der steinerne Wasserspeicher explodierte, und eine große Welle aus Wasser und Steinen schwappte hinab und überflutete laut rauschend die nähere Umgebung. Dann schlug eine 5-cm-Granate im ersten Stockwerk des Schlosses ein.

Als Leutnant Steiner um 06:10 Uhr zum zweiten Mal zu seiner B-Stelle zurückkehrte, war es bereits hell, wenn auch noch immer mit stark bedecktem, grauen Himmel:

„Es war noch sehr diesig, und als ich hinausblickte, sah ich ein schwaches, dunkles Band... Einen Moment später konnte ich einzelne Lichter erkennen - dann Schiffe. Hunderte! Ich war tief beeindruckt..."

Unentwegt hämmerte die Schiffsartillerie auf die deutschen Küstenverteidigungsanlagen ein. Der Himmel begann sich infolge der starken Rauch- und Qualmentwicklung über dem gesamten Küstenstreifen zu verfinstern, der Erdboden bebte, und die vom Sprengstoff bitter schmeckende Luft vibrierte und war angefüllt vom Heulen der Werfer-Raketen und vom Brüllen Millionen krepierender Granaten.

Ab 6:22 Uhr begannen die Briten in ihren Landeabschnitten mit dem Anlanden von Infanteristen.

Foto: US National Archives

Um 06:22 Uhr begannen die ersten britischen Landungsboote in ihrem Landeabschnitt *Sword Beach* im Schutz starker Vernebelung durch die Kriegsschiffe mit ihren Anlandungen. Als sich der künstliche Nebel währenddessen langsam verzog und bessere Sichtverhältnisse herrschten, konnte Leutnant Steiner durch sein Scherenfernrohr die weiteren Ereignisse auf dem Meer beobachten:

„Dann kamen Landungsboote... Es war Ebbe. Die Soldaten mußten mit ihren Ausrüstungen ins flache Wasser springen. In diesem Moment hätte man die Invasion abschlagen können, aber Hitler war ja der Meinung, daß sie noch da oben bei Calais kommen würden..."

Immer mehr Landungsboote mit Infanteristen näherten sich dem Strand. Auch Steiner war in Sorge:

„Meine Soldaten flehten, daß ich noch mehr schießen lassen sollte, sie sagten, *Herr Leutnant, tun Sie was, die kommen ja alle auf uns zu!* Ich hätte den gesamten Landeabschnitt mit Vierer-Salven beschießen lassen können - aber ich konnte es nicht..., ich konnte es nicht mit meinem Gewissen verantworten... Die Soldaten verstanden nicht, warum ich zögerte, fragten, *warum lassen Sie nicht schießen? Jetzt kommen sie, und wir müssen dagegen ankämpfen...!* So ließ ich Sperrfeuer auf den Strand legen. Da konnte kein Angreifer hindurchkommen... Für mich machte es einen großen Unterschied, ob ich auf Wehrlose im Wasser schoß, die ihre Gewehre über ihre Köpfe hielten, oder auf kampfbereite Angreifer am Strand... Ich hatte Skrupel, sie wehrlos im Wasser zusammenschießen zu lassen..." *

Über den Beschuß auf den Strand vor Steiners B-Stelle erklärte Johannes Buskotte:

„Als der Chef morgens befahl, den Strand vor seiner B-Stelle mit Sperrfeuer zu belegen, mußten die Haubitzen nach vorn, aus den Scharten geschoben und nach Norden ausgerichtet werden. Wegen ihrer Position konnten aber nur drei Geschütze feuern, Nr.4 lag zu weit zurück... Wir schossen dann etliche Salven, aber schon bald antwortete uns die Schiffsartillerie. Da mußten wir uns beeilen, die Haubitzen wieder in die Bunker zu bekommen..."

Scharfschützen eines der britischen Sonder-Kommandos. Foto: Battlefield Historian Ltd.

Vor der B-Stelle des Leutnants Steiner hatten etliche Landungsboote den Strand erreicht. Ein Angehöriger eines Teils des an dieser Stelle gelandeten Kommandos der Royal Marines berichtete:

„Ich gehörte zur ersten Angriffswelle einer speziell ausgebildeten Sondertruppe, die dort als erste an Land ging. Es war nicht immer so, daß die Panzer zuerst an Land geschickt wurden. In unserem Fall war es so, daß unser Kommando zuerst gehen mußte. Wir waren ein Voraus-Kommando mit 32 Männern in unserem Boot, ausgerüstet mit Maschinengewehren und Karabinern. Wir sollten die Geschützstellungen am Strand einnehmen. Ich trug eine Thompson-Maschinenpistole. Damit umzugehen, war einfach; ich konnte leicht aus der Hüfte feuern.

Jeder von uns hatte Angst, als wir am Strand landeten, denn der stand unter Artilleriebeschuß; und wenn jemand gesagt hätte, er habe keine Angst, wäre es nicht wahr gewesen. Es war ein sehr schweres Feuer, und wir waren alle völlig durchnäßt... Wir haben nicht angehalten, sind nur gerannt, weiter nach links, um auszuweichen... Am Strand lagen viele Verwundete und Tote. Das Schlimmste war, daß ich zusehen mußte, wie ich meine Kameraden verlor. Sie lagen verwundet am Strand, und wir durften ihnen nicht helfen, weil wir weiter mußten. Die Toten, das war schlimm, aber die verwundeten Kameraden liegen lassen müssen, das war furchtbar...

Als wir einen der großen Bunker am Strand erreicht hatten, kamen einige deutsche Soldaten heraus und eröffneten das Feuer. Es ist schwer, zu beschreiben, wie einem zumute ist, wenn einer vor dir steht und man sich sagen muß, *der oder ich...*" **

---

* Anhand von Raimund Steiners und Johannes Buskottes diesbezüglicher Aussagen ist ersichtlich, daß es über den bis *(offiziell)* westlich der Orne-Mündung begrenzten britischen Landeabschnitt *Sword* hinaus noch einen weiteren Bereich gab, in dem Truppenanlandungen der Briten stattfanden - von der Orne-Bucht bis einschließlich vor Franceville Plage.

** Weil er seinen Kameraden keine Hilfeleistung hatte zukommen lassen *(dürfen)*, wollte dieser Kriegsteilnehmer seinen Namen nicht preisgeben.

Gegen 06:30 Uhr traf Oberleutnant Liebeskind beim Divisionsgefechtsstand in St.-Pierre-sur-Dives ein. Unmittelbar nach seiner Ankunft wurde er zufällig Zeuge eines Telefongesprächs, das Generalmajor Feuchtinger in erregtem Ton mit der Armee führte *(Interpretation Hans von Lucks gemäß der Aussage seines Adjutanten)*:

„Herr General, ich bin soeben aus Paris zurückgekehrt und habe an der Küste ostwärts Cabourg eine riesige Armada von Kriegs- und Versorgungsschiffen und Landungsbooten gesehen. Ich möchte mit der geschlossenen Division sofort ostwärts der Orne angreifen, um zur Küste vorzustoßen."

Doch eine Freigabe der 21. Panzer-Division wurde *(zu dieser Zeit)* kategorisch abgelehnt.*

---

* Erst Anfang Mai 1987 erhielt Hans von Luck von Werner Kortenhaus zwei Schreiben, die Erwin Rommels Stabschef, Generalleutnant Dr. Hans Speidel, Ende 1979 an Kortenhaus geschickt hatte. Der Wortlaut des ersten Schreibens, vom 26. Oktober 1979, lautete auszugsweise:

„[.....] Ich rief am 6. Juni 1944 zwischen 01:00 Uhr und 02:00 Uhr Feuchtinger an, konnte ihn aber nicht erreichen. Er wurde von meinem 1. Generalstabs-Offizier erst am Vormittag des 6. Juni erreicht. [.....] Feuchtinger hatte die allgemeine Weisung, im Falle einer Luftlandung sofort anzugreifen. [.....]"

Im zweiten Schreiben, vom 15. November 1979, hatte Speidel geschrieben *(auszugsweise)*:

„[.....] Die 21. Panzerdivision hatte den Befehl, bei einer Luftlandung des Gegners sofort anzutreten, und zwar die ganze Division. [.....]"

Ein genereller Befehl, bei Luftlandungen sofort, noch in der Nacht zum 6. Juni, mit den gesamten Kräften anzugreifen, folglich auch mit von Lucks kompletter Kampfgruppe, war weder Hans von Luck noch Helmut Liebeskind *(dem späteren Bundeswehr-General)* bekannt. Da sich auch alle anderen Verbände daran hielten, auch nur die kleinste Operation ausschließlich nach Freigabe durch die Heeresgruppe B auszuführen, ging Hans von Luck davon aus, daß auch deren Kommandeure diesen Befehl nicht kannten. Aus Speidels Schreiben geht aber eindeutig hervor, daß der Divisionsstab den anderen Befehl gekannt haben mußte...

Eine weitere, äußerst interessante Information erhielt Hans von Luck im Juni 1987 vom damaligen Hauptmann im Generalstab Wagemann *(später ebenfalls Bundeswehr-General)*. Wagemann war 1944 von Mai bis einschließlich Juni zur Ausbildung zum Divisionsstab kommandiert worden, und in der Nacht vom 5. zum 6. Juni hatte er den Ersten Generalstabsoffizier vertreten - jenen Generalstabsoffizier, der sich mit Feuchtinger in Paris aufhielt. Wagemann hatte berichtet, daß am späten Abend des 5. Juni die Funkmeldekompanie der Division englische Klartextfunksprüche aufgefangen hatte, die auf die Beladung von Lastenseglern schließen ließ. Die Meldung war weitergeleitet worden... Außerdem habe man bereits nach den Eingängen der ersten Meldungen betreffs Luftlandungen sofort die gesamte Division alarmiert. Auch Feuchtinger sei zwischen 02:00 Uhr und 03:00 Uhr des 6. Juni in Paris in Kenntnis gesetzt worden. Feuchtinger und sein Generalstabsoffizier wären dann zwischen 06:00 Uhr und 07:00 Uhr im Gefechtsstand eingetroffen. Dort waren nun alle darüber verwundert, daß Speidel, in Kenntnis der „allgemeinen Weisung", nach dem Telefonat um 02:00 Uhr nicht umgehend den Befehl zum sofortigen Angriff mit allen ostwärts der Orne verfügbaren Truppen gegen den luftgelandeten Feind erteilte...

In seinem Buch *Invasion 1944 - Ein Beitrag zu Rommels und des Dritten Reiches Schicksal*, 1949 im Rainer Wunderlich Verlag Hermann Leins erschienen, schrieb Dr. Speidel auf Seite 99 *(über sich in der Dritten Person)* auszugsweise:

„Der Chef des Generalstabes der Heeresgruppe B [Speidel] meldete am 6. Juni zwischen 06:00 Uhr und 06:30 Uhr seinem Oberbefehlshaber fernmündlich nach Herrlingen Lage und erste Maßnahmen, die Feldmarschall Rommel billigte. [.....] Eine Ausgabe operativer Weisungen kam in den ersten Stunden nicht in Frage, solange nicht Meldungen und die sofort überall hin entsandten Aufklärungsorgane Klarheit gebracht hatten. Man mußte die Nerven zum Warten haben. [.....] Generaloberst Jodl [Chef des Wehrmachtführungsstabes] wurde wiederholt über die Lage durch den Chef des Generalstabes unterrichtet, welcher auch die Freigabe der dem Oberkommando der Wehrmacht unterstehenden Panzer-Divisionen erbat. [.....] In der Voraussicht, daß es bei einer Feindlandung auf jede Stunde ankommen würde, um die zuerst gelandeten Kräfte zu vernichten, eine Verstärkung und Raumgewinnung des Gegners

Generalleutnant Hans Speidel, Chef des Generalstabs des Oberkommandos der Heeresgruppe B (ca. 1944).

Foto: Bundesarchiv Bild 146-1972-032-06

zu verhindern, hatte Rommel der 21. Panzer-Division im Raum südlich Caen bereits im Mai den Kampfauftrag gegeben, das Schwächemoment des Gegners beim Anlanden zum >automatischen Gegenangriff< zu benutzen. Alle Möglichkeiten waren nach Gelände und Kräften kriegsspielmäßig vorbereitet. Die 21. Panzer-Division war durch Rommel an diese entscheidende Stelle gestellt worden, weitere Panzerkräfte wurden ihm aber versagt. Bei dem morgendlichen Ferngespräch mit seinem Chef des Generalstabes hatte der Feldmarschall nochmals ausdrücklich auf den wahrscheinlich notwendig werdenden Angriff der 21. Panzer-Division und aller in ihrem Raum verfügbaren Reserven unter einheitlicher Führung hingewiesen."

Unter dem Gebüsch, direkt am Ufer des Caen-Kanals, versteckten sich noch immer Helmut Römer und seine beiden Kameraden.

Foto: von Keusgen

„Wir hockten da unter dem Holunderstrauch, und es begann langsam Tag zu werden...", erzählte Helmut Römer, „wir hatten ja die ganze Nacht dort gelegen und beobachten können, daß die Briten im Dunkeln umhergestreift waren, offenbar um nach deutschen Soldaten zu suchen. Die meisten von uns hatten sie bei ihrem Überfall ja wohl umgelegt... Wir hatten auch das ganze Schauspiel mit dem explodierenden Panzer mitbekommen, wußten aber nur nicht genau, was da vorgegangen war. Und nun wimmelten trotz des sumpfigen Geländes so viele Engländer in dieser Gegend herum, daß wir nicht aus unserem Versteck 'rauskonnten. So mußten wir uns ruhig verhalten und weiter liegenbleiben... Da kamen auf einmal zwei deutsche Boote den Kanal entlanggefahren, Schnellboote oder so etwas, beide in Richtung Caen..."

Römer, Sauer und Marschinski sahen zwei deutsche Boote von der Schleuse her auf die Hebebrücke zufahren. Da die Brücke aber herabgelassen war, stoppten die Boote in einiger Entfernung zueinander; das erste genau auf der Höhe jenes Holunderstrauchs unter dem die drei Deutschen lagen. Dann wurde vom ersten Boot aus in Richtung der 230 Meter westlich des Kanals stehenden Kirche von Bénouville geschossen - dort hatte man inzwischen das Hauptquartier des 7. Fallschirmjäger-Bataillons eingerichtet. Helmut Römer beschrieb die Situation:

„Sofort ging vom Ufer gegenüber die Schießerei los. Die Engländer hatten inzwischen eine kleine Kanone *(tatsächlich handelte es sich lediglich um die schon einmal gegen den Panzer eingesetzte PIAT-Waffe)*, und damit haben sie das vordere Boot sofort auf Grund gesetzt. Ging alles ganz schnell... Was mit der Besatzung passiert ist, konnten wir nicht sehen. Wir sind ja selbst in Deckung gegangen. Da wurde ja auch noch mit Gewehren geschossen - in unsere Richtung..."

Das zweite Boot hatte unmittelbar nach Beginn des Beschusses gewendet und sich rasch entfernt. Ein paar Minuten später ragten nur noch die oberen Teile der Deckaufbauten und die Maste des anderen Bootes aus dem trüben Wasser des Caen-Kanals.*

An der Küste gingen die Anlandungen indessen weiter - auch die schwerer Waffen...

Foto: US National Archives

Noch während sich um 06:30 Uhr Oberleutnant Helmut Liebeskind im Divisionsgefechtsstand aufhielt, fielen vor den 98 direkt im Invasionsraum an der Küste gelegenen, vom schweren Beschuß und den Bombardierungen größtenteils stark angeschlagenen Widerstandsnestern und Stützpunkten die ersten Rampen der Landungsboote auf

---

* In *The Private Papers of Major John Howard DSO*, auf Seite 133, hat Howard von nur einem einzigen „Kanonenboot" geschrieben, das nach dem Treffer mit der PIAT durch den Soldaten Cheesley zu wenden versuchte, dabei auf der westlichen Seite des Kanals auf Grund lief, was den Briten ermöglichte, die an Bord befindlichen Deutschen gefangenzunehmen und sie dann zu einer Sammelstelle nahe General Gales Hauptquartier in Ranville zu bringen.

den Strand - und die voll einsatzfähige Panzer-Division blieb weiterhin unbeweglich im küstennahen Hinterland stehen.

Der Oberbefehlshaber West, Generalfeldmarschall von Rundstedt, war, genau wie Hitlers Oberkommando, der Meinung, bei dem Angriff auf die Normandie handele es sich lediglich um ein Ablenkungsmanöver, und der Hauptangriff würde am Pas-de-Calais erfolgen... Der Kommandierende General hingegen, General der Artillerie Erich Marcks, hatte um 01:11 Uhr im Stabsquartier des LXXXIV. Armeekorps, in St. Lô, eine erste telefonische Mitteilung betreffs der Landung feindlicher Fallschirmjäger östlich der Orne erhalten und hielt den Angriff bereits vom ersten Moment an für „echt".

Nun warfen starke Bomberverbände der Alliierten in konzentrierten Angriffen weiterhin ihre zerstörerische Fracht auf die Küstenregion und Caen - infolge ihrer uneingeschränkten Luftüberlegenheit völlig unbehelligt. Hans von Luck und sein Adjutant beobachteten den Großangriff von einem Hügel östlich von Caen. Durch ihre Ferngläser konnten sie die riesige Armada weit vor der Küste erkennen, die vielen Kriegsschiffe mit den silbern glänzenden, zeppelinähnlichen Sperrballons zur Fliegerabwehr; auch konnten sie die heranfahrenden Landungsboote und die inzwischen mit vielen Lastenseglern bedeckten Felder sehen... Hans von Luck sagte über die Situation:

Oberbefehlshaber West Generalfeldmarschall Karl Rudolf Gerd von Rundstedt (1875 - 1953).

Foto: Bundesarchiv Bild 146-1995-082-21 Allgemeiner Deutscher Nachrichtendienst

Foto der britischen Luftaufklärung von der Landezone N nördlich Ranville, in der zu diesem Zeitpunkt bereits 152 Lastensegler gelandet waren. **Foto: Battlefield Historian Ltd.**

„In Anbetracht der deutlich erkennbaren Übermacht der Alliierten gab es eigentlich kaum noch eine Chance zur Zurückschlagung dieses Angriffs. Bereits zu dieser Zeit war es schon sehr schwierig, Reserven an die Küste heranzuführen. Die verschärfte Lage verlangte nun eine Umgruppierung. So wurde östlich und westlich der Orne jeweils eine starke Kampfgruppe gebildet, und wir warteten weiter auf die Freigabe zum Gegenangriff..."

Die Umgruppierung der Panzer-Division kostete nun viel Zeit und weitere Verluste durch Luftangriffe. Infolge ihrer bisherigen Standorte mußten sich die meisten Verbände erst stundenlang aus dem Raum östlich der Orne durch das Nadelöhr nahe nördlich von Caen zwängen, über die wenigen zur Verfügung stehenden, schmalen Brücken - und Caen lag zu dieser Zeit unter ständigem Beschuß der Schlachtschiffe und der Jabos...

Noch zwei Stunden hatte Oberstleutnant Terence Otway mit seinen letzten noch lebenden Männern in sicherer Entfernung zur Batterie Merville, nahe des dortigen Kalvarienkreuzes verharrt, einerseits um die Verwundeten zu versorgen, sowie um noch auf ein eventuelles Eintreffen zu weit entfernt gelandeter Kameraden zu warten. Von Gonneville waren noch einige der ebenfalls weit verstreut abgesprungenen kanadischen Fallschirmjäger hinzugekommen, so bestand nun Otways Truppe aus *(etwa)* 80 Soldaten. Seit einer Stunde konnten sie die Beschießung der Küste durch die schwere Schiffsartillerie hören.

Inzwischen war darüber diskutiert worden, was man mit den deutschen Gefangenen tun sollte. Eine Erschießung wurde in Erwägung gezogen, zu der sich Alan Jefferson *(nach eigenen Angaben in seinem Buch auf Seite 118)* zur Verfügung stellen wollte. Doch wurde eine solche Untat bald wieder verworfen, und man überlegte, ob man die Gefangenen auf dem weiteren Rückweg vor sich hergehen lassen sollte - falls man in weitere Minenfelder geraten würde... Aber *(Zitat Jefferson, Seite 119)* „eine hochprinzipientreue Einzelperson in dieser befremdlichen Debatte" verwies diesbezüglich auf die Genfer Konvention. Ihm wurde *(laut Jefferson, Seite 119)* gesagt, er solle den Mund halten, und man entschied, die Deutschen vorhergehen zu lassen...

Um 07:00 Uhr ließ Otway seinen kleinen Trupp abrücken, um gemäß ihres Gesamt-Einsatzplans weiter in östliche Richtung vorzusto-

Rückzug der Männer des 9. Fallschirmjäger-Bataillons nach ihrem Angriff auf die Batterie Merville.
Foto: Battlefield Historian Ltd.

ßen. Nicht weit vom Kalvarienkreuz entfernt befindet sich das große Anwesen Haras *(=Gestüt)* de Retz, 850 Meter südlich der Merville-Batterie, und es wurde beschlossen, 22 nicht mehr transportfähige Schwerverwundete und einige Sanitäter in dem herrschaftlichen Haupthaus zurückzulassen. So zog Otway mit nur noch einem kleinen Rest seiner Fallschirmjäger ab, von denen auch noch einige verwundet waren. *(Von den bisher vermißten Fallschirmjägern fanden sich später wieder etliche zusammen oder meldeten sich bei anderen Einheiten, doch 192 seiner ursprünglich 750 Männer wurden nie wieder gesehen.)* Den eigentlichen Auftrag, die vier Haubitzen der Batterie Merville zu neutralisieren, hatte man allerdings nicht ausführen können - und für diesen Auftrag war der ganze riesige, monatelang dauernde, kostenaktive Aufwand betrieben und die vielen Opfer eingebüßt worden...

Von den Sanitätern, die man bei den verwundeten Fallschirmjägern zurückgelassen hatte, waren zwei Deutsche dabei - einer von ihnen war Hans Kehlenbach. Unter den Zurückgelassenen befand sich auch Leutnant Jefferson. Nun wurden sämtliche Türen fest verschlossen und die hohen, hölzernen Fensterläden zugeklappt. Dann legten sich alle auf die Böden und warteten. Da vernahm Jefferson, daß einer der Männer davon sprach, daß in der Nacht in der Batterie Merville auch Jeffersons bester Freund, Leutnant Mike Dowling, und dessen „Bursche" gefallen waren. Er konnte es nicht glauben...

In diesem Moment dröhnten Flugzeugmotoren heran, und die am Boden liegenden Verwundeten hörten die deutsche Flak schießen - und Explosionen einschlagender Bomben, die sich rasch näherten...

Einen Moment später war es wieder still und die Welle der Bomber vorübergeflogen. In den Räumen des Hauses war von den starken Vibrationen an vielen Stellen der Putz von den Wänden gefallen, und dichte Wolken weißen Staubes hüllten alles ein. Dann kam die nächste Angriffswelle und die übernächste, und das Haus bebte und wackelte, und die Verwundeten verfluchten die Piloten...

Innerhalb weniger Stunden hatten sich die Briten und Kanadier über ein Gebiet von 65 Quadratkilometern ausgebreitet, jedoch untereinander weit verstreut. Außerdem war es ihnen inzwischen gelungen, die fünf zur Zerstörung vorgesehenen Brücken über die Dives zu

Weitere Lastensegler- und Fallschirmjäger-Landungen hielten auch noch an, nachdem es bereits hell geworden war. Immer mehr Soldaten der alliierten Streitkräfte betraten das küstennahe normannische Hinterland. Inzwischen waren auch die ersten am „Sword Beach" angelandeten Panzer weiter vorgestoßen - wie dieser Amphibien-Panzer.

Foto: Battlefield Historian Ltd.

sprengen. Die Soldaten des 1. Bataillons des kanadischen Fallschirmjäger-Regiments hatten die Straßenkreuzungen im kleinen Le Mesnil besetzt, nachdem es ihnen gelungen war, die Brücken in Varaville und Robehomme zu zerstören. Das 8. Bataillon hatte die Brücken in Bures und Troarn gesprengt und stand am nördlichen Ende des Bois de Bavent; auf der südöstlichen Seite befanden sich Soldaten der 6. Airborne Division. Von den 373 bisher eingesetzten Flugzeugen für diese Division waren sieben zerstört oder beschädigt worden und neun galten als vermißt.

Der Morgen des 6. Juni 1944 war angebrochen. Britische Fallschirmjäger hatten inzwischen die wenigen zuvor in Ranville stationierten deutschen Soldaten vertrieben. An der Kanal-Brücke hatten John Howards Infanteristen in den deutschen Schützengräben eine Verteidigungslinie gebildet, denn man erwartete nun bald einen stärkeren Gegenangriff. Howard saß mit seinem Funker am Rand jener Geländeabsenkung, die sich auf der nördlichen Seite der Landstraße und zwischen der Kanal- und der Orne-Brücke befindet. Howard und Tappenden bot sich ein gleichermaßen befremdliches wie groteskes Schauspiel:

In der weitläufigen Bodensenke vor ihnen, in der noch in der Dunkelheit eine Menge Lastensegler heruntergekommen waren und deren Wracks wie verstreut umherlagen, erschienen gegen 07:00 Uhr zwei Italiener, die für die *Organisation Todt* arbeiteten. Sie gehörten einem Arbeitstrupp an, der mit der Errichtung der Holzpfosten gegen Luftlandungen beauftragt worden war. Am Tag zuvor waren sie mit dem Graben der Löcher fertig geworden, und an diesem Tag sollten darin die Holzpfosten aufgestellt werden. Zwar stritten die beiden Arbeiter ganz offensichtlich zuerst lautstark darüber, was sie nun angesichts der vielen bereits gelandeten Lastensegler tun sollten, die auf diesem Landestreifen zwischen der Orne und dem Kanal und somit gewissermaßen auf ihrem Arbeitsplatz lagen, doch dann begannen sie damit, rings um die Horsa-Gleiter befehlsgemäß die ersten nahe der Böschung aufgestapelten Holzpfähle zu den Löchern zu tragen, um sie darin aufzustellen...

Simon C. J. Fraser, 15. Lord Lovat, war bereits im Alter von 33 Jahren Brigadegeneral und Kommandeur der 1. Special Service Brigade.
Foto: Wikipedia

Mit dem Dudelsack in den Krieg

Um kurz nach 07:30 Uhr erreichten mit der zweiten Angriffswelle auch 22 Landungsboote der 1. Special Service Brigade den britischen Landeabschnitt *Sword Beach,* Sektor *Queen Red*, nahe westlich von Riva Bella. Die Brigade bestand aus den Kommandos Nr.3, Nr.4, Nr.6 und Nr.45 *(der Royal Marine)*. Das Kommando Nr.4 war von zwei rein französischen Kommandos ergänzt worden. Der Kommandeur der 1. Special Service Brigade war der 33-jährige schottische Brigadegeneral Simon C. J. Fraser, der 15. Lord Lovat.*

Die britischen und französischen Soldaten des Kommandos Nr.4 hatten verschiedene Aufgaben zu erfüllen: Die Briten sollten zwei in

---

* Simon Lord Lovat war bereits lange vor dem *D-Day* zu Ruhm und Ansehen gelangt, auch und besonders durch die Erbeutung der berühmten deutschen Kodier- und Dechiffriermaschine *Enigma (griechisch = Rätsel)* 1940 auf den Lofoten. Der Lord hatte daraufhin ein Telegramm an Hitler gesandt, in dem er ihn über seine Tat informierte. Hitler war dadurch derart verärgert, daß er auf Lovat ein Kopfgeld von 100.000 Reichsmark aussetzte.

Ouistréham befindliche Batterien neutralisieren, die Franzosen unter der Führung des 45-jährigen Fregattenkapitäns Philippe Kieffer erst acht Bunker, dann das Widerstandnest 07 mit der Casino-Stellung auf der breiten Landzunge in der Orne-Bucht einnehmen. Doch von seinen ursprünglich 177 französischen Soldaten hatte er bereits während der Anlandung und infolge des deutschen Abwehrfeuers am *Sword Beach* 41 verloren. Léon Gautier erklärte:

„Unsere offizielle Bezeichnung war *I. Bataillon de Fusiliers Marins Commando. Attaché au Commando No.4 franco-britannique*. Wir waren 177 Franzosen. Ich war erst 21 Jahre alt, und mit 17 war ich als Soldat in den Krieg eingetreten, 1940... Es gab zwei Trupps. Trupp Nummer Eins hatte das Casino einzunehmen; Trupp Nummer Zwei mußte alle Bunker innerhalb von zwei Kilometern einnehmen..."

Der andere Teil der 1. Special Service Brigade hatte die Aufgabe, auf direktem Weg entlang des Kanals bis über die Hebe-Brücke bei Bénouville sowie die Orne-Brücke zu marschieren und den britischen Brückenkopf auf der östlichen Seite der Orne zu verstärken. Diese Truppe wurde von Lord Lovat persönlich angeführt. Der Brigadegeneral trug einen weißen Rollkragenpullover unter seinem Kampfanzug, der am Kragen mit *Lovat* gekennzeichnet war. Auf dem Kopf trug er ein grünes Barett, und seine einzige Waffe war ein altes Winchester-Gewehr, außerdem trug er einen der typisch schottischen, verwundenen Wurzelholz-Spazierstöcke, einen sogenannten Knotenstock.

Der 17-jährige Schotte William „Bill" Millin.

Foto: Commando Veterans Association UK

In Lovats unmittelbarem Gefolge befand sich ein knapp 17-jähriger Dudelsackspieler namens William „Bill" Millin. Er war am *D-Day* der einzige Soldat, der in einem Schottenrock an Land ging. „Bewaffnet" war Millin lediglich mit dem traditionellen Highland-Messer und seinem Dudelsack. Zwar hatten die Schotten in allen Kriegen zu den Klängen ihrer Dudelsäcke gekämpft, so auch noch im Ersten Weltkrieg, doch war der Einsatz von Blasinstrumenten am *D-Day* aus Sicherheitsgründen verboten worden. Lovat wollte aber auf den sich freiwillig als sein persönlicher Dudelsackspieler gemeldeten Bill Millin nicht verzichten. So entschied er:

„Für uns Schotten gilt der britische Befehl nicht."

Das LCI 501 *(Landing Craft Infanterie = Infanterie-Landungsboot)* lief am *Sword Beach* auf und die beiden Fallreeps wurden ins Wasser hinabgelassen. Doch die Situation am Strand war höchst brisant. Das vor der 1. Special Service Brigade gelandete Bataillon der 3. Infanterie-Division hatte dem starken deutschen Abwehrfeuer am Strand nicht widerstehen können. Das Bataillon hatte die Aufgabe, die Drahtverhaue zu durchschneiden und die Minen zu räumen, doch war das bisher noch nicht gelungen. Die Infanteristen lagen noch immer nahe des Wassersaums. Viele hatten sich, um Deckung vor den deutschen Geschossen zu suchen, Mulden in den Sand gegraben. Aber mit der steigenden Flut liefen sie voll Wasser. Verwundete, die nicht in der Lage waren, daraus zu entkommen, schrieen verzweifelt um Hilfe und ertranken...

Am britischen Landeabschnitt „Sword", dem östlichsten der gesamten Invasionsküste, begannen vor Ouistréham die ersten Truppenanlandungen der Engländer. Einer dieser Soldaten war ein erst 17-jähriger Schotte mit einem Dudelsack. Sein Name war William „Bill" Millin...

Foto: Battlefield Historian Ltd.

Lord Lovat stieg als Erster und auf der linken Rampe des Landungsbootes ins Wasser herab. Von der anderen Rampe stieg Bill Millin hinunter und empfand das kalte Wasser nach der stundenlangen Schaukelei auf dem LCI und einer Nacht mit Seekrankheit als geradezu wohltuend. Gemäß ihrer schottischen Tradition anläßlich eines militärischen Angriffs auf dem Dudelsack zu spielen, begann Millin, während man dann im heftigen deutschen Beschuß durch das hüfthohe Wasser zum Vorstrand watete, zu spielen. Sein erstes Lied, das er auf normannischem Boden spielte, hieß *Highland Laddie*. Bill Millin beschrieb die Situation:

„Dann erreichte ich den Strand, und Lovat forderte mich auf, ein weiteres Stück zu spielen. Ich schaute mich um und sah rings herum die schreienden Verwundeten liegen, dazwischen die Granateinschläge und den Qualm. Ich überlegte, ob er das wirklich ernst meinte, noch weiterzuspielen. In dem Chaos um uns herum fragte ich Lord Lovat, was ich spielen sollte. Er rief mir einen Titel zu und sagte, ich solle beim Spielen am Strand auf und ab gehen. So spielte ich auf meinem Dudelsack und marschierte am Strand hin und her. Es war für die Männer eine schwierige Situation, weil da an der Promenade eine hohe Mauer war, die überwunden werden mußte. Als ich da nun spielte, winkten mir etliche unserer Männer zu und lachten - trotz der teuflischen Situation, in der wir uns alle befanden. Aber einer war über meine Spielerei erbost und nannte mich einen verrückten Bastard. Lord Lovat wurde manchmal als solcher bezeichnet, aber nun war ich auch einer..."

Britische Soldaten während ihrer Landung am „Sword Beach".

Die schrillen Klänge von Millins Dudelsack mischten sich mit dem Lärm des Kampfes, aber nicht ein einziges Geschoß schlug in der unmittelbaren Nähe des Dudelsackspielers ein, nur ein Granatsplitter traf seinen Dudelsack. Über diese bizarre Situation sagte er:

„Die deutschen Soldaten hielten mich wahrscheinlich für einen harmlosen Irren..."

Millin kniete im Sand nieder und kramte seinen Ersatz-Dudelsack aus seinem Rucksack, dann spielte er weiter und ging wieder am Strand auf und ab...

Die 1. Special Service Brigade verlor während ihrer Landung am *Sword Beach* in dem heftigen deutschen Abwehrfeuer 280 Männer. Danach mußte sie sich durch Ouistréham kämpfen, um daraufhin am Caen-Kanal entlang in Richtung Bénouville weiterzuziehen...

Nachdem der Strand überwunden war, zog der größte Teil der 1. Special Service Brigade des Lords Lovat sofort ins Hinterland vor...

Fotos: Battlefield Historian Ltd.

Alan Jefferson, der noch immer mit seinen verwundeten Kameraden im Anwesen Haras de Retz lag, war betreffs seines Freundes Mike Dowling sehr beunruhigt und fragte sich, ob er tatsächlich tot war..., und weil er es genau wissen wollte, entschied er, zur Batterie zurückzugehen. Dem Leutnant war aufgefallen, daß einer der beiden deutschen Sanitäter gut Englisch sprach - der 32-jährige Hans Kehlenbach. Da sich Jefferson in durchaus schlechter Verfassung befand, hielt er es für besser, diesen ernsten aber sympathischen Mann vorsichtshalber mitzunehmen. Hans Kehlenbach war deutlich älter und etwas größer als der Leutnant. So machten sich die beiden auf den Weg - ein verwundeter Brite und ein unverwundeter gefangener Deutscher, und beide waren unbewaffnet...

Ein deutscher Sanitäter leistete einem britischen Fallschirmjäger Erste Hilfe, was durchaus keine Seltenheit war - aber umgekehrt war es ebenso...

Foto: Battlefield Historian Ltd.

In Großbritannien war in der Masse der abmarschbereiten Soldaten die Anspannung weiterhin gewachsen. Es wurde bereits davon gemunkelt, daß es an diesem Tag nun auch für sie losgehen sollte. William Toynton berichtete:

„Am 6. Juni wurde uns beim Frühstück mitgeteilt, daß die Invasion in der Normandie begonnen hatte. Es gab eine schwache Besserung des Wetters, und uns wurde gesagt, daß wir erst am späten Nachmittag an Bord der Gleiter gehen sollten, für einen Start um 18:00 Uhr..."

Auf der anderen Seite des Ärmelkanals waren die Kämpfe bereits in vollem Gang. Doch noch immer waren auf deutscher Seite nicht alle verfügbaren Kräfte im Einsatz. Dazu sagte Hans von Luck:

„General Marcks gab uns dann doch den Befehl, sofort mit der gesamten Division östlich der Orne anzugreifen und die dort gelandeten Truppen der 6. Airborne Division zu zerschlagen. Auch sollten wir sie von ihrer Verbindung nach Westen abschneiden."

Um kurz vor 08:00 Uhr setzten sich erste Teile der Division in Bewegung.* Die Truppe wurde nun auf ihrem Marsch ständig von Jagdbombern attackiert, so auch das Panzer-Regiment 22. Werner Kortenhaus sah die Situation realistisch:

„Wir hatten inzwischen viel Zeit verloren und mußten uns nun bei Tageslicht und Luftgefahr in Marsch setzen; und dieser Marsch in den Raum Caen zog sich lange hin..."

Um 08:20 Uhr ging beim Seekommandanten die Meldung ein, daß angeblich zwei feindliche Zerstörer in die Orne eingelaufen seien *(was nicht der Fall war)*, außerdem einige Widerstandsnester von den Briten eingenommen worden wären - aber Genaueres wußte man zur Zeit noch nicht...

---

* Dr. Hans Speidel gab in seiner Publikation *Invasion 1944 (erschienen 1949 im Rainer Wunderlich Verlag Hermann Leins)* auf Seite 100 die Zeit fälschlich mit 10:00 Uhr an.

Inzwischen waren die Anlandungen der Briten von See her im Bereich der Orne-Mündung unentwegt weitergegangen und bereits mehr als dreißig Panzer waren allein dort an Land gebracht worden. Ständig trafen neue Meldungen ein, die das gewaltige Ausmaß der Seelandungen immer deutlicher erkennen ließen. Da erfolgte seitens der 7. Armee ein neuer Befehl:

„Masse der Division mit Panzer-Regiment 22, ohne die 4. Kompanie, marschiert durch oder um Caen in Richtung Küste, um seeangelandeten Feind *westlich* der Orne anzugreifen."

Nun mußte mit der Umgruppierung begonnen werden...*

Nach dem „D-Day" verblieb Gerald Ledgers Zug noch bis Mitte September als Bewachung an der Brücke über die Orne - kampflos; dann wurden die Soldaten wieder zurück nach Großbritannien gebracht.

Foto: Kollektion Gerald Ledger

Der Trupp des Fallschirmjägers Gerald Ledger hatte nach sieben Stunden Fußmarsches endlich seinen Bestimmungsort an der Orne-Brücke ohne irgendeinen Zwischenfall erreicht:

„Wir waren angekommen, und da waren die Straßen und die Brükke, die wir bewachen sollten..."

Da deutete einer von Ledgers Kameraden auf einen im Straßengraben liegenden toten deutschen Soldaten und sagte:

„Da, das ist dein Feind..."

Doch Gerald Ledger war betreffs dieser Aussage befremdet:

„Nie zuvor habe ich einen Deutschen getroffen, und niemals vorher habe ich diesen Mann gesehen, so konnte ich ihn auch nicht als meinen Feind betrachten und ihn deswegen hassen..."

Einen Moment später wurden die Fallschirmjäger aus Hecken und Gräben beschossen, und sie mußten in Deckung gehen - auch Gerald Ledger:

„...Und nun hatte ich doch Deutsche getroffen, die meine Feinde waren, und da kam ein anderer Gedanke auf: *Der oder ich*... Wir haben die Deutschen dann zurückgejagt, und dabei habe ich einen von ihnen erschossen. Ich sah ihn sterben - und es war grauenhaft, das anzusehen. So etwas vergißt man niemals... Damit war mein Kampfeinsatz in der Normandie beendet."

Man hatte sie endlich erreicht, die Batterie Merville. Der verwundete britische Leutnant Alan Jefferson hatte einen beschwerlichen, sehr schmerzhaften Weg hinter sich, allerdings mit dem behilflichen Deutschen an seiner Seite. Hans Kehlenbach hatte sich den langsamen, nur kleinen Schritten des hinkenden Jefferson angepaßt. Von nichts und niemandem waren die beiden Männer auf den 850 Meter langen Weg unterwegs behelligt worden. Der Sanitäter erzählte während dessen Jefferson, daß sich unmittelbar nach dem Beginn des Angriffs der Fallschirmjäger ein deutscher Stabsarzt auf dem Terrain eingefunden hatte, der die verwundeten Briten versorgen wollte. Kehlenbach kannte ihn sehr gut und mochte seine humane Einstellung. Als sich jedoch die Fallschirmjäger wieder zurückzogen, war der Arzt bei der anhaltenden Schießerei getötet worden...

Als Hans Kehlenbach nach seinem Bericht schwieg, bemerkte Jefferson die Tränen in den Augen des Deutschen. Der Leutnant fragte, wie er heiße, und Kehlenbach nannte seinen Vornamen. Jefferson

---

* Hans von Luck erklärte diesbezüglich, daß die Umgruppierung dann mehrere wertvolle Stunden gedauert habe, weil sich die meisten Verbände aus dem Raum ostwärts der Orne *(Zitat)* „durch das Nadelöhr Caen zwängen und über die einzigen in diesem Abschnitt verfügbaren Brücken..." - und Caen lag inzwischen unter dem Dauerbeschuß der schweren Marine-Artillerie und der Jagdbomber...

verstand jedoch „Heinz". Dann erzählte er ihm, warum er an diesen Ort zurückgekehrt war - wegen seines gefallen besten Freundes, und der Brite sagte, daß sie beide vorhatten, nach dem Krieg gemeinsam in Spanien Orangen anzubauen...

Da lag das total zerklüftete Terrain nun vor ihren Augen, wie ausgestorben. Aus sicherer Entfernung betrachteten die Männer das sich ihnen bietende Chaos. Kein Mensch war zu sehen, nur Verwüstung, Schmutz, Granattrichter, Bombenkrater und die vier großen, grauen Betonblöcke, die aus dem gelblich-braunen Boden ragten, nirgendwo auch nur ein kleines bißchen Grün. Und noch etwas fiel den beiden Männern auf: Kein einziger Vogel war zu hören und zu sehen - und kein einziger Toter. Dennoch erschien es dem Leutnant, daß überall Tote waren... Alan Jefferson fragte sich, wie dort noch ein einziger Deutscher am Leben sein konnte *(unwissend, daß sich die Artilleristen in den Kasematten und Unterständen sicherheitshalber noch immer eingeschlossen hatten).* Auf dem Terrain und in der näheren Umgebung herrschte eine bedrückende Stille, und in der Ferne grollten die unentwegten Abschüsse der Schiffsartillerie...

Einen Moment standen die beiden Männer schweigend und in Gedanken versunken da, und jeder war in diesem Krieg des anderen Feind... Jetzt hätte der deutsche Sanitäter gehen können, einfach den unbewaffneten, verwundeten Fallschirmjäger mit seiner aufgeschnittenen, blutigen Hose stehen lassen... Da sagte Jefferson:

„Komm Heinz, laß uns zurückgehen..."

Und sie gingen gemeinsam zurück...

Die Kasematte Nr.2 inmitten einer Kraterlandschaft...

Foto: Kollektion J. Buskotte

Um 08:45 Uhr orientierte das A.O.K.7 das A.O.K.15:

„Luftlandungen westlich Caen bis auf eine Brückenstelle niedergekämpft. Weitere Luftlandungen im Raum ostwärts Caen."

Um 09:00 Uhr meldete das LXXXIV. Armeekorps an das A.O.K.7:

„Ab 07:15 Uhr stärkere Anlandungen von See her, beiderseits, besonders westlich der Orne-Mündung, Berniers, Asnelles, Meuvaines, Grandcamp mit Infanterie- und Panzer-Kräften. Vor Berniers etwa 100, vor Grandcamp etwa 60 geschätzt. Gesamtstärke der eingesetzten Luftlandetruppen etwa 3 Divisionen. Feindtätigkeit, auch aus der Luft, auf Guernsey und Jersey nicht gemeldet."

Wenngleich auf deutscher Seite die tatsächliche Stärke der alliierten Truppen und die tatsächlichen Ausmaße ihres Angriffs noch immer nicht erkannt worden waren, war den deutschen Stäben im Invasionsraum inzwischen klar geworden, daß es sich bei diesem Angriff um ein groß angelegtes Unternehmen der Alliierten handelte - man war sich allerdings noch nicht sicher, ob es dennoch ein Ablenkungsangriff vom eigentlichen Invasionsraum *(eventuell am Pas-de-Calais)* sein könnte. Da die Angreifer westlich des Caen-Kanals von der Küste aus überraschend schnell ins Hinterland vorstießen, wurde der größte Teil des II. Bataillons des Panzer-Regiments 192 von Bénouville abgezogen und zur 4,4 Kilometer entfernten, nördlich Périers gelegenen Höhe 61 beordert. Die Kämpfe im Bereich Bénouville hielten dennoch an...

Um 09:10 Uhr orientierte das Generalkommando des LXXXI. Armeekorps:

„Armee teilt mit, daß sich die 21. Panzer-Division zwischen linker* Armee-Grenze und Orne im Angriff und Kampf mit luftgelandetem

---

* Falsche Angabe; es hätte *rechter* heißen müssen.

Feind befindet. Der Engländer hat bereits Panzer gelandet. [.....] Im Raum der 711. Infanterie-Division haben keine Landungen von See her stattgefunden. Beim linken Nachbarn ist dem Gegner dagegen ein drei bis vier Kilometer tiefer Einbruch gelungen, gegen den die 21. Panzer-Division eingesetzt wird. Die im Raum Glanville gelandeten Fallschirmjäger, Stärke etwa zwei Bataillone, sind in der Masse vernichtet. [.....]"

Die Generäle Hugh Kindersley (oben) und Richard Gale.
Fotos: Battlefield Historian Ltd.

Während das LXXXI. Armeekorps diesen Lagebericht ausgab, erhielt John Howards Funker an der Kanal-Brücke eine Nachricht des Leutnants Sweeney von der Brücke über die Orne. Tappenden gab die Meldung an Howard weiter. Es hieß, der Major solle auf der Chaussee in die Richtung der Flußbrücke blicken...

Noch immer lagen die Kanal-Brücke und die Chaussee unter sporadischem deutschen Gewehrfeuer vom westlichen Ufer her. John Howard verließ den Unterstand und lief in gebückter Haltung bis zur westlichen Seite der Orne-Brücke - und konnte kaum glauben, was er dort sah: Mitten auf der Brücke schritten - das deutsche Gewehrfeuer ignorierend - drei hohe britische Offiziere in aufrechter Haltung und im Gleichschritt auf den Major zu. Der Mittlere, die beiden anderen überragend, war der Kommandeur der 6. Airborne-Division, Generalmajor Richard Gale, der von seinen Männern scherzhaft „Windy" genannt wurde. Flankierend schritten Brigadegeneral Hugh Kindersley, der Kommandeur der Luftlandebrigade, sowie Brigadegeneral Nigel Poett, der Kommandeur der 5. Fallschirmjäger-Brigade, einher.

John Howard ging den drei Offizieren in aufrechtem Gang mutig entgegen. Schon aus weiter Entfernung salutierte der Major. Doch statt einer erwarteten Belobigung betreffs seiner gelungenen Einnahme der beiden Brücken, deutete General Gale mit ärgerlichem Blick auf eine am Straßenrand herumliegende PIAT, die offenbar in Vergessenheit geraten war, und verwies mit knappen Worten darauf, daß die Waffe nicht in falsche Hände geraten sollte - und die drei Kommandeure setzten ihren Weg fort, in Richtung des Hauptquartiers des 7. Fallschirmjäger-Bataillons in Bénouville, wo sich zu dieser Zeit auch Oberst Pine-Coffin befand.

Gegen 09:30 Uhr ließ der schwere Landziel-Beschuß der *Royal Navy* auf die Batterie Merville etwas nach. Nur noch vereinzelt schlugen Granaten im WN 01 ein. Wenn auch mit großem Risiko, so war es den Artilleristen dennoch möglich, in die Kasematten zu ihren Geschützen zurückzulaufen. Eine erste Inspektion ergab, daß sämtliche Haubitzen noch immer völlig intakt und feuerbereit waren, was Hauptwachtmeister Buskotte an den Batteriechef in der B-Stelle meldete. Daraufhin erteilte Leutnant Steiner den Befehl, auf jene Kriegsschiffe zu feuern, die inzwischen näher vor der Orne-Bucht lagen. Er konnte sie von seinem Beobachtungsstand aus deutlich sehen.

Fast genau fünf Stunden nach Beendigung des Überfalls der Fallschirmjäger eröffnete die Batterie wieder das Feuer, allerdings mit nur drei der vier Haubitzen, da der Geschützführer der vierten, Unteroffizier Seliger, von Otways Leuten gefangen genommen worden war.

Unmittelbar nachdem die ersten Salven abgefeuert worden waren, „antwortete" die Schiffsartillerie - mit noch stärkerem Beschuß als zuvor. Um seine Männer in den zur Seeseite hin offenen Kasematten nicht unnötig zu gefährden, ließ Steiner das Feuer wieder einstellen und die Kanoniere vorsichtshalber wieder in die Bunker zurückkehren.

Um 09:45 Uhr meldete der Kommandeur der 711. Infanterie-Division, Generalleutnant Josef Reichert, an den Chef des A.O.K. 15:

„Gelände von Fallschirmtruppen gesäubert, feindliches Bataillon hat sich verblutet; nur 40 Gefangene. Zwischen Armee-Grenze und Orne steht 21. Panzer-Division im Kampf gegen Fallschirmtruppe."

Zwar hatten Soldaten der 711. Division zahlreiche einzelne Fallschirmjäger gefangen genommen, und ostwärts der Orne stand weiterhin eine Kampfgruppe der 21. Panzer-Division, doch entsprach diese Meldung nur wenig der Realität, denn inzwischen hatte sich das Landeunternehmen für die Deutschen als eine offensichtliche Großoffensive herausgestellt.

Um 09:50 Uhr meldete das Marinegruppenkommando West an den Ia des Oberbefehlshabers West, daß der Feind bereits an vielen Stellen zwischen der Orne und der Vire an Land gegangen war, zum Teil mit Panzern, und im US-Landeabschnitt *Utah* offenbar in größerem Umfang. Der starke Beschuß der Küste durch Kriegsschiffe und die äußerst starke feindliche Fliegertätigkeit im gesamten Landeraum hielten noch immer unvermindert an. Dennoch würde die Abwehr der eigenen Batterien und Vorstöße eigener Seestreitkräfte gegen die Landungsflotte ebenfalls unvermindert anhalten. Zu dieser Zeit wurde der östliche Raum des *Sword Beach* von der Heeres-Küsten-Batterie Riva Bella mit ihren nur noch drei* östlich Colleville in rückwärtige Stellungen gebrachten 15,5-cm-Geschützen derart stark unter gezieltes Feuer genommen, daß die Briten ihre Anlandungen in diesem Bereich unterbrechen mußten.

Nur knapp 1.400 Meter von der Orne-Bucht entfernt befindet sich mitten im Wohngebiet von Riva Bella (heute Ouistréham) der 5-etagige Hochbunker, in dem in der obersten Etage die Artillerie-Beobachtungsstelle für die Heeres-Küsten-Batterie Riva Bella untergebracht war - die nach einem Scharten-Volltreffer unbrauchbar wurde. (Im Vordergrund eine der zerstörten Ringstellungungen für die 15,5-cm-Geschütze.)

Foto: Kollektion Fabrice Corbin

Nun verhärtete sich der Eindruck, daß sich der Angriff der Streitkräfte der Alliierten ganz offensichtlich lediglich auf die Seine-Bucht und die Cotentin-Halbinsel konzentrierte - dennoch wurde Rundstedts Antrag auf Freigabe der zwei Divisionen der OKW-Panzer-Reserven *(12. SS-Panzer-Division „Hitlerjugend" und der Panzer-Lehr-Division)* um 10:00 Uhr vom OKW *(Oberkommando der Wehrmacht)* telefonisch abgewiesen, weil, wie General von Buttlar-Brandenfels berichtete, die Zeit des Einsatzes der OKW-Reserven noch nicht gekommen sei, solange OB West seine eigenen Reserven noch nicht eingesetzt habe. Zu dieser Zeit rollten bereits die ersten britischen Panzer von der Küste her in Richtung Caen...

Noch immer war der unentwegte Donner der Schiffsartillerie von See her zu hören. Doch gegen 10:00 Uhr wurden John Howard und seine Männer vom noch lauteren Dröhnen eines sich im tiefen Anflug der Kanal-Brücke nähernden Bombers aufgeschreckt - eines deutschen Bombers. Alle suchten sofort Deckung. Da wurde eine einzelne Bombe abgeworfen. Mit Entsetzen konnten die Briten erkennen, daß die große Bombe direkt auf die Brücke zufiel, „mit fataler Genauigkeit", wie John Howard berichtete. In der Längsrichtung ihrer Flugbahn prallte die Bombe mit einem metallisch-dumpf klingenden Schlag seitlich gegen das hohe Brückengehäuse und fiel als Blindgänger laut platschend in den Kanal...

Inzwischen befiel den Major und seine Männer die ernste Sorge, wie lange sie sich wohl noch ohne weitere Verstärkung an der Brücke halten könnten. Oberstleutnant Geoffrey Pine-Coffin bemühte sich mit

---

* Drei der ursprünglich sechs Geschütze waren in ihren alten Stellungen durch Feindeinwirkung zerstört worden.

den wenigen Leuten seines 7. Bataillons in und um Bénouville, deutsche Infanteristen der 716. Division an einem Vordringen durch den Ort und zur Kanal-Brücke aufzuhalten; und ähnlich prekär wurde die Situation für das 12. Bataillon ostwärts der Orne bei Ranville...

Unentwegt blickte Howard auf seine Armbanduhr. „Halten bis Verstärkung kommt“, hatte es geheißen. Man hatte bis jetzt die Brücke gehalten, aber wo blieb die zugesagte weitere Verstärkung...?

Seit ihrer Landung in den frühen Morgenstunden am Strand vor Ouistréham marschierte der Großteil der Soldaten der 1. Special Service Brigade ins Inland und auch in Richtung der Kanal-Brücke bei Bénouville...

Foto: Battlefield Historian Ltd.

Um 11:05 Uhr orientierte das A.O.K.7 das A.O.K.15 dahingehend, daß an der Armee-„Nahtstelle“ der 716. und der 711. Division, zwischen dem Überschwemmungsgebiet der Dives und der Orne, keine eigenen Truppen zur Bereinigung der Lage zur Verfügung standen. Es hieß, daß in diesem Abschnitt lediglich ein Ost-Bataillon und Teile der 21. Panzer-Division standen, die für eine Bereinigung der Lage westlich der Orne sorgen sollten. So wurde beim A.O.K.15 beantragt, Teile seiner 711. Division ostwärts der Orne zu Bereinigung anzusetzen.

Nachdem beim A.O.K.15 eine Lagebeurteilung stattgefunden hatte, wurde festgestellt, daß die Reserven der 711. Division einerseits zu schwach waren, andererseits auch nicht schnell genug eintreffen konnten. So schien es sinnvoller, in diesem Bereich einen Teil der 12. SS-Panzer-Division einzusetzen. Folglich wurde dem A.O.K.7 um 11:25 Uhr eine negative Antwort mitgeteilt. Die Panzer-Division war jedoch noch immer dem OKW unterstellt und mußte deshalb in Bereitstellung bleiben. Sie hatte jedoch bereits drei gepanzerte Spähtrupps ins Kampfgebiet geschickt.

Hans von Luck erhielt nun einen Anruf von Generalmajor Feuchtinger, der befahl, daß lediglich eine gepanzerte Gruppe - dazugehörend auch das I. Bataillon des Panzergrenadier-Regiments - mit seinen Schützenpanzerwagen, westlich der Orne bis zur Küste vorstoßen sollte. Das Gros von Lucks Panzergrenadier Regiment sollte sich östlich der Orne nach Norden in Bewegung setzen. Seine Kampfgruppe hatte nun den Befehl, die Orne- und die Kanal-Brücke bei Ranville zurückzuerobern und die Verbindung zu den deutschen Küsteneinheiten herzustellen. Sein II. Bataillon sollte jetzt den „Kern“ seiner Kampfgruppe bilden. Dem sollte noch die 4. Kompanie des Panzer-Regiments 22 zugeführt werden, sowie die Sturmgeschütz-Abteilung

200 *(Kommandeur Major Becker)* und ein Zug 8,8-cm-Panzerabwehrgeschütze *(erst am Abend dieses 6. Juni auch noch die Panzer-Aufklärungsabteilung 21 des Hauptmanns Rudolf Huber)*. Teile der Artillerie sollten von Lucks Vorstoß unterstützen, und der Angriff mußte beginnen, sobald sämtliche dieser Teile eingetroffen waren.

Nicht nur, daß nun nochmals zeitaufwendige Umstellungen erfolgen mußten, so war von Luck bisher auf allen "seinen" Kriegsschauplätzen immer als Panzeraufklärer im Einsatz gewesen, immer der Masse seiner Division voraus. Für direkte Angriffsoperationen war man überhaupt nicht ausgerüstet. Doch nun befehligte er seit wenigen Tagen ein Infanterie-Regiment...

Von der Küste her stießen immer mehr britische und kanadische Soldaten ins Hinterland vor - inzwischen auch mit Unterstützung von Panzern. (Bei den hier abgebildeten Panzern handelt es sich um sogenannte Duplex-Drive-Panzer >Doppelantrieb< mit Bootspropellern am Heck und ummantelt von speziellen Schwimmsäcken, die, nachdem die Fahrzeuge an Land waren, heruntergeklappt wurden.)

Foto: Battlefield Historian Ltd.

Während John Howard an der Kanal-Brücke auf Lovats Trupp wartete, waren die 136 Soldaten der zwei französischen Trupps des Kommandos Nr.4 unter Fregattenkapitän Philippe Kieffer dabei, ihre vorgegebenen Aufgaben zu erfüllen:

Trupp Nr.2 nahm einen deutschen Bunker nach dem anderen ein *(mit Ausnahme des 5-etagigen Hochbunkers mit der Feuerleitstelle in Riva Bella, der erst am Abend des 9. Juni von einem britischen Sturmtrupp eingenommen werden konnte)*.

Trupp Nr.1 war gegen das WN 07 auf dem Point du Siège vorgegangen. Doch die Franzosen waren nur leicht bewaffnet und dort bei ihrem ersten Angriff von den Deutschen abgewiesen worden. Erst beim zweiten Anlauf und durch den Einsatz eines Sherman-Panzers gelang es ihnen um 11:15 Uhr, das Widerstandsnest zu erstürmen und sämtliche überlebenden deutschen Soldaten gefangen zu nehmen.

Léon Gautier sagte über die deutsche Abwehr:

„Die Deutschen waren gute Soldaten. Sie haben sehr guten Widerstand geleistet und sich gut geschlagen. Sie waren nicht glücklich, daß wir gekommen sind... Am Ende der Kampfhandlungen um die Normandie waren von uns 177 Franzosen nur noch 24 übrig..."

Der 45-jährige Fregattenkapitän Philippe Kieffer wurde bereits bei den ersten Kampfhandlungen zweimal verwundet und mußte am 8. Juni evakuiert werden. Der Trupp, der das WN 07 mit der Casino-Stellung einnahm, wurde bereits durch Leutnant Hubert Faure angeführt.

Foto:
Musée de l'Ordre de la Liberation, Paris

Vor der Orne-Bucht wurden indessen 30 Schiffe, dabei Transporter, Kanonen- und Landungsboote, gemeldet. Der Obergefreite Hammel, von der zu dieser Zeit zur *Kampfgruppe von Luck* gehörenden und nach Norden vorrückenden Panzer-Aufklärungsabteilung, beobachtete zwei Messerschmitt-Jäger, die im Tiefflug über der Orne ebenfalls nach Norden flogen:

„...Aber das waren die einzigen deutschen Flugzeuge, die ich an diesem Tag sah..."

Kurz darauf stieß die Abteilung auf die ersten abgeschossenen britischen Fallschirmjäger. Die deutschen Soldaten schnitten sich aus der Fallschirmseide Schals, die sie sich zum Schutz gegen den Staub über Mund und Nase legten.

Um 12:30 Uhr übermittelte die Seekriegsleitung an Marine-Gruppe West eine Lagemeldung, der zufolge „eine Eingreif-Division das Gelände ostwärts der Orne von luftgelandetem Feind säubert", und „westlich der Orne ist Feind auf ganzer Front der linken Nachbar-Division auch mit Panzern gelandet."

Zeitgleich beantragte der Chef des A.O.K.7 bei der Heeresgruppe B, daß infolge des starken Feindeinbruchs bei der 716. Division das XXXXVII. Panzer-Korps in diesem Abschnitt die Führung zur Bereinigung des britischen Brückenkopfes übernehmen sollte, außerdem, daß die 711. Infanterie-Division am östlichen Ufer der Orne eingesetzt werde. Die 12. SS-Panzer-Division sollte für einen Kampfeinsatz im Bereich der 716. Division bereitgestellt werden. Der Chef der Heeresgruppe B wies jedoch nachdrücklich darauf hin, daß das Panzerkorps nicht eingesetzt, der Antrag des A.O.K. betreffs der 12. SS-Panzer-Division aber an den Oberbefehlshaber West weitergeleitet würde. Um 12:30 Uhr erfolgte eine telefonische Meldung des A.O.K.15 an die Heeresgruppe B *(auszugsweise)*:

„Folgende Meldung Artillerie-Kommandeur Le Havre liegt vor: Vor Orne-Mündung 100 bis 110 große Schiffe, dabei 20 Transporter ausladend. Schiffe haben alle Fesselballone; können auch Sperrballone sein. Viele kleine Boote dabei."

Um 12:35 Uhr orientierte der General der Artillerie beim Oberbefehlshaber West den Ia West über den Ausfall mehrerer Batterien im Raum der Orne-Mündung.

Um 12:50 Uhr ging beim Ia West über das Generalkommando des LXXXI. Armeekorps eine Meldung der 711. Division ein:

„Es handelt sich *(bei den feindlichen Luftlandungen)* um die 6. Luftlandedivision statt der 1.; Fallschirmjäger und Luftlandetruppenstärke ungewiß. Zur Zeit etwa 80 Gefangene, darunter 8 bis 10 Offiziere. 711. Division vermutet Fehllandung. Küste *(vor ihrem Abschnitt)* vollkommen ruhig. Einbruch zirka 3 bis 4 Kilometer tief westlich Orne; neuerdings ostwärts der Orne Panzer teilweise bis 35. IX. Fallschirmjäger-Bataillon bestätigt."

Um 13:00 Uhr meldete das Marinegruppenkommando West nur wenig orientiert:

„Ostwärts der Orne sind Fallschirmjäger anscheinend aufgerieben. Beschuß von See her hält auch hier an. Auf die westlich der Orne bei Lion gelandeten Fallschirmjäger ist die 21. Panzer-Division angesetzt. Seekriegsleitung wird laufend über die oben erwähnte Lage im Landungsraum unterrichtet."

Lord Lovat führte indessen seinen Trupp den Caen-Kanal und die Gleise der Kleinbahn entlang. Bill Millin berichtete darüber:

„Wir marschierten in Aircraft-Formation - in zwei einzelnen Reihen, eine auf jeder Seite des Weges. Ich spielte die ganze Zeit über auf dem Dudelsack."

Als sich Lovats Trupp der kleinen Ortschaft Bénouville näherte, spielte Millin *Lochan Side*, ein temperamentvolles Lied, das zu zügigem Marschieren animiert. Er erzählte:

„Plötzlich wurden wir von rechts her beschossen, aus einem Kornfeld. Wir warfen uns alle hin, aber es war nur ein einzelner deutscher Soldat. Lord Lovat richtete sich, auf ein Knie gestützt, auf und erschoß mit seiner Winchester den Deutschen. Dann ging es weiter, und ich spielte wieder..."

Als der Trupp in Höhe der Kirche von Bénouville ankam, schlug rechts von den Briten eine Granate ein, direkt in die Kirche. Zwei Männer liefen hin, um nachzusehen, ob sich dort deutsche Soldaten aufhielten. Millin sagte über diese Situation:

„Ich sah die Männer Handgranaten in die Fenster der Häuser werfen und hörte die Explosionen..." *

Der Trupp des Kommandos Nr.4 hatte den Auftrag, sich nach seiner Landung vor Quistréham auf dem Landweg zur Batterie Merville zu begeben, um sie für den Fall, daß Terence Otways Angriff mißlingen sollte, ihrerseits anzugreifen und zu neutralisieren. So bewegten sich die Soldaten entlang der Kleinbahngleise, die in Richtung Bénouville führten - und zur Kanal-Brücke, auf der John Howard dringend auf Entsatz hoffte...

Foto: Battlefield Historian Ltd.

Aus südwestlicher Richtung drangen seit einiger Zeit immer mehr deutsche Soldaten nach Bénouville, und es war inzwischen zu heftigen Schießereien gekommen. Dennoch vernahmen John Howards Soldaten an der Kanal-Brücke um kurz nach 13:00 Uhr das zwar noch entfernte, aber charakteristische Plärren eines Dudelsacks, das sich langsam von Ouistréham her näherte. Der Major wußte sofort, daß es Bill Millin war, der sich der Brücke näherte und dabei Lord Lovats Kommando vorausging. Dem Trupp folgte inzwischen ein Churchill-Panzer. Auch die drei deutschen Soldaten, die noch immer unter dem Holunderstrauch lagen, konnten Bill Millins Dudelsack schon von Weitem hören.

„Erst haben wir das Gedudel von der anderen Seite des Kanals nur gehört", erzählte Helmut Römer, „dann konnten wir dort drüben den ganzen Trupp im Gänsemarsch heranziehen sehen, immer an den Kleinbahnschienen entlang. Daß die Invasion im Gang war, war uns längst klar, wir konnten ja auch das Rumsen der Schießerei von der Küste her hören..."

Als der Trupp gegenüber des Cafés Gondrée die Hauptstraße erreichte, hörte Bill Millin auf zu spielen. Überall in der Umgebung knallte es, und gelegentlich schlugen von irgendwo her Granaten ein, und dunkle Rauchsäulen stiegen auf. Einige verwundete Engländer waren vom Ufer des Kanals ins Haus der Gondrées getragen worden. Vor dem Rathaus hielt sich eine Gruppe französischer Kommando-Soldaten auf. Die ersten deutschen Soldaten der herangerückten Kompanie ergaben sich in diesem Moment und wurden in einer kleinen Kolonne mit erhobenen Händen abgeführt.

Als Lord Lovat John Howard am Café Gondrée traf, begrüßten sich die Männer herzlich. Lovat sagte:

„John, heute wird Geschichte geschrieben."

Man besprach kurz die Lage, und einige Männer des Kommandos gingen nach Bénouville, um die dortigen Briten zu verstärken, die anderen sollten mit Lovat nach Ranville gehen. Dann sagte Lovat zu Bill Millin gewandt:

---

* Anmerkung des Autors: Bemerkenswert ist in diesem Zusammenhang, daß es keinerlei Hinweise über eine erfolgte Flucht der dortigen Bevölkerung gibt, folglich davon ausgegangen werden muß, daß sich in den Häusern französische Zivilisten befinden konnten...

Lord Lovat
Commando Veterans Association UK

„The Piper“ (der Pfeifer), wie Bill Millin von seinen Kameraden genannt wurde, unterhielt auch während einer kurzen Marschpause den Kampftrupp mit seinem Dudelsackspiel. Später sagte er darüber:
„Es waren die aufreizenden Klänge meines Instruments, die mir die Angst nahmen - und nicht nur mir... Ich konnte es beobachten.“
Foto: Battlefield Historian Ltd.

„Wir gehen jetzt über die Brücke, aber spielen Sie noch nicht; warten Sie, bis ich es Ihnen sage.“

Hinter die etwa einen Meter hohen, seitlichen Stahlflanken des Brückenübergangs geduckt, erreichten Lovat, Millin und die restlichen Soldaten der 1. Special Service Brigade die andere Seite des Kanals. Dort befahl Lovat Bill Millin, wieder auf dem Dudelsack zu spielen:

„Spielen Sie jetzt den ganzen Weg entlang, bis wir zu einer anderen Brücke kommen, und dann über diese hinweg, ganz egal, was gerade geschieht; spielen Sie!“

Doch nicht allen Männern der 1. Special Service Brigade gelang es, im Feuer der deutschen Infanteristen, die andere Seite der stählernen Hebebrücke zu erreichen. Nachdem einer der Männer direkt durch sein grünes Barett in den Kopf geschossen wurde, zogen es die anderen vor, ihre Barette gegen Stahlhelme zu tauschen.

Indessen marschierten Bill Millin, Lord Lovat und einige erste Soldaten des Kommandos über die Orne-Brücke in Richtung Ranville. Ringsumher wurde geschossen. Da fiel Millin auf, daß zwei britische Fallschirmjäger auf der anderen Seite der Brücke heftig signalisierten, man sollte in Deckung gehen. Doch dessen ungeachtet, blies Millin auf seinem Dudelsack *Blue Bonnets Over the Border*, und ebenso aufrecht schritt der Lord hinter seinem Pfeifer her. Bill Millin sagte über diese bizarre Situation:

„Der Lord ging über die Brücke, so, als ginge er auf seinem Privatgrundstück spazieren... Auf der anderen Seite dieser längsten Brücke meines Lebens schüttelte ich den beiden Fallschirmjägern freundlich die Hände. Sie sahen uns an, als würden sie Verrückte sehen...“

Von der gegenüberliegenden Straßenseite kam ein britischer Offizier mit einem roten Barett auf dem Kopf und sprach Lovat an:

„Wir sind sehr erfreut, Sie zu sehen, alter Junge!“

Lovat entgegnete:

„Und wir sind ebenfalls sehr erfreut, *Sie* zu sehen, alter Junge. Entschuldigung, wir sind zweieinhalb Minuten zu spät.“

Bill Millin konkretisierte:

„In Wahrheit waren wir mehr als eine Stunde nach unserem Zeitplan angekommen; wir sollten um 12:00 Uhr eintreffen, nun war es schon nach 13:00 Uhr - aber es waren historische Worte.“

So war die erste Verbindung der britischen Bodentruppen mit den britischen Luftlandetruppen hergestellt. Als dann auch die restlichen Männer des Kommandos ihren Anführer erreicht hatten, marschierte man in Richtung Amfréville weiter, um dort die 3. Fallschirmjäger-Brigade bei der Verteidigung des besetzten Terrains zu verstärken.

In der nächsten kleinen Siedlung kamen *(laut Millins Aussage)* ärmlich gekleidete Einwohner aus ihren Häusern, als sie den Dudelsack hörten. Ein kleines Mädchen lief über die Straße und neben Bill Millin her. Sie trug schulterlanges, rotes Haar, ein weißes Kleidchen, und an den nackten Füßen grobe Holzschuhe. Die Kleine hüpfte vor Freude, klatschte in die Hände und rief:

„Musik, Musik...!“

Millin war darüber belustigt und spielte nun den populären schottischen Titel *The Nut Brown Haiden*. Der Applaus der Franzosen verfolgte Lovats Truppe jedoch nur kurz, denn plötzlich schlugen Granaten ein und verjagten sie.

Indessen hatte sich ein weiteres Räumboot der Kanal-Brücke bei Bénouville genähert, doch dieses Mal kam es aus Richtung Caen. Es handelte sich dabei um das Räumboot 221. Kaum, daß es von John Howards Männern gesichtet worden war, feuerte Wally Parr aus noch großer Entfernung mit der 5-cm-KwK auf das Boot. Doch der Schuß schlug etwa dreißig Meter vor dem Boot im Wasser ein. Das Boot begann sofort zu wenden. Parr gab einen weiteren Schuß ab und traf das Heck. Eine lange Fahne dunklen Qualms hinter sich herziehend, fuhr das Boot zurück in Richtung Caen...

Zunehmende Kampfhandlungen...

Um 13:17 Uhr erreichte das Seekommando Normandie eine Meldung des Räumbootes 221:

„Brücke bei Bénouville Kanal Caen von Engländern besetzt. Zwei Lastensegler gelandet *(der dritte war aus der zu weit entfernten Position des Bootes hinter der Böschung nicht erkennbar gewesen)*. Ziehe mich nach Gefechtsberührung zurück."

Erst zu dieser Zeit wurde im Führerhauptquartier in Berchtesgaden darüber beraten, ob man die drei westlich der Seine stehenden Panzer-Divisionen in Richtung der Kampfhandlungen im Département Calvados auf die Küste zu in Marsch setzen sollte. Da man jedoch nicht nur im Führerhauptquartier weiterhin der Meinung war, daß es sich bei den Landeunternehmen lediglich um Ablenkungsangriffe handeln könnte - die „große" Invasion würde möglicherweise viel weiter östlich erfolgen - sollte sich zunächst nur die 21. Panzer-Division in Marsch setzen. So verblieben die anderen im Großraum stehenden Panzer-Divisionen vorerst in Reserve. In der Küstenregion waren indessen im gesamten, rund 85 Kilometer breiten Invasionsraum der West-Alliierten bereits schwere Kämpfe im Gange...

Um 13:30 Uhr wurde dem Generalkommando des XXXXVII. Panzer-Korps mitgeteilt, daß die Heeresgruppe B zur Zeit erwägt, dieses Panzer-Korps mit der ihm dazu unterstellten 12. SS-Panzer-Division *Hitlerjugend (Brigadeführer Witt)* im Kampfgebiet westlich der Orne-Mündung zum Einsatz zu bringen...

Zu dieser Zeit wurde der Beschuß der schweren Schiffsartillerie auf die Batterie Merville plötzlich gänzlich eingestellt. Hans Staab und seine drei Kameraden, mit denen er seit kurz nach 04:00 Uhr morgens in dem Panzergraben gesessen hatte, waren erleichtert:

Über die Folgen des schweren Bombardements und des stundenlangen Trommelfeuers der Schiffsartillerie sagte Johannes Buskotte: „Auf dem Gelände unserer 1. Batterie war überhaupt nichts mehr so wie zuvor. Wir hatten Schwierigkeiten, uns überhaupt darauf zurechtzufinden..."

Foto: Kollektion J. Buskotte

„Als die Schiffsartillerie mittags um halb zwei endlich mal mit Schießen ausgesetzt hatte und ich aus dem Wassergraben zurückgekommen bin, waren unsere Verwundeten schon fort - beim Verbandplatz. Da kam einer der Unteroffiziere und sagte, ich solle nun für zwei Stunden die sieben englischen Gefangenen im Bunker Nummer drei bewachen, bis die nächste Wachablösung käme. Die Engländer waren alle unverwundet und saßen da auf dem Boden hinter dem Geschütz und waren eigentlich ganz freundlich, haben miteinander geredet, aber nicht mit mir; ich hätt' ja sowieso nichts verstanden..."

Die Kasematte Nr.3 - versunken zwischen Erde und Geröll... **Foto: Kollektion J. Buskotte**

Nachdem der Marine-Beschuß auf die Batterie eingestellt worden war, hatte Johannes Buskotte die Kasematte Nr.1 für einen ersten Inspektionsrundgang verlassen:

„Das Batteriegelände sah grauenhaft aus... Am südlichen Ende lag das Wrack des Fliegers, der in der Nacht heruntergekommen war. Viel war davon nicht mehr übrig, nur ein paar Rippen, und zwischendrin stand ein Jeep und ein Motorrad - völlig verbrannt. Da lagen auch zwei große Bohrmaschinen, solche Preßluft-Bohrmaschinen - alles hin. Damit sollten wohl unsere Bunker aufgebohrt werden..."

Nach ein paar Minuten wurde der Beschuß von See her wieder fortgesetzt. Buskotte sagte:

„Während dieses Beschusses wurde noch einer unserer Leute getötet, einer der Polen, durch umherfliegende Granatsplitter. Er war auch aus seinem Bunker gekommen, aber nicht schnell genug wieder hinein..."

Gegen 14:00 Uhr erreichte ein Teil der *Kampfgruppe von Luck* den Raum nahe westlich von Troarn.

Um 14:32 Uhr wurden die 12. SS-Panzer-Division *Hitlerjugend* und die Panzer-Lehr-Division vom OKW freigegeben und die Leitung dem I. SS-Panzer-Korps übertragen.

Um 14:34 Uhr orientierte die 716. Infanterie-Division ihre linke Nachbar-Division:

„Bei der Orne-Mündung erheblicher Feindeinbruch. Mehrere WN *(Widerstandsnester)* westlich der Orne sind eingeschlossen, Landungstruppen haben Verbindung mit Fallschirmtruppen im Hinterland hergestellt.

Um 14:35 Uhr orientierte der Chef des Generalstabs der Heeresgruppe B:

„12. SS-Panzerdivision wird A.O.K.7 zur Bereinigung Feindlandung ostwärts Orne unterstellt. Über evtl. Führung durch I. SS-Panzerkorps folgt Befehl."

Um 14:45 Uhr beantragte das Generalkommando des LXXXI. Armeekorps bei der Armee den Einsatz der 12. SS-Panzer-Division, damit sie in den Räumen um Bavent und Ranville gegen die britischen Fallschirmjäger eingesetzt werden könnte.

An den Brücken über die Orne und den Kanal waren die Kampfhandlungen seitens der deutschen Soldaten ab dem späten Nachmittag eingestellt worden. Somit hatten die Briten endlich Zeit gefunden, sich auf ihren kleinen *Primus*-Kochern eine Mahlzeit aufzuwärmen und etwas zu schlafen.

Es war bereits 17:00 Uhr als die 4. Kompanie des Panzer-Regiments 22 schließlich zur *Kampfgruppe von Luck* gelangte. Die Batterien der Sturmgeschütz-Abteilung 200 des Majors Becker waren jedoch noch nicht eingetroffen *(sie stießen erst in der Nacht zum 7. Juni hinzu)*. Von Lucks II. Bataillon befand sich inzwischen in schweren Abwehrkämpfen gegen die gelandeten Fallschirmjäger, die versuchten, ihren noch kleinen Brückenkopf zu erweitern. So konnte der Major lediglich kleine Teile dieses Bataillons für den Angriff in Richtung Küste freistellen.

Fast zeitgleich mit der gepanzerten Truppe auf der westlichen Seite der Orne begann nun ostwärts des Flusses der Vormarsch mit dem Ziel, über Escoville und Hérouvillette auf Ranville und zu den beiden Brücken über die Orne und den Kanal vorzustoßen. Die Aufklärungs-Abteilung mußte direkt aus ihrem Anmarsch zum Angriff übergehen, und es gelang ihr, mit Unterstützung der 4. Kompanie des Panzer-Regiments 22, trotz der verteidigenden und überraschten britischen Fallschirmjägern in Escoville einzudringen. Auch Werner Kortenhaus war an diesen Kampfhandlungen beteiligt:

„Beim Angriff unserer 4. Kompanie wurde unser Chef, Oberleutnant Hofmann, in seinem Panzer abgeschossen..."

Inzwischen erhielt die Panzer-Lehr-Division Order, sich am frühen Morgen des 7. Juni im Raum südwestlich von Caen zu sammeln, um westlich neben der 21. Panzer-Division auf den 30 Kilometer *(Luftlinie)* von der Orne entfernten Küstenabschnitt Arromanches und folglich zu einem gänzlich anderen Angriffsziel vorzustoßen.

Während sich die *Kampfgruppe von Luck* langsam in Richtung Ranville weiterbewegte, wurde sie plötzlich unter starken Beschuß genommen. Hans von Luck schilderte die Situation:

„Da brach ein Inferno los. Wir wurden mit schwersten Geschützen der Schiffsartillerie unter Feuer genommen, mit Kalibern bis 38 Zentimeter. Alles hämmerte auf uns ein, auch die Jabos. Ich war selbst dabei und konnte das ganze Chaos mit ansehen. Bei unserer Truppe brach alles zusammen, sogar der Funkverkehr. Überall Verwundete, und die Aufklärungs-Abteilung mußte Deckung suchen... Dann lief ich persönlich zum Abteilungskommandeur und befahl ihm, den Angriff sofort zu beenden, um noch mehr Verluste zu vermeiden. Er sollte eine Verteidigungsstellung am südlichen Ortsrand von Escoville errichten. Man sollte sich dort eingraben..."

Deutsche Kriegsgefangene wurden am Nachmittag des 6. Juni in ein bei Ranville von den Briten eingerichtetes Sammellager geführt.
Foto: Battlefield Historian Ltd.

Der Major lief zu seiner Regimentsfunkstelle zurück und ließ der Division durch seinen Adjutanten den Abbruch des Angriffs melden. Außer großer Verluste und Ausfälle an Soldaten hatte die Kampfgruppe auch noch 13 Panzerkampfwagen IV verloren.

Die gepanzerte Gruppe auf der westlichen Seite der Orne hatte indessen eine Lücke zwischen den an der Küste angelandeten Teilen der britischen 3. Infanterie-Division und der 3. kanadischen genutzt und mit dem Panzergrenadier-Regiment 192 die Küste bei Luc-sur-Mer erreicht. Generalleutnant Edgar Feuchtinger war in einem VW-Kübelwagen diesem Durchstoß gefolgt. Da sah er plötzlich, nicht weit im Osten, einen großen Schwarm von Transportflugzeugen mit angehängten Lastenseglern. Er befürchtete, daß in seinem Rücken Fallschirmjäger und Gleiter landen würden. Der General ließ sofort seinen Angriff stoppen und nahm alle seine Truppen wieder zurück. Das Panzergrenadier-Regiment 192 *(Oberst Josef Rauch)* hatte auf gleicher Höhe mit von Lucks Kampfgruppe auf einer Anhöhe eine Abwehrstellung zu errichten. Für den 6. Juni war der ohnehin nicht besonders effektive Gegenangriff der deutschen Panzer zum Stehen gekommen.

...und weiterhin wurden unentwegt neue Truppenkontingente eingeflogen...

Foto: Battlefield Historian Ltd.

Gegen 18:00 Uhr kam das am *Sword Beach* in den Sektoren *Queen* und *Roger* gelandete 2. Bataillon der *Royal Warwickshire Fusiliers* der 185. Brigade den im westlich des Caen-Kanals liegenden Truppen der 6. Airborne Division zu Hilfe. Inzwischen waren von der Küste her auch weitere Verstärkungen östlich der Orne eingetroffen, und von Großbritannien aus starteten noch immer weitere Soldaten. William Eric Toynton beschrieb ihren Aufbruch:

„Um 18:00 Uhr marschierten wir zur Rollbahn, zu den Reihen von Flugzeugen und Horsa-Gleitern. Die Flugzeugmotoren waren alle gestartet worden und die Gleiter mit Seilen an die Flugzeuge angehängt. Wir kletterten alle an Bord und setzten uns - 15 auf der einen Seite, und 14 auf der anderen. Dann wurden die Türen des Gleiters geschlossen. Niemand sprach auch nur ein einziges Wort. Alle starrten nachdenklich ins Leere. Dann gab es plötzlich einen großen Ruck, und wir begannen zu rollen. Als die Geschwindigkeit zunahm, verließen unter uns die Räder die Startbahn. Der Gleiter schlingerte nach links, und die Flügelspitze schrammte die Startbahn entlang. Aber wir hatten einen guten Piloten, der hat sehr schnell korrigiert. Dann das Gefühl, über dem Kanal nur an einem dünnen Seil zu hängen... Ich sah aus dem Fenster - was für eine Aussicht! Tausende kleiner Tupfer kämpften sich über den rauhen Kanal.

Dann kam die Küste der Normandie in Sicht. Mein Gedanke war: *Eric, das ist Realität!* Ich bekam große Angst und fing an zu zittern. Als wir über die Küste flogen, wurde der Gleiter losgelassen, und wir segelten ins Land hinein, zu der Landezone im Bereich von Ranville. Der Navigator fand den Zielort sehr schnell. Als der Pilot einen Platz zum Landen gefunden hatte, brachte er uns sehr steil herunter. Eine holprige Landung fand statt, aber keiner wurde verletzt, kein Schaden entstand. Wir schlitterten bis zum Halt in einen frisch gepflügten Acker. Die Türen wurden herausgeschlagen, und wir stiegen, so schnell es ging, aus, formierten uns und verließen in Zweierreihe die Landezone. Der Himmel war voller landender Gleiter. Einer schwebte sehr niedrig über uns hinweg und hat uns gerade eben noch verfehlt. Wir eilten zu unserem Treffpunkt bei Ranville und gruben uns am Rand der Ortschaft ein..."

Den ganzen Tag lang hatten Terence Otways 22 verwundete Fallschirmjäger im Anwesen Haras de Retz darauf gewartet, daß man sie abholen, zu einer Sanitätsstelle bringen und endlich behandeln und versorgen würde. Gegen 18:00 Uhr kam ein britischer Kleintransporter angefahren. Die ersten vier Männer wurden abgeholt und zum 4,8 Kilometer südlich gelegene Le Mesnil gefahren. Dort hatte sich das Brigade-Hauptquartier mit der Feldambulanz etabliert. Der Transporter würde so bald wie möglich wiederkommen, hieß es, dann fuhr er wieder davon...

Am Abend war es der britischen 3. Infanterie-Division gelungen, einen mehr als acht Kilometer langen und sieben Kilometer breiten Brückenkopf zwischen dem Caen-Kanal und der kanadischen 3. Infanterie-Division, die ebenfalls in den frühen Morgenstunden am *Juno Beach* gelandet war, zu bilden. Das Hauptziel der britischen 3. Division war Caen. Weitere britische Truppen waren durch St. Aubin und Bénouville gezogen und hatten sich um Blainville eingegraben. Pfadfinder der 17. Feld-Kompanie hatten erste Bailey-Brücken *(stählerne Fertigteil-Brücken)* über den Kanal gebaut.

Um 21:00 Uhr erschien ein ungeheures Luft-Transport-Geschwader am abendlichen Himmel über jenem östlichen Invasionsraum der Normandie. 220 Horsa- und 30 Hamilcar-Lastensegler wurden zu ihren östlich und westlich des Caen-Kanals und der Orne gelegenen Landezonen *N* und *W* gezogen und ausgeklinkt. Mit ihnen wurden 3.000 weitere Soldaten und mehrere Tonnen Versorgungsgüter und schweres Gerät abgesetzt, um die 6. Airborne Division noch weiter zu verstärken. Nach seiner Landung rückte das 1. Bataillon der *Royal Ulster Rifles* über Ranville in Richtung auf Longueval vor. *(Es gelang ihm, bis zum Morgen des 7. Juni nahe südwestlich von Ranville Stellung zu beziehen.)* Das ebenfalls mit ihm gelandete 2. Bataillon der *Ox and Bucks* sollte mit einem Teil der Truppe einen Angriff auf Hérouvillette führen, die anderen sich zu den Brücken über den Kanal und die Orne begeben.

Als die ersten Soldaten des Bataillons vor Hérouvillette ankamen, bot sich ihnen ein erschreckender, schauerlicher Anblick: In vielen Bäumen hingen noch immer etliche Fallschirmjäger in ihrem Geschirr. Sie hatten in der Nacht zuvor ihre Absprungzone *N* zwischen Amfréville und Ranville verpaßt und waren von deutschen Soldaten in ihrer wehrlosen Situation erschossen worden. *(Die „Ox and Bucks" konnten die deutschen Soldaten vor Hérouvillette überwältigen und den Ort bis zum Morgen des 7. Juni besetzen.)*

Als die anderen Kompanien der *Ox and Bucks* bei ihren Kameraden der D-Kompanie sowie die *Warwicks* der 3. Division um 21:15 Uhr an der Kanal-Brücke eintrafen, wurden sie mit freundlich-spöttischer Kritik betreffs ihrer späten Ankunft empfangen. Howards D-Kompanie war weitgehend „aufgebraucht", sie hatte von ihren acht Offizieren fünf verloren - einer von ihnen war Leutnant Denham Brotheridge. Zwei weitere Offiziere waren verwundet worden, zwei vermißt.

Außer den Offizieren gab es noch den aus dem Lastensegler Nr.3 geschleuderten toten Soldaten Greenhalgh *(den John Howard bei seiner Aufzählung der Verluste in seinen Memoiren, ohne dessen Namen zu nennen, als „beim Angriff auf die Brücke gefallen" erklärt)*, und 14 weitere verwundete Soldaten. Aber auch Tony Hoopers 27 Soldaten starker Zug, der mit dem Lastensegler Nr.4 versehentlich 13 Kilometer zu weit entfernt und östlich der Dives an einer ihrer Brücken

An der Kanal-Brücke wurde bis 21:15 Uhr auf Entsatz gewartet, denn Lord Lovats Trupp war lediglich vorbeigezogen...

Foto: Battlefield Historian Ltd.

gelandet war, fehlte der D-Kompanie.

Die Lastensegler-Piloten hatten Order, sich nach ihrer Landung zum *Sword Beach* zu begeben, um von dort aus sofort wieder nach Großbritannien zurückgebracht zu werden - wo sie für weitere Einsätze gebraucht wurden.

Nach Einbruch der Dunkelheit zog John Howard nach einem versehentlichen großen Umweg über Hérouvillette und einem dortigen kurzen Feuergefecht mit dem Rest seiner Kompanie in Ranville ein. Kurz nach seiner Ankunft im Bataillons-Hauptquartier erschienen dort auch Howards zwei bisher vermißte Offiziere, Hauptmann Brian Priday und Leutnant Tony Hooper. Von nun an sollte Howard dem Befehl des Oberst Mike Roberts unterstehen, doch dem war bei der unglücklichen Landung seines Lastenseglers ein Bein zertrümmert worden. Somit wurde John Howards Kompanie Roberts 2 I/C dem Major Mark Darrell-Brown unterstellt, zu dem Howard nicht dasselbe Vertrauen hatte, wie zu Roberts - und am nächsten Tag sollte ein Angriff auf Escoville stattfinden...

Oberstleutnant Terence Otway hatte sich im Laufe des Tages mit seinen restlichen und etlichen vom 9. Bataillon hinzugestoßenen Männern zu dem 3,5 Kilometer südwestlich der Batterie Merville gelegenen Amfréville begeben. Von einem ortsansässigen Franzosen hatte Otway den Hinweis erhalten, daß um Amfréville mindestens ein ganzes Bataillon Wehrmachtsoldaten stehen würde.* So war er den Ort vom nahe östlich gelegenen Weiler Le Plain angegangen, jedoch von deutschen Soldaten angegriffen worden. Den Fallschirmjägern war es gelungen, den deutschen Angriff zurückzuschlagen, und das Schloß von Amfréville zu erreichen, in dem Otway dann sein Hauptquartier eingerichtet hatte. Das Schloß war von einem Erdwall und einer hohen Mauer umgeben und bot somit eine gewisse Sicherheit.

Erst als die Sonne langsam unterzugehen begann, erschien der britische Kleintransporter wieder bei Haras de Retz, um die nächsten vier verwundeten Fallschirmjäger abzuholen. Mit ihnen kletterte auch Alan Jefferson auf den Lastwagen. Dann fuhr man los...

Die Abenddämmerung brach an und man war fast die Hälfte der Wegstrecke nach Le Mesnil gefahren, da standen plötzlich einige Franzosen, Männer und Frauen, auf der Landstraße und gestikulierten heftig. Der Transporter hielt an. Im ersten Moment verstand keiner der Briten, was die Franzosen sagten, dann verstand Jefferson, daß man die Briten vor einem Hinterhalt warnen wollte. Sofort bog der Fahrer von der Straße ab und fuhr den Wagen in das Dunkel unter einigen großen Bäumen und zwischen dichte Büsche. Die Franzosen verschwanden ebenfalls... Da ratterte plötzlich ein deutsches Halbkettenfahrzeug nicht weit entfernt aus einem Seitenweg die Landstraße herauf und fuhr in jene Richtung, aus der die Briten gerade gekommen

Dort, wo der Krieg der Bevölkerung noch keine allzu großen Wunden zugefügt hatte, wurden die Soldaten der Alliierten von den Franzosen freundlich begrüßt.

Foto: Kollektion Fabrice Corbin

---

* Es handelte sich dabei um das Ost-Bataillon 642, das seine Truppen bei Amfréville sammelte - außer jener Kompanie, die an der Küste stand.
Der britische Teil des Kommandos Nr.4 war am Nachmittag in mehrere heftige Gefechte verwickelt worden und erreichte gegen Abend ebenfalls das Château de Amfréville. Dann kam es dort zu einem weiteren schweren Kampf. Kurz darauf erhielt Terence Otway, dessen kleine Truppe gerade durch die Männer dieses Kommandos verstärkt worden war, den Befehl, Amfréville in der Nacht wieder zu verlassen. Er sollte mit seinen Männern den nahe südlich des 1.700 Meter entfernten Châteaus St. Côme gelegenen Wald besetzen.

waren, und an dem zwischen den nahen Büschen stehenden Kleinlastwagen vorbei.

Kaum war das Rattern verklungen, traten die Franzosen wieder aus den Büschen hervor, gingen zu den Briten und riefen:

„Vive les Anglais!" *(Es leben die Engländer!)*

Einer der Franzosen hatte eine Flasche Cognac dabei. Er trat zu dem Transporter und gab jedem der Briten einen Schluck zu trinken. Dann schüttelten sie ihnen die Hände und verschwanden im Dunkeln.

Die Abendmeldung des LXXXI. Armee-Korps vom 6. Juni 1944, per Fernschreiben an das Armee-Oberkommando 15, lautete:

Im linken Abschnitt (der) 711. I.D. luftgelandeter Feind, Stärke etwa 2 Btl., vernichtet. Bisher 80 Gefangene. Truppenzugehörigkeit: 6. engl. Luftlande-Div. Beide Res.Btle. 711. I.D. wieder einsatzbereit.

Nordfront Fest(un)g Le Havre 11 Gefangene, darunter 1 Offiz. von I. kanad. Fallschirm-Btl.

Vor Ostküste (der) Halbinsel Cotentin von Orne-Mündung an z. Zt. 240 Schiffe aller Art gezählt, weitere dahinter, dabei (irrtümlich) anscheinend auch Flugzeugträger.

716. I.D. riegelt ab Armeenaht in Linie Bavent-Ranville. Nördl. dieser Linie Feind in Stärke etwa einer Fallschirm-Brigade. Varaville feindbesetzt. Lage an linkem Flügel 711. I.D. kann kritisch werden. Bereinigung durch SS-HJ (12. SS-Panzer-Division „Hitlerjugend") heute noch erforderlich.

Soldaten des Kommandos Nr.6 bereiteten sich nahe der Landezone N am späten Nachmittag des 6. Juni auf die erste Nacht in Frankreich vor. Foto: Battlefield Historian Ltd.

Die Nacht vom 6. auf den 7. Juni war eine unruhige. William Toynton beschrieb die Stimmung:

„Was für eine Nacht! Nah und fern zerbarsten Granaten der Artillerie, und Leuchtspurgeschosse von Werfern sah man in alle Richtungen fliegen. Royal-Air-Force-Flugzeuge bombardierten Caen, und Dakotas warfen Versorgungsgüter ab. Das war eine Nacht, die ich nie vergessen werde...!"

D-Day + 1 - der zweite Tag

In der Nacht zum 7. Juni ging bei Major Hans von Luck der Befehl Generalmajor Feuchtingers ein, daß er auch weiterhin den Angriff auf Escoville fortzusetzen habe. Der noch immer nur kleine Brückenkopf der Briten auf der östlichen Seite der Orne sollte unbedingt wieder eingedrückt werden. Doch in der Nacht waren auf dem ansteigenden Terrain nördlich Escoville noch annähernd einhundert Lastensegler gelandet und somit noch weitere Truppen der 6. Airborne Division abgesetzt worden. Noch immer lagen Einheiten der Panzer-Aufklärungsabteilung „eingegraben" am Südrand des Dorfes.

John Howards ursprüngliche Kompaniestärke von 181 Soldaten war innerhalb von 24 Stunden auf 110 Männer geschrumpft, die der Major in der Nacht auf vier andere Züge der C-Kompanie verteilt hatte. Um kurz vor 5:00 Uhr brach man zusammen mit der A-Kompanie auf, um Escoville zu besetzen und zu halten...

Mit der ersten Morgendämmerung des 7. Juni wurden die Kampfhandlungen wieder stärker. William Toyntons 1. Bataillon der *Royal Ulster Rifles* war im Schutz der Nacht zum 2,3 Kilometer südwestlich

Ranville gelegenen Longueval marschiert:

„Bei Anbruch der Dämmerung griffen wir an und befreiten Longueval. Danach ging es wieder zurück nach Ranville..."

Inzwischen war ein Kampfspähtrupp der Panzer-Aufklärungsabteilung in das Dorf Escoville eingedrungen. Kurz darauf erschienen die Briten - auch John Howard und seine Männer. Es kam zu heftigen Schießereien, und man hatte auf beiden Seiten schwere Verluste. Eine der wesentlichen Ursachen dafür bestand darin, daß die tarngefleckten Uniformen der britischen Soldaten jenen der Männer der 21. Panzer-Division sehr ähnlich waren.

Einige von John Howards Männern waren im Ortskern von Escoville niedergeschossen worden, und der Major war dorthin geeilt. Noch während er sich mit mehreren seiner Soldaten in der Deckung einer hohen Natursteinmauer aufhielt, vernahmen sie Motorengeräusche offenbar größerer Fahrzeuge. Howard wollte sich von der Situation überzeugen und verließ am Ende der Mauer deren Deckung. Gerade noch von Leutnant Sweeney gewarnt, wurde der Major von einem Gewehrgeschoß getroffen. Howard schlug rückwärts zu Boden - mit einem kleinen Loch im Stahlhelm, unter dem das Blut hervorrann.

Nach nur einer Minute der Bewußtlosigkeit wurde der Major von zweien seiner Männer aufgerichtet. Noch halb benommen, stöhnend und stolpernd wurde er zwischen ihnen zum Kompaniegefechtsstand auf einem Bauernhof zurückgebracht. Vorsichtig nahm man Howard den Stahlhelm ab, und ein Sanitäter besah sich die Wunde. Der Major hatte großes Glück gehabt. Das Geschoß hatte den Helm seitlich vorn und hinten durchschlagen und, sicherlich auch von seinem dichten, unter dem Stahlhelm zusammengedrückten Haupthaar abgeleitet, lediglich einen tiefen Streifschuß verursacht. *(Howard behielt bis zu seinem Lebensende eine breite Narbe am Kopf, über die er sagte, daß eine deutsche Kugel sein Haar gescheitelt hat.)*

John Howards Stahlhelm mit jener Beule, die er sich während der Landung mit dem Lastensegler zugezogen hatte, sowie dem seitlichen Einschußloch (links).

Foto: von Keusgen (Mémorial Pegasus)

Infolge seiner schlechten Verfassung, nachdem er viel Blut verloren hatte, war der Major nicht mehr imstande, die D-Kompanie weiterhin zu führen. Die D- und die B-Kompanie waren zu dieser Zeit in starke Kampfhandlungen verwickelt und standen schon nicht mehr in Verbindung mit ihrem Bataillonsgefechtsstand. Von Lucks Männern war es gelungen, 13 Briten gefangen zu nehmen. Einer dieser Männer berichtete, daß seine Einheit den Auftrag habe, über Escoville nach Süden vorzustoßen und somit den britischen Brückenkopf zu erweitern, man warte lediglich auf Verstärkung...

Zurück in seinem Gefechtsstand fand Hans von Luck einen gefangen genommenen, leicht verwundeten britischen Unteroffizier vor. Der Major sprach mit ihm, und der Brite erzählte, daß er ein Angehöriger John Howards Kompanie sei und man mit sechs Lastenseglern an den beiden Brücken über den Kanal und die Orne gelandet war, und sie unzerstört hatte besetzen können. Der Gegner war völlig überrascht gewesen und nicht einmal mehr imstande, die vorbereiteten Sprengungen durchzuführen. Auch war der Brite mächtig stolz darauf, daß sie als allererste Soldaten auf französischem Boden gelandet waren, zumal man auch nur geringe Verluste hatte. Außerdem war den Soldaten von John Howard mitgeteilt worden, daß man sie nach geglückter Landung nach England zurückfliegen würde, um dort für einen weiteren Einsatz bereitgehalten zu werden. „Doch gestern Abend hatte der Major den Befehl erhalten, heute früh das Dorf Escoville anzugreifen, um den bisher erst kleinen Brückenkopf zu erweitern". Der Unteroffizier war der Meinung, daß Howards Kompanie für diese Aufgabe ursprünglich gar nicht vorgesehen war. So war man in das Dorf eingedrungen, jedoch von allen Seiten unter starkes Feuer genommen worden, „besonders von den verdammten eighty-eights“ *(gemeint sind 8,8-cm-Kanonen)*. Der Unteroffizier war auch der Ansicht, daß bei diesem Angriff mehr als die Hälfte der Kompanie gefallen, verwundet oder in Gefangenschaft geraten war. Major Howard, erklärte der Brite, sei sehr stolz auf den *coup de main (Handstreichaktion)* an der Kanal-Brücke gewesen, und nun dieses Desaster... Man wußte aber, daß die große Landung von See her gelungen war. Abschließend sagte der britische Unteroffizier nachdrücklich:

„Ihr werdet nicht mehr verhindern können, daß wir in Kürze auf Paris marschieren. Diesen Krieg werdet ihr nicht mehr gewinnen.“

Nun wurde Hans von Luck klar, daß die beiden Brücken über die Orne und den Kanal für die Briten von größter Bedeutung waren...

Inzwischen befand sich von Lucks II. Bataillon in schweren Abwehrkämpfen. Besonders war dessen rechter Flügel nördlich Troarn betroffen. Während dieser Kampfhandlungen fielen auch der Chef der 5. Kompanie, Oberleutnant Brandenburg, und der Bataillonskommandeur, Hauptmann Kurzon *(der posthum zum Major befördert und mit dem Ritterkreuz ausgezeichnet wurde)*.

Soldaten der am Morgen des 7. Juni am „Juno Beach“ gelandeten 51. Highland Division auf ihrem Marsch ins Hinterland - von deutschen Truppen völlig unbehelligt...

Foto: Battlefield Historian Ltd.

Am Morgen dieses 7. Juni war am *Sword Beach* die britische 51. Highland Division gelandet. Ihr Kommandeur war Generalmajor D. C. Bullen-Smith. Im Laufe des Vormittags wurde der *Sword Beach* plötzlich mit Artilleriefeuer belegt.* General Bullen-Smith erbat sofort die umgehende Neutralisierung dieser Batterie. General Richard Gale, dessen 6. Airborne Division noch viel zu weitläufig über die Landeräume verstreut war, konnte lediglich Lord Lovats 1. Special Service Brigade mit einem weiteren Angriff auf die Batterie Merville beauftragen - was er auch tat.

Nachdem Lord Lovat den Befehl erhalten hatte, konnte er als einzig einigermaßen verfügbare Truppe das Kommando Nr.3 mit dem Angriff auf die Batterie betrauen. *(Das Kommando Nr.3 war am 6. Juni um 9:05 Uhr zusammen mit dem Kommando Nr.45 am „Juno Beach“ gelandet und hatte dabei nicht unerhebliche Verluste eingebüßt.)* Diese beiden Kommandos hatten aber längst den wichtigen Auftrag, Sallenelles einzunehmen, sich dann zur Küste und nach Franceville-Plage zu bewegen und somit den gesamten Großraum von der Küste abwärts bis Troarn im Süden, der Orne im Westen und der Dives im Osten abzuschotten. Um nun den Stoßtrupp nicht gänzlich zu schwächen, entschied Lovat, vom Kommando Nr.3 lediglich zwei seiner sechs Trupps abzuziehen - die Trupps Nr.4 und Nr.5 - und von diesen

* In seinem Buch *Assaults on the Guns of Merville* schrieb Alan Jefferson auf Seite 129 dazu, daß man General Bullen-Smith zwar darüber informiert hatte, daß die Batterie Merville neutralisiert worden sei, er aber dennoch der Meinung wäre, daß der plötzliche Beschuß auf diesen Landeabschnitt von dort aus erfolgt wäre. Allerdings vermerkt Jefferson den Hinweis, „obwohl es keine Beweise gab, die diese Vermutung absicherten“. Es war aber auch bekannt, daß noch andere Batterien imstande waren, auf *Sword Beach* zu feuern, wieso sollte es dann ausgerechnet die Merville-Batterie gewesen sein? Hatte Bullen-Smith erfahren, daß die Neutralisierung der Batterie doch nicht erfolgt war? Von englischer Seite wird allerdings behauptet, daß, nachdem Otways Trupp nach erfolgreicher Eliminierung der Geschütze abgerückt war, wieder deutsche Soldaten zum Stützpunkt zurückgekommen wären und zwei der vier Haubitzen repariert hätten, was Hans Staab mit den Worten „das ist doch glatter Unsinn“ kommentierte.

die Merville-Batterie neutralisieren zu lassen.

Der Chef des Kommandos Nr.3 war Oberstleutnant Peter Young, ein erfahrener Offizier, der schon bei Dünkirchen, Vaagso, Dieppe, Sizilien und Italien dabei gewesen war. Um sein Kommando aber persönlich an die Küste führen zu können, übertrug Young seinem stellvertretenden Kommandeur, Major John Pooley den Auftrag, mit den beiden Trupps nach Merville zu marschieren und den dortigen Angriff zu leiten. Auch Pooley hatte bereits Kampferfahrung, hatte ehemals den Trupp Nr.5 befehligt und kannte folglich jeden der Männer. Er war ein bei all seinen Leuten beliebter Offizier und der Sprengexperte des Kommandos Nr.3.

Im Laufe des Vormittags traf Major Pooley den befehlshabenden Offizier des Trupps Nr.4, Hauptmann Brian Butler, um mit ihm die Taktik für den bevorstehenden Angriff in Kurzform zu besprechen. Nun kam man darauf, daß für die geplante Zerstörung der deutschen Haubitzen Sprengstoff gebraucht wurde - der aber fehlte, da niemand zuvor etwas davon gesagt hatte. Von diesem Manko unterrichtet, begab sich Oberstleutnant Young sofort zum gegenwärtigen Hauptquartier der Brigade, in der Hoffnung, von einer dort liegenden Pionier-Abteilung Sprengstoff besorgen zu können, jedoch vergebens.

Die Trupps Nr.4 und Nr.5 bewegten sich inzwischen ostwärts in Richtung Merville. Der Trupp Nr.5 des Hauptmanns Michael Woye-

Soldaten des Kommandos Nr.4 der Special Service Brigade. Foto: Battlefield Historian Ltd.

* Neil Barber schreibt in seinem Buch, das Kommando Nr.4 hätte laut Invasionsplan ohnehin den Auftrag gehabt, die Batterie zu neutralisieren, sofern dieses nicht durch Otways Truppe erfolgt war. Wenn ihr das aber tatsächlich gelungen war - wie es behauptet wird - warum wurden dann die zwei Trupps des Kommandos Nr.3 dorthin beordert...?

vodsky sollte die Batterie angreifen und Trupp Nr. 4 Feuerunterstützung leisten. Nach erfolgtem Angriff sollten sich die beiden Trupps im Außenbereich von Franceville entfalten.

Indessen hatte sich Oberstleutnant Young entschieden, mit vier weiteren Männern Major Pooley zu folgen und übertrug seinem Stellvertreter, Major D. C. Hops, die weitere Führung der vier anderen Trupps. Die vier Männer, die Young begleiteten, waren sein persönlicher „Bursche", ein Hauptmann vom *Royal Army Medical Corps*, ein Unteroffizier und ein Funker.

Als sich Peter Young mit seinen vier Männern entlang der Straße nach Sallenelles bewegte - alle waren mittels an die Uniformen gebundener, belaubter Zweige und geschwärzter Gesichter getarnt - trafen sie zu ihrer Überraschung plötzlich einen Trupp des Kommandos Nr. 45. Auf dessen Weg nach Franceville waren diese in schweres Granatwerferfeuer geraten und hatten dabei den Hauptteil ihrer Einheit verloren. Auch ein Funkkontakt war ihnen unmöglich. Da niemand von ihnen über das Vorgehen ihrer Truppe instruiert worden war, schlossen sie sich nun Youngs kleiner Gruppe an, um mit ihm die Trupps Nr. 4 und Nr. 5 bei Merville zu verstärken.

Major John Pooley leitete das britische Kommando Nr. 3 und führte es beim dritten Angriff auf die Batterie Merville.

Foto: Commando Veterans Association UK

Bis zum Vormittag des 7. Juni lagen Helmut Römer und seine Kameraden Erwin Sauer und Janusch Marschilinski in ihrem Versteck unter dem großen Holunderstrauch in unmittelbarer Nähe des Kanals. Römer berichtete:

„Wir hatten in den vielen Stunden auch viel beobachten können, ohne selbst entdeckt zu werden. Mehrmals kamen englische Soldaten in unsere Nähe, suchten nach deutschen Soldaten. Noch am Vortage streiften sie hier in dem Sumpfgebiet herum. Da sind ja deren Fallschirmjäger auch abgeschossen worden. Mehrmals haben wir gesehen, wie einige von ihnen herunterkamen und sofort im Sumpf versanken - gluck, gluck, weg war'n sie. Die, welche heil herunter kamen, streiften dann auch hier herum. Nachts hörten wir das Rauschen ihrer Fallschirme, wenn sie runterkamen, und nicht selten wieder gluck, gluck... Das war alles sehr schlimm, aber auch unsere Liegerei unter dem großen Busch war auf die Dauer ganz schön unangenehm, und unser größtes Problem waren der Hunger und der Durst. Gegen den Durst hatten wir die trübe Kanalbrühe getrunken, aber gegen den Hunger konnten wir nichts tun. So waren wir dann am zweiten Tag bereit, uns zu ergeben. Wir sagten uns, entweder werden wir jetzt erschossen oder wir gehen in die Gefangenschaft. Um 10:00 Uhr sind wir dann unter dem Busch hervorgekrochen, weil wir's nicht mehr länger aushalten konnten."

Die drei jungen Infanteristen standen auf und gingen langsam und mit erhobenen Händen in Richtung der Kanal-Brücke und auf die dort befindlichen Briten zu. Helmut Römer befürchtete:

„Eine falsche Bewegung, und sie würden uns umlegen. Uns war ganz schön mulmig zumute..."

Nach insgesamt 34 Stunden verließen die letzten in der Nähe der Hebebrücke verbliebenen Soldaten ihr Versteck unter dem Holunderstrauch am Kanal und ergaben sich den Briten.

Foto: Archiv von Keusgen

Als einige der Briten die drei Deutschen erblickten, gingen sie sofort in Deckung, ihre Gewehre im Anschlag. Römer, Sauer und ihr polnischer Kamerad Marschilinski blieben sofort stehen und reckten ihre Arme noch höher. Es fiel kein Schuß...

So wie seine Kameraden, war auch Erwin Sauer in großer Sorge:

„Dann erhoben sich zwei der Engländer und gingen mit vorgehaltenen Gewehren auf uns zu..."

Helmut Römer sagte:

„Die Briten hatten offenbar genauso viel Angst wie wir, das waren ja auch so junge Kerle, aber sie waren fair. Sie tasteten uns kurz nach Waffen ab, dann führten sie uns zu den anderen an der Brücke. Die Gefangennahme war für mich der Beginn eines zweiten Lebens, nur wußte ich das in diesem Moment noch nicht..."

Zu Erwin Sauers und Helmut Römers größter Verwunderung stand bei den britischen Soldaten auch jener Mann, der erst neun Tage zuvor mit seinem Motorrad auf die Kanal-Brücke gefahren war und sich als ein Angehöriger der überall in der Küstenregion arbeitenden *Organisation Todt* ausgegeben hatte. Helmut Römer war sich diesbezüglich vollkommen sicher:

„Der Sauer und ich haben ihn sofort erkannt, als er da wieder mit seinem Motorrad stand..."

Dann wurden die drei mit noch vielen anderen von allen Seiten herangebrachten deutschen Gefangenen den 5,3 Kilometer weiten Weg zum Strand vor Ouistréham geführt. Dort bot sich den Deutschen noch einen Tag nach dem Angriff der Briten ein erschütternder Anblick. Helmut Römer war tief betroffen:

„Der Strand war noch immer übersät mit den Leichen britischer Soldaten..."

Die Briten ließen ihre deutschen Gefangenen nun zu Hunderten weit über den Strand hinaus und ins Wasser *(mit 11° Celsius)* marschieren und dort auf die Landungsboote warten, mit denen sie später zu den großen Transportschiffen und damit nach Großbritannien gebracht werden sollten. Aber die Deutschen mußten sehr lange warten, wie Helmut Römer bestätigte:

„Man ließ uns dann den ganzen Nachmittag lang im brusthohen, kalten Wasser stehen. Das brachte mir eine Lungenentzündung und ein paar Monate Lazarett ein."

Ein großer Teil der gefangen genommen deutschen Soldaten war am 7. Juni vor Ouistréham an den Strand geführt worden, um dort auf die Landungsboote zu warten, die sie abtransportieren sollten. Anfangs standen sie „nur" bis zu den Waden im kalten Wasser (Foto). Später, nachdem die Flut aufgelaufen war, stand ihnen, gemäß der Aussage Helmut Römers (3. von links) das Wasser bis zur Brust...

Foto: Kollektion H. Römer

Auf der östlichen Seite der Orne näherten sich indessen die Männer des zur Neutralisierung der Batterie Merville eingesetzten Kommando-Trupps dem WN 01. Ihnen fielen die großen Bombenkrater auf, die an Masse zunahmen, je näher sie dem Artillerie-Stützpunkt kamen. Sie hatten Mühe, die Krater auf ihrem Weg bis zu ihrer vorbestimmten Ausgangsposition für ihren Angriff zu überwinden, mußten dabei aber feststellen, daß sich die meisten außerhalb des Terrains der Batterie befanden... Dann trafen sie auf den Trupp Nr. 5, der den Stützpunkt von Norden her angreifen mußte. Trupp Nr. 4 sollte während dieses Angriffs Schützenfeuer leisten.*

Dann begann der Angriff...**

„Unserer Zug der 3. Kompanie hatte in der Nähe der Batterie bleiben müssen“, erzählte Heinrich Bachmann, „aber nach den wüsten Ereignissen in der vorletzten Nacht war uns dabei gar nicht wohl...“

Kaum hatten sich die Soldaten des Trupps Nr. 5 zum WN 01 in Bewegung gesetzt, wurden sie schon wieder heftig von den Infanteristen beschossen...

Einer der jungen Männer des 4. Trupps des Kommandos Nr.3 war der Soldat James „Jim“ Clinton.

Foto: Kollektion J. Clinton

Um *(zirka)* 14:00 Uhr klingelte in Leutnant Steiners B-Stelle das Telefon. Aufgeregt meldete Hauptwachtmeister Buskotte seinem Batteriechef telefonisch „einen neuen Angriff der Engländer auf unseren Stützpunkt“. Einige Zeit zuvor hatten aber auch am Strand vor der B-Stelle einige Landungsboote eine Menge britischer Infanteristen abgesetzt, die gerade dabei waren, die dortigen Widerstandsnester mit Granatwerfern zu beschießen - und noch weitere Landungsboote näherten sich dem Strand... Dazu erklärte Raimund Steiner:

„Gegen 14:00 Uhr meldete Buskotte einen dritten Angriff. Ich war aber hier gerade mit dem Angriff der Engländer engagiert, und so hatte ich keine Möglichkeit, artilleristisch einzugreifen. Wir mußten uns gerade selbst verteidigen. Ich konnte lediglich noch einmal telefonisch um Artilleriebeschuß auf unseren Stützpunkt bitten, nur leiten und kontrollieren konnte ich das Feuer nun nicht mehr...“

Da sich die Artilleristen noch immer in ihren Bunkern befanden und sich die Infanteristen anfangs noch in sicherer Entfernung zum Stützpunkt aufhielten, war es den britischen Soldaten rasch gelungen, in die verwüstete Anlage einzudringen. Wieder wurde versucht, die Artilleristen mittels in die Luftschächte gegossenen Phosphors aus ihren Unterständen zu vertreiben.***

---

* Die Batterie sollte ein weiteres Mal angegriffen werden, um die Haubitzen endgültig zu vernichten - aber warum das alles, wenn doch angeblich schon Otways Männer „gründliche Arbeit geleistet“ hatten, außerdem nach eigenen Aussagen des Oberstleutnants Young und des Soldaten Taffy Jones gar kein Sprengstoff für die geplante Zerstörung vorhanden war? Eine andere, viel einfachere Art der Geschützeliminierung war den britischen Nicht-Artilleristen ganz offensichtlich unbekannt.

** Betreffs des Angriffs auf die Batterie Merville wird die Uhrzeit von Alan Jefferson in seinem *Assault on the Guns of Merville* auf Seite 134 mit 15:00 Uhr angegeben. Johannes Buskotte gab die Zeit mit „um 14:00 Uhr“ an, Raimund Steiner mit „gegen 14:00 Uhr“, Heinrich Bachmann und Hans Staab sprachen von „mittags“...

Jefferson schreibt in seinem Buch auf den Seiten 134/135, man hätte wieder ein Minenfeld durchqueren müssen, dabei wäre ein Mann in die Fußstapfen des vorderen getreten, dennoch hätte es drei „Verluste“ gegeben; auch wird auf Seite 137 in einem Bericht des Leutnants Bill Williams erstmals von Schützenminen >antipersonnel mines< geschrieben.

*** Daß die Briten Phosphor einsetzten, wurde von Alan Jefferson und in etlichen anderen englischen Publikationen verschwiegen. Auch wurde dieser Angriff seitens der britischen Beteiligten derart verworren dargestellt, daß eine klare Rekonstruktion der Ereignisse nicht möglich ist, und schon gar nicht analog zu den Aussagen deutscher Beteiligter steht. Außerdem finden in den Berichterstattungen immer wieder zeitliche Überlagerungen statt, und nur selten werden exakte Zeiten benannt, was folglich einen chronologischen Ablauf sowie das Nachvollziehen realer Handlungen unmöglich macht. So ergeben sich auch aus den britischen Darstellungen dieses dritten Angriffs auf die Batterie Merville klare Widersprüche zur übereinstimmenden Darstellung der ehemaligen Batterieangehörigen. Aus diesem Grund wird hier nicht weiter auf seitens der Briten angegebene Einzelheiten eingegangen. Es sollte aber bemerkt werden, daß die Männer des Angriffstrupps den Eindruck hatten, daß sich außer dem „neuen“ MG-Schützen im Tobruk-Stand der Kasematte Nr.1 offenbar kaum ein weiterer Mensch auf dem Batteriegelände aufgehalten hatte.

Ein anderer *(namentlich unbekannt gebliebener)* Artillerist war von Oberwachtmeister Buskotte für den MG-Stand auf der Kasematte Nr.1 eingeteilt worden, und dieser MG-Schütze erschoß während des Angriffs Major John Pooley durch einen sofort tödlichen Kopfschuß. Der Major hatte erst zwei Wochen vor dem Beginn der Invasion geheiratet... Sofort wurde eine Gammon-Granate auf die MG-Stellung geworfen, die aber keinerlei Wirkung zeigte.

Für die Briten setzte plötzlich und völlig überraschend der neuerliche Beschuß der acht 15,5-cm-Haubitzen von Bruyère Manet und Granagues auf die Batterie ein. Der Obergefreite Heinrich Bachmann lag mit seinem Zug in einiger Entfernung östlich des WN 01:

„Da ging die Ballerei wieder los. Nun konnte ich die Wirkung des Granatfeuers, in dem ich selbst gelegen hatte, mal deutlich sehen. Da flogen die Brocken nur so herum..."

Kaum war der Artilleriebeschuß beendet, stießen die Infanteristen der 3. Kompanie bis zum Rand des Stützpunkts vor, und wieder wurde mit drei Maschinengewehren gleichzeitig auf die restlichen Männer der beiden britischen Kommando-Trupps, die das schwere Granatfeuer überlebt hatten, gefeuert.

„Da war was los...", erzählte der Obergefreite, „die Tommys wurden ja derartig zusammengeschossen... Es war ein Wunder, daß von denen überhaupt noch einer lebend davon kam.... Und genau so war's in der Nacht zum 6. *(Juni)* auch gewesen..."

Oberstleutnant Young sah ein, daß der Rest seiner kleinen Kampftruppe ohne weitere Verstärkung nicht den gewünschten Erfolg erzielen konnte, und für Verstärkungen war man zu weit von anderen Kommandotrupps der 6. Airborne Division entfernt. So entschied er, daß man sich zurückziehen sollte.

An den Rand dieses Fotos schrieb Jim Clinton *(siehe Seite 182)**:*
„4. Zug des 3. Kommandos. Übung für den D-Day. Viele der Männer wurden am 7. Juni in der Batterie Merville getötet oder verwundet. Ich hatte Glück. Ich bin derjenige, der mit einem Kreuz gekennzeichnet ist."
Das total verwüstete Terrain, auf dem einst in Großbritannien trainiert wurde, glich in seinem Zustand auf frappante Weise jenem der Batterie Merville...

Foto: Kollektion J. Clinton

Indessen hatten einige der Briten in der Kasematte Nr.4 den am Vortag verwundeten Fallschirmjäger des 9. Bataillons gefunden, aber auch einen Fallschirmjäger namens Hawkins, der eine sehr schwere Bauchverwundung erhalten hatte. Als nun die deutschen Infanteristen gegen den Kommando-Trupp vorstießen und sich dessen Männer eilig zurückzuziehen begannen, flehte Hawkins:

„Bitte verlaßt mich nicht; bitte verlaßt mich nicht!"

„Dann sind sie abgehauen", beendete Bachmann seinen Bericht, „wieviele das waren, weiß ich nicht, ging ja alles so schnell. Das waren nur ein paar Mann, die da weggerannt sind..."

Diese britische Attacke war noch kürzer als jene in der Nacht zum 6. Juni und verblutete wiederum im gezielten deutschen Artillerie- und Infanteriefeuer.*

Hans Staab faßte diesen Angriff in knappen Worten zusammen:

„Am 7. Juni waren wir mittags noch einmal von den Engländern angegriffen worden. Es ging wieder alles ganz schnell, noch schneller als in der Nacht davor; und wieder war auch unsere Infanterie gekommen... Da gab's aber gar kein Selbstfahrgeschütz. Aber das war der letzte Angriff auf unsere Batterie; danach haben sie es nicht noch mal gewagt, noch nicht mal mit einem Panzer..."

Johannes Buskotte präzisierte:

„Unsererseits war es wieder nicht zu einem Kampf gekommen. Das war nur die Infanterie, die dieses Mal weiter entfernt stand - wegen dem Artillerie-Beschuß; das kannten sie ja nun schon..."

Als Hans Staab nach diesem Angriff wieder die Kasematte Nr.4 betrat, stellte er fest, „daß die sieben britischen Gefangenen verschwunden waren..."

Nach ihrem Rückzug wurden die restlichen Soldaten der Kommando-Trupps auf Hauptmann Butlers Order hin in den Wäldern westlich der Batterie vereint.**

Leutnant Steiner sah sich zur Zeit des britischen Angriffs auf seine Batterie mit einem ganz neuen Problem konfrontiert:

„Als man bei uns, vorn am Strand, die sich nähernde Schiffsarmada sah, verloren einige der Infanteristen die Nerven. Sie hatten panische Angst, waren voller Verzweiflung und nahmen ihre Gewehre und wollten sich erschießen... Ich mußte dringend etwas tun. So führte ich die verängstigten Männer eilig in die alte Festung La Redoute. Kaum waren wir dort hinein, begannen die Engländer ihr schweres Granatwerferfeuer auch darauf zu richten. Gleichzeitig feuerte die Schiffsartillerie wie wahnsinnig. Andauernd fauchten die großkalibrigen Granaten ganz dicht über uns hinweg. Und bei jeder Granate, die so nah 'rüberzischte, fielen von der hohen Decke des Raumes, in dem wir uns befanden, infolge des starken Luftdrucks große Platten des alten

Zur selben Zeit, da die Batterie Merville zum dritten Mal angegriffen wurde, nahmen andere Trupps der 1. Specials Service Brigade etliche deutsche Soldaten gefangen - wie hier, nahe der Landezone N beim nur sechs Kilometer von der Batterie Merville entfernten Ranville.

Fotos: Battlefield Historian Ltd.

---

* In britischen Publikationen wird dieser weitere Fehlschlag gegen die Batterie nur am Rande und in Verkennung der Ursache des Granatbeschusses und nicht annähernd mit der gesamten Konsequenz erwähnt, außerdem behauptet der Soldat Patterson in Alan Jeffersons Buch, es hätten sich Selbstfahrgeschütze in der Batterie befunden...

** Genaue Angaben betreffs der vorherigen Truppenstärke und deren spätere Verluste seitens der Briten anläßlich dieses Angriffs waren keiner der im Anhang dieses Buches benannten Publikationen zu entnehmen, jedoch war die Anzahl an Gefallenen und Verwundeten nicht unerheblich. In Alan Jeffersons *Assault on the Guns of Merville* zitiert der Autor auf Seite 138 den Soldaten Taffy Jones, einen der Männer des „zerrissenen" Kommandos Nr.45:

„[.....] Männer fielen rechts und links; das war ein Abschlachten. [.....]."

Putzes herab. Überall schlugen draußen die Granaten der Werfer ein, und es gab einen höllischen Lärm. Zwei Männer steckten sich aus Angst und Hoffnungslosigkeit den Lauf ihrer Gewehre in den Mund und erschossen sich. Auch ich zitterte vor Todesangst, doch ich mußte irgend etwas tun, um die Männer zu beruhigen... In einer Ecke des Raumes stand ein altes Klavier. Wir haben es schnell von dem herabgefallenen Schutt befreit, dann habe ich zu spielen angefangen..."

La Redoute 1948 - mit den deutlichen Spuren des Krieges gezeichnet.
In dem Gebäude links hatte Raimund Steiner die verängstigten und resignativen Soldaten, die sich ihm angeschlossen hatten, durch sein wunderbares Klavierspiel wieder beruhigen können.
Fotos: ADEMF Merville-Franceville-Plage

Raimund Steiner kannte nur vier Musikstücke aus dem Kopf. Aber es gelang dem 23-jährigen Leutnant, die panischen Soldaten mit den Klängen seiner klassischen Musik wieder zu beruhigen - und während in dem alten Festungsgebäude von Schubert komponierte Melodien erklangen, heulten draußen die großkalibrigen Granaten darüber hinweg. Raimund Steiner sagte über die bizarre Situation:

„Drinnen kehrte Ruhe ein..., und ich war von meinem eigenen Klavierspiel selbst ganz überrascht und angetan..."

Mehrere kleine Gruppen britischer Soldaten hatten indessen das WN 05 umlaufen und beschossen La Redoute mit ihren Granatwerfern jetzt von Süden her. Steiner „hatte beobachten können, daß sie uns auf eigene Faust angriffen und beschossen. Von derartigen Kampfgruppen gab es viele..."

Die Situation der nun in der Festung Eingeschlossenen wurde dramatisch - doch dann geschah etwas völlig Unerwartetes, und der Leutnant erkannte seine Chance:

„Es war ausgerechnet die feindliche Schiffsartillerie, die uns rettete, denn sie traf nicht die alte Festung, sondern ihre eigenen Leute. Bevor die britischen Infanteristen La Redoute stürmen konnten, wurden sie vom eigenen Feuer vernichtet. Sofort eilten wir zur B-Stelle zurück."

Nach ihren teilweise weit voneinander verstreuten Luftlandungen waren die britisch-kanadischen Einheiten, besonders östlich der Orne, in relativ kleine Trupps zersplittert. Um einerseits die Deutschen zu bekämpfen, andererseits größere eigene Kontingente zu bilden, zogen sie ständig umher. So auch ein Teil William Toyntons Bataillons, mit dem er am Morgen noch bei Longueval gekämpft hatte:

„Dann bewegten wir uns in Richtung Bréville und gruben uns dort auf einem Bauernhof ein. Als die Deutschen einen Gegenangriff auf uns führten, hielten wir den Bereich noch für einige Tage. Ich kann nicht in Worte fassen, was das für eine unkontrollierte, massive Ausbreitung des gesamten Feuerwerks war..."

Die bei dem Angriff auf die Batterie Merville gefallenen Männer des Kommandos Nr.3 wurden auf dem 3,5 Kilometer entfernten Friedhof von Amfreville beigesetzt. (Auf diesem Foto sind 14 Gräber zu erkennen.)

Foto: Battlefild Historian Ltd.

Von Luck kam nicht weiter...

Den gesamten 8. Juni über kam es östlich der Orne weder seitens der britisch-kanadischen noch der deutschen Truppen zu größeren Kampfhandlungen - man war auf beiden Seiten mit der Bergung und Versorgung der vielen Verwundeten beschäftigt. Zur allgemeinen Überraschung tauchten plötzlich mehrere Messerschmitt-Jäger am blauen Himmel auf und gerieten sofort in einen Luftkampf. Ein britischer Jagdbomber wurde abgeschossen und stürzte auf die englischen Stellungen. Euphorisch rissen die deutschen Soldaten, die dem Spektakel zusehen konnten, die Arme hoch. Aber dann wurde auch einer der Messerschmitt-Jäger abgeschossen. Seinem Piloten war es noch gelungen, sich mittels Fallschirm zu retten, und er kam zwischen den Stellungen der Aufklärungsabteilung herunter. Nachdem man ihn zu Major von Luck geführt hatte, erging er sich in verbal-emotionalen Ausbrüchen, schimpfte über die nur wenigen hierher geschickten deutschen Flugzeuge, die einer derartigen Übermacht völlig unterlegen waren und fragte, wann denn nun endlich die von Hitler lange vor der Invasion zugesagten eintausend Jagdflieger kommen würden. Doch diese Frage stellte sich von Luck bereits selbst seit einiger Zeit...

Ein Spähtrupp kehrte zu dem Major zurück und berichtete, daß die 51. *Scotch Highland* Division in den feindlichen Brückenkopf verlegt wurde - um die 6. Airborne Division zu verstärken. Der Regimentskommandeur kannte die *Scotch Highland* aus Nordafrika, er wußte, daß sie eine kampferprobte Elite-Einheit war, und ihm war klar, daß es nun um so schwieriger werden würde, den Brückenkopf einzudrücken.

Am Nachmittag des 8. Juni ging bei der *Kampfgruppe von Luck* ein weiterer Befehl der 21. Panzer-Division ein, demzufolge sie am Morgen des 9. Juni zum entscheidenden Angriff auf Escoville anzutreten hatte. Danach sollte sie auf Ranville vorstoßen und die Orne- und die Kanal-Brücke einnehmen. Dazu unterstellt blieben die Panzeraufklärungs-Abteilung 21, die 4. Kompanie des Panzer-Regiments 22, 3 Batterien der Sturmgeschütz-Abteilung 200 sowie eine Kompanie der Panzerabwehr-Abteilung 220 mit 8,8-cm-Geschützen. Die Divisions-Artillerie würde diesen Angriff unterstützen - entsprechend ihres derzeitigen Munitionsbestandes...

Noch spät abends trafen sich bei von Luck sämtliche Kommandeure und ein Artillerie-Beobachter. Man besprach den Angriffsplan. So sollte der Angriff bereits vor dem Hellwerden beginnen, um somit ein Eingreifen der gegnerischen Luftwaffe zu verhindern und folglich die Kriegsmarine noch nicht aktiv werden konnte...

In der Nacht setzte plötzlich für einige Zeit ein schwerer Beschuß durch die Schiffsartillerie ein, gleichzeitig wurden Bomben abgeworfen. Hans von Luck vermutete, „daß man unsere Truppenbereitstellung erkannt hatte"...

Am 9. Juni machte sich um 4:00 Uhr die *Kampfgruppe von Luck* zu ihrem Angriff bereit. Um wichtige Entscheidungen direkt vor Ort treffen zu können, fuhr der Major mit einer kleinen Befehlsgruppe hinter der Aufklärungsabteilung her. Dann erfolgte der Angriff...

Major Hans von Luck (im Hintergrund) beobachtete einen der wiederholten Gegenangriffe seiner Kampfgruppe im Raum Escoville östlich der Orne (im Vordergrund sein Adjutant, Leutnant Helmut Liebeskind, der spätere Bundeswehrgeneral.) **Foto: Kollektion H. von Luck**

Trotz erbitterter Gegenwehr gelang es einem erheblichen Teil von Lucks Kampfgruppe mit Unterstützung ihrer Panzer und Sturmgeschütze rasch in Escoville einzudringen. Die bisher noch im Dorf zurückgebliebenen Zivilisten liefen an der Kirche zusammen. Kinder irrten ängstlich weinend umher und suchten verzweifelt nach ihren Eltern. Einige von Lucks Männern brachten die Kleinen zur Kirche. In den schmalen Gassen der Ortschaft wurde heftig gekämpft, und die Briten wehrten sich erbittert. Dann begann es hell zu werden, das Tageslicht brach an, und mit ihm setzte der schwere Beschuß der Schiffsgeschütze ein. Die großkalibrigen Granaten schlugen in der Mitte des Dorfes und an seinem südlichen Rand ein - ohne Rücksicht auf die Bevölkerung. Von Lucks Angriff blieb stecken.

Werner Kortenhaus sagte über diesen Tag:

„Das war der Härteste von allen... Wir fuhren mit zehn Panzern hintereinander unter den Bäumen der Chaussee, südlich Escoville, an dem dortigen Schloß vorbei. Auf einer großen Wiese, die von hohen Hecken eingezäunt war, wollten wir dann zur Breitkeil-Formation übergehen und weiter vorrücken. Neben und hinter uns liefen die Grenadiere. Aber in diesem Moment begann die Schiffsartillerie zwischen uns zu schießen. In kürzester Zeit verloren wir vier Panzer. Ich saß in einem Panzer IV mit Kurzkanone. Da klemmte der Turm. Ich konnte dann nur noch mit dem Bord-MG in die Hecken feuern. Aber der Beschuß mit den schweren Granaten wurde immer stärker. Etwa vierzig unserer Grenadiere fanden den Tod. Da ließ uns Major von Luck zurückziehen..."

Unter den vielen Verlusten der *Kampfgruppe von Luck* war auch der bei seinen Männern allseits beliebte und während des Rußland-Feldzuges hoch dekorierte Major Waldow.* Erst am Vortage war der Offizier alter preußischer Schule vom Heimaturlaub und seiner Ehefrau zurückgekehrt und hatte den am 7. Juni gefallenen Kommandeur des II. Bataillons, Hauptmann Kurzon, ersetzt...

WN 01 bleibt unter Beschuß

Der heftige Dauerbeschuß der Batterie Merville durch die schwere Schiffsartillerie hatte seit dem *D-Day* mit nur kleinen Unterbrechungen angehalten. Von den Piloten ihrer Beobachtungsflugzeuge geleitet, lagen die Treffer nun viel häufiger innerhalb des Areals. Das Feuer war derart heftig, daß es den deutschen Artilleristen unmöglich war, ihre Bunker zu verlassen. Hans Staab schilderte die beklemmende Situation:

„Da ja seit dem Morgen des 6. Juni die Schiffsartillerie fast unentwegt auf unsere Batterie geschossen hatte, sind wir nicht mehr 'raus, haben die Bunker gar nicht mehr verlassen können; das war ja viel zu gefährlich. Die hatten ja da oben ihre Aufklärer und Beobachter 'rumfliegen gehabt. Die waren ständig da und haben aufgepaßt. So war es uns noch immer nicht möglich, vielleicht noch da draußen herumliegende Verwundete zu bergen und die Toten zu beerdigen... Da hockten wir da unter Tage, die Unterstände nur mit einer Notbeleuchtung erhellt. Wenn die Schiffsartillerie schoß, dann konn'ste ja nicht raus, und die schoß andauernd - aber wir auch. Wir haben drüben aus den Kasematten auf die Schiffe geschossen. Ob da was getroffen wurde, weiß ich nicht, das konnte ja nur der Beobachter vorn am Strand sehen..."

Auch nachts wurde die Batterie mit starkem Störfeuer beschossen. Johannes Buskotte sagte dazu:

„Die wollten uns mit ihrem Trommelfeuer zermürben, aber wir blieben unerschütterlich; und die Schießerei konnte auch nicht mehr Zerstörung anrichten, denn auf dem Stützpunkt war ja sowieso alles schon längst umgewühlt, und wenn gelegentlich mal eine Granate unseren Bunker traf, war das da drinnen, als wenn mit einem Riesenhammer d'raufgehauen würde..."

Der zermürbende Dauerbeschuß durch die Schiffsartillerie hielt, mit Ausnahme nur kurzer Unterbrechungen, weiterhin an...

Foto: Archiv von Keusgen

* Die Bergung des Leichnams konnte infolge der starken Kampfhandlungen erst in der Nacht zum 10. Juni erfolgen. Die Briten ließen dafür extra einen speziellen deutschen Freiwilligen-Trupp passieren. Waldow wurde erst hinter den damaligen deutschen Stellungen beigesetzt; heute ruht er auf dem britischen Militärfriedhof in Ranville. Der Major war ein Gegner Hitlers gewesen und hatte dem Kreis der Männer des 20. Juli angehört.

Raimund Steiner erklärte diesbezüglich:

„Sämtliche Granateinschläge mußten von uns gezählt und an die Division gemeldet werden. Es waren manchmal bis zu 500 Einschläge pro Stunde *(durchschnittlich 8 Granaten pro Minute, folglich alle 7,5 Sekunden eine)*, als zu dieser Zeit, für mich von der B-Stelle und durch mein Scherenfernrohr gut sichtbar, in Ouistréham eine Inspektion höchster alliierter Offiziere stattfand - offenbar mit Montgomery... Außerdem wurde meine B-Stelle ständig von den etwa einen Kilometer entfernten Engländern überwacht. Ich nehme an, daß sie ein Fernrohr mit einer Pak gekoppelt hatten, denn sowie sich bei uns etwas muckste, krachte es sofort... Nachts war ein starker Scheinwerfer auf uns gerichtet, der mit einem Geschütz gekoppelt war."

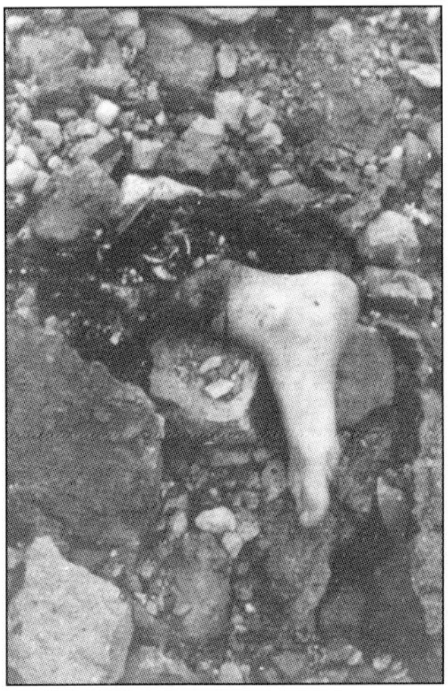

Fast über das gesamte Terrain des Stützpunktes waren von den mehreren tausend darauf eingeschlagenen Granaten abgerissene Körperteile der Soldaten umhergeschleudert worden.
"Ich kann mich nicht erinnern, daß wir auch nur einen einzigen Toten gefunden haben, der noch vollständig erhalten war", sagte Johannes Buskotte. "Da war auch keiner, der noch zu identifizieren war. Es war grauenhaft."

Foto: Bundesarchiv
Bild 101I-722-0406-32A / Theobald, 1944

Erst am 9. Juni, nach drei langen Tagen, ließ der tägliche schwere Beschuß auf die Merville-Batterie nach - wenngleich sporadisch weitergefeuert wurde. Die deutlich längeren Feuerpausen wurden nun von den deutschen Artilleristen benutzt, sich gelegentlich für etwas längere Zeit auch außerhalb der Kasematten und Unterstände zu bewegen. So wurden nun endlich die Leichen geborgen - jene der beiden eigenen gefallenen Leute und die der Angreifer, „jedenfalls das, was von ihnen übrig geblieben war", sagte Johannes Buskotte. „Von fast allen Leichen mußten die Körperteile zusammengesucht werden. Man wußte nicht so genau, was zu wem gehörte..."

Hans Staab war einer der Männer, die mit der Bergung und den Bestattungen beauftragt waren:

„Von unseren Leuten waren während der drei Angriffe im Stützpunkt zwei gefallen. Der erste Kamerad war durch eine englische Handgranate in dem MG-Stand auf der Kasematte Nr.1 umgekommen und sah schlimm aus, der zweite war vor dem Bunker gefallen - und dann hatten sie ja noch elf Gefangene von unseren Leuten mitgenommen... Unsere Toten wurden mit einem Kastenwagen abtransportiert, wohin weiß ich nicht... Von den Engländern haben wir sieben, acht oder neun Mann zusammengesucht; ich weiß nicht so genau, weil da ja manchmal nur einzelne Teile waren... Wie die ausgesehen haben... Da war doch die Hitze..., Juni..., furchtbar... Die haben wir dann in dem Garten zwischen dem Haus, in dem Hauptmann Wolter gewohnt hatte, und dem kleinen, nächsten Haus, nach Merville zu, in der Nähe hoher Bäume beerdigt..."

Nach dem Absturz des ersten Lastenseglers um kurz nach Mitternacht des 6. Juni war der Stützpunkt zweimal von der eigenen Artillerie mit 15,5-cm-Granaten beschossen worden, dann nochmals bombardiert, danach im Dauerbeschuß insgesamt siebeneinhalb Stunden lang von der „Arethusa" mit 15,2-cm-Granaten regelrecht umgegraben. Bis zur Bergung dessen, was die Granaten übrig gelassen hatten, war der Beschuß durch die Schiffsartillerie dann noch vom 7. Juni nachmittags bis zum 9. Juni vormittags fortgesetzt worden...

An diesem 9. Juni machte Hans Staab vom Batteriegelände aus eine erschreckende Beobachtung:

„Da kamen Bomber - massenhaft... Die flogen über uns hinweg ins Hinterland und schütteten flüssigen Phosphor herab. Der ganze Himmel war rot, man konnte meinen, daß er brannte. Aber da waren doch überall noch Soldaten - auch englische. Aber wahrscheinlich hätten wir das Zeug abbekommen sollen..."

Leutnant Steiner, der infolge des so lange anhaltenden schweren Beschusses eine härtere Haltung angenommen hatte, leitete noch

immer von der B-Stelle aus das Feuer seiner Geschütze:
„Weit da draußen lag ein Frachtschiff, von dem massenhaft Munition ausgeladen wurde. Ich gab die Koordinaten durch - und es wurde von unseren Haubitzen versenkt.“

Von der Batterie Merville aus wurden etliche Schiffe vor dem „Sword Beach“ unter Feuer genommen...

Foto: US National Archives

An diesem 9. Juni verstärkten sich die Kampfhandlungen um Bréville und Le Mesnil. Bei Bréville kämpften die Deutschen in Bataillonsstärke, und bei Le Mesnil war das britische Brigade-Hauptquartier in Gefahr. Oberstleutnant Terence Otway sandte dreißig seiner Männer, um die dortige Lage aufzuklären. In die Schießerei geraten, fielen drei Offiziere, zwei Unteroffiziere und drei Mannschaftsdienstgrade.

Erst am 10. Juni war Otway infolge angewachsener eigener Kräfte in der Lage, mit 270 Männern seine Aufgabe fortzusetzen. Von der *Kampfgruppe von Luck* und sporadischem Infanterie-Einsatz wurde ein starker Angriff auf die britischen Stellungen bei Ranville unternommen. Mit Granatwerfern, Artillerie und Panzern verstärkten sie ihren Angriff. Otway, der mit seiner Truppe nur 450 Meter entfernt stand, forderte von der *Arethusa* Feuerunterstützung an. Doch trotz des starken Marine-Beschusses setzten die Deutschen ihre Angriffe fort. Dann gelang es ihnen, die Verteidigungslinie der Fallschirmjäger zu durchbrechen. Es kam zu harten, mehrere Stunden dauernden Gefechten mit blutigen Nahkämpfen mit einem Teil der *Kampfgruppe von Luck*, bei denen das Gros der deutschen Infanteristen zwar zurückgeschlagen wurde, doch konnten kleinere Sturmtrupps des Grenadier-Regiments 346 noch mehrmals, jedoch ohne größere Erfolge in die gegnerischen Stellungen eindringen und das dortige Schloß zurückerobern. Während dieser Kampfhandlungen schlug eine Granate in Otways Nähe ein, die bei ihm eine derart schwere Gehirnerschütterung zur Folge hatte, daß der Oberstleutnant aus dem Kampfgebiet evakuiert werden mußte.

Die Kampfgruppe von Luck im Einsatz - „aber das kam alles viel zu spät...“, so Hans von Luck (oben, Bildmitte).

Fotos: Bundesarchiv
(links) 101I-585-2194-34A / Appe, 1944
(oben) 101I-493-3357-08A / Siedel, 1944

Als der Tag zu Ende ging, hing überall der widerliche Gestank von verbranntem Fleisch, Verwesung und Exkrementen über den Kampfstätten, vermischt mit dem bitteren Geruch von verbranntem Sprengstoff. Vielerorts lagen in der Wärme aufgedunsene Leichen umher. Die Soldaten aller beteiligten Nationen waren müde und hungrig, viele verwundet, ihre Uniformen verdreckt und verschwitzt und nicht selten infolge der Einsätze in Feuchtgebieten durchnäßt, so hatten sich auch etliche der Männer erkältet. Die Behandlung der Verwundeten fand in dem allgemeinen Chaos nur unter provisorischen Bedingungen und in improvisierten Behandlungsräumen statt und nicht selten von fachlich unzulänglich ausgebildetem Sanitätspersonal. Viele Verwundete warteten schon seit mehreren Tagen auf eine ordentliche Versorgung. Blut und Plasma waren in nur ungenügender Menge vorhanden, und nicht selten dienten Sanitäter als Blutspender. Vor den Gebäuden und Zelten, in denen die Militärärzte im Eilverfahren Amputationen vornehmen mußten, stapelten sich Arme und Beine und es entstanden große Haufen von Uniformen. Die Soldaten waren bereits den fünften Tag im Einsatz - aber noch sehr lange nicht den letzten...

Escoville-Brückenkopf bleibt uneinnehmbar

Am 12. Juni wurden bei den heftigen Kämpfen um und in Bréville die Brigadegeneräle Hugh Kindersley *(6. Airborne Brigade)* und Lord Lovat schwer verwundet und mußten aus dem Kampfgebiet evakuiert werden. Über diese Situation berichtete Bill Millin:

„Wir waren mitten in der Ortschaft Bréville. Lord Lovat stand auf der Straßenkreuzung. Da krepierte in seiner Nähe eine Granate unserer eigenen Artillerie. Lovat wurde von einem Stahlsplitter im Rücken getroffen. Ich sah ihn blutüberströmt, sah sein graues Gesicht. Er hatte die Augen geschlossen, den Mund geöffnet, und sein Kopf war auf die Seite gefallen. Ich glaubte, er würde im nächsten Moment sterben. Zufällig war sofort ein Arzt da, der sagte zu mir: *Du kannst hier nicht bleiben. Du kannst nicht helfen. Du bist nutzlos, geh...!* Kurz darauf wurde Lovat mit einem Jeep zu einem Erste-Hilfe-Posten gebracht..."*

Für diesen 12. Juni hatte die *Kampfgruppe von Luck* einen weiteren Befehl für einen Angriff erhalten - auf das 2,2 Kilometer westlich Escoville und auf einer Anhöhe gelegene, von einem Teil einer kanadischen Division besetzte Dorf Ste.-Honorine-la-Chardonnerette. Es sollte eingenommen werden, um einerseits der deutschen Truppe Einblick in das gegnerische Gefechstfeld zu gewähren, andererseits um sich der Einsicht der Briten und Kanadier in die eigenen Stellungen zu entziehen. So wurde von Lucks Kampfgruppe weiter verstärkt.

Kommentiert wurde dieses Foto am 16. Juni 1944: „Im Kampfraum Ornemündung! Wo englische und kanadische Fallschirmjäger bis zu den deutschen Stellungen kamen, wurden sie im Nahkampf erledigt.“

Foto: Bundesarchiv Bild 146-2006-0103/Scheck, Juni 1944

Von Lucks Angriff auf Ste. Honorine wurde auch von einer Nebelwerfer-Brigade mit mehr als 300 Werfer-Rohren von 21- und 30-cm-Kalibern unterstützt.

Foto: Archiv von Keusgen

* Das Kommando über die 1. Special Service Brigade wurde dem ebenfalls verwundeten Oberstleutnant Derek Mills-Roberts übertragen, der bisher das Kommando Nr. 6 angeführt hatte. Lord Lovat überlebte seine schwere Verwundung.

Kurz vor Anbruch des Tages wurde von Lucks Angriff von einem schweren Überfall der Nebelwerfer-Brigade eingeleitet. Die Kanadier wurden durch diesen Angriff regelrecht überrumpelt und räumten sofort das Dorf.

Nachdem Hans von Luck dicht hinter seinen Krad-Schützen in Ste. Honorine eingetroffen war, konnte er von der Anhöhe aus zum ersten Mal den weiten Kampfraum überblicken und sah Hunderte von Lastenseglern auf den Wiesen liegen. Um die Höhe für seine Truppe zu sichern, befahl der Major, sich einzugraben.

Angesichts der Masse von Lastenseglern, die überall auf den weitläufigen Freiflächen herumlagen, wurde auch Hans von Luck klar, „daß wir gegen einen übermächtigen Feind anzukämpfen hatten...“ Und in Großbritannien wurde weiteres schweres Kriegsgerät verladen, auch in Großraumlastensegler des Typs Hamilcar (Bild unten).

Fotos: Battlefield Historian Ltd.

„Dann“, berichtete von Luck, „setzte der stärkste Beschuß durch die Schiffsartillerie ein, den wir bis dahin erlebt hatten. Schwerste Granaten bis zu einem Kaliber von 38 Zentimetern rissen riesige Krater in unsere Stellungen, und massenhaft Jagdbomber stießen auf uns hinab. Es war ein einziges Inferno...“

Die Kandier nutzten das plötzlich entstandene Chaos aus Rauch und Staub aus, um auf die Anhöhe zurückzukehren. In den Gassen des Dorfes entbrannten heftige Nahkämpfe und zwangen von Lucks Kampfgruppe, sich wieder zurückzuziehen.

Nachdem man sich ins zwei Kilometer südlich gelegene, kleine Cuverville zurückgezogen hatte, wurde auch dieses Dorf unter den schweren Beschuß der Schiffsartillerie genommen. Von Luck wußte nicht mehr, wohin er seine Truppe noch zurückziehen konnte, um einem derartigen Beschuß auszuweichen. Da erfuhr der Regimentskommandeur, daß die Briten damit begonnen hatten, ihre vorderste Linie zu verminen - eine Sicherheitsmaßnahme gegen weitere deutsche Angriffe, und ein sicheres Zeichen dafür, daß in der nächsten Zeit keine weiteren Angriffe ihrerseits zu erwarten waren. Dennoch versuchte von Luck am 15. Juni nochmals, und mit starker Artillerie-Unterstützung, Escoville anzugreifen - wiederum vergeblich und mit hohen Verlusten auf beiden Seiten.

Bis zum 16. Juni hatten auch John Howards Männer bei Hérouvillette, Escoville, dem Château St. Côme und Bréville fast unentwegt im Feuer gestanden. Die Situation auf den Kampfstätten war grauenerregend; überall lagen zwischen hohen Hecken, zerschossenen Mauern, Häuserruinen und niedergebrannten und oft noch tagelang qualmenden Scheunen und Ställen die aufgedunsenen Leichen deutscher, britischer und kanadischer Soldaten, teilweise nur deren Torsen und abgerissene Körperteile herum - alles im Zustand der Verwesung. Manche von den Druckwellen augenblicklich getötete Soldaten saßen wie teilnahmslos da, ihre Gesichter in Auflösung begriffen und voller Fliegen. Viele Pferde und Rinder lagen auf den Weiden umher, die Beine skurril zerbrochen, die Leiber prall aufgebläht. Der Gestank, der auf dem weiten, flachen Land lastete, war für viele Soldaten unerträglich. Die Bestattungskommandos hatten mit dichten Wolken aus Fliegen zu kämpfen, als sie die Leichen zu tiefen Granattrichtern zogen, mit Kalk bedeckten und zuschütteten. Auch John Howard war erschüttert und sagte später, daß es ein grauenhafter Anblick war, den man niemals mehr vergessen kann...

Bréville, 13. Juni 1944... Die Folgen des schweren Kampfes um eine kleine normannische Ortschaft.
Foto: Battlefield Historian Ltd.

Vielen Soldaten, die im unentwegten Trommelfeuer gestanden hatten, die Stunde um Stunde und Tag für Tag die Explosionen, Schrapnells, Granatsplitter und den unablässigen Hagel von Steinen und aufgewühlter Erde ertragen mußten, versagten die Nerven und sie wurden zu zitternden, hysterischen Wracks - und inmitten dieses traumatisierenden Massensterbens wurde weitergekämpft..., und in dieser Apokalypse wurde John Howard plötzlich von einem Granatsplitter im Rücken getroffen. Rasch brachte man den Major zu einem Verbandplatz. Dort wurde er auf einen Tisch gelegt, und ein Arzt versorgte die klaffende Wunde und verband sie. Während die Papiere für Howards Evakuierung nach Großbritannien ausgefüllt wurden, ließ man den Major bewußtlos auf dem Tisch liegen. In diesem Moment setzte schwerer Granatbeschuß ein. Das Getöse um ihn herum ließ Howard wieder zu Bewußtsein kommen, und er sah, wie alle anderen fortrannten, um Deckung zu suchen. Noch benommen und trotz seiner schmerzenden Wunde, ließ sich der Major von dem Tisch gleiten und wankte aus dem Zelt, um seinen Fahrer zu suchen. Während rings umher Granaten einschlugen, fand er den Soldaten, der neben seinem Jeep Deckung gesucht hatte. Howard befahl ihm, ihn zum Château St. Côme zurückzufahren...*

---

* Howards D-Kompanie wurde nun von Hauptmann Brian Priday geführt und verblieb im Raum des Château St. Côme und Bréville. Betreffs der Benachrichtigung an Howards Ehefrau Joy bezüglich seiner Verwundung unterlief dem Telegrafisten ein fataler Tippfehler; statt zu schreiben, daß der Major eine *morta**r** wound (Granatwerfer-Verwundung)* erhalten hatte, telegrafierte er, *morta**l** wound (tödliche Verwundung)*...

Vom 16. Juni an herrschte in diesem Abschnitt bis in den Juli hinein Ruhe. An diesem Tag wurde lediglich die schwer angeschlagene Panzeraufklärungs-Abteilung 21 abgezogen und mußte bis zum 29. Juni am nördlichen Rand von Caen Angriffe abwehren und verhindern, daß die dortigen Orne- und Kanal-Brücken vom Gegner eingenommen werden konnten. Am 30. Juni wurde die Einheit in den südlich von Caen gelegenen Raum verlegt - zur Auffrischung für weitere Kämpfe... Von Lucks Stellungen bildete die Schwachstelle an der rechten deutschen Flanke, denn südlich und östlich gab es keine Reserven. Doch war das Terrain zwischen der Orne und der Dives derart schmal, daß lediglich eine einzige Division aus dem feindlichen Brückenkopf angreifen konnte. So erhielt von Luck weitere Verstärkungen, um eine tiefgestaffelte Abwehrfront aufbauen zu können.

Die deutsche Seite war sich nicht der tatsächlichen Schwäche des britischen Orne-Brückenkopfes und dem besonderen Bemühen der Briten betreffs der Sicherheit speziell der Kanal-Brücke bewußt gewesen. Es bestand die Gefahr, daß, sollte dieser Brückenkopf von den Deutschen eingedrückt werden, sämtliche britisch-kanadischen Truppen östlich der Orne verloren wären. Um den Brückenkopf zu verstärken, wurde sogar die britische 9. Brigade von ihrer ursprünglichen und wichtigen Aufgabe entbunden, nämlich zusammen mit der kanadischen 9. Brigade den 6 Kilometer westlich von Caens Stadtzentrum gelegenen Flugplatz bei Carpiquet einzunehmen und dessen Umfeld von deutschen Truppen zu befreien - so mußten die Kanadier dort bis auf Weiteres allein vorrücken und agieren.

Hans von Luck - ein von den schweren Kampfhandlungen gezeichneter Regimentskommandeur...

Foto: Kollektion H. von Luck

Die Masse der 21. Panzer-Division blieb für die nächsten fast vier Wochen nördlich von Caen „eingegraben“ und verhielt sich weitgehend defensiv. Jede ihrer Bewegungen, selbst die nur vereinzelter Fahrzeuge, wurde von den Alliierten beobachtet und darauf mit konzentriertem Feuer seitens der Kriegsmarine oder der Jagdbomber reagiert. Hans von Luck war der Meinung, daß entweder der eigene Funkverkehr angepeilt wurde, oder die Marine den ganzen Großraum in Planquadrate eingeteilt hatte und lediglich deren Nummern durchzugeben brauchte, um einen sofortigen Beschuß einzuleiten - oder sogar beides... Der gesamte, aus dem Raum Paris kommende Nachschub konnte wegen der feindlichen Kampfflugzeuge nur nachts herantransportiert werden. Lediglich die 4. Kompanie des Panzer-Regiments 22 wurde im Raum östlich der Orne und in ihrem Bemühen, den britischen Ranville-Brückenkopf einzudrücken, noch in schwere Kämpfe verwickelt.

Ein von Bomben getroffener und außer Gefecht gesetzter Tiger-Panzer in Caen...

Foto: US-National Archives

Oberstleutnant Otways Fallschirmjäger waren im Raum Le Mesnil, 1,8 Kilometer nördlich von Escoville, noch für mehrere Tage in Kampfhandlungen verwickelt. Le Mesnil bestand aus mehreren, weitläufig voneinander entfernten Gebäuden und war einerseits benannt als *Potérie du Mesnil de Bavent*, andererseits gab es dort ein großes landwirtschaftliches Anwesen. In der Potérie *(=Töpferei)* wurden Töpferwaren, Ziegel und Dachverzierungen hergestellt *(das Unternehmen produziert noch heute)*. Le Mesnil war umgeben von einem Gewimmel deutscher, britischer und kanadischer Soldaten. Der deutsche Gefechtsstand befand sich in einem Haus, das nur 250 Meter vom Hauptquartier des 1. kanadischen Fallschirmjäger-Bataillons entfernt stand. Auch befand sich dort ein Regimentsverbandplatz.

Im Haupthaus, den Ställen und der Scheune des landwirtschaftlichen Anwesens war das Hauptquartier der 3. Fallschirmjäger-Brigade etabliert worden *(bis zum August 1944)*. In einem Nachbargebäude hatte man einen Hauptverbandplatz eingerichtet, und in der großen Scheune waren die von Otways Männern in der Batterie Merville gefangengenommenen deutschen und russischen Soldaten untergebracht.

Als den Ärzten Blutkonserven und Plasma ausgegangen waren, erklärte sich der in der Batterie Merville gefangen genommene deutsche Sanitäter Hans Kehlenbach bereit, Blut für drei schwerverwundete britische Soldaten zu spenden - mehr als normalerweise von einer einzigen Person üblich. Kurz zuvor hatte er schon einen britischen Krankenwagenfahrer zu einer ehemaligen deutschen Verteidigungsstellung geführt, von der er wußte, daß man dort britische und kanadische Verwundete zurückgelassen hatte. Kehlenbachs selbstloser und humanitärer Einsatz sollte nicht ohne positive Konsequenzen für ihn bleiben...*

Am 19. Juni, exakt um 20:00 Uhr, wurde John Howards Kampfgebiet plötzlich unter den schweren Beschuß von Nebelwerfern genommen. Die britischen Soldaten hatten diesen großen, raketenbetriebenen, heulenden und jaulenden Granaten den Namen „Moaning Minnies“ *(Jammernde Meckertanten)* gegeben. Nach einer halben Stunde wurde der Angriff wieder eingestellt. Den Briten, die dieses Inferno zum ersten Mal erlebt und überlebt hatten, zitterten hernach für noch längere Zeit die Hände... Daraufhin wurde die D-Kompanie am 20. Juni aus dem unmittelbaren Kampfgebiet einen Kilometer hinter Le Mesnil zurückgenommen.

Infolge der immer stärker zunehmenden Kampfhandlungen und Bombardierungen verließen immer mehr Menschen ihre Heimstätten und machten sich als Flüchtlinge auf den schwierigen Weg in eine unsichere Zukunft...

Foto: Archiv von Keusgen

* Die drei Männer, denen Hans Kehlenbach Blut spendete, überlebten dadurch ihre schweren Operationen. Oberstleutnant Alistair Young ließ als Anerkennung für Kehlenbachs humanitäre Hilfe dem in diesem Raum zuständigen deutschen Kommandanten durch einen verwundeten deutschen Offizier ein Schreiben überbringen - es beinhaltete die Empfehlung, Kehlenbach das Eiserne Kreuz zu verleihen.

In den Gebäuden der beiden Verbandplätze wurden vom 6. bis 19. Juni 1944 insgesamt 822 Verwundete behandelt und 112 lebensrettende Operationen durchgeführt, durchschnittlich 59 Operationen täglich...

Hatte es in den sechs Tagen seit dem 13. Juni rund um Le Mesnil nur gelegentliches Maschinengewehr- und Granatwerferfeuer gegeben, so kam es am 19. zu einer plötzlichen Eskalation. Am nächsten Tag wurde das Anwesen von den Briten und Kanadiern aufgegeben und das Sanitätspersonal inklusive der Verwundeten evakuiert.

Batterie Merville noch immer zugänglich

Aufklärungsflugzeuge, die fast ständig über der Merville-Batterie kreisten, sorgten immer wieder für sporadisches Störfeuer von der *Arethusa*. Am 14. Juni heulte plötzlich wieder einmal eine der 15,2-cm-Granaten heran und schlug in der umgewühlten, grauen Mondlandschaft des Stützpunktes ein. Hans Staab hatte sich in diesem Moment gerade außerhalb seines Unterstandes befunden:

„Es hat gekracht; aber das war ja andauernd der Fall... Erst hatte ich gar nichts gemerkt, doch als ich in meinen Stiefeln Blut gespürt habe, zog ich sie aus und entdeckte vier kleine Granatsplitter in meinen Beinen..."

Staab begab sich zum Verbandplatz, wo man ihn kurz behandelte:

„Ach, das war nicht weiter schlimm..."

Während die Truppen der Alliierten den Schwerpunkt des Vormarsches aus ihren infolge starker Expansion inzwischen miteinander verbundenen fünf Brückenköpfen *(„Utah", „Omaha", „Gold", „Juno" und „Sword")* auf südliche Stoßrichtungen verlegt hatten, blieb bis zum 18. Juni trotz der weiterhin erfolgten britischen Luftlandungen ein weitgehend unerobeter Raum im küstennahen Nordosten Caens zwischen der Dives und der Orne bestehen. In ihm standen lediglich partiell und unzusammenhängend einige britisch-kanadische Luftlandetruppen - bis auf den starken Brückenkopf im Raum Ranville-Escoville. Im Raum Riva Bella hatten die Briten vor der Küste inzwischen einen kleinen, improvisierten Hafen zur Löschung ihres Kriegsmaterials angelegt, da infolge der Zerstörung der Kanal-Schleuse eine Zufahrt zum Binnenhafen von Caen nicht mehr möglich war.* Raimund Steiner erklärte dazu:

„Nach dem 6. Juni wurde die Merville-Batterie mit dem weiteren Vordringen der Alliierten immer mehr zu einem vorgeschobenen Brükkenkopf, dem einzigen Auslug der Wehrmacht auf die gesamte, zum Greifen nahe Invasionsflotte und deren Aktionen. Daher mußte ich von meiner B-Stelle aus alle zwei Stunden genaue Beobachtungsmeldungen machen: Wetter, Bewegungen der alliierten Flotte, dem Kurs der Schiffe und die Vorgänge in dem von den Alliierten in den letzten Tagen angelegten künstlichen Hafen bei Riva Bella... Unser Nachschub kam nachts bei Ebbe über den Strand. Kriegsberichterstatter interviewten uns über das Telefon-Festungskabel und berichteten darüber in der Presse und im Rundfunk. Das Wagnis eines Besuchs meiner B-Stelle - nur bei Ebbe und trübem Wetter möglich - nahmen General Richter, Fliegergeneral Pelz und ein österreichischer Kapitänleutnant auf sich, auch ein Major der Luftwaffe und ein Hauptmann des Generalstabs, von denen *(den beiden Letztgenannten)* ich erst nach dem 20. Juli erfuhr, daß sie dem Widerstand angehörten..."

Auch im Fernmelderaum des Nachrichtenbunkers der Merville-Batterie wurden interessante Informationen empfangen. Hans Staab hatte mitgehört:

„So erfuhren wir, daß die Engländer in Riva Bella einen großen

Während die Brückenköpfe der Briten im küstennahen Raum östlich der Orne noch immer keinen festen Verbund miteinander finden konnten, besetzten sie bereits nahe Caen einzelne wichtige Verkehrsknotenpunkte, wie hier die Militärpolizei der 6. Airborne Division.

Foto: Battlefield Historian Ltd.

---

* Dieser improvisierte, künstliche Hafen wurde bisher noch niemals in den offiziellen Annalen betreffs des *D-Day 1944* erwähnt. Allerdings konnte Raimund Steiner weder über seine Dimension noch über die Dauer seiner Existenz Auskunft erteilen. Eine indirekte Bestätigung der Existenz besagter Hafenanlage konnte Johannes Buskotte insofern liefern, da, wie er sagte, "wir ja diesen kleinen Hafen mehrmals beschießen mußten..."

Bunker angebohrt hatten, um ihn zu sprengen..."

Das war eine Meldung, die erklärte, warum man in dem Lastensegler, der in den ersten Minuten des 6. Juni im Stützpunkt abgestürzt war, einen Preßlufthammer samt Kompressor gefunden hatte...

Am 18. Juni 1944 erschienen am hellichten Tage und bei strahlendem Sonnenschein, für die Besatzung der Batterie Merville völlig überraschend, zwei Leutnante vom Stab der 716. Infanterie-Division aus Caen - Leutnant Karl Heyde, der inzwischen zum Regiments-Adjutanten avanciert war, und Ordonnanz-Offizier Leutnant Hans Malsch. Zuvor hatten die beiden Offiziere bereits Leutnant Raimund Steiner in seinem Bunker der B-Stelle im WN 03 aufgesucht.* Als sie das Batteriegelände betraten, waren sie von dem schrecklichen Anblick, der sich ihnen bot, tief beeindruckt. Hans Staab beschrieb die Situation:

„In unserer Stellung sah es aus wie auf dem Mond - überall Bombenkrater und Granattrichter. Es gab keinen einzigen Quadratmeter mehr, der nicht von einer Bombe oder Schiffsgranate umgewühlt worden war. In den zehn Wochen seit dem 6. Juni waren bei der Schießerei der Schiffsartillerie noch zwei unserer Kameraden ums Leben gekommen. Wir hausten im Dämmerlicht der Notbeleuchtung in unseren Bunkern. Aber wir hatten noch immer genug Munition, um die Landungsflotte weiterhin beschießen zu können. Als dann die beiden Leutnante kamen, hatte uns Wachtmeister Timpf in dem unebenen Gelände zwischen den Kratern antreten lassen. Dann wurden ein paar Mann von uns befördert - ich vom Kanonier zum Gefreiten; da hatte ich denselben Dienstgrad wie mein Führer..."

Scharfschütze eines der britischen Sonder-Kommandos mit seinem speziellen Tarnumhang.

Foto: Battlefield Historian Ltd.

Einige Tage nach dem Besuch der Stabsoffiziere erschienen vier Reporter einer Propaganda-Kompanie in der Batterie, um in der Heimat vom heldenhaften Abwehrkampf und dem Durchhalten der Truppe des Leutnants Steiner in der Wochenschau, dem Rundfunk und der Zeitung zu berichten. Es wurden von dem verwüsteten Terrain Fotos aufgenommen und mit 16-mm-Kameras gefilmt. Für eine im wahrsten Sinne des Wortes spektakuläre Vertonung der Haubitzen-Abschüsse mußten dann einige der Kanoniere sorgen - so auch Hans Staab:

„Da haben wir die Leute in Deutschland etwas belügen müssen... Wir hatten nämlich eine große Blechplatte und mußten dann mit einem dicken Hammer mehrmals fest dagegen hauen - das waren dann die Abschüsse..."

Da die B-Stelle tagsüber ständig von einem in einiger Entfernung an der Küste liegenden britischen Trupp beobachtet wurde, interviewten die Reporter den dort befindlichen Batteriechef vorsichtshalber telefonisch vom Batteriegefechtsstand aus.

Seit dem *D-Day* waren nun schon zwei Wochen vergangen, da schickte Hauptwachtmeister Buskotte „auf Befehl von oben" einige seiner Soldaten in die seit dem 8. Juni ruhige Umgebung des Stütz-

---

* Diese fast 40 Kilometer lange Rundfahrt bei hellichtem Tage und ohne irgendeinen feindlichen Angriff läßt erkennen, wie wenig stark und ebenso wenig verbreitet respektive zusammenhängend die Kräfte britisch-kanadischer Truppen außerhalb des Orne-Brückenkopfes zu dieser Zeit in Wahrheit waren. Die östliche Flanke der seit Beginn der Invasion miteinander verschmolzenen Küsten-Brückenköpfe der Alliierten grenzte zu dieser Zeit an die westliche Seite der Orne; alle östlich und nördlich vom Brükkenkopf befindlichen, vereinzelten britisch-kanadischen „Splitter-Positionen" standen noch immer in keiner direkten, festen Verbindung zu den Haupttruppen.

punktes WN 01, um nach vermeintlichen feindlichen Soldaten suchen zu lassen.

„Aber da war doch schon lange niemand mehr“, sagte Hans Staab. „Da sind wir drei Mann mal gucken gegangen. Hinter dem Wäldchen sind wir dann in das leerstehende Schloß rein. Ich hatte eine Colt-Pistole dabei, die hatte ich einem der toten Engländer in unserer Batterie abgenommen. Als ich sie dann im Flur des Schlosses entsichert habe, ist ein Schuß losgegangen, direkt an dem Kameraden vor mir vorbei... Aber gefunden haben wir in dem Gebäude niemanden. Es war alles still, die ganze Gegend. Nichts...“

Die Brücken zerstören!

Caen, die Hauptstadt der Unteren Normandie, war bisher noch immer nicht von den Alliierten eingenommen worden.* Standhaft hielten die deutschen Truppen die Peripherie östlich der Orne. Die bisher dort kämpfenden Briten hatten noch immer keinen zusammenhängenden Brückenkopf bilden können und waren weitgehend von deutschen Truppen aufgerieben worden.

Seit dem 6. Juni wurde Caen immer wieder von den Alliierten bombardiert. Ständig brannten in fast allen Stadtteilen Häuser und Fabriken sowie die Lagerhallen am Binnenhafen...

Foto: Archiv von Keusgen

Um ein Vordringen weiterer Kräfte der Alliierten von Westen her in das Gebiet östlich der Orne zu verhindern, sollten die beiden am nördlichsten gelegenen Brücken zerstört werden - jene über den Kanal bei Bénouville und jene bei Ranville über die Orne...**

Da die Kanal-Brücke auch 16 Tage nach dem Beginn der Invasion immer noch intakt war, ließ Vizeadmiral Hexe in der Nacht vom 22. auf den 23. Juni einige seiner Kampfschwimmer in zwei Gruppen von je drei Tauchern von Caen aus sowohl den Kanal wie auch die

---

* Erst am 10. Juli 1944 gelang es den Briten nach schweren Bombardements und als Folge der *Operation Charnwood* die Herrschaft über den *westlichen* Teil der Stadt zu erringen.

** In seinem persönlichen Bericht vom 31. März 1947 schrieb Generalleutnant Wilhelm Richter:

Ein Stoßtruppunternehmen des Pionier-Bataillons 716 zur Sprengung der Brücke (bei) Bénouville mißglückte im letzten Augenblick durch Versagen der elektrischen Zündung an der Sprengladung.

Zwar hatte Wilhelm Richter kein genaues Datum für dieses Unternehmen benannt, es wurde von ihm aber für die Zeit zwischen dem 9. und 14. Juni beschrieben.

Orne hinunterschwimmen, um die Zerstörung der Brücken durchzuführen. Der Chef des Unternehmens war Leutnant zur See Hans Prinzhorn. Der Befehl lautete:

„Die Brücken zerstören!"

Über die Orne-Brücke führt, genau wie über die nur 490 Meter entfernte Kanal-Brücke, die damals für den Nachschub der Briten so wichtige Ost-West-Tangente, auf der bereits ab dem 7. Juni die Versorgungslastwagen rollten...

Foto: Battlefield Historian Ltd.

Um 23:00 Uhr glitten die mit ihren schwarzen Tauchanzügen bekleideten Kampfschwimmer der beiden mit jeweils einem Torpedo bewaffneten Gruppen ins kalte, dunkle Wasser hinab. Durch die Dunkelheit waren die Sichtverhältnisse unter Wasser ohnehin äußerst schlecht, doch die Taucher in der Orne hatten infolge der ständigen, sehr starken Trübung des zur Zeit des Niedrigwassers des Meeres relativ schnell fließenden Flusses lediglich eine „Sichtweite" bis zu den Glasscheiben ihrer Masken. Deshalb schwammen sie nur unmittelbar unter der Wasseroberfläche, um sich gelegentlich mit einem kurzen Blick darüber etwas orientieren zu können...

Der Tauchergruppe, die sich mit ihrem großen Torpedo im stehenden, folglich weniger trüben Wasser des Kanals langsam nach Norden bewegte, hatte man zuvor einen Lageplan gezeigt, in dem zwei Brücken eingezeichnet waren. Von Caen aus war die zweite als jene zu zerstörende *Bénouville-Brücke* gekennzeichnet...

Plötzlich wurden die Kampfschwimmer mit ihrem großen, unter der nahen Wasseroberfläche auffällig hellsilbern schimmernden Torpedo vom westlichen Ufer aus beschossen. Britische Soldaten hatten eine Bewegung im dunklen Wasser bemerkt. Doch waren es nur wenige Schüsse, die sie darauf abgaben. Einige Zeit später geschah dasselbe auch vom östlichen Ufer aus. Dieses Mal waren es deutsche Soldaten, denen das, was da in der Nacht so geräuschlos vorüberschwamm, äußerst suspekt erschien... Dennoch erreichte die Gruppe bald besagte zweite Brücke *(die Hebebrücke bei Bénouville war ihnen völlig unbekannt, sie hatten sie noch niemals zuvor gesehen)*. Die drei Männer installierten ihren Torpedo an einem der Brückenpfähle und stellten den Zeitzünder ein. Dann entfernten sie sich wieder schwimmend in Richtung Caen...

Um 5:30 Uhr gab es im Caen-Kanal eine heftige Detonation. Die zweite Brücke war explodiert - aber was da in die Luft flog, war die Pont de Colombelles *(Brücke von Colombelles)*. Die Bénouville-Brücke hätte die *dritte* Brücke über den Kanal sein müssen, die jedoch in dem

Plan versehentlich gar nicht eingezeichnet worden war...

Die für die Orne-Brücke zuständige Kampfschwimmer-Gruppe hatte indessen ebenfalls mit nicht unerheblichen Schwierigkeiten zu kämpfen, besonders mit den vielen gefährlichen Strudeln. Ständig wurden die Taucher von ihnen in dem kalten, extrem trüben Wasser herumgedreht. Immer wieder mußten sie mit ihrem langen, schweren Torpedo ihre Richtung korrigieren und gegen die kreisende Strömung anschwimmen. Die unentwegten Flossenschläge belasteten zunehmend die Beine der immer stärker frierenden Männer.

Sie waren noch gar nicht lange unterwegs, als einer von ihnen einen Schwächeanfall erlitt und sich ans östliche Ufer retten mußte. Die beiden anderen Männer schwammen mit dem Torpedo auftragsgemäß weiter. Es gelang ihnen dann auch, den Torpedo an der Brücke zu installieren. Da die starke Strömung der Orne ein Zurückschwimmen der beiden Taucher vereitelte, suchten sie vor der bevorstehenden Explosion in dem dicken Abflußrohr der Ranville-Kanalisation Deckung, die unweit der Brücke in den Fluß mündete. Nach einiger Zeit explodierte der Torpedo, und die gesamte Brücke stürzte ein. *(Erst nach dem Krieg wurde eine neue - die heutige - Brücke, erbaut.)*

Da zum Zeitpunkt der Sprengung bereits der Morgen heraufzudämmern begann, warteten die Männer den Tag über in dem Abflußrohr und der daraus fließenden, übel riechenden Flüssigkeit hockend ab. Erst in der folgenden Nacht gelang es ihnen, ungesehenen den schmalen Streifen Land zum nahen Kanal zu überlaufen und in seinem stehenden Wasser zur Hauptstadt zurückzuschwimmen.

Kampfschwimmer sind mit Atemgeräten ausgestattet, mit denen die ausgeatmete Luft mittels eines speziellen Umwandlungssystems wieder inhaliert werden kann, somit keine „verräterischen“ Luftblasen an der Wasseroberfläche entstehen.

Am 16. Juli 1944, sieben Tage nachdem die ersten britischen und kanadischen Truppen in Caen eingerückt waren, entschied Major John Howard, sich mit einigen seiner Soldaten nochmals zu jener Brücke über den Caen-Kanal zu begeben, an dem sie genau 40 Tage zuvor auf so abenteuerliche Weise gelandet waren. Als sie „die Stätte unseres größten Triumphes“, wie es Howard nannte, erreicht hatten, lagen dort noch die drei Lastensegler-Wracks. Howards Funker, Ted Tappenden, war auch einer jener Männer, die den Major an diesem Tag begleiteten. So stellten sich Howard und Tappenden vor den Gleiter Nr.1 und ließen sich fotografieren.* Noch ein weiteres Foto

Als John Howard 40 Tage nach dem „D-Day“ wieder an die Kanal-Brücke zurückkehrte, schien auf den ersten Blick alles noch genauso zu sein, wie damals - dennoch hatte sich etwas verändert...

Fotos: Battlefield Historian Ltd.

* siehe Foto Seite 91

wurde aufgenommen, auf dem auch das Café Gondrée im Hintergrund zu sehen ist - doch waren in der Zwischenzeit die hohen Bäume neben dem Treidelpfad gefällt worden* Mit einigen dieser Bäume wurde die charakteristische Stahlkonstruktion der folglich weithin auffällig sichtbaren Hebebrücke einigermaßen vor der Erkennung aus der Luft seitens deutscher Flugzeuge getarnt.

Um die hohe und auffällige Konstruktion der Bénouville-Hebebrücke einigermaßen zu tarnen, bedurfte es gleich ganzer Bäume (siehe auch Seite 200). Infolge eines großen Irrtums waren die deutschen Kampfschwimmer mit ihrem Torpedo nicht bis zu ihr geschwommen. So konnte sie weiterhin als West-Ost-Verbindung den alliierten Truppen dienen...

Nur wenige Tage nach der halbseitigen Sprengung der Orne-Brücke errichteten britische Pioniere stählerne Fertigteilbrücken.

Fotos: Battlefield Historian Ltd.

*Major John Howard verblieb mit dem Rest seiner Truppe noch bis zum 29. August 1944 auf wechselnden Kampfstätten im Raum östlich der Orne, immer wieder in heftige Gefechte verwickelt, die ihn über eine Strecke von 73 Kilometern bis fast zur Seine-Mündung führten. Am 2. September wurden die Männer mit Lastwagen nach Arromanches gefahren, wo sie über den dort vor dem Landeabschnitt „Gold“ inzwischen errichteten künstlichen „Mulberry“-Hafen an Bord eines Truppentransporters gingen, der sie am 4. September zurück nach Großbritannien brachte. Howard war der einzige Offizier seiner Kompanie, der aus der Normandie zurückkehrte, und von seinen 180 Männern waren nur noch 40 übriggeblieben...***

Am 17. Juli 1944 wurde Generalfeldmarschall Rommel bei einem Jabo-Angriff schwer verwundet, zur Genesung nach Deutschland gebracht und am 19. Juli durch Generalfeldmarschall Hans Günther von Kluge im Kommando der Normandie ersetzt.

Am 18. Juli 1944 löste General Montgomery die „Operation Goodwood“ aus, deren Ziel der Durchbruch in Richtung Falaise sein sollte. Allerdings waren die Deutschen durch das Entschlüsseln diesbezüglicher Nachrichten der Alliierten bereits seit dem 15. Juli detailliert über Ort und Zeitpunkt des Angriffs informiert und hatten ihre Verteidigung entsprechend gut vorbereitet. So stießen Montgomerys Truppen trotz des Einsatzes enormer Luft- und Panzer-Streitkräfte auf einen uner-

---

* Vergleich siehe Seite 90

** Die Verluste der 6. Airborne Division betrugen bis zum Ende der gesamten Kampfhandlungen nach eigenen Angaben 2.709 Verwundete, 1.748 Gefallene. Die vielen vermißten Fallschirmjäger, die über und hinter dem Überschwemmungsgebiet der Orne abgesprungen waren, fanden keine Erwähnung...

wartet starken Widerstand durch einen deutschen Gegenangriff. Dennoch gelang es den Briten schließlich, ganz Caen einzunehmen und ihren seit mehr als vier Wochen stagnierenden Brückenkopf zu erweitern - dafür verloren sie 469 Panzer innerhalb von zwei Tagen. Darüber hinaus gab es eine Menge zusätzlicher Schwierigkeiten, und Montgomerys Angriff mußte bereits am 20. Juli wieder eingestellt werden. Troarn (östlich) und Bourgebus (nahe südöstlich Caen) blieben weiterhin von deutschen Truppen besetzt, insgesamt hatte sich ihre Lage jedoch verschlechtert. Die Alliierten hatten inzwischen 1,5 Millionen Soldaten in der Normandie stehen - an einer Front von 80 Kilometern Länge. Die Briten verfügten über drei Panzer-Divisionen und etliche unabhängige Panzer-Brigaden mit insgesamt 2.250 mittleren und 400 leichten Panzern.

Erst zwischen dem 25. Juli und dem 1. August gelang es den Briten, von Caen aus einen schmalen, nur wenige Kilometer breiten Korridor östlich der Orne und über Merville hinaus bis an die Küste zu bilden und zu besetzen. Die Großoffensive der alliierten Streitkräfte in der Normandie begann am 1. August 1944 im westlich gelegenen amerikanischen Sektor und wurde in der Folge von allen Truppen in sämtlichen Sektoren begleitet...

Gerade erst 16 Jahre alt, und schon mit Sturm- und Verwundetenabzeichen ausgezeichnet... **Foto: Archiv von Keusgen**

Zwei tote junge britische Soldaten, die in ihrem Schützenloch Opfer eines sogenannten Rohrkrepierers ihrer eigenen PIAT-Waffe wurden...

Foto: Bundesarchiv
Bild 101I-494-3382-22 / Siedel, Sommer 1944

Der große Treck

30. Juli. Es war Hochsommer geworden. Die Sonne schien von einem wolkenlosen, blauen Himmel herab, und die Luft hatte sich deutlich erwärmt. Der Himmel war vom Sonnenaufgang bis Sonnenuntergang ständig voller Aufklärungsflugzeuge und Jagdbomber. Leutnant Raimund Steiner war sich längst der hoffnungslosen Lage seiner Batterie bewußt... Immer wieder saß der Batteriechef in seiner kleinen B-Stelle auf einer Munitionskiste am Scherenfernrohr, und immer wieder beobachtete er dasselbe Szenario: Wenn sich der künstliche Nebel, der die feindliche Armada verhüllte, langsam wieder verzogen hatte, kam ein kleines Spezialboot nahe an der Küste vorbeigefahren und legte eine neue Nebelwand, um somit einen Beschuß durch die 1. Batterie auf die Flotte der Alliierten zu verhindern. Auf Steiner wirkten die im Dunst liegenden Kriegsschiffe mit ihren hoch aufragenden, von der Sonne beschienenen Aufbauten mit den hohen Masten und den weit über ihnen stehenden silbernen Sperrballonen wie

eine gespenstische, faszinierende, aber unwirkliche Stadt...

Plötzlich lösten sich aus dem diffusen Grau des Nebels die Silhouetten von vier Raketenwerfer-Booten *(LCR = Landing Craft, Rockets)*, drehten bei und begannen, ihr Feuer auf den Bunker mit der B-Stelle zu eröffnen. Während ihre Raketen schrill kreischend zum Strand herüberjagten, kamen flankierend noch mehrere Prähme mit fest montierten leichten Geschützen dazu *(LCG = Landing Craft, Guns)*. Hastig griff der Batteriechef zum Hörer seines Feldtelefons und erteilte Johannes Buskotte den Befehl, auf den Sektor unmittelbar vor der B-Stelle feuern zu lassen. Kurz darauf heulte eine Salve Granaten der 1. Batterie über Steiners B-Stelle und schlug zwischen den Raketenwerfer- und Kanonen-Prähmen ein...

„Es war wie ein ständiges Katz-und-Maus-Spiel", sagte Johannes Buskotte, „aber für nichts..."

Ein Raketenwerfer-Prahm war in der Lage, mit einer einzigen Salve bis zu 324 Raketen abzufeuern.

Foto: US National Archives

Längst war in Deutschland und Österreich durch Presse und Rundfunk mehrfach das, wie es hieß, „standhafte Aushalten der heldenhaften Artilleristen der Batterie Merville" publiziert worden, und in der Zeitung *Das Reich* war ein langer Bericht über den beim Ausladen von Munition versenkten Frachter erschienen. Man kannte in der Heimat inzwischen das Schicksal des Batteriechefs Raimund Steiner und seiner Männer...

Seit dem 6. Juni hatte die Merville-Batterie unter fast ständigem Beschuß durch Schiffs- und Landartillerie sowie Jagdbombern gelegen. Der unentwegte Beschuß der Batterie und der B-Stelle hatte die Nerven der Soldaten erheblich strapaziert...

Ihren letzten Besuch erhielt die Batterie Merville am 3. August: Im Auftrag des Inspekteurs der Landbefestigungen West traf sein Referent für Beton- und Sperrbauten, Albert Molt, auf dem Stützpunkt ein. Molt besichtigte im Juli und bis Anfang August 1944 die Stellungsfront und begutachtete den Zustand der Bunkeranlagen infolge der Bomben- und Granateinwirkungen, um einen ausführlichen Bericht darüber abzugeben.*

Bei strahlend blauem Himmel, Anfang August, sollten die beiden Artilleristen Stalge und Depas vormittags ein Funkgerät von der Batte-

---

* Auch am Beispiel dieses Inspektionsbesuches ist ersichtlich, daß es den Deutschen östlich der Orne noch immer möglich war, sich über größere Distanzen frei bewegen zu können. Weitere Begehungen des Küstenabschnitts von Deauville bis zum 21 Kilometer östlich davon gelegenen Merville mußten am 4. August infolge des beginnenden deutschen Rückzugs östlich der Orne eingestellt werden.

rie zur B-Stelle bringen. Ewald Stalge war Hans Staabs bester Kamerad. Sie verließen den Stützpunkt über den Feldweg in westliche Richtung. Hans Staab und zwei andere Artilleristen sahen ihnen nach:

„Sie waren noch gar nicht so weit gegangen, da kam plötzlich wieder einmal von See her eine Granate geflogen. Sie schlug direkt auf dem Weg vor meinen Kameraden ein... Wir konnten es sehen. Dann hörten wir einen von ihnen schreien... Ich nahm eine Trage, und wir rannten damit los. Als wir einen Moment später dort ankamen..., es war schrecklich... Ewalds Körper war voller Granatsplitter, und beide Arme waren ihm aus der Schulter gerissen. Der rechte Arm hing nur noch an ein paar blutigen Fleischfetzen. Die Beine waren unter den Knien abgerissen... Und dem Depas waren mehrere Splitter oberhalb des Beckens durch den Körper gegangen. Ganz ruhig hat er noch einen Moment auf dem staubigen Weg gelegen, dann war er tot... Beide waren in meinem Alter - neunzehn... Wir haben den Ewald dann zum Verbandplatz geschleppt. Da gab's ein großes Zelt, in dem sein kaputter Körper verbunden wurde - vom Kopf bis zu den Knien, völlig weiß verbunden. Ich hab' dabei neben ihm gekniet, und er hat gesagt: *Gell, Hans, ich muß jetzt sterben...* Und ich hab' gesagt: *Nein, du mußt nicht sterben...* Dann hab' ich mitgekriegt, daß ein Sanitätsgefreiter den Stabsarzt fragte, ob er einen Sanka rufen sollte, um ihn in ein Lazarett zu fahren. Aber der Stabsarzt hat nur abgewinkt. Eine Dreiviertelstunde später war Ewald tot..." *

Die beiden Artilleristen Stalge und Depas sollten die letzten toten Batterieangehörigen sein, solange dieser Stützpunkt noch bestand.

Die vollständige Einnahme der Hauptstadt der Unteren Normandie gelang den Alliierten infolge des hartnäckigen Widerstandes deutscher Truppen erst am 9. Juli und nach lange andauernden starken Bombardements. Danach war die einst blühende Metropole nur noch eine Trümmerlandschaft... (Der Wiederaufbau Caens dauerte von 1948 bis 1962.) Foto: Archiv von Keusgen

Die deutschen Verbände waren von den täglich stärker werdenden Truppen der Alliierten westlich der Dives längst weit ins Hinterland zurückgedrängt worden. Leutnant Steiner machte sich ernste Gedanken über seine und die Zukunft seiner Männer:

„Angesichts der Überlegenheit der Alliierten glaubten meine Soldaten, daß Deutschland bald überrannt sein würde. Wir wollten aber beim Zusammenbruch in der Heimat unseren Familien beistehen und nicht in eine eventuell mehrere Jahre dauernde Gefangenschaft geraten..."

Am 15. August 1944 bildete der Frontverlauf Falaise-Tinchebray-Domfront-Argentan einen Kessel von rund 50 Kilometern Breite in Ost-West- und Nord-Süd-Richtung. Die 7. Armee war unter der starken Feindeinwirkung deutlich geschrumpft, dennoch verlief der Rückzug ihrer zerschlagenen Verbände trotz ständiger Kampfhandlungen überwiegend geordnet. Die amerikanischen Truppen drangen indessen zügig in Richtung der Seine vor. An diesem 15. August landete ein franko-amerikanisches Armee-Korps bei Saint Maxime. Die Gefahr einer vollständigen Einkesselung der Restverbände der 7. Armee war groß...

Am Mittag des 16. August, 71 Tage nach dem *D-Day*, ging bei Steiner von seiner Division der erlösende Befehl ein, seine Batterie aufzugeben und sich mit dem gesamten Material und seinen letzten

---

* Während dieser Aussage emotional bewegt, fügte Hans Staab noch hinzu:
„Der ganze Krieg hat mir gar nicht so viel ausgemacht, aber das..., das zieht nach..."
Trotz umfangreicher Recherchen über den Gräberdienst in der Normandie konnte bis heute nicht geklärt werden, wo die beiden Artilleristen ihre letzte Ruhestätte fanden.

Männern in westliche Richtung und über die Seine zurückzuziehen. So entschied der Leutnant:

„An diesem Abend den Ausbruch aus dem Stützpunkt vornehmen und dann versuchen, einen einigermaßen geordneten Rückzug in Richtung Osten durchführen."

Sein Plan war es, im Schutz der Nacht etwa zwei Kilometer an der Küste entlang die äußerste linke Flanke der sich hier nur in Gruppen und partiell aufhaltenden Briten *(die zu diesem Zeitpunkt nur knapp einen Kilometer östlich über Merville hinausreichten)* zu umgehen, dann in nordöstliche Richtung weiterzumarschieren. Steiner notierte seinen Plan:

1. Spitze: Spähtrupp (Infanterie, Funkgerät)

2. „Sturmgeschütz", bespannt, 6 Schuß

3. Marschblock mit Seitensicherung (Infanterie), 2 Geschütze aufgeprotzt; gesamter Troß (Nachschub u.s.w.) Kommando: Buskotte

4. Schlußsicherung (Infanterie und „Sturmgeschütz" mit 6 Schuß); Rückendeckung, Heckenschützen (Beobachtung und Abwehr)

5. Ich selbst pendele vor und zurück, sehe, wo ich eingreifen bzw. Entscheidungen treffen muß (zu Pferd und zu Fuß)

Dann rief der Leutnant Johannes Buskotte an und informierte ihn. Daraufhin teilte der Hauptwachtmeister mehrere Männer ein, die wenigen noch zur Verfügung stehenden Pferde aus den rückwärtig gelegenen Ställen zu holen. Einer dieser Soldaten war Hans Staab:

„...Und dann sind wir hin und haben den Pferden die Hufe mit Säcken umwickelt - wegen der Schiffsartillerie, die hatten ja Horchgeräte gehabt. Bis alles soweit war, und die alle mit den Protzen kamen, war's fast halb elf abends. Jede Haubitze wurde an eine Protze gehängt. Das Geschütz der Kasematte Nummer 2 konnten wir nicht mitnehmen, weil es nicht mehr genug Pferde gab. Es mußte alles ganz leise geschehen... In den großen Sitzkästen der Protzen waren Fächer für den Transport der Granaten, aber ich habe in den Kasten des dritten Geschützes keine Granaten gepackt, statt dessen Ölsardinen-Dosen geholt und die reingetan - als Verpflegung. Wegen der Belagerung hatten wir massenhaft Verpflegung in den Nebenräumen der vier Kasematten gehabt, da, wo auch die Granaten und Kartuschen lagen..."

Hans Staab: „Natürlich war mir klar, daß es ein langer Weg werden würde, bis in die Heimat. Deshalb hab ich ja so viel Proviant eingeladen..." **Foto: Kollektion H. Staab**

Nachdem der Batteriechef mit seinen letzten Männern sowie den restlichen Infanteristen von der B-Stelle im ersten Dunkel der Nacht bei der Batterie angekommen war, informierte er nun alle über seinen Plan:

„Ich hatte den Soldaten auch das Ziel unseres Rückzugs erklärt - je nach militärischer Lage: Die 1. Gruppe womöglich über die Schweiz nach Österreich und Süddeutschland; die 2. Gruppe nach Mitteldeutschland - Rheinland und so weiter...; die 3. Gruppe nach Norddeutschland."

Um 22:30 Uhr stand der gesamte Train einschließlich der restlichen 35 Artilleristen der Batterie, der Protzen mit den Pferden und den drei Haubitzen sowie der 37 Leute des Troß-Personals zum Ab-

---

* Betreffs der Kanonier-Personalstärke der Batterie schrieb Albert Molt, 1944 Referent für Beton- und Sperrbauten, der noch am 3. August die 1. Batterie im Zuge seiner Untersuchungen betreten hatte, in seinem Buch *Der deutsche Festungsbau* auf Seite 127:

Noch am 3. August hatte der Oberwachtmeister (Buskotte, hier mit versehentlich falscher Angabe seines Dienstgrades) als Batterieführer mit seinen restlichen 35 tapferen Kanonieren drei seiner Geschütze einsatzbereit.

marsch bereit; dazu kamen 4 Männer der B-Stelle - insgesamt 76 Artilleristen, außerdem die bisher in der Nähe der B-Stelle und des WN 01 verbliebenen Infanteristen der 3. Kompanie. Hans Staab sagte über die gesamte Mannschaftsstärke:

„Da war ein furchtbares Durcheinander im Dunkeln. Ich weiß gar nicht, wie viele wir nachher waren, die da losgezogen sind..."

Über den Zustand des Stützpunktes sagte Johannes Buskotte:

„Es sah aus wie eine Mondlandschaft - Krater an Krater, alles war immer wieder von den Bomben und den vielen Granaten umgegraben worden. Da war nicht mehr viel, und die Riesenbombe war noch immer nicht geborgen und entschärft worden; die Pioniere waren ja längst mit den Engländern davon... Aber angegriffen wurde die Batterie in der ganzen langen Zeit nicht noch einmal. Und nun, nach alldem, das man dort durchgestanden hatte, zu gehen, das war schon ein merkwürdiges Gefühl... Unsere Batterie-Stellung einzunehmen, das haben sie *(die britischen Soldaten)* nicht geschafft. Sie haben nichts beschädigt, an unseren Geschützen. Wir haben sie untersucht, und es war erstaunlich, ich kann beschwören, daß die Geschütze vom ersten Tag der Invasion bis zu dem Tag, als wir auszogen, niemals beschädigt wurden. Wir konnten jeden Tag mit den Geschützen schießen; sie waren immer feuerbereit. Das kann ich beschwören. Ich habe sogar das 1. und das 4. Geschütz am 3., am 6., 7. und am 10. Tag aus der Kasematte rausziehen und die angreifenden Infanteristen beschießen lassen. Ob wir sie getroffen haben, weiß ich nicht, jedenfalls haben wir sie abgewehrt..."

Hans Staab ergänzte Buskottes Aussage:

„Und die ganze lange Zeit über haben wir noch nicht einmal einen einzigen feindlichen Panzer gesehen..."

Da es ohnehin zu wenig Pferde für alle „Berittenen" gab, verzichtete der Batteriechef auf das Mitführen der nahe der Kasematte Nr.1 stehenden und ohnehin angeschlagenen 7,5-cm-Kanone...

Während der Kampfhandlungen sowie der schweren Wochen unter dem Beschuß durch die Schiffsartillerie und den damit verbundenen ständigen Aufräumarbeiten war Hans Staabs Uniform stellenweise zerrissen und mittlerweile sehr unansehnlich geworden. Da der Artillerist irgendwann zufällig die Zweituniform des verstorbenen Hauptmanns Wolter entdeckt hatte, zog er nun im Dunkeln kurzerhand

Am 16. August 1944 zogen sich die letzten deutschen Soldaten von der Küste vor Franceville-Plage zurück. Was blieb, war eine jener Riesenbomben, die ihr Ziel nie erreicht hatte - die Batterie Merville... (Vergleich siehe Seite 56)

Foto: Kollektion E. Müller

seine alte aus und die unversehrte des Hauptmanns an. Er vergaß in der Hektik jedoch, die Schulterklappen zu entfernen... Dann bestieg Staab eines der Pferde. In diesem Moment rollte ein unbeleuchteter Ford mit vier Insassen vor den Eingang des Stützpunktes, und Leutnant Steiner stieg aus. Als er den Gefreiten in Wolters Hauptmannsuniform auf dem Pferd erblickte, reagierte er erbost:

„Kommen Sie mal vom Pferd ´runter...!"

Dann befahl der Leutnant, daß Hans Staab sofort die Schulterklappen von der Uniform abzunehmen habe und sich zur Strafe vorn auf die Kühlerhaube des kleinen Autos setzen sollte. Staab erzählte:

„Bis zu diesem Augenblick hatten der Leutnant und ich uns noch nie von Angesicht zu Angesicht gegenübergestanden. Ich kannte ihn gar nicht, weil er so selten in der Batterie war. Ich hab' ja noch nicht einmal gewußt, daß er ein Österreicher war... Mir war klar, daß wenn wir nun alle abhauen, ich da vorn auf dem Auto zu seiner Sicherheit sitzen sollte. Wenn nämlich Partisanen auf den Wagen schießen würden, dann schießen sie erst mich tot, und die anderen können noch 'raus und weg... Aber da oben zu sitzen, das hat mir nichts ausgemacht.... Dann hab' ich mich d'raufgesetzt, und die sind langsam mit mir los... Nach etwa 15 Kilometern durfte ich wieder heruntersteigen."

Nun setzte sich der Trupp in Bewegung. Steiner erzählte:

„Eine Odyssee sondergleichen begann... Ich führte meine Batterie, einschließlich der Geschütze, am 16. August bei Nacht und Nebel aus den Stellungen heraus und auf einen langen Marsch in Richtung Heimat. Wir waren bespannt und einschließlich Troß und Pferdeführern zu diesem Zeitpunkt 82 Mann..." *

Nach dem neunwöchigen Beschuß hatte es keine intakten Minen auf dem WN 01 mehr gegeben. Als letzter Mann, der den Stützpunkt verließ, hatte er in der Kasematte Nr.1 einen Zettel auf den Tisch gelegt, auf dem er mitteilte, daß man das Terrain freiwillig aufgegeben und verlassen habe, es absolut Minenfrei sei und sich auch keine Sprengfallen darauf befinden und somit keine Gefahr mehr besteht.

AN DER ORNEMÜNDUNG

DAS REICH

Die Berliner Wochenzeitung „Das Reich" berichtete am 30. Juli 1944 unter der Überschrift „An der Ornemündung" in einem ganzen einseitigen Artikel über die Batterie Merville und „das heldenhafte Aushalten gegen die Angriffe feindlicher Truppen". **Foto: Kollektion A. Steiner**

Am 17. August begannen die ersten deutschen Truppen, sich aus dem Raum östlich der Orne zurückzuziehen - die Einheiten der 6. Airborne Division folgten ihnen bald nach... Steiner hatte vorsichtshalber den Weg über den Strand in Richtung Cabourg gewählt. So hatte er bereits in der Nacht die wenigen britisch-kanadischen Soldaten, die östlich Franceville standen, umgangen. Er berichtete:

„Zum ersten Mal bewegte sich die Merville-Batterie im Gelände. Nach zirka dreistündigem Marsch in der Dunkelheit auf der Straße Franceville-Cabourg legten wir die erste Rast ein, mit von Wachtposten gesichertem Lager."

An diesem Morgen näherte sich vom Meer her, kurz nachdem es hell geworden war, überraschend ein einmotoriger amerikanischer Jagdbomber der Küste und der Chaussee, die nahe und parallel zum Strand verlief, auf der Steiners Treck langsam nach Osten zog... Der Jabo drehte bei und flog den Strand entlang, dann der Kolonne der Artilleristen hinterher. Als er sie eingeholt hatte, begann er mit seinen Bord-MGs zu feuern. Gleichzeitig eröffnete auch der MG-Schütze der

---

* Raimund Steiner hatte zu seiner Batteriebesatzung lediglich Leutnant Rix und dessen fünf Infanteristen von jenem Bunker mitgerechnet, in dem sich auch die B-Stelle befand - nicht jene Männer des Zuges der 3. Kompanie, die nahe seiner Batterie standen und sich eigenmächtig seinem Treck anschlossen hatten.

Artilleristen - sein Maschinengewehr in der Hüfte anschlagend - sein Feuer auf den Jagdbomber. Einige der Geschosse trafen den Motor. Qualmend und laut heulend raste der Jabo über die Kolonne hinweg und setzte mehrere hundert Meter weiter auf dem Strand auf. Sand stob in die Luft, die Maschine drehte sich um die eigene Achse und blieb qualmend stehen. Einige der Artilleristen rannten sofort dorthin, ihre Gewehre im Anschlag...

Ein abgeschossener und bruchgelandeter amerikanischer Jagdbomber

Foto: US National Archives

Ein paar Minuten später wurde der junge, völlig verängstigte und blasse US-Pilot dem Batteriechef vorgeführt. Die Artilleristen hatten ihm inzwischen sein Halstuch abgenommen und hielten es Leutnant Steiner hin. Der war überrascht, darauf eine gedruckte Landkarte von Frankreich zu sehen. Steiner stellte dem Piloten die üblichen Fragen. Der Pilot beantwortete mehr, als laut Genfer Konvention notwendig war. Da der Batteriechef seine Leute auf ihrem Rückzug nicht zusätzlich mit einem Gefangenen belasten wollte, dessen Fluchtversuch zu erwarten war und man ihn folglich ständig bewachen müßte, Steiner ihn aber auch nicht erschießen lassen wollte, ließ er den Piloten einfach gehen - der dastand und der sich wieder in Bewegung setzenden Marschkolonne ungläubig hinterher sah...*

Leutnant Steiner befahl nun, „nach Süden abzuschwenken, um von der von See her einsehbaren Küste wegzukommen. Schöner Sonntag; eine Wohltat auf das Bunkerleben mit dauerndem Beschuß."

Doch es dauerte nicht lange, da kam es zu einem weiteren Angriff auf Steiners Kolonne. Er berichtete:

„Die Luftaufklärung der Alliierten zwang uns zu getarntem Marschieren und in bestmöglicher Deckung. Da überflog uns ein Flugzeug und warf so eine zäh-flockige Masse auf unsere Marschkolonne. Es muß Phosphor gewesen sein. Trotz *volle Deckung!* wurden einige Pferde von dem Zeug getroffen und gerieten in Panik. Der Stallmeister

---

* Im Laufe dieses Tages rückten erste Truppenverbände der Alliierten in den von den Deutschen aufgegebenen Raum vor *(was in einigen englischen Publikationen als „Durchbruch" bezeichnet wird)*. Soldaten der *Oxfordshire & Buckinghamshire Light Infantry* bezogen das total verwüstete Terrain der ehemaligen Batterie Merville. In der großen Kasematte Nr.1 wurde der Gefechtsstand eingerichtet *(von den Briten als ihr „Hauptquartier" bezeichnet)*. Die Soldaten waren vom Ausmaß der Verwüstungen gleichermaßen überrascht wie beeindruckt - ein völlig kahles Kratergelände ohne jede Vegetation *(und, wie Hauptmann John Tillet in Alan Jeffersons Buch auf Seite 168 aussagt, „in der Kasematte Nr.1 der unverkennbare Geruch von Deutschen")...*

und Buskotte kümmerten sich um die Tiere und eine bestmögliche Tarnung."

Bis zum frühen Morgen des 18. August, dem erst zweiten Tag seines Rückzugs, hatten sich Leutnant Steiners Truppe inzwischen eine Menge versprengter Soldaten anderer Einheiten angeschlossen. Der Treck zog gewissermaßen durch Niemandsland - weit hinter den anderen deutschen Truppen her und vor denen der aus Südosten heranrückenden Alliierten davon. Die Marschroute erkundete ein Pionier namens Böck. Über ihn erzählte Steiner:

„Mein Pfadfinder war der Theologe Böck, ein Unteroffizier, ein Supermann in Orientierung. Er fungierte auch gewissermaßen als Exekutor bei Heckenschützenüberfällen. Er trieb die aufgegriffenen Heckenschützen in den Wald, hielt ihnen eine Moralpredigt über ihre feigen Mordtaten an flüchtenden Heimkehrern, heftete ihnen einen Zettel auf den Rücken, wo er unsere Großzügigkeit betonte und daß die nächsten Mordbuben erbarmungslos exekutiert würden. Dann gab er einige Schüsse in die Luft ab und ließ sie gefesselt laufen. Wirkung: Die Überfälle wurden seltener und hörten bald ganz auf..."

Leutnant Steiner ritt seine marschierende Truppe immer wieder von der Spitze bis zum Ende ab, um sich ständig vom Befinden und der Marschordnung aller Männer zu vergewissern. Er unternahm diese Ritte auf einem Pferd, das er besonders liebte.

Foto: Kollektion A. Steiner

Am frühen Morgen zog Steiners Treck nördlich am sieben Kilometer im Inland gelegenen Dozulé vorüber. Plötzlich geriet die Spitze der Kolonne in einen heftigen Artillerie- und Maschinengewehr-Feuerüberfall. Die einschlagenden Granaten verwundeten etliche Männer, andere wurden Opfer des Maschinengewehrfeuers. Als dann jener Trupp eintraf, bei dem sich auch Hans Staab befand, war der Beschuß bereits vorbei:

„Überall lagen Tote und Verwundete herum. Da standen Planwagen mit Pferden davor, und in den Sätteln saßen die toten Männer..."

Raimund Steiner gehörte zu den Schwerverwundeten. Mehrere Granatsplitter waren ihm in den linken Oberschenkel gedrungen, und bei seinem Sturz vom Pferd hatte er sich eine Fraktur am vorletzten Lendenwirbel zugezogen. Von diesem Moment an war der Leutnant, der die so wichtige Triebfeder des ganzen, mittlerweile großen Trecks darstellte, nur noch sehr eingeschränkt bewegungsfähig und mußte mit dem kleinen Ford chauffiert werden. Dennoch führte Steiner seinen Trupp weiterhin an - von nun an allerdings nur noch bei Nacht und in der Dämmerung:

„Wir bewegten uns immer zwischen den Fronten *(da die Truppen der Alliierten zügig nachrückten)*. Laufend schlossen sich mir versprengte Soldaten aller Waffengattungen an. Trotzdem gab es keinerlei Gehorsamsprobleme. Dank Buskotte und den übrigen Unteroffizieren klappte es sowohl mit der Verpflegung als auch mit dem militärischen Einsatz meiner Truppe - zum Beispiel gegen nachrückende alliierte Verbände, Partisanenangriffe und anderem..."

Als ein Mensch mit einer besonderen Begabung für Mathematik war es Steiner leicht möglich, für seine Artilleristen exakte Vorausberechnungen der Entfernungen feindlicher Positionen respektive der Neigungswinkel der Haubitzen für einen Beschuß anzustellen. Bei jeglicher Bedrohung seiner Truppe hatte der Batteriechef immer nur einen einzigen Schuß eines jeweiligen Geschützes abfeuern und sodann einen sofortigen Stellungswechsel vollziehen lassen. Seine Taktik bestand darin, die Geschütze in Stellung bringen zu lassen, dann seine Leute weiterzuschicken, die Geschütze abfeuern und bevor das Gegenfeuer einsetzte, die Kanoniere den anderen Männern folgen zu lassen. Dieses Prinzip bedingte gleichermaßen einen Zeitverlust für die Gegner sowie einen Zeitgewinn für die eigene Truppe.

Trotz seiner schweren Verwundung, der extrem eingeschränkten Mobilität und obwohl als Leutnant inzwischen durchaus nicht mehr der höchste Dienstgrad seiner ständig anwachsenden, gemischten Truppe, konnte Raimund Steiner weiterhin als Kommandant uneingeschränkt agieren. Seine Initiative und Autorität blieben die gesamte Zeit des Rückzugs über unangefochten. Da er bei seinem Abmarsch von Merville einen nicht unerheblichen Geldbetrag aus der Batteriekasse mitgenommen hatte, war er in der Lage, während des Rückzugs von den Franzosen Lebensmittel und Pferde kaufen zu lassen. Steiner wurde von den Männern, die er anführte, wegen seiner Souveränität und der von ihm vermittelten Sicherheit und Zuversicht unverhohlen bewundert und erhielt von ihnen diesbezüglich viele Komplimente.

Am 20. Juni wurde gegen Steiners Kolonne jedoch ein weiterer schwerer Angriff geführt. Mit Granatwerfern und Maschinengewehren wurde plötzlich aus einem Hinterhalt auf den in völliger Unordnung der vielen „zugewanderten“ Truppenteile und Waffengattungen dahinmarschierenden Treck gefeuert. Wieder kam es zu etlichen Toten und Verwundeten - einer von ihnen war der 30-jährige Oberfeldwebel Josef Philipp von der 3. Kompanie. Er hatte einen Steckschuß ins linke Knie erhalten. Hans Staab erhielt die Nachricht von der Verwundung dieses Kameraden, der ebenfalls aus seinem Heimatort stammte, von einem Sanitäter, der zu Philipps 3. Kompanie gehörte und mit ihm bereits an der Ostfront gewesen war. Hans Staab sagte über ihn:

„Wir nannten ihn Papa Krölle, weil er schon 42 Jahre alt war. Für uns überwiegend junge Soldaten war das schon recht alt...“

Josef Philipp gehörte nun auch zu jenen ständig mehr werdenden Verwundeten, die, nur notdürftig versorgt, auf Fuhrwerken weitertransportiert werden mußten... *(In der Folgezeit kam es bei Philipps Verwundung zu Wundbrand, und da kein Lazarett auf dem Weg, den man eingeschlagen hatte, zu finden war, mußte sein Bein oberhalb des Knies amputiert werden.)*

Josef Philipp wurde am 2. Oktober 1944 im Reserve-Lazarett I in Fulda das Verwundetenabzeichen in Silber verliehen - für den Verlust eines Beines...

Fotos: Kollektion J. Philipp

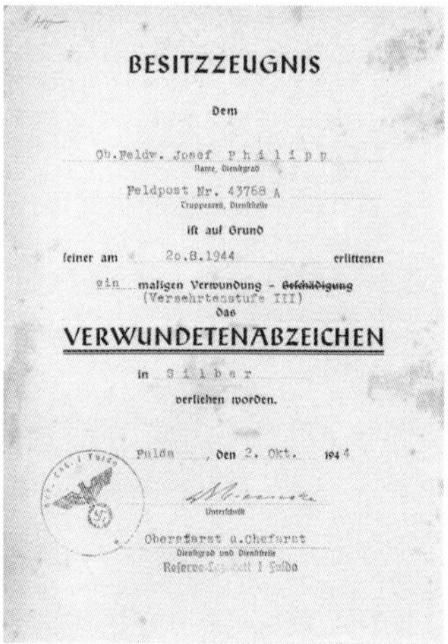

BESITZZEUGNIS

Dem

Ob.Feldw. Josef Philipp
Name, Dienstgrad

Feldpost Nr. 43768 A
Truppenteil, Dienststelle

ist auf Grund

seiner am 20.8.1944 erlittenen

ein maligen Verwundung - ~~Beschädigung~~
(Versehrtenstufe III)
das

VERWUNDETENABZEICHEN

in Silber

verliehen worden.

Fulda, den 2. Okt. 1944

Unterschrift

Oberstarzt u.Chefarzt
Dienstgrad und Dienststelle
Reserve-Lazarett I Fulda

Über die Seine und weiter...

Im Morgengrauen des 21. August hatte Steiners inzwischen auf mehr als fünfhundert Soldaten angewachsene Truppe die Seine-Mündung nahe der Ortschaft Honfleur erreicht - nach fünf Tagen und einer bisherigen Marschstrecke von 52 Kilometern. Den Männern bot sich ein schrecklicher Anblick. Hans Staab berichtete:

„Da sah's schlimm aus. Da war eine rufende, schreiende Menschenmasse. Da stand und lag alles mögliche herum, was eine Armee so hat - Hunderte von toten Pferden, kaputte Wagen, Panzer, sogar Einmachgläser voll Schokolade, alles wild durcheinander... Die Pferde, die sind auf der Flucht bis hierher gehetzt worden, und die konnten dann nicht mehr, sind einfach umgefallen. Andere mußten gleich rein ins Wasser und mit den Soldaten durch die Seine schwimmen... Drüben, auf dem Ufer, da haben sie dann in Massen gelegen - kaputt, krepiert...“

Zur Überquerung des Flusses hatte Leutnant Steiner nach Beratung mit einigen anderen Männern den deutlich breiteren Beginn der Mündung gewählt *(an dieser Stelle fast 800 Meter)*, weil sich bei aufgelaufener Meeresflut die sonst zu starke Strömung der Seine hier nur relativ langsam gegen das Wasser des Meeres bewegt, denn in Ermangelung einer Brücke war man gezwungen, die Seine mit Behelfsflößen zu überqueren, eine Maßnahme, die hier von fliehenden Soldaten bereits seit einiger Zeit mehrmals praktiziert worden war. Raimund Steiner sagte dazu:

„Die Überquerung der breiten Seine stellte sich mit der ganzen Logistik als eine äußerst schwierige Aktion dar..."

Er ließ sofort damit beginnen, Bäume zu fällen und jede Art von Holz und andere Schwimmkörper zusammenzutragen. Steiners Soldaten und die vielen, die sich angeschlossen hatten, arbeiteten diszipliniert und schnell, denn man wollte für die Flußüberquerung die Nacht nutzen, weil dann keine feindlichen Jagdbomber flogen. Hans Staab berichtete:

„Da haben wir Flöße bauen müssen, mit denen wir auch die Geschütze rüberbringen konnten. Vieles ging nun zwangsläufig verloren... Da herrschte ein wahnsinniges Chaos... Jeder wollte der Heimat zu. Ich konnte nie gut klettern, aber ich wäre über einen Kirchturm geklettert, um noch mal heimzukommen... Und da habe ich mir gesagt, der Krieg ist aus... Ich sah Verzweifelte, die mutlos am Ufer standen; die sind dann später mit Sicherheit in Gefangenschaft geraten. Andere sind allein einfach so losgeschwommen. Das war ein Chaos... Jeder mußte sehen, wie er 'rüberkam. Meine Uniform aus, nur noch die Unterhose an. Die Uniform und mein Gewehr habe ich beim Troß abgegeben; die sind mit dem Floß rüber. Für mich gab's auf keinem Floß Platz, denn zuerst kommt beim deutschen Soldaten die Waffe, dann erst er selbst. Weil ich nicht schwimmen konnte, hab' ich zwei unserer Pferde am Halfter genommen und rein mit denen, ins Wasser; hab' mich mitziehen lassen. Das haben viele so gemacht. Ich wollte doch auch heim... Aber die Strömung war so stark, daß wir etwa zweieinhalb Kilometer abgetrieben sind, bis wir drüben ankamen..."

Den nachrückenden Feind im Auge behalten... An der Seine, an der sich die zurückflutenden Truppen stauten, entstand infolge dessen eine besonders gefährliche Situation... **Foto: Archiv von Keusgen**

Da das jenseitige, aus hellem Kreidegestein bestehende Seineufer sehr steil ist, hatten alle, die es erreichten, erhebliche Schwierigkeiten, an Land zu kommen, so auch Hans Staab mit seinen Pferden:

„Die Tiere sahen schlimm aus, die hatten die ganzen Knie kaputt..."

Wer es bei der starken Strömung nicht schaffte, früh genug das rettende Ufer zu erreichen, trieb in die große Bucht und ins offene Meer hinaus... Das beobachtete auch Hans Staab:

„Da waren sehr viele, die's nicht geschafft hatten..."

Inzwischen war es dunkel geworden, und die Flöße mit den drei Haubitzen darauf hatten vom westlichen Ufer abgelegt. Leutnant Steiner, der auf einer Trage am Rand eines der Flöße lag, wollte die Zügel seines nebenher schwimmenden Pferdes, das er sehr liebte, selbst halten. Als man etwa die Mitte der Seine erreicht hatte, bemerkte er, daß dem zuvor schon erschöpften Tier die Kraft ausging. Immer wieder versank sein Kopf kurz unter die Wasseroberfläche. Es schnaubte und rang nach Luft. Auch die anderen Männer, die mit auf diesem Floß saßen und ruderten, konnten die zunehmende Kraftlosigkeit des Pferdes erkennen. Man überlegte, das Tier auf das Floß zu ziehen, doch würde eine derartige Aktion mit großer Wahrscheinlichkeit alle Passagiere samt des schweren Geschützes in Gefahr bringen - und wie sollte man das große Tier aus dem Wasser bekommen? Steiner wollte es aber auf keinen Fall einfach so ertrinken lassen. Dann wurde der schwere Entschluß getroffen, das Pferd zu erschießen.

Raimund Steiner war trotz seiner erst 24 Jahre ein Mann, der bereits an mehreren Fronten gekämpft und infolgedessen auch sehr viel Leid gesehen und Schmerz ertragen hatte, aber seinem Pferd den

Gnadenschuß zu geben, dazu war er nicht in der Lage.

Seine Männer erkannten Steiners moralischen Konflikt, und so bot sich einer der Soldaten an, diesen traurigen Akt zu übernehmen. Aber auch das wollte der junge Leutnant nicht mit ansehen. So sagte der Soldat:

„Sehen Sie weg, Herr Leutnant; ich mache das..."

Er stand auf dem schwankenden Floß, lud seinen Karabiner durch und hielt die Mündung dicht über den Kopf des Tieres. Steiner wandte seinen Blick ab.

Schuß!

Der Leutnant ließ die Zügel los. Eine dünne blutige Fahne hinter sich herziehend versank sein geliebtes Pferd in den dunklen Fluten und trieb in die Nacht hinaus und in die große, dunkle Bucht und ins Meer davon...

Infolge der problematischen Überquerung der Seine mußte unbedingt und schnellstens Ersatz für die verlorenen Pferde besorgt werden, um mit der Batterie weiterziehen zu können. Obwohl von Schmerzen gepeinigt, und nach der zwangsweisen Aufgabe des kleinen Automobils, nun auf einer Trage liegend, suchte Leutnant Steiner persönlich eines der vielen dortigen Gestüte auf und kaufte für das Geld, das er der Batteriekasse entnommen hatte, mehrere dieser wichtigen Tiere - anstatt sie, wie es sonst so oft getan wurde, zu requirieren...

Immer mehr Soldaten fremder Einheiten schlossen sich Leutnant Steiners Treck an - und verstärkten ihn...

Foto: Battlefield Historian Ltd.

Während des weiteren Rückzugs wurde Steiners Treck mehrmals in Kampfhandlungen mit Truppen der ständig weiter vordringenden Alliierten verwickelt. So war es gut, daß sich im Laufe der Zeit immer mehr Soldaten dem Treck angeschlossen hatten. Doch auch Steiners Artilleristen kamen zum Einsatz. Hans Staab erklärte:

„Wir mit unseren Haubitzen haben ja bei einem Angriff immer hinter der Infanterie gelegen. Wenn die dann unser Feuer angefordert haben, mußten wir schießen..."

(Auf dem gesamten Fluchtweg mußte allein Steiners Nachhut sechsmal ihr Geschütz gegen die nachdrängenden britischen Spitzenverbände einsetzen.)

Als man die Haubitzen zum ersten Mal eingesetzt hatte, war plötzlich aufgefallen, daß sich in der Protze des dritten Geschützes statt Granaten massenhaft Ölsardinen-Dosen befanden... Hans Staab nahm die Verantwortung für dieses ungewöhnliche Proviantlager sofort auf sich:

„Da war was los... Der Peter Timpf hat mich da zur Sau gemacht. Normalerweise hätte ich dafür Festungshaft bekommen. Aber was wollten sie machen, die hatten doch alle davon was abbekommen, von den Ölsardinen; und auf dem Rückzug waren wir ja auch alle per Du..."

Betreffs der Verproviantierung sagte Raimund Steiner:

„Wir hatten einen sehr guten Koch, der während der langen Flucht aus nur wenigen Zutaten schmackhafte und nahrhafte Essen für die vielen Männer zubereiten konnte."

Am 6. September 1944 stieß Leutnant Steiner mit seinen Soldaten in Belgien bei Ypern erstmals auf einen geordneten deutschen Truppenverband - nach 71 Marschtagen und über 330 Kilometern Wegstrecke und mit inzwischen mehr als 600 Männern. Bei dem Truppenverband handelte es sich um ein Wach-Bataillon, das zuvor in Paris gestanden hatte. Aber von überall rückten ihnen starke Kräfte der polnischen 1. Panzer-Division der britischen Armee entgegen, denn es war inzwischen bekannt geworden, daß Leutnant Steiner diesen Treck nach Nordosten führte. Dazu sagte er:

„Da standen nun alles deutsche Offiziere herum, die noch niemals einen scharfen Schuß gehört hatten. Die standen da in ihren eleganten Uniformen - und zum ersten Mal einem Feind gegenüber..."

Eine Feldhaubitze wird zum Schießen vorbereitet. Im Vordergrund Kartuschen (Treibladungen) und Granaten. **Foto: Archiv von Keusgen**

Ein Oberst erschien und befahl Steiner, sofort seine Batterie in Stellung bringen zu lassen und auf den ersten Panzer zu feuern, der sich nähern würde. Doch angesichts der von überall heranrückenden feindlichen Truppen erkannte Steiner, der vor Schmerzen kaum aufrecht stehen konnte, daß ein Widerstand sinnlos war und nur weiteres Blutvergießen verursacht hätte. So weigerte sich der Leutnant, den Befehl auszuführen. Daraufhin zog der Oberst seine Pistole und drohte Steiner, ihn zu erschießen. Daraufhin ließ der Batteriechef die Haubitze seines Trupps in einer Garage unterstellen und gleichzeitig Buskotte eine Nachricht zukommen, in der er ihm riet, sich mit den beiden anderen Haubitzen so schnell wie möglich abzusetzen... Steiner sagte seinen Kanonieren, sie sollten noch sechs Granaten abfeuern - und dann sofort davonlaufen... Die Kanoniere feuerten die sechs Granaten ab und rannten davon.

Einen Moment darauf rollten einige feindliche Panzer heran. Mit seinem letzten Kanonier feuerte Steiner noch weitere sechs Granaten ab, dann flohen auch sie vor den nahenden Soldaten. Unter großen Schmerzen überwand Steiner mit seinem letzten Mann eine Mauer - und auf der anderen Seite rollte ein Panzer direkt auf sie zu. Der Kopf des Fahrers ragte unterhalb des Turmes aus der offenen Luke. Sofort zog der Kanonier seine Pistole und schoß dem Panzerfahrer in den Kopf. Der Kampfwagen rollte ungebremst an den beiden vorbei und krachte in eine Hauswand, ...und plötzlich waren überall polnische Soldaten. Da er selbst infolge seiner eigenen Verwundungen nun endlich einer ordentlichen Behandlung bedurfte, entschied Steiner, seine Freiheit nicht weiter zu erzwingen und sich statt dessen in die Gefangenschaft zu begeben.

Man hatte Leutnant Steiner und seinen Artilleristen in einem Keller eingesperrt. Aus einem der nahe über dem Erdboden liegenden, vergitterten Fenster konnten sie auf die Straße hinaussehen. Draußen trieben einige bewaffnete Belgier Landsleute mit kahlgeschorenen

Köpfen vor sich her - Kollaborateure. Steiner war befremdet:

„Das war ein häßlicher Anblick..."

Nach einiger Zeit wurden Steiner und sein Kanonier aus dem Keller geholt und mit bewaffneten Soldaten eine weite Strecke durch Yperns Innenstadt abgeführt. Betreffs der polnischen Soldaten erklärte Raimund Steiner:

„Einheiten dieser Division hatten uns an der Orne gegenübergestanden, und mir schwante nichts Gutes... Als wir durch die Stadt und die tobenden Einwohner eskortiert wurden, befürchtete ich, zu einer Exekution geführt zu werden. Dann erlebte ich jedoch einen der größten Augenblicke meines Lebens..."

Leutnant Steiner wurde als einziger der gefangengenommenen Wehrmachtsoldaten von einem hohen polnischen Offizier empfangen, von Oberstleutnant Zdzislaw Szydlowski. Der sprach ihn in Englisch und mit philosophischen Worten an:

„You have done your work without gloves - but with clean hands."

(Sie haben Ihre Arbeit ohne Handschuhe verrichtet - aber mit sauberen Händen.)

Kurz darauf wurden Steiner und sein Kanonier an die Kanadier übergeben.*

Dem 24-jährigen, couragierten Leutnant Raimund Steiner war es gelungen, in 71 Tagen mehr als 600 Soldaten über 330 Kilometer aus der Normandie bis ins belgische Flandern zu führen.

Foto: Kollektion A. Steiner

Die letzten Männer der Batterie Merville

Jene letzten Artilleristen der 1. Batterie, die sich nicht freiwillig in die Gefangenschaft begeben wollten, hatten indessen einen anderen Weg durch Ypern genommen. Dieser kleine Trupp bestand aus nur noch einem einzigen Zug der 1. Batterie unter Leitung des Hauptwachtmeisters Johannes Buskotte. Zu diesem Zug gehörte auch der Gefreite Hans Staab:

„Wir sind mit unseren Pferden und Geschützen weitergezogen. Als wir durch die Stadt kamen, schossen immer wieder Partisanen von den Dächern herab. Da sind wir gerannt..., wir wollten doch unsere Heimat noch mal wiedersehen... Aber das ist uns in anderen Städten auch noch mehrmals passiert. Da haben Zivilisten mit Gewehren auf uns geschossen...

Am 10. September kamen wir dann bis zur belgischen Hafenstadt Breskens. Dort haben wir mit dem Rest der Batterie am Hafen gestanden. Am nächsten Morgen hab' ich meine Erkennungsmarke beim Waschen an einen Trog gehängt. Plötzlich erschienen 18 Marauder-Bomber und begannen abzuladen... Alle rannten auseinander. Da hab' ich meine Erkennungsmarke vergessen, weil ich schnell in ein Haus gesprungen bin - aber die haben da keine Keller. Ich lief in die dritte Etage. Da standen eine Frau und ein Mann... Draußen fielen die Bomben. Reihenabwurf... Mir war's dort oben zu gefährlich. Da bin ich wieder hinaus. Draußen flog alles Mögliche herum und durcheinander, die Pferde und die Geschütze, alles flog da ´rum. Am Randstein des

---

* Die ersten Wochen ihrer Gefangenschaft verbrachten die Wehrmachtsoldaten dann in einem britischen Lager in Belgien - in Kälte, Regen und völlig verschlammten Erdlöchern ohne Abdeckungen; danach wurden sie nach Großbritannien verschifft...

Die britische 6. Airborne Division war noch bis Mitte September 1944 unentwegt in Kampfhandlungen verwickelt, dann wurde sie aus der Normandie nach Großbritannien zurückgezogen - zur Erholung und Reorganisation. Während ihres drei Monate dauernden Einsatzes in der Normandie hatte sie 4.457 Soldaten verloren: 821 Gefallene, 2.709 Verwundete und 927 Vermißte. Bereits im Dezember desselben Jahres wurde die Division wieder eingesetzt - in Belgien.

Fußwegs vor dem Haus lag ein toter Kamerad. Er mußte gerade erst gefallen sein. Der Randstein war sehr hoch. In diesem Moment erhielt das Haus mehrere Bombentreffer und brach zusammen - mit den Leuten, die noch drinnen waren. So warf ich mich direkt neben den toten Kameraden in den Rinnstein und suchte hinter ihm da unten etwas Schutz. Plötzlich war alles dunkel; wir waren verschüttet...

Ich war keinen Moment ohne Bewußtsein, und plötzlich spürte ich unter meinem Gesicht eine dicke Flüssigkeit, die meinen Mund berührte. Ich leckte sie und schmeckte, daß es Blut war... Ich spürte, daß ich verwundet war. Aber dann merkte ich, daß das Blut nicht meins war - es war von dem Kameraden auf dem Randstein neben mir heruntergelaufen...

Irgendwann hörte ich, daß ganz in meiner Nähe in den Trümmern gegraben wurde. Ich bekam Angst, weil ich befürchtete, daß man mir gleich mit einer Hacke in den Kopf schlagen würde...

Nach über einer Stunde wurde ich dann am Koppel ´rausgezogen. Das waren Kameraden meines Zuges, die hatten alles mit angesehen... Weil ich überall gequetscht war, habe ich vor Schmerzen geschrieen. Dann stellte ich fest, daß ich am ganzen Körper gelähmt war..."

Nachdem einige von Hans Staabs Kameraden ihn mittels einer Trage auf einen Flußdampfer im Hafen gebracht hatten, begann ein Jabo-Angriff mit mehreren Spitfires. Die Kameraden rannten Schutz suchend unter Deck. Hans Staab blieb hilflos auf der Trage liegend auf dem Oberdeck zurück...

Nachdem wieder Ruhe eingekehrt war, setzte das Schiff die Passagiere über die Schelde, in den Hafen von Vlissingen. Von dort aus wurde Hans Staab zusammen mit noch etlichen anderen Verwundeten zu einer Kathedrale transportiert, die als Hauptverbandplatz und Behelfslazarett diente. Als man Hans Staab in das große, schon von Bomben stark beschädigte Gebäude trug, schockierte ihn der Anblick, der sich ihm bot:

„Da lagen an die hundert Schwerverwundete herum, und auf dem großen Altar wurde im Akkord operiert und amputiert. Überall war Blut... Die Ärzte haben gesägt, wie man Holz sägt, und die Verwundeten haben wie verrückt geschrien, weil es keine Narkosemittel mehr gab... Da lag ich nun auch dazwischen. Plötzlich kamen wieder die Bomber. Man konnte die herabfallenden Bomben heulen und näherkommen hören, und das ganze Gebäude hat unheimlich gebebt. Da brach in der Kathedrale Panik aus. Alle wollten 'raus, weil sie dachten, das hohe Gemäuer stürzt ein... Da gab's ein großes Gebrüll. Da richteten sich sogar beidseits Beinamputierte auf, um auf ihren noch blutigen Stümpfen und laut schreiend 'rauszuhumpeln... Das war schlimm, das anzusehen..., und ich lag gelähmt und hilflos dazwischen... Es war schrecklich, schrecklich... Und die Ärzte haben da vorn auf dem Altar weitergesägt, Arme und Beine ab, grauenhaft..."

BESITZZEUGNIS

DEM

Gefreiten Johann S t a a b
(NAME, DIENSTGRAD)

9. / Art.Rgt. 1711
(TRUPPENTEIL, DIENSTSTELLE)

IST AUF GRUND

SEINER AM 14. Juli 1944 ERLITTENEN

EIN MALIGEN VERWUNDUNG ~~BESCHÄDIGUNG~~

DAS

VERWUNDETENABZEICHEN

IN S C H W A R Z

VERLIEHEN WORDEN.

O.U., DEN 1.August 1944

(UNTERSCHRIFT)

Hauptmann u. Abt.-Kommandeur
(DIENSTGRAD UND DIENSTSTELLE)

Hans Staabs Verleihungsurkunde zum Verwundetenabzeichen in Schwarz.

Abbildung: Kollektion H. Staab

Am nächsten Tag wurde Hans Staab mit vielen anderen Verwundeten in einen speziellen Eisenbahnzug geladen. Die Wagen waren mit großen, auffälligen weißen Kreisen mit roten Kreuzen als Sanitätszug gekennzeichnet. „Aber die Spitfires gingen noch ein paarmal da d'rüber weg, wie die Hornissen", erzählte Hans Staab nicht ohne Zynismus, „wir waren ja die Bösen..."

Von nun an hatte Hans Staab jegliche Verbindung zum letzten Zug der Batterie Merville verloren - auch zu Hauptwachtmeister Johannes Buskotte, und der zu ihm. Für ihn galt Hans Staab als vermißt. Wenn auch erst vier Wochen später, so verfaßte der gewissenhafte „Spieß“ ein Schreiben an Staabs Eltern, in dem er ihnen dieses mitteilte:

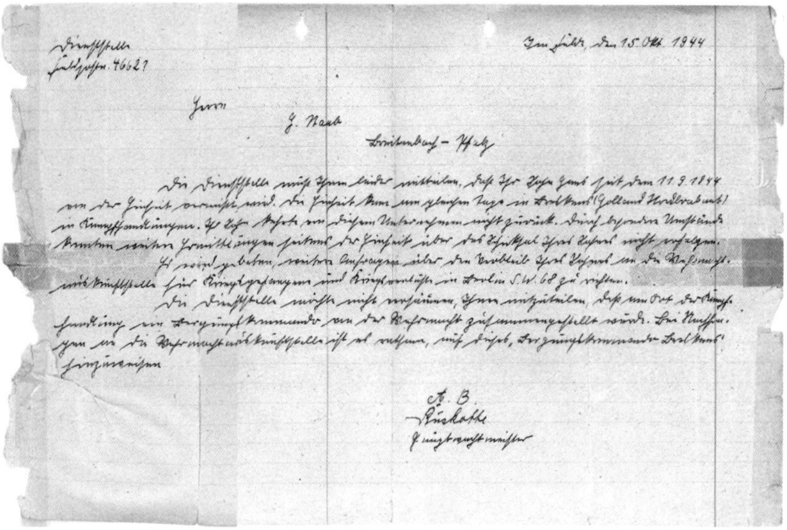

Die Vermißten-Meldung an Habs Staabs Eltern vom 15. Oktober 1944.

Foto: Kollektion H. Staab

Dienststelle *Im Felde, den 15. Okt. 1944*
Feldpostnummer 46621
Herrn G. Staab, Breitenbach / Pfalz

Die Dienststelle muß Ihnen leider mitteilen, daß Ihr Sohn Hans seit dem 11.9.1944 von der Einheit vermißt wird. Die Einheit kam am gleichen Tage in Breskens (Holland Nordbrabant) in Kampfhandlungen. Ihr Sohn kehrte von diesem Unternehmen nicht zurück. Durch besondere Umstände konnten weitere Ermittlungen seitens der Einheit über das Schicksal Ihres Sohnes nicht erfolgen.

Es wird gebeten, weitere Anfragen über den Verbleib Ihres Sohnes an die Wehrmachtauskunftsstelle für Kriegsgefangene und Kriegsverluste in Berlin S.W. 68 zu richten.

Die Dienststelle möchte nicht versäumen, Ihnen mitzuteilen, daß am Ort der Kampfhandlung ein Bergungskommando von der Wehrmacht zusammengestellt wurde. Bei Nachfragen an die Wehrmachtauskunftsstelle ist es ratsam, auf dieses „Bergungskommando Breskens“ hinzuweisen.
A. B.
Buskotte
Hauptwachtmeister

Über die Niederlande fuhr der Lazarett-Zug mit Hans Staab dann in Richtung Deutschland. Staab berichtete weiter:

„Im Zug standen auf beiden Seiten Reihen mit drei Betten übereinander. Unten lagen die, die noch auf dem Transport sterben würden; in der Mitte lagen die, die wohl noch durchkommen könnten; und oben waren die nicht so schwer Verwundeten. Ich lag in der Mitte...“

Bei Bentheim passierte der Zug die deutsche Grenze, und in Ibbenbüren, im Teutoburger Wald, wurden die noch lebenden Verwundeten ausgeladen und in eines der dortigen 14 Teil-Lazarette eingeliefert. *(Derartige „Teil-Lazarette“ bestanden lediglich aus requirierten Schul- oder Veranstaltungssälen. In dieser Stadt waren zum Zwecke einer derartigen Nutzungsänderung sämtliche Säle belegt.)* In eines dieser improvisierten Lazarette wurde auch Hans Staab gelegt:

„Das dortige Sanitätspersonal bestand aus Nonnen... Ich bin dann von denen auch gebadet worden - immer wieder... Und jeden Tag beten und Sport..."

Außer der heilsamen Bäder bestand Staabs Reanimation in leichten Übungen mit Medizinbällen und speziellem Muskeltraining. Vier Monate dauerte es, bis er seine ursprüngliche Beweglichkeit endlich wiedererlangt hatte. Dann konnte der Artillerist einen 14-tägigen Genesungsurlaub in seiner Heimat antreten.

Nach Dessau zu einer Ersatz-Einheit gekommen, riet ein Obergefreiter Hans Staab, daß er sich in der Schreibstube zum Einsatz an der Front melden sollte. Der motivationale Hintergrund bestand darin, daß diese Front-Freiwilligen nochmals zwei Wochen Heimaturlaub bekommen würden - und daß nun zu erwarten war, daß die bereits in Saarbrücken stehenden Amerikaner noch vor dem Ende dieses Heimaturlaubs so weit vorgestoßen sein würden, daß der Krieg dann ohnehin beendet wäre... Hans Staab fand die Idee des Obergefreiten plausibel und meldete sich zur Front. Er erhielt auch den erhofften Urlaub und fuhr heim...

Aber dann kam alles ganz anders als erhofft: Die Amerikaner rückten langsamer vor als vermutet - und die Urlaubszeit verstrich viel zu schnell... Als die zwei Wochen abgelaufen waren, wollte Hans Staabs Mutter ihren Sohn nicht mehr in den Krieg ziehen lassen und ihn, weil das Kriegsende absehbar war, im Schober unter dem Heu verstecken. Doch der Vater war dagegen, denn im Ort lag die Waffen-SS. So mußte Hans Staab wieder in den Krieg ziehen...

In den Vogesen kam der inzwischen 20-jährige Gefreite wieder an die Front:

„Mit Ski und Schlitten...; und ich hatte noch nie zuvor auf Skiern gestanden... Aber von dort sind wir schon bald in die Eifel verlegt worden, aber es war ja sowieso schon alles verloren..."

Infolge des Zusammentreffens der aus dem Raum Remagen-Andernach vorgedrungenen 1. US-Armee (General Hodges) mit der von Wesel und Hamm herangerückten 9. US-Armee (General Simpson), gelang es den Amerikanern am 1. April 1945 bei Lippstadt, die deutsche Heeresgruppe B (Generalfeldmarschall Model) zwischen dem Rhein, der Ruhr und der Sieg einzuschließen. Am 16. und 17. April kapitulierten in diesem „Ruhrkessel" 325.000 deutsche Soldaten.

Hans Staab war einer jener im *Ruhrkessel* Eingeschlossenen:

„Wir hatten noch zwei Tage ohne Kampfhandlungen bei Iserlohn gelegen, dann haben wir uns mit 32 Mann den Amis ergeben..."

Hans Staab kam in ein Gefangenenlager bei Bretzenheim *(Landkreis Bad Kreuznach)*, nicht weit entfernt von seinem Heimatort:

„Beim Besteigen ihrer hohen Lastwagen riefen die Amerikaner ständig, *let's go, let's go!* Die Älteren von uns waren ihnen aber nicht schnell genug. Da haben sie gleich mit ihren langen Rohrstöcken d'raufgeschlagen...

Wir haben schon bald nach der Gefangennahme Verpflegung erhalten. Man hatte uns gesagt, wir kriegen Eiserne Rationen. Die Eisernen Rationen haben wir auch bekommen - das waren dann Sherman-Panzer rings um's Lager..."

Damit war auch für den letzten Angehörigen der Batterie Merville der Krieg zu Ende.

„Eiserne Rationen" für deutsche Kriegsgefangene: Sherman-Panzer...

Foto: von Keusgen

* * * * *

Wie ihr Leben weiterhin verlief...

Johannes Buskotte

...hatte zu den Männern des Rückzug-Trecks gehört. Kurz bevor sich der verwundete Leutnant Steiner am 6. September 1944 mit etlichen seiner Männer freiwillig in die Gefangenschaft bei Ypern begeben hatte, stellte er jedem Soldaten frei, mitzugehen oder sich zu entfernen und „auf eigene Faust" weiter durchzuschlagen. Buskotte hatte sich gegen die Gefangenschaft entschieden und sich mit vielen anderen, im Laufe der Zeit noch dazugekommenen Soldaten weiterhin, teilweise in heftige Rückzugskämpfe verwickelt, über Belgien zurückgezogen.

Nach Deutschland zurückgekehrt, hatte er einen kurzen Heimaturlaub erhalten, danach mußte er zu Kampfhandlungen in die Tschechoslowakei, wurde dort im Mai 1945 durch einen Lungenschuß verwundet und lag sehr lange im Lazarett. Noch in diesem Lazarett geriet Buskotte in russische Gefangenschaft und wurde in ein Lager auf der Krim-Halbinsel gebracht.

Nach seiner Entlassung aus der Gefangenschaft kehrte Johannes Buskotte am 22. November 1949 in seine Heimatstadt zurück. Später machte er sich mit einem Fleischereibetrieb selbständig. Er verstarb am 27. Januar 2000 im Alter von 85 Jahren.

Elisabeth und Johannes Buskotte am Tag ihrer Eheschließung im November 1950.

Johannes Buskotte 1998 im Alter von 83 Jahren, eineinhalb Jahre vor seinem Tode.

Fotos: Kollektion J. Buskotte

Simon Fraser, 15. Lord Lovat

...war am 12. Juni 1944 in Bréville von britischem Artilleriefeuer schwer verwundet worden. Über sein Leben nach seiner Genesung gibt es widersprüchliche Aussagen. Einerseits wird behauptet, er wurde Staatssekretär und Minister in Churchills Kabinett, andererseits heißt es, er hätte eine ihm von Churchill angebotene politische Karriere ausgeschlagen und sich auf seinen schottischen Familienstammsitz Beauford zurückgezogen.

Berühmt wurde Lovat, wie auch einige andere *D-Day*-Veteranen, durch Darryl Zanucks Film-Epos *Der längste Tag*, in dem er *(von Peter Lawford gespielt)* im weißen Rollkragenpullover in den Krieg zieht. Tatsache war jedoch, daß er über diesem weithin sichtbaren Pullover in der Normandie eine Tarnjacke trug... Winston Churchill sagte einst über den gutaussehenden, schneidigen, schottischen Kriegshelden, der bekannt für seinen Mut und seine Kaltblütigkeit war, er sei „der schönste Mann, der je Kehlen durchgeschnitten hat".

So erfolgreich wie seine militärische Karriere verlaufen war, so unglückselig verlief hernach Lovats Privatleben: Aus Steuergründen überschrieb er 1965 den gesamten Familienbesitz seinem erstgeborenen Sohn Simon - der das Vermögen verlor; und der inzwischen alte, unter anderem durch Krankheit geschwächte 15. Lord mußte dem Niedergang untätig zusehen.

1984 wurde in Afrika sein jüngster Sohn, Andrew, von einem wildgewordenen Büffel getötet. Zwei Wochen später fiel Simon, der älteste Sohn, auf der Jagd tot von seinem Pferd - als Folge eines Herzinfarkts.

Der 15. Lord Lovat verstarb am 16. März 1995 im Alter von 84 Jahren. Anläßlich seiner Beerdigung spielte Bill Millin auf seinem Dudelsack an Lovats Grab ein Abschiedslied.

John Howard

...war bereits während der *Operation Deadstick* Führer jenes Handstreichkommandos gewesen, das die Brücken über die Orne und den Caen-Kanal eingenommen hatte, und blieb, bis der Rest seiner Kompanie nach 91 Tagen ununterbrochenen Einsatzes am 5. September 1944 aus dem Kampfgeschehen in der Normandie zurückgezogen wurde, deren Chef. Zurück in Bulford/Großbritannien, mußte sich Howard dort auf die *Operation Market Garden* vorbereiten.*

Seit der 1960er Jahre trafen sich die beiden ehemaligen Majore John Howard (rechts) und Hans von Luck mehrmals in der Normandie und an jener Stätte, an der sie einst gegeneinander gekämpft hatten, und freundeten sich miteinander an.

Fotos: Achiv Éditions Heimdal

In der Nacht des 13. September 1944, nur drei Tage vor dem Beginn des Luftlandeunternehmens, wollte John Howard seine Frau in Oxford besuchen, doch auf seiner Fahrt vom Truppenlager kam es zu einem von Howard selbst verschuldeten, schweren Unfall mit einem Lastwagen. Beide Beine des Majors, sein linkes Knie und die rechte Hüfte wurden dabei schwer verletzt, und er konnte nicht mehr an den militärischen Kampfhandlungen teilnehmen.

Ein halbes Jahr, bis zum 15. März 1945, war der Major infolge der schweren Verletzungen gezwungen, im Krankenhaus zu verbleiben. 1946 schied er als Invalide aus der britischen Armee aus. Seine Verletzungen beeinträchtigten Howard bis zu seinem Lebensende.

Bis Howard 1974 in den Ruhestand trat, war er als Beamter im britischen Ministerium für Landwirtschaft tätig. Für seine militärischen Verdienste war er bereits am 16. Juli 1944 von General Bernard Montgomery persönlich mit dem *Distinguished Service Order (höchster britischer Verdienstorden)* ausgezeichnet worden. 1954 wurde ihm von der französischen Regierung auch noch der Orden *Croix de Guerre avec Palmier (Kriegskreuz mit Palme)* verliehen. Überhaupt wurde dem Einsatzleiter jenes ebenso spektakulären wie erfolgreichen Handstreichunternehmens sehr viel Ehre erwiesen, besonders in der Normandie. Vor Ort wurde nicht nur das östliche Ufer des Kanals an der inzwischen weltbekannten Hebebrücke John-Howard-Promenade benannt, sondern auch die Straße zum heutigen Mémorial Pegasus wurde inzwischen zur Major Howard Avenue.

Nachdem sich John Howard zur Ruhe gesetzt hatte, zog er erst in das Dorf Burcot nahe Oxford, etwas später in ein altes Landhaus in Surrey. 1986 verstarb seine Ehefrau. Er selbst besuchte oft die Normandie und nahm an den Jahrestagstreffen teil - selbstverständlich an der Pegasus-Brücke.

John Howards inzwischen weltberühmte Handstreichaktion an der Pegasus-Brücke wurde oft verfilmt, auch in *Der längste Tag (in dem Howard von Richard Todd verkörpert wird)*, und es wurden zahlreiche Bücher darüber und über seine Person geschrieben. Nach seiner Pensionierung hielt er viele Vorträge bezüglich dieses Angriffs und seiner damaligen Taktik in etlichen europäischen Ländern und den Vereinigten Staaten.

Reginald John Howard verbrachte seine letzten Lebensjahre in einem schloßähnlichen Seniorenheim in Guildford. Er verstarb am

---

* Unter dem Decknamen *Market Garden* hatte das britische Oberkommando für den 17. und 18. September 1944 ein Luftlandeunternehmen zweier amerikanischer und einer britischen Luftlandedivision sowie einer polnischen Fallschirmjäger-Brigade am rechten Maas-Waal-Niederrhein-Ufer vorgesehen, um verschiedene Fluß- und Kanal-Übergänge, hauptsächlich aber die Brücke von Arnheim einzunehmen und somit der britischen 2. Armee unter General Montgomery den „Sprung über den Rhein" zu ermöglichen und über die südlichen Niederlande ins Ruhrgebiet vorstoßen zu können.

Die *Operation Market Garden* verlief nur zum Teil planmäßig; die Landung der britischen 1. Airborne Division wurde zu einer Katastrophe... Howards Kompanie mußte danach noch an der Ardennen-Schlacht und der Rhein-Überquerung im Rahmen der *Operation Varsity* teilnehmen.

5. Mai 1999 im Alter von 86 Jahren, 13 Jahre nach seiner Ehefrau. Als britischer *D-Day*-Held war er schon lange vor seinem Tode in die Weltgeschichte eingegangen. Mehr noch, John Howard wurde international zum Synonym einer gelungenen Handstreichaktion und gilt in Großbritannien als einer der größten Nationalhelden des Zweiten Weltkriegs - durchaus berechtigt.

Alan Jefferson

...wurde kurz nach seiner schweren Verwundung, die er während des Angriffs auf die Batterie Merville erhalten hatte, nach Großbritannien verlegt. Nach seiner Genesung mußte er mit seinem Bataillon zur Abwehr der deutschen Offensive in die Ardennen ziehen. 1945 erfolgte die Vereinigung mit den Russen. Bis zum Ende des Krieges diente Jefferson als Offizier bei einer Bildungseinheit in Palästina und kehrte 1946 aus dem Mittleren Osten nach Großbritannien zurück.

Von nun an beschäftigte sich Jefferson hauptsächlich mit Musik, ließ sich zum Theater-Regisseur ausbilden, war Produzent mehrerer Aufführungen im Rahmen des *Festivals of Britain* und wurde in den 60er Jahren Verwaltungsleiter des *London Symphony Orchestra*, 1968 Manager des *BBC Concert Orchestra*. Jefferson schrieb Bücher über Musik und Biographien berühmter Musiker, wobei jene betreffs der berühmten Sopranistin Elisabeth Schwarzkopf nicht nur ganz besondere Aufmerksamkeit erregte, sondern international zu spektakulären Kontroversen führte. Jefferson reiste beruflich viel in Europa umher und veranstaltete auch regelmäßige Touren zu Kriegsschauplätzen in der Normandie - besonders zur ehemaligen Batterie Merville. In seinem Buch *Assault on the Guns of Merville* beschrieb Jefferson zum Erstaunen vieler seiner damaligen Kameraden auch die sich damals auf Seiten der Deutschen zugetragenen Ereignisse.

Alan Jefferson verstarb am 9. April 2010 im Alter von 89 Jahren.

Bild oben: Hans von Luck 1974 mit seiner 31 Jahre jüngeren Frau Regina.
Bild unten: Bis ins hohe Alter wurde von Luck immer wieder gebeten, Vorträge betreffs seiner militärischen Einsätze in der Normandie zu halten.

Fotos: Kollektion R. von Luck

Hans Kehlenbach

...der ehemalige Sanitäter der Merville-Batterie, der infolge seiner Blutspende in der Normandie mehreren verwundeten britischen Soldaten das Leben gerettet hatte, verstarb am 18. Januar 1966 im Alter von nur 54 Jahren in seinem Haus in Köln.

Hans-Ulrich Freiherr von Luck und Witten

...nahm noch an den gesamten Rückzug-Kämpfen aus Nord-Frankreich teil. Nach seiner Beförderung zum Oberstleutnant wurde ihm am 8. August 1944 das Ritterkreuz zum Eisernen Kreuz verliehen. Von Luck kämpfte in der Endphase des Krieges wieder an der Ost-Front, inzwischen zum Oberst befördert. Ein Ausbruchversuch aus einer Einkesselung bei Halbe blieb erfolglos, und er geriet in sowjetische Kriegsgefangenschaft, in der er fünf Jahre in einem Lager in Georgien verbrachte.

1950 nach Deutschland zurückgekehrt, lehnte Hans von Luck einen Beitritt in die offiziell am 12. November 1955 neu gegründete Bundeswehr ab. Im Laufe seines weiteren Lebens schloß er noch viele Freundschaften - sogar mit seinen ehemaligen Gegnern, von denen er wegen seiner militärischen Leistungen, seiner Fairness, seiner Weltoffenheit und seiner Fremdsprachenkenntnisse hoch geschätzt wurde. Zu diesen Freunden gehörte auch John Howard.

Über viele Jahre referierte Hans von Luck in der Normandie und andernorts über seine Kriegserlebnisse. Madame Thérèse Gondrée haßte die Deutschen. Nach mehreren Inkognito-Besuchen ihres inzwischen ebenfalls weltbekannt gewordenen Cafés stellte ihr John Howard Anfang Juni 1984, anläßlich des 40. Jahrestages der Invasion, den ehemaligen deutschen Major vor. Da sagte sie zu von Luck:

„Monsieur Hans, John hat mir alles erzählt. Ich weiß nun, daß sie heute enge Freunde sind - und Johns Freunde sind auch meine Freunde. Lassen Sie uns alles vergessen und vergeben. Gott schütze Sie."

Seine Memoiren publizierte von Luck in seinem Buch *Gefangener meiner Zeit - Ein Stück Weges mit Rommel*, erschienen 1991 beim Verlag E. S. Mittler & Sohn GmbH, Herford. Hans von Luck verstarb im Alter von 86 Jahren am 1. August 1997 in Hamburg.

William „Bill" Millin

...mußte noch bis Lübeck ziehen, bevor der Krieg auch für ihn zu Ende war. Nach dem Krieg arbeitete er als Krankenpfleger. Immer wieder war Bill Millin später in die Normandie zurückgekehrt, an den ehemaligen *Sword Beach* und an die legendäre Kanal-Brücke bei Bénouville - zurück an jenen Schauplatz der dramatischen Ereignisse des *D-Day 1944*, diesem schicksalhaften Tag, an dem der mutige junge Dudelsackspieler im deutschen Abwehrfeuer aufrecht am Strand auf und ab gegangen war, während 280 Soldaten seiner Brigade getötet wurden... Dazu sagte Millin später:

„Ich war kein Held - Helden waren die Männer hinter mir..."

Bill Millin 1980, im Alter von 58 Jahren.

Foto: Commando Veterans Association UK

Berühmt wurde der musikalische Schotte einerseits dadurch, daß Lord Lovat den Befehl verweigerte, daß am *D-Day* nicht mit Musikern gelandet werden durfte, andererseits durch den Kriegsfilm *Der längste Tag*, in dem Millin von einem ganz besonderen Musiker dargestellt wurde - dem *Offiziellen Dudelsackspieler der Königinmutter*.

Seit einem Hirnschlag im Jahr 2003, im Alter von 81 Jahren, war Bill Millin an einen Rollstuhl gefesselt. Er nannte ihn „Bills Streitwagen". Millin verstarb am 17. August 2010 in der Grafschaft Dorset, im Alter von 88 Jahren. Kurz vor seinem Tode hatte er noch einen letzten Wunsch an seinen Sohn gerichtet *(der ihm auch erfüllt wurde)* - seine Asche am *Sword Beach* zu verstreuen, wo am 6. Juni 1944 so viele seiner Freunde den Tod fanden...

Die Einwohner von Colleville-Montgomery *(4 Kilometer nordwestlich der Pegasus-Brücke und 2,4 Kilometer hinter dem „Sword Beach")* errichteten in ihrer Ortschaft dem allseits beliebten Schotten 2011 zum ewigen Andenken eine bronzene Bill-Millin-Statue.

Terence Otway

Während des schweren Gefechts mit der *Kampfgruppe von Luck* bei Ranville war am 10. Juni in nur geringem Abstand zu dem Oberstleutnant eine Granate krepiert. Die Explosion hatte bei Otway eine derart schwere Gehirnerschütterung zur Folge gehabt, daß er für einen längeren Krankenhausaufenthalt aus dem Kampfgebiet nach Cardiff evakuiert werden mußte. Terence Otway wurde noch im Oktober 1944 mit dem *Distinguished Service Order* ausgezeichnet. Nach einem längeren Krankenhausaufenthalt war Otway nach seiner Genesung ab Mai 1945 für den aktiven Militärdienst nur noch bedingt tauglich, wurde dennoch als Regimentskommandeur in Asien eingesetzt. Im September 1945 wurde er Stabsoffizier im *War Office* in Karatchi, 1948 arbeitete Otway als *Assistant General Manager* für die *Colonial Development Corporation* bei *The Gambia*, dann als *General Manager* bei *Njassaland* und kehrte 1949 als Invalide wieder zurück nach

Großbritannien, verbunden mit einem Verbot für jeden weiteren Dienst in Asien und Afrika.

Daraufhin war Otway im Verkaufs-Management tätig, verkaufte zuerst Lebensversicherungen, war danach General-Manager der *Kemsley*-Zeitung *(später Thomson Newspapers)*, zuletzt Geschäftsführer der *The Empire News*, einer großen britischen Sonntagszeitung. Dann gründete er ein Import-Export-Geschäft für Spielwaren und Geschenkartikel. 1966 gründete er die Aktiengesellschaft *Otway Scotia Investments Ltd.* 1979 zog sich Otway aus diesem Geschäft zurück, behielt jedoch weiterhin wirtschaftliche Verbindungen.

Im Ruhestand exponierte sich Otway zum Wohle britischer Soldaten und Soldatenwitwen, setzte sich besonders für die Historie der Fallschirmjäger, speziell für Denkmäler in der Normandie ein und wurde somit bekannt als *Colonel X*. 1990 schrieb er die „offizielle Geschichte" der *Airborne Forces*, die in der Folge veröffentlicht wurde. Oft besuchte Terence Otway noch das Terrain der Batterie Merville, und wenn er dort Touristen traf, die sich zu einem Picknick niedergelassen hatten, reagierte er gereizt und vertrieb sie. Dazu sagte er:

„Ich kann nicht verstehen, wie Menschen an einem Ort essen und trinken können, an dem meine Männer starben..."

Im Jahr 2001 wurde Otway mit dem französischen Helden-Orden der *Légion d'Honneur* ausgezeichnet, und seit einiger Zeit trägt auch die zur ehemaligen Batterie führende Straße seinen Namen mit Otways letztem Dienstgrad: *Rue Colonel Otway*...

Terence Otway verstarb am 23. Juli 2006 im Alter von 92 Jahren. Ein Jahr nach seinem Tode stiftete seine Frau Jean das Barett und die Orden ihres Mannes dem *Museé Batterie Merville.*

Um Terence Otway für seine Tat zu ehren, wurde von den Bürgern der Doppelgemeinde Merville-Franceville-Plage eine große Bronze-Büste gestiftet, die von ihm selbst, Monsieur Raymond Triboulet (einer der Führer des französischen Widerstandes während des Krieges) und Olivier Paz, dem Bürgermeister, im Juni 1997 auf dem Terrain des heutigen Batterie-Merville-Museums enthüllt wurde. Die Büste stellt den damals 29-jährigen Oberstleutnant dar und wurde von der Skulpteurin Vivienne Mallock geschaffen. **Foto: von Keusgen**

Helmut Römer

...war nach seiner Gefangennahme an der Kanal-Brücke und dem langen Stehen im kalten Meerwasser mit einer Lungenentzündung zuerst in ein Lazarett gekommen, dann zu einem Verhör nach London gebracht worden, anschließend nach Glasgow. Von dort aus ging es mit einem Schiff nach Kanada, nach Medison Hut, in der Nähe von Calgary. In diesem Lager in der Prärie, am Rande der Rocky Mountains, wurden zeitweise bis zu 15.000 deutsche Kriegsgefangene untergebracht. Trotz eines großen Sportangebots *(sechs Sportplätze und ein Eishockey-Platz)* war Helmut Römer immer froh, wenn er zu Arbeiten außerhalb des Lagers eingeteilt wurde. Ernte- und Holzfällerarbeiten waren willkommene Anlässe, dem tristen Lagerleben zu entfliehen.

„Die Leute dort drüben waren alle sehr freundlich zu uns", erzählte Helmut Römer. 1947 kehrte er aus der Kriegsgefangenschaft in seine Heimatstadt Hilden *(Region Köln)* zurück und baute in der Folge mit seiner Familie ein erfolgreiches Hotel-Unternehmen auf - eines der führenden Hotels der Stadt.

Die Zeit seiner Gefangenschaft in Kanada hatte bei Römer gute Erinnerungen hinterlassen. Bis ins hohe Alter besuchte der Hildener Hotelier seine kanadischen Freunde regelmäßig. Dem „kleinen" deutschen Wachtposten von der Pegasus-Brücke widerfuhr international fast ebensoviel Publicity wie John Howard und Jim Wallwork. Alljährlich interessierten sich viele Fernsehgesellschaften für ihn, auch Zeitschriften und Zeitungen, selbst ein italienisches Journal und der französische *Figaro* besuchten Helmut Römer in Hilden, auch der britische *Daily Telegraph* - und zum 70. Jahrestag gab es das größte Spektakel.

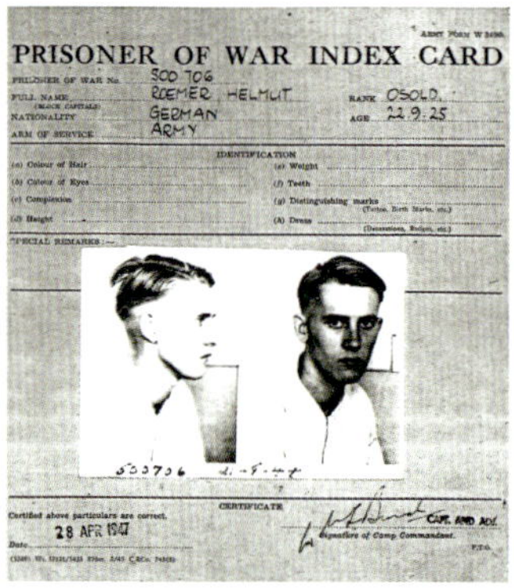

PRISONER OF WAR INDEX CARD

PRISONER OF WAR No. 300 706

FULL NAME ROEMER HELMUT — RANK OSOLD.

NATIONALITY GERMAN — AGE 22.9.25

ARM OF SERVICE ARMY

IDENTIFICATION

(a) Colour of Hair — (e) Weight

(b) Colour of Eyes — (f) Teeth

(c) Complexion — (g) Distinguishing marks

(d) Height — (h) Dress

SPECIAL REMARKS :-

CERTIFICATE

Certified above particulars are correct.

Date 28 APR 1947

CAPT. AND ADJ. Signature of Camp Commandant.

Registrierungskarte des Kriegsgefangenen Helmut Römer. **Foto: Kollektion H. Römer**

Helmut Römer mit Jim Wallwork (links) und John Howard auf der Pegasus-Brükke: „Wenn's hätte sein müssen, hätten sie mich damals genau an dieser Stelle erschossen..."

Durch die anläßlich der Jahrestagsfeierlichkeiten immer wieder zusammenkommenden Veteranen der ehemals verfeindeten Nationen haben sich daraus viele gute Bekanntschaften und Freundschaften entwickelt. So auch seit 1984 zwischen Helmut Römer, John Howard und Jim Wallwork. Nachdem Wallwork nach Kanada übergesiedelt war, blieben Römer und Howard weiterhin in Verbindung, und der ehemalige Major besuchte den inzwischen zum Hotelbesitzer gewordenen damaligen Brücken-Wachtposten in Hilden noch mehrmals - denn da gab es noch ein gut zu hütendes Geheimnis... Eine problemlose Kommunikation war ihnen möglich, weil Helmut Römer als Kriegsgefangener während seines zweijährigen Aufenthalts in Großbritannien und seines ebenso langen Aufenthalts in Kanada die englische Sprache erlernen konnte. Dazu sagte er:

„Das war eigentlich eine wunderschöne Zeit in meiner Jugend. Die Gefangenschaft war im Vergleich zur Wehrmacht der Himmel auf Erden. Unteroffizier Riet hatte ich in der Gefangenschaft in Kanada wiedergetroffen; ich mußte ihm die Stube putzen und bekam dafür immer ein paar Dollar..."

Zum Zeitpunkt der Drucklegung dieses Buches erfreut sich der noch immer agile 89-jährige ebenfalls guter Gesundheit, fährt Auto und kümmert sich um seinen Hotel-Betrieb.

Helmut Römer 2014 im Alter von 89 Jahren: „Das ganze Spektakel um meine Person wird mir inzwischen nun doch zuviel..."

Fotos: Kollektion H. Römer

Hans Staab

...wurde im Oktober 1945 aus der amerikanischen Gefangenschaft entlassen. Der gelernte Bäcker war aber nach dem Krieg nur noch für zwei Jahre imstande, diese berufliche Tätigkeit auszuüben, „weil mir durch den Mehlstaub immer wieder Blut aus Mund und Nase ausgetreten ist..."

Nach einer Umschulung zum Heizer arbeitete Hans Staab zehn Jahre lang in diesem Beruf in einem Krankenhaus, danach ging er nach Saarbrücken und wurde dort bei den Stadtwerken tätig. Im Alter von 54 Jahren mußte Hans Staab aus gesundheitlichen Gründen die Frührente antreten. Hans Staab war über viele Jahre lang und als inzwischen letzter noch lebender Zeitzeuge der Mannschaft der Batterie Merville ein äußerst wichtiger und wertvoller Informant, der bis zum

Hans Staab 1953 im Alter von 28 Jahren mit seinem DKW-Motorrad.

Foto: Kollektion H. Staab

Ende aller Recherchen immer wieder mithalf, die damaligen Begebenheiten mit anderen Aussagen abzugleichen und/oder zu ergänzen, sogar bis unmittelbar vor der Drucklegung dieses Buches. Bis zu diesem Zeitpunkt befindet sich der nunmehr 89-jährige in seinem Alter entsprechend guter gesundheitlicher Verfassung.

Raimund Steiner

...wurde kurz nachdem er sich bei Ypern den Polen ergab, als Kriegsgefangener an die Briten übergeben. Seine schweren Verwundungen wurden in Belgien zwar noch provisorisch behandelt, die Granatsplitter jedoch erst in einem britischen Militär-Hospital, kurz vor Weihnachten 1944, aus seinem Oberschenkel herausoperiert.

Bereits 1945 kehrte Raimund Steiner aus der Kriegsgefangenschaft in Schottland nach Innsbruck zurück und lebte dort still und bescheiden im Hause seiner Eltern in der Innsbrucker Altstadt. Über viele Jahre lang lehrte er an der Pädagogischen Hochschule Innsbruck Methodik und Didaktik.

Raimund Steiner, Johannes Buskotte und ihr ehemaliger Batteriekamerad Fritz Waldmann begegneten sich infolge dieser Zusammenführung durch einen Hobby-Historiker namens Jacques Blaat erstmals 42 Jahre später wieder - am 23. März 1986 in Frankfurt, um gemeinsam in die Normandie zu fahren und dort auf dem Terrain der ehemaligen 1. Batterie den britischen Buchautoren und Fallschirmjäger-Veteranen Alan Jefferson zu treffen.

Professor Raimund Steiner erlag am 5. März 2005 den Folgen eines schweren Autounfalls - im Alter von 85 Jahren.

Der Krieg ließ auch Professor Raimund Steiner für den Rest seines Lebens nicht mehr los. Immer wieder kam es zu Interviews, sogar im heimischen Umfeld und vor der Fernsehkamera.

Fotos: Kollektion A. Steiner

Jim Wallwork

...kam wegen seiner Kopfverletzungen infolge der spektakulären Bruchlandung an der Pegasus-Brücke erst im September 1944 wieder in den Kriegseinsatz, als er anläßlich der *Operation Market Garden* einen Horsa-Segler mit 28 *Royal-Ulster-Rifle*-Infanteristen nach Arnheim fliegen mußte.

Am 24. März 1945 brachte er mit einem Hamilcar-Lastensegler mit einem einzigen Flug eine Siebzehnpfünder-Panzerabwehrkanone, deren Protze, einen Traktor und die dazugehörige Mannschaft über den Rhein.

Nach dem Krieg war Wallwork bis 1956 in Großbritannien als Kaufmann tätig, dann ging er nach Britisch Kolumbien in Kanada und gründete östlich Vancouver einen Zuchtbetrieb. James Wallwork verstarb am 24. Januar 2013 im Alter von 94 Jahren.

Kontroversen um die Pegasus-Brücke

Die alte Kanal-Brücke, über die bereits seit 1935 der gesamte Fahrzeugverkehr zwischen Ranville und Bénouville rollt, blieb auch nach dem Krieg noch für lange Zeit unverändert. Bereits acht Wochen nach der Einnahme der Brücke war von den Briten beiderseits des Ufers vor ihr je ein großes Schild angebracht worden, auf dem man auf dunkelrotem Grund das Symbol der britischen 6. Luftlandedivision abgebildet hatte. Darunter stand in großen Buchstaben *Pegasus Bridge* - und damit hatte die Bénouville-Brücke ihren neuen Namen erhalten.

Ab 1991 war die Brücke für die zunehmend größeren Schiffe zu klein geworden. Nachdem der Kanal mehrfach ausgebaggert worden war, konnten immer größere Frachtschiffe zum Binnenhafen nach

Früh morgens an der Kanal-Brücke. (Im Hintergrund, auf dem jenseitigen Ufer, liegen noch immer die Wracks der drei Lastensegler; rechts im Bild das Haus der Familie Gondrée).
Bereits kurze Zeit nach den Kampfhandlungen im Raum Bénouville wurden von den Briten beiderseits der Kanal-Brücke große Schilder aufgestellt und sie somit nach dem Wappentier der 6. Luftlandedivision benannt - ein Name, mit dem sie längst in die Weltgeschichte eingegangen ist.

Fotos: Battlefield Historian Ltd.

Caen fahren. Somit ergab sich auch die Notwendigkeit, den Kanal zu verbreitern. Doch ein derartiges Projekt bedingte auch eine weiter ausladende, neue Brücke, was bedeutete, daß die alte, historische Pegasus-Brücke demontiert werden mußte. Dieses wiederum hatte ein „Aufheulen" der historisch orientierten Lobby zur Folge. Es kam zu einem sich schnell international ausweitenden Streit. Das *Comité du Débarquement* schlug vor, die alte Brücke in einem nicht weit entfernten Tal zu plazieren und daneben ein spezielles Museum zu errichten. Kostenfaktor: Zehn Millionen Franc - die zu bezahlen aber vorerst niemand bereit war... Die Ortsansässigen wollten ihre alte Hebebrücke jedoch direkt am Ufer des Kanals aufgestellt haben, und die starke Lobby britischer Veteranen war dafür, die Brücke nach Großbritannien zu transportieren. Es entbrannten äußerst hitzige und polemische Diskussionen. Die internationale Presse überschlug sich angesichts der großen Meinungsverschiedenheiten betreffs des Verbleibs der historischen Brücke mit spektakulären Meldungen. In Frankreich hieß es, *Résistance, rettet die Pegasus-Brücke!* In Großbritannien prangten Zeitungsschlagzeilen wie *Hand up of our bridge!* Die Pegasus-Brücke wurde zu einem Politikum. Die Diskussionen dauerten von 1991 bis 1993, doch kurz vor den 40-Jahr-Feierlichkeiten anläßlich der Invasion lenkten die französischen Behörden dann ein. Es kam zu einem Kompromiß: Die neue, längere Brücke *(43,20 Meter Hauptspannweite, 45,70 Meter Gesamtlänge, 9,70 Meter Breite inklusive 7,0 Meter Fahrbahnbreite und beiderseits 2,60 Meter Gehweg, 11,60 Meter Höhe und 630 Tonnen Gewicht)* wurde im Stil der historischen Hebebrücke nachgebaut - dafür entstanden aber auch Kosten in Höhe von fünfzig Millionen Franc *(aktuell zirka 8,3 Millionen Euro)*. Sie wurde am 6. Juni 1994, anläßlich des 50. Jahrestages der Invasion, offiziell eingeweiht.

Betreffs der alten, 150 Tonnen schweren Brücke hatte man eine allseits befriedigende Lösung gefunden: Sie wurde im November 1993 vorübergehend auf einem knapp einen Kilometer entfernten Freigelände aufgestellt. Heute ist sie die Hauptattraktion des am 4. Juni 2000 vom HRH *(His Royal Highness = Seine Königliche Hoheit)* the Prince *(Charles)* of Wales eröffneten und nur 85 Meter von der neuen Hebebrücke entfernten Pegasus-Museums, dem *Mémorial Pegasus*.

Außer einer neuen Brücke wurde am östlichen Kanalufer auch

noch eine Gedenkstätte angelegt - die John-Howard-Esplanade. Bereits 1982 waren direkt daneben, an jenen Stellen, an denen in der Nacht zum 6. Juni 1944 die drei Lastensegler gelandet waren, drei kleine Gedenksteine aufgestellt worden. Wenn man allerdings die Luftaufnahme mit den drei Gleitern in der Nähe der Kanal-Brücke zur Feststellung der tatsächlichen Entfernung des ersten Gleiters zur Brücke zugrunde legt *(die Spannweite der Gleiter betrug 21 Meter, und dieses Maß entsprechend zur gemessenen Entfernung zur Brücke umgerechnet, ergibt das eine Entfernung von 78 Metern)*, befindet sich der erste Gedenkstein mit einer Entfernung von 60 Metern 18 Meter näher an der Brückenauffahrt als der erste Lastensegler in der Realität am 6. Juni 1944 entfernt war.

Blick auf die neue Hebebrücke, das Mémorial Pegasus und die originale Pegasus-Brücke auf dem Museumsgelände. (Im Vordergrund rechts: Das Café Gondrée Im Hintergrund: Die Orne, zu deren neuer, nach dem Krieg erbauter Brücke die Straße rechts im Bild führt.)

Foto: Éditions Le Goubbay, Caen, PEG-65

Wahrheit und Legende betreffs der Pegasus-Brücke

Die *ganze* Wahrheit betreffs der Ereignisse an der Pegasus-Brücke sollte ein Geheimnis bleiben; so wollte es der „Hauptdarsteller“ der doch immerhin sehr gelungenen Handstreichaktion, John Howard. Doch einige Wochen vor dem 40. Jahrestag der Invasion hatte Helmut Römer 1984 in seinem Hotel zufällig in einer englischen Zeitung einen Bericht über das spektakuläre Handstreichunternehmen an der Kanal-Brücke gefunden. Er machte Howards Adresse in Großbritannien ausfindig und schrieb ihm:

„Ich habe Howard dann geschrieben, daß das nicht so war, wie es auch von ihm in der Zeitung dargestellt worden war..."

Nur kurze Zeit später bat John Howard in einem persönlichen Schreiben Helmut Römer, dessen wahre Darstellung der Geschehnisse für sich zu behalten und nicht zu publizieren. Howard war besonders wegen des tragischen „Unfalls" seines Leutnants Den Brotheridge an einer Geheimhaltung interessiert. Howard wünschte, Römer möge „aus der ganzen Angelegenheit keine große Affäre machen", auch daß eine wahrheitsgetreue Darstellung *(Helmut Römer zitierte sinngemäß John Howard)* „...den ganzen Film *(Der längste Tag)* über den Haufen geworfen hätte..."

Bereits beim ersten der ganz privaten Unter-vier-Augen-Gespräche mit Helmut Römer, 1984, in dessen Hotel in Hilden, hatte der ehemalige Major und Chef des britischen Handstreichkommandos den damaligen „einfachen" deutschen Soldaten gebeten, bei seiner Soldatenehre zu versprechen, solange Howard lebe, niemals *(Zitat Helmut Römer)* „über die wahren Todesumstände seines Adjutanten Den Brotherigde zu sprechen. Howard war die Angelegenheit sehr unangenehm, er wollte nicht, daß sie an die Öffentlichkeit kommt..."

Helmut Römer war für das gute Image Howards und seiner Leute ein nicht ungefährlicher Zeuge, denn wer hat sonst noch öffentlich klargestellt, daß man damals seitens der Deutschen an der Brücke auf keinerlei Widerstand gestoßen war? John Howard verstarb 1999, und am 21. Mai 2005 fand das Interview mit Helmut Römer *(und mir als Autoren)* statt, in dessen Verlauf Römer erstmals über das Versprechen an Howard und die tatsächlichen Begebenheiten an der Pegasus-Brücke sprach. Inzwischen war Howard bereits seit sechs Jahren tot, und, wie es auch Helmut Römer sah:

„Die Wahrheit steht über der Soldatenehre."

Zum 40. Jahrestag begegneten sich dann die beiden Veteranen vor der Weltöffentlichkeit an der Pegasus-Brücke. Anläßlich dieses Treffens bekräftigte Howard seinen Wunsch der Geheimhaltung der tatsächlichen Ereignisse ein weiteres Mal - und Helmut Römer verschwieg weiterhin die Wahrheit...

50 Jahre danach: Ein Wiedersehen „alter Bekannter" am damaligen Ort dramatischer Ereignisse: John Howard (links) und Helmut Römer am 6. Juni 1994.

Foto: Kollektion H. Römer

Im Laufe der Zeit entwickelte sich zwischen John Howard und dem deutschen „Kronzeugen", Helmut Römer, eine zarte Freundschaft, und beide besuchten einander mehrmals. Dazu sagte Helmut Römer aus:

„Da haben die Engländer geschrieben, da wäre eine MG-Stellung an der Brücke gewesen, aber ich hab' da niemals eine gesehen. Da war kein MG, das hätten wir doch gewußt, auch wenn da eine andere Einheit gewesen wäre. Deswegen bin ich ja so über den Tod des Brotheridge erstaunt, den müssen sie da versehentlich selbst in den Rücken geschossen haben, die eigenen Leute..."

Die Verfälschungen der historischen Ereignisse an der Pegasus-Brücke erstrecken sich auf viele Einzelheiten, wie beispielsweise dem Abstand zur Hebebrücke des ersten Lastenseglers nach dessen erfolgter Landung. Da wurde von zwanzig und weniger Metern geschrieben, sogar von einem Abstand von nur 12 Metern. Tatsächlich waren es aber immerhin noch festgestelle 79 Meter. Auch wird immer wieder von zwei Maschinengewehr-Stellungen „berichtet", die von Howards Männern ausgeschaltet worden sein sollen.

„In Wahrheit", so Helmut Römer, „gab es überhaupt keine feste MG-Stellung in der Nähe der Kanal-Brücke, noch nicht einmal ein sofort einsatzbereites Maschinengewehr...", eine Tatsache, die auch Erwin Sauer bestätigen konnte.

Frank Montag ist von Beruf Anschauungstechniker *(Modellbauer)*. Bereits 1986 hatte er beschlossen, ein Modell von der Pegasus-Brücke im Moment der britischen Handstreichaktion zu bauen und es dem damaligen Pegasus-Bridge-Museum *(damals auf dem Gondrée-Grundstück)* zu schenken. So nahm er mit Helmut Römer, der nicht weit entfernt von Frank Montag wohnte, Kontakt auf, und damit hatte der Modellbauer bereits einen ersten kompetenten Informanten. Da Helmut Römer zu dieser Zeit bereits in persönlicher Beziehung zu John Howard stand, fand sich der Brite bald als weiterer Informant bei Frank Montag ein. Als sich Howard anläßlich seines ersten Besuchs bei dem Modellbauer von der Gewissenhaftigkeit und Präzision, mit der das Modell der Einnahme der Pegasus-Brücke entstand, überzeugt hatte, ließ er Montag diverse Dokumente und viele Fotos zukommen und wurde für ihn zu einem wichtigen Berater. Anläßlich eines dieser Treffen mit John Howard sprach Frank Montag den Tod des Den Brotheridge an und merkte sofort *(Zitat)*, „daß ich hier in ein Wespennest getreten war"...

Anläßlich seines ersten Besuchs beim Modellbauer Frank Montag (rechts) im Frühjahr 1987 konnte sich John Howard (Mitte) von der Präzision überzeugen, mit der das große Modell von der Pegasus-Brücke und der erfolgten Landung der drei Lastensegler sowie der erfolgreichen Einnahme der berühmten Hebebrücke angefertigt wurde.

Foto: Kollektion F. Montag

Im Zuge der Entstehung des Brückenmodells nahm die Dimension des Dioramas ständig zu, denn außer der zwei *(von drei)* Lastensegler-Wracks auf der westlichen Seite des Kanals kam dann auch noch das Café Gondrée auf der östlichen Seite dazu. Irgendwann stellte sich heraus, daß es unmöglich war, ein Modell dieser Größe in dem relativ kleinen Museum auszustellen. So wurde entschieden, das Modell im britischen War Museum der Öffentlichkeit zu präsentieren, zuvor sollte es jedoch erst für einige Zeit im Aldershot Parachute Regiment Museum aufgestellt werden, wo sich im Krieg das Hauptquartier der 6. Airborne Division befand und auch heute noch immer befindet.

Am 18. März 1988 wurde das Diorama in Aldershot feierlich ein-

Frank Montag 2012

Die nach John Howards persönlicher Anweisung dekorierte Darstellung der angeblichen Kampfhandlungen um die Kanal-Brücke.

Modellbau und Fotos: Frank Montag

geweiht - in Anwesenheit diverser Honorationen und der briti Presse. Es stellte die Brücke dar, zwei Gleiter, ein Café mit verschlossenen Fensterläden und ein paar englische Fallschirmjäger, die über die Brücke rennen, erkennbar wild um sich schießend - sonst nichts, keinen einzigen kämpfenden deutschen Soldaten. Frank Montag berichtete dazu:

„Als ich das Modell in England für die Übergabe vorbereitete, kam Howard eine Stunde bevor die Gäste eintrafen, zur Abnahme. Irgendwie gefiel ihm aber ganz offensichtlich etwas nicht. Dann sagte er:

Frank, was Du hier darstellst, entspricht der Wahrheit, aber nicht der offiziellen Version...

Dann bat er mich, einfach ein paar deutsche Soldaten und eine MG-Stellung auf dem Diorama zu integrieren und eine Kampfszene darzustellen. Außerdem sollte ich die Figur, die den am Boden liegenden Den Brotheridge darstellte, unbedingt umdrehen. Er lag ursprünglich mit dem Kopf in Richtung Bénouville, so wie es der Realität entsprach, aber dieser Position konnte man entnehmen, daß er von hinten erschossen wurde. Also sollte ich ihn umdrehen, mit dem Kopf zur Brücke...

Bevor die Gäste eintrafen, hat Howard mir dann in vertraulichem Ton gesagt:

Frank, der Anfang war gar nicht so spektakulär...

Das war für mich damals alles recht interessant, so als Deutscher dem ehemaligen Feind dessen Historie nachzubauen... Ich hatte auch gegen die Änderungen nichts einzuwenden, ich kannte doch den Film *Der längste Tag*, da wurde es ja auch so dargestellt - außerdem wären sonst die Zeremonie der Übergabe und das anschließende Fest sicherlich nicht so harmonisch verlaufen. Ich war gerade erst 20 Jahre alt, und es waren sechs ranghohe Offiziere anwesend und Prinz Charles sollte auch noch kommen..."

Betreffs des Leutnants Brotheridge wird in manchen Publikationen behauptet, daß er mit den Männern seines Zuges Handgranaten werfend über die Brücke rannte und dabei tödlich verwundet wurde. Es wird aber nicht vermittelt, daß es überhaupt keinen Grund gab, Handgranaten in die Gegend zu werfen, weil ja nirgendwo ein erkennbarer Feind zu sehen war. Und was Brotheridges tödliche Verwundung - betrifft, wird nicht erklärt, *wer* denn diesen Schuß in sein Genick abgegeben hatte. Um den Tod des jungen Leutnants nicht der eigenen Truppe eingestehen zu müssen, brauchte man schießende deutsche Soldaten...

Ende der 1950er Jahre erschienen dann international die ersten Buchpublikationen zum *D-Day*, und die „offizielle" Version von sich heftig verteidigenden deutschen Soldaten in festen MG-Stellungen wurden beibehalten. In der Folge wurden diese Fehldarstellungen international von Publikation zu Publikation übernommen, erstmals 1962 sogar in *Der längste Tag* verfilmt - aber die *deutschen* Zeitzeugen hatte man niemals befragt, und offenbar machte sich auch kein Publizist die Arbeit, selbst zu recherchieren und die bisherigen *(einseitigen)* Angaben zu überprüfen. Selbst international bekannte und renommierte Historiker und Autoren haben bis heute die bisherigen Darstellungen der Ereignisse übernommen...

In dem dokumentarischen Spielfilm *Der längste Tag* wird die Einnahme der Brücke als eine wilde Schießerei mit etlichen deutschen Soldaten in soliden Verteidigungsstellungen mit Maschinengewehren dargestellt, bei denen mehrere Männer beider Parteien den Tod finden. Auch sind die gefährlichen Sprengladungen noch unter der Brükke installiert. Der Wachtposten an der Brücke *(gemeint ist Helmut Römer)* schießt in dem Film eine Leuchtkugel aus seiner Signalpistole ab. Doch wurde diese Szene falsch dargestellt, denn darin prallt die Kugel unter das große Maschinengehäuse der Brücke und fällt wieder herunter; dann läuft der ängstliche Posten davon *(und das Publikum in den Kinos lacht weltweit herzlich über den Deutschen, der zu ungeschickt ist, seine Pistole aus der richtigen Position abzufeuern).*

Wenn es in Wahrheit so war, daß die Briten als Erstes die Einnahme des wichtigen Binnenhafens in Caen geplant hatten, war mit der Besetzung der Kanal-Brücke nur einer von zwei wichtigen *D-Day*-Erstaufträgen erfüllt worden: Man hatte verhindert, daß die Deutschen von ihrem *(winzigen)* Widerstandsnest 13 aus vorbeifahrende feindliche Schiffe beschießen *(insbesondere mit der 5-cm-KwK)* oder die Brücke sogar sprengen und mit dem dann im Kanal liegenden Wrack eine Schiffspassage vereiteln konnten. Der andere wichtige Auftrag der Briten bestand in der Neutralisierung der Batterie Merville...

Die drei Gedenksteine sollen jene Stellen unweit der Kanal-Brücke bezeichnen, an denen am 6. Juni die Lastensegler mit Howards Männern gelandet waren. Direkt daneben befindet sich der Teich, in dem einer der Soldaten ertrunken war. Die bronzene Büste des Majors John Howard wurde mit Blickrichtung zur Pegasus-Brücke aufgestellt.

Fotos: von Keusgen

Wahrheit und Legende betreffs der Batterie Merville

Auch in und um die Batterie Merville war vieles so ganz anders verlaufen, als es bisher immer wieder dargestellt wurde - vielleicht, weil der britische Angriff auf diesen Stützpunkt die aufwendigste und bestvorbereitete Aktion gegen ein einzelnes Ziel am ersten Tag der Invasion war, und hinsichtlich der Kanal-Schleuse ein äußerst wichtiges Ziel...

Die in den meisten Publikationen falsche Angabe der Haubitzenkaliber mit 7,5 cm *(statt real 10 cm)* hatte vielleicht ihren Ursprung darin, daß die Briten später das in der Kasematte Nr.2 verbliebene Geschütz samt der dafür noch vorhandenen Munition als noch einsatzfähige Beutewaffe mitgenommen hatten, denn dann gab es hernach keinen vor Ort verbliebenen Beweis betreffs des Kalibers mehr. Außerdem: Warum der ganze riesige Aufwand für die Neutralisierung dieser Geschütze? Und warum sollte das so schnell nach der Einnahme der Pegasus-Brücke geschehen? Weil die akute Gefahr bestand, daß die Batterie die so wichtige, nur 3,4 Kilometer *(Luftlinie)* entfernte Kanal-Schleuse zusammenschießen konnte, für die es deshalb die Geschützgrundeinstellung *Düsseldorf* gab? Aber genau das hatte Batteriechef Steiner ja dann doch noch veranlaßt - 10 Minuten bevor *(der darüber nicht mehr informierte)* Otway mit seinen Männern den Angriff auf die Batterie begonnen hatte.

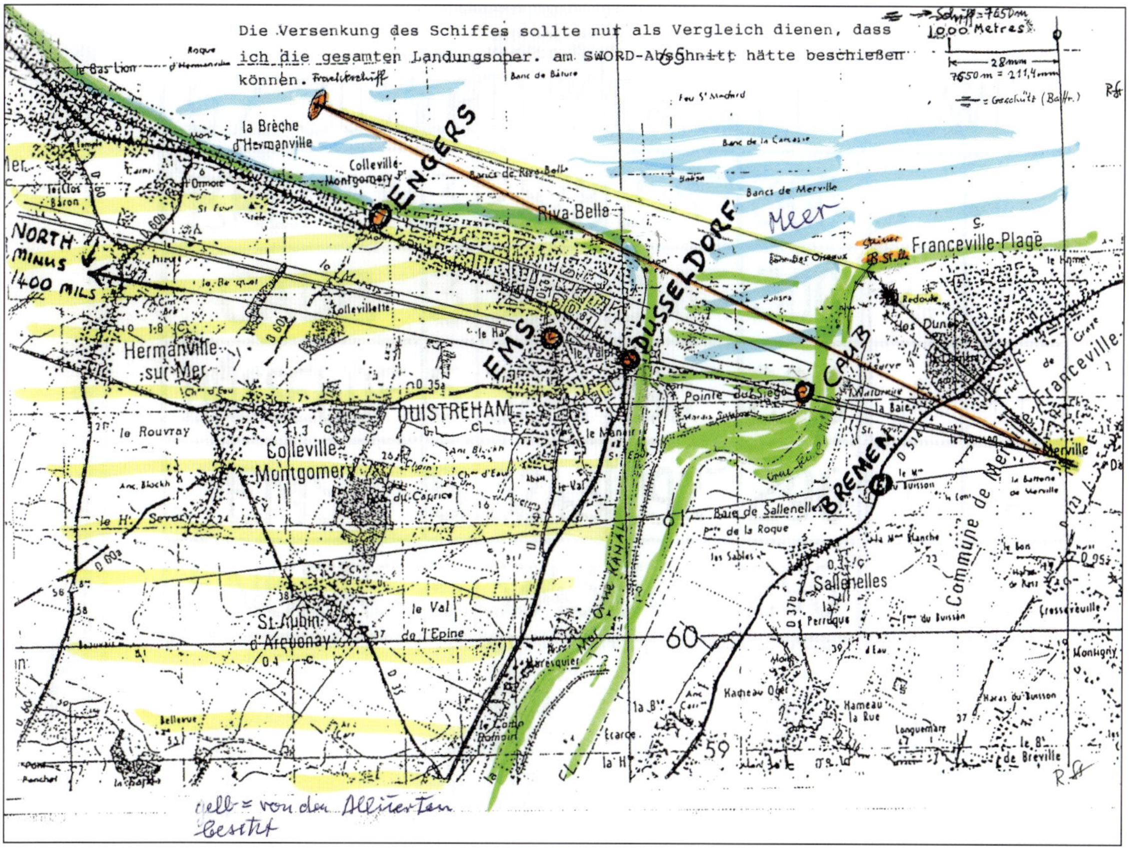

Nach dem Krieg hatte Raimund Steiner in diese Landkarte von der Orne-Bucht den Wirkungsbereich sowie die Grundeinstellungen seiner Haubitzen eingezeichnet. Mit „Düsseldorf" wurde die Einstellung auf die Kanal-Schleuse bezeichnet. Die anderen vier Grundeinstellungen waren zur Feindabwehr auf verbunkerte deutsche Widerstandsnester ausgerichtet, falls diese von gegnerischen Soldaten eingenommen werden sollten. Am oberen Kartenrand vermerkte Steiner: „Die Versenkung des (Fracht-) Schiffes sollte nur als Vergleich dienen, daß ich die gesamte Landeoperation am SWORD-Abschnitt hätte beschießen können."

Abbildung: Kollektion A. Steiner

Bei den Briten führte primär die mißlungene Neutralisierung der Merville-Batterie, dann die Eliminierung der Schleuse in der Folge zu nicht unerheblichen Schwierigkeiten und wahrscheinlich auch dazu, daß Montgomery sein angekündigtes Tagesziel für den 6. Juni 1944 nicht erreichen konnte, nämlich 14 Kilometer ins Inland bis Caen vorzustoßen, folglich zu dem äußerst wichtigen Hafen in der City, denn genau das war sein Plan. Somit wäre festzustellen, daß eine der wichtigsten *D-Day*-Unternehmungen der Alliierten mißlungen war - wenn nicht sogar die wichtigste...

Von englischer Seite wird immer wieder berichtet, man hätte die

Merville-Haubitzen wegen ihres *(falsch eingeschätzen)* Kalibers von 15 Zentimetern eliminieren müssen, da diese, bedingt durch ihre große Reichweite von mehr als 15.000 Metern, dem britischen See-Landeunternehmen am *Sword Beach* gefährlich werden konnten. Da dieser Landeabschnitt von Ouistréham bis St. Aubin reichte, also Entfernungen zwischen 4.400 und 16.000 Meter vom WN 01 betrug, wäre es aber selbst mit den 10-cm-Haubitzen und deren Reichweite von 10.000 Metern möglich gewesen, zwei Drittel dieses Landebereichs zu beschießen. In Anbetracht der noch vielen anderen auf den britischen Sektor feuernden Batterien dürfte der Grund der Neutralisierung der Merville-Haubitzen *(noch dazu mit dem enormen Aufwand)* sehr wahrscheinlich einem viel wichtigeren Zweck gegolten haben...

Was also war der *wahre* Grund für den Angriff auf die Batterie? Waren da nicht auch noch die vielen Landungsboote mit 38.000 Soldaten, die den Kanal bis Caen hinaufgebracht werden und demnach zuvor in die Orne-Bucht einfahren mußten? Auch sie wurden von der Merville-Batterie bedroht... War in Wahrheit tatsächlich eine Invasion direkt in Caen und durch den Orne-Kanal geplant, jedoch infolge der Zerstörung der Schleuse vereitelt worden, und sollte dieses durchaus nicht unerhebliche taktische Mißgeschick der Briten durch Verschleierung für alle Zeiten verheimlicht werden? Und warum wurden nach dem Krieg keine Pläne veröffentlicht, auf denen auch der Strand im Bereich Franceville als Landeabschnitt eingezeichnet wurde? Defacto waren dort etliche Boote mit Invasionstruppen angelandet...

Auch der britische Schriftsteller Neil Barber hat in seinem Buch *The Day the Devils dropped in 9. Parachute Battailon in Normandy - D-Day to D+6* festgestellt, daß betreffs der Batterie Merville so einiges nicht stimmen kann. So nennt er auf Seite 211 sogar ein ganzes Kapitel *Umstrittene Sachverhalte, die die Batterie Merville umgeben.* Darin sagt Barber, daß die meisten Sachverhalte *(bis dahin lediglich aus dem Blickwinkel englischer Geschichtsschreiber betrachtet und bewertet)* erst infolge Alan Jeffersons 1987 erschienenem Buch *Assault on the Guns of Merville* umstritten wurden. Jefferson führte als diesbezüglich *(offenbar)* erste britische Publikation auch wichtige deutsche Veteranen der Batterie an: Raimund Steiner, Johannes Buskotte, Peter Timpf und Fritz Waldmann. Dieses hatte in Großbritannien zu einer Menge Diskussionen geführt, wodurch wichtige Tatsachen zum

Das von den vielen Bomben und Granaten zerklüftete Terrain der ehemaligen Batterie Merville 1945. Im Spätsommer dieses Jahres wurde mit den ersten Aufräumarbeiten begonnen.

Foto: Battlefield Historian Ltd.

Vorschein kamen, die bisher übersehen oder verkannt worden waren. Aber da gab es auch noch das ungelöste Rätsel des ersten, um 00:26 Uhr im Stützpunkt abgestürzten Lastenseglers. Er hatte, für die Planer des Fallschirmjäger-Angriffs auf die Batterie nicht kalkulierbar, nicht nur einen Alarm, sondern auch gleich die deutsche Bereitschaft gegen einen Folgeangriff ausgelöst - und das war dann jener fatale der Otway-Truppe.

Auch betreffs der Personalstärke innerhalb des Stützpunktes WN 01 am *D-Day* gibt es stark abweichende Angaben. In ausländischen Publikationen wird die Stärke mit *(zirka)* 130 bis sogar 200 Soldaten beziffert.*

Raimund Steiner benannte „zirka 80 Mann" ** Hans Staab hingegen hatte sich bereits seit September 1943 auf dem Batteriegelände aufgehalten und kannte sich gut aus. Er gab die Personalstärke innerhalb des Stützpunktes *geschätzt* mit *maximal* 45 an und bemerkte diesbezüglich:

„Wir waren nur ein ganz kleiner Haufen, nicht so viele wie die Engländer geschrieben haben..."

Gefangene deutsche Soldaten wurden zur Deportation nach Großbritannien an den Strand vor Ouistréham geführt. **Foto: Archiv von Keusgen**

Albert Molt, der Referent des Inspekteurs der Landbefestigungen, der die Batterie Merville gut kannte, beziffert in seinem Buch *Der deutsche Festungsbau* auf Seite 127 deren Artillerie-Besatzung mit *exakt* 35 *(am 3. August 1944)*, schrieb diesbezüglich aber von den „restlichen Kanonieren", denn immerhin waren ja bereits sechs von ihnen ums Leben gekommen *(inklusive des Funkers der B-Stelle)*.***

Wenn nun zu Albert Molts seinerzeit am 3. August offiziell festgestellten 35 Kanonieren noch die sechs während der drei Angriffe gefallenen Soldaten hinzugerechnet werden, befanden sich folglich in der Nacht zum 6. Juni definitiv lediglich 41 Männer im WN 01, und nicht, wie von den Briten behauptet, 130 bis 200 - dennoch bestand insofern ein Kräftemißverhältnis, da es sich bei der Masse besagter Artilleristen um ortskundige und kampferprobte ehemalige Rußlandkämpfer handelte; dazu kam noch der etwa 40 Soldaten starke Zug ebenfalls teilweise kampferfahrener Infanteristen der 3. Kompanie, denen lediglich ortsunkundige, blutjunge, völlig kampfunerfahrene britische und kanadische Soldaten gegenüberstanden, die allerdings in englischen Publikationen immer wieder als eine Elite-Truppe dargestellt werden...

Weitere Abweichungen in bisherigen Publikationen betreffen den Rückzug der Fallschirmjäger aus dem Artillerie-Stützpunkt. So heißt

---

* Alexander McKee schreibt in seinem Buch *Der Untergang der Heeresgruppe Rommel - Caen 1944* auf Seite 35 von einer deutschen Besatzungsstärke von 130 Soldaten, 200 habe man angenommen, dafür aber nur von 120 Männern, die zu Otways Truppe gehört hätten. David Howarth schreibt in seinem Buch *Invasion* auf Seite 37 von 200 deutschen Verteidigern und 150 Otway-Soldaten, Cornelius Ryan benennt in seinem *Der längste Tag* auf Seite 181 ebenfalls 200 deutsche Artilleristen, von denen sogar 178 durch Otways Angriff gefallen sein sollen, und behauptet, daß die Batterie danach „in den unmittelbar bevorstehenden kritischen Stunden" [.....] „verlassen und stumm daliegen" würde. Sehr Ähnliches setzt sich auch durch etliche Berichte anderer Autoren fort.

** Wahrscheinlich wird er dabei auch den extern stationierten Troß mit berücksichtigt haben, außerdem war er bis zum *D-Day* erst 18 Tage lang Chef der Batterie gewesen und hatte sich hauptsächlich in der B-Stelle aufgehalten, auch gestand er später ein, infolge der kurzen Zeit nicht über alle Sachverhalte innerhalb der Batterie detailliert informiert gewesen zu sein.

*** Eine Personalfeststellung der gesamten Batterie beim Bundesmilitärarchiv und der Wehrmachtauskunftstelle scheiterte in Ermangelung diesbezüglicher Unterlagen.

es in vielen Büchern, Otway habe sich mit seinen Männern *(„nach erfolgreicher Erledigung seines Auftrags")* zurückziehen müssen, weil man damit rechnen mußte, daß die *Arethusa* in wenigen Minuten mit der Beschießung des Terrains beginnen würde, von der es in etlichen Publikationen heißt, daß sie um 05:15 Uhr beginnen sollte. Otways Rückzug begann etwa um 04:25 Uhr *(noch lange 50 Minuten bis zur vorstehend benannten Zeit)*, jedoch hatten die Kriegsschiffe Befehl, erst um 05:55 Uhr *(bei Anbruch des vollen Tageslichts)* mit der Beschießung der Küste zu beginnen. Da die schweren Schlachtschiffe mit den großen Kalibern von 38 und 42 Zentimetern ihr Feuer sicherheitshalber zuerst aus einer Entfernung von etwa 30 Kilometern eröffneten, hätte sich die *Arethusa* mit ihren deutlich kleineren Schiffsgeschützen von maximal 15,2 cm fast 25 Kilometer weiter und allein in den Feuerbereich der deutschen Küstenartillerie vorwagen müssen. Außerdem hätte sie mit einem fast eineinhalb Stunden früheren Feuerbeginn den maritimen Großangriff der Alliierten vorzeitig verraten. Ehemalige deutsche Soldaten berichteten, daß es keinen einzigen Schuß von See her gegeben habe, bevor das große Trommelfeuer um 05:55 Uhr begonnen hatte. Der damalige Stützpunktführer des WN 06 bei Moulin Buisson, Leutnant Rolf Fleckenstein, erzählte:

„Ich hatte die riesige Flotte schon um 05:00 Uhr durch mein Fernglas am Horizont gesehen. Mir war sofort klar, daß das die schon lange erwartete Invasion sein mußte. Aber erst um kurz vor 06:00 Uhr wurde das Trommelfeuer der Schiffsgeschütze eröffnet - vornehmlich auf Ziele direkt an der Küste. Aber mein Widerstandsnest wurde den ganzen Tag über weder von der Schiffsartillerie beschossen, noch wurde es bombardiert. Auch die telefonische Verbindung zum Bataillonsgefechtsstand und der Nachbar-Division, der 711., blieb erhalten."

Leutnant Rolf Fleckenstein, Stützpunktführer des WN 06.

Foto: Kollektion R. Fleckenstein

Der bisher flagranteste Fall publizierter Widersprüche bezüglich der Batterie Merville betrifft die Verlustzahlen für den 6. Juni 1944, sowohl der deutschen Verteidiger wie auch der britischen Angreifer. In englischen Publikationen wurde immer wieder von bis zu 108 gefallenen deutschen Artilleristen berichtet. David Howarth schrieb sogar:

[.....] und von den 200 deutschen Verteidigern konnten sich nur noch 22 erheben, um den Weg in die Gefangenschaft anzutreten.

Mit derartigen Zahlen konfrontiert, widersprach Hans Staab spontan und sehr nachdrücklich:

„Niemals! So viele Tote hatten wir niemals! Wir hatten ja noch nicht einmal so viele Leute in der gesamten Batterie, nicht einmal mit dem gesamten Troß! Zwei! Wir hatten nur zwei Tote gehabt - den MG-Posten im Tobruk-Stand der Kasematte Nummer 1 und einen Posten direkt vor dem Bunker! Mehr waren's nicht! Wir haben doch während der drei Angriffe immer nur in den hinten verschlossenen Bunkern gesessen; und von toten Infanteristen weiß ich nichts... Und dann waren da noch der Depas und der Ewald Stalke gefallen; die aber erst Anfang August..."

Von dem Polen, der am 6. Juni gegen 14:00 Uhr durch einen Granatsplitter tödlich verwundet wurde, wußte Hans Staab nichts. Wenn man nun noch Raimund Steiners um 02:15 Uhr von Granaten zerrissenen Funker mit berücksichtigt, hätte es bei der 1./1716 am 6. Juni lediglich vier gefallene Artilleristen gegeben. Diesbezügliche Recherchen beim Bundesmilitärarchiv in Freiburg, bei der Deutschen Dienststelle *(Wehrmachtauskunftstelle)* in Berlin und dem in der Normandie befindlichen deutschen Soldatenfriedhof La Cambe des Volksbundes Deutsche Kriegsgräberfürsorge erbrachten keine klaren Fakten. Das

Bundesarchiv in Freiburg teilte mit:

Leider sind vom Artillerie-Regiment 1716 im einschlägigen Bestand RH 41 „Verbände und Einheiten der Artillerie des Heeres" nur zwei Akten über Ausbildungsangelegenheiten und Hinweise zur Pferdepflege vorhanden. Von der 716. Infanterie-Division im Bestand RH 26-716 sind für Juni/Juli 1944 keine Kriegstagebücher mit Anlagen und Tätigkeitsbereichen vorhanden. Durch Kriegseinwirkungen sind viele Dokumente verlorengegangen.

Von der Deutschen Dienststelle kam folgende Meldung:

In den Unterlagen des Artillerie-Regiments 1716 findet sich ein Hinweis, daß „sämtliche Karteimittel durch Feindeinwirkung in Verlust geraten" sind. Die Zahl der Gefallenen kann daher unsererseits nicht nachvollzogen werden. Erst nachträglich, im August 1944, wurden die Verluste von der Einheit erfaßt. Dabei meldete die 1. Batterie/A.R. 1716 unter dem (rückwirkend benannten) Datum 08.06.1944 und unter der Ortsangabe Merville insgesamt 28 Unteroffiziere und Mannschaften als vermißt. Es können sich darunter Gefallene und Verstorbene befinden, ebenso aber auch in Kriegsgefangenschaft geratene oder versprengte Soldaten.

Hans Staab 2013 im Alter von 88 Jahren: „Im Kopf funktioniert alles noch immer sehr gut; und was die Batterie Merville anbelangt, ist mir das so, als wär's grad erst gestern gewesen - so etwas vergißt man nie..."

Foto: Kollektion H. Staab

Wenn man nun bei den von den Briten benannten 22 Gefangenen berücksichtigt, daß 11 davon Batterieangehörige waren, müßte es in der Zeit vom 6. Juni 1944 bis in den August hinein demnach 16 weitere Verluste in der Batterie gegeben haben. Mit diesen Zahlen konfrontiert, blieb Hans Staab dennoch bei seiner Aussage:

„Es gab am 6. Juni innerhalb des Stützpunktes von unseren Leuten wirklich nur zwei Tote...!"

(...plus des gefallenen Polen - jedoch war dieser Fall Hans Staab unbekannt geblieben.)

Hans Staabs Aussage stimmt somit auch mit jener des Johannes Buskotte überein:

„Wir hatten am 6. Juni innerhalb der Batterie nicht viele Verluste, nur drei Mann..."

Die diesbezügliche Mitteilung des Volksbundes Deutsche Kriegsgräberfürsorge lautete:

Hinsichtlich der deutschen Artilleristen, die auf dem britischen Soldatenfriedhof in Ranville bestattet sind, kann aus den vorliegenden Unterlagen keine Truppenzugehörigkeit festgestellt werden.

Hans Staab fand für die „fehlenden" 16 Batterieangehörigen eine plausible Erklärung:

„Da wird unsere Batterie im August, da oben an der Seine, gemeint sein, wo wir die Männer verloren haben, da gab's ja einige Tote."

...Es könnten aber auch die Pioniere des „Toten Bataillons" als Verluste mit berücksichtigt worden sein, die sich am 6. Juni auf dem Batteriegelände befunden und Otways Männern ergeben hatten.

Was aber war mit den zwei Zügen Infanteristen der 3. Kompanie des Grenadier-Regiments 736 geworden? Dazu hatten Johannes Buskotte, Hans Staab und Raimund Steiner übereinstimmend ausgesagt, daß sie den Artilleristen bei beiden Angriffen zu Hilfe gekommen waren. Folglich hätte es doch gerade unter ihnen zu Verlusten kommen können, doch davon war in keinem einzigen der im Anhang angeführten Bücher eine Angabe zu finden. Als einzigen nicht zu den Artilleristen gehörenden Gefallenen, hatte Johannes Buskotte den Pionier-Feldwebel angeführt, den er noch in der Nacht zum 6. Juni mit einem großen Granatsplitter im Bauch gefunden hatte - jedoch war der kein Angehöriger der 3. Kompanie gewesen.

Zu den gesamten*(!)* Verlusten der 3. Kompanie teilte das Bundesmilitärarchiv mit *(auszugsweise)*:

[.....] Ob sich aus den (im Text seitens des Bundesarchivs zuvor) genannten Quellen die gewünschten Informationen ermitteln lassen, halte ich für wenig erfolgversprechend. Daher rege ich an, sich in dieser Angelegenheit zunächst an die Deutsche Dienststelle zu wenden.

(Entsprechende Anlagen, denen die zu erwartende Erfolglosigkeit einer derartigen Recherche innerhalb des Bundesarchivs bereits zu entnehmen war, lagen diesem Schreiben bei.)

Auf die gleichlautende Anfrage bei der Deutschen Dienststelle wurde folgende Antwort erteilt:

Die 3. Kompanie / Grenadierregiment 736 meldet in den Verlustlisten insgesamt drei Gefallene für den betreffenden Zeitraum:

1 Gefallener am 06.06.1944, als Verlustort ist Sallenelles angegeben; 2 Gefallene am 07.06.1944, Verlustort Gonneville. Weitere Verluste sind für die beiden Tage nicht aktenkundig.

Der am 6. Juni im 2,2 Kilometer südwestlich der Batterie Merville gelegenen Sallenelles Gefallene der 3. Kompanie gehörte einem Zug an, der in dortige Feuergefechte verwickelt war. Bei den beiden Verlusten vom 7. Juni handelte es sich offenbar um die beiden von Raimund Steiner benannten Suizidfälle in La Redoute, deren Zug sich noch am selben Tag bis Gonneville zurückgezogen hatte.

Entsprechend dieser beiden offiziellen Mitteilungen war während der drei Angriffe auf den Artillerie-Stützpunkt kein einziger Infanterist der 3. Kompanie gefallen. Wie war es aber den britischen Berichterstattern, respektive Buchautoren, angesichts derartiger Fakten möglich, eine „genaue" Anzahl von *(sogar bis zu)* 178 deutschen Gefallenen festzustellen...?

Hauptfeldwebel Johannes Buskotte.
Foto: Kollektion J. Buskotte

Die Verlustzahlen betreffs Terence Otways britisch-kanadischer Fallschirmjäger in und beim Stützpunkt WN 01 wurden von den Briten für den 6. Juni 1944 mit 37 bis *mehr als 90* angegeben, die Verwundeten mit 30, davon 21 schwer. Betreffs der Verluste und Ausfälle der Fallschirmjäger hätten den Briten, respektive deren Buchautoren, allerdings faktisch einwandfreie Zahlen vorliegen müssen... Auch dazu äußerte sich Hans Staab:

„Das waren aber nur etwa neun tote Engländer, die da in unserer Stellung gelegen haben, und deren Einzelteile mußten wir auch erst noch zusammensuchen..."

Staab räumte aber ein, „daß wegen der langen Schießerei mit schweren Granaten *(der benachbarten deutschen Haubitzen sowie der Schiffsartillerie)* sicherlich gar nicht mehr alle Toten zu finden waren. Es könnte auch sein, daß die Engländer nach ihren Angriffen einige *(zu diesem Zeitpunkt eventuell noch Schwerverwundete)* mitgenommen hatten *(wie auch geschehen)*, daß wußten wir ja nicht..."

Auch betreffs der von den Briten gefangengenommenen deutschen Artilleristen war die Angabe von 22 nicht korrekt, denn sie hatten zwar 11 Artilleristen „mitgenommen", doch war das lediglich die Folge der sich vorher in der Kasematte Nr.4 nach dem Einsatz von Phosphor ergebenden Soldaten, die den Eingang zum Bunker eigenmächtig von innen geöffnet hatten. Unter Berücksichtigung der *(unbekannten Anzahl)* russischer Pioniere und jener 6 Männer des Aufklärungstrupps der Heeresflakabteilung könnten es somit insgesamt 22 Gefangene gewesen sein *(in Neil Barbers Publikation soll Terence Otway 23 angegeben haben)*. Von deutschen Infanteristen der 3. Kompanie liegen den offiziellen Auskunftstellen keine Vermißtenmeldungen vor.

In einigen englischen Publikationen steht geschrieben, daß Terence Otway, beziehungsweise seine Leute, nach ihrer „Eroberung" der Batterie und der „Neutralisierung" der Haubitzen ein Erfolgssignal an ein Aufklärungsflugzeug abgegeben hätten... Auch hier gibt es auffällige Abweichungen der beschriebenen Art und Weise dieser Signalgebung - ganz abgesehen davon, daß es absolut keinen Erfolg zu signalisieren gab. So heißt es in Neil Barbers Buch auf Seite 91:

[.....] gab Major Parry den Befehl, damit zu beginnen, gelbe Rauchkerzen anzuzünden. Diese sollten dreißig Minuten nach der (Morgen-)Dämmerung in Intervallen von mehr als fünf Minuten losgelassen werden und würden hoffentlich von Aufklärungsflugzeugen gesehen, die um diese Zeit ankommen sollten.

Diesen Tunnel, der unter dem Feldweg hindurchführt, der noch heute durch das Batteriegelände verläuft, gab es 1944 nicht. Er ermöglicht seit der Gründung des Batterie-Museums dessen Besuchern somit auch ein Begehen des hinteren Teils der Anlage, die sonst von dem heutzutage eingezäunten Privatweg abgeschnitten wäre.

Foto: von Keusgen

Auf das Desaster der Engländer bei Merville ist weder der amerikanische Schriftsteller Cornelius Ryan in seinem Buch *Der längste Tag* noch der britische Autor David Howarth in seinem *Invasion* eingegangen, dafür aber der deutsche Autor Paul Carell in seiner Publikation *Sie kommen!* - nicht jedoch auf die erfolgreiche Einnahme der Kanal-Brücke durch John Howard, die wiederum von den beiden anderen Autoren in deren Büchern so „ausgeschmückt" beschrieben wurde. Die Gegenüberstellung dieser Beispiele dreier international bekannter Autoren in der Frühzeit der Invasions-Berichterstattung, zu Anfang der 1960er Jahre, läßt ganz offensichtlich die vom „nationalen Gedanken" beeinflußten Tendenzen ihrer Bücher erkennen. In der Folge wurden und werden noch immer deren „Berichte" abgeschrieben und nicht selten noch spektakulärer verzeichnet, wie man es in modernerer Literatur immer wieder finden kann. Auffällig sind dabei die auch heute noch seitens nichtdeutscher Autoren häufig deutlich zu Ungunsten der Deutschen dargestellten, nicht selten stark verzerrten „Geschichten". Ursächlich für derartige Geschichtsverfälschungen wie in den beiden besonders flagranten Fällen der Pegasus-Brücke und der Batterie Merville, die auf Seiten der Kriegsgewinner durchaus nicht ungewöhnlich sind, ist einerseits die Aufwertung eigener militärischer Leistungen auf britischer Seite, andererseits der hierfür höchst begünstigende Umstand des Schweigens der Kriegsverlierer - und genau dieses Schweigen war das Fundament, auf dem man eine glorreiche Geschichte konstruieren konnte. Dazu kommt, daß es immer wieder oberflächliche Schriftsteller und Historiker gibt, die unrichtige Berichte übernehmen. Das spart aufwendige Recherchen und folglich viel Zeit, de facto einen großen, auch finanziellen Aufwand - und das Beste daran ist, daß die Glorie des Siegers unbefleckt bleibt, außerdem schreibt auch weiterhin alle Welt fleißig ab, sogar deutsche Publizisten, denn man hat bekanntermaßen den Krieg verloren, und da wird die Gegenseite schon recht haben...

Zwar könnte man allein mit der Widerlegung derart vieler unrealistischer Beschreibungen der damaligen Ereignisse in den diversen internationalen Publikationen ein dickes Buch füllen, doch sollen hier einige kleine „Verzerrungen" anhand nur *einer einzigen Seite (!)* und nur allein in Alan Jeffersons Buch aufgezeigt werden. So heißt es auf Seite 114, daß mitten in Otways Kampf um die Batterie Unteroffizier Knight einige deutsche Gefangene „in derber Anordnung" zum MG in dem Tobruk-Stand, oben auf der Kasematte Nr.2*(!)*, gebracht habe. Daraufhin hätte der verdutzte deutsche Artillerist das Feuer eingestellt und eine weiße Fahne gezeigt...

Im übernächsten Absatz wird von dem Flak-Stand berichtet und behauptet, die *(Zitat)* „Besatzung war tot" - eine „Tatsache", über die

Hans Staab herzlich gelacht hat, als er im November 2012 davon unterrichtet wurde.

Ebenso unmöglich erscheint Jeffersons Schilderung, „mein nächster Besucher war Albert Richards, der Kriegszeichner“, der mit dem Leutnant befreundet war und ihm *(als Verwundeten in schlechter Verfassung)* gesagt habe, er werde ein Bild von ihm malen *(Zitat)*:

„Armer verwundeter Offizier; ta, ta...“

Dann sei Richards davongerannt, „um noch mehr Eindrücke für ein Bild zu sammeln“ - alles das mitten im Kampfgeschehen und in dunkler Nacht...

Nur wenige Zeilen später schrieb Jefferson vom Militärarzt Dr. Watts, der „hatte es sich auf dem Boden des größten Kraters [.....] gemütlich gemacht“ und ihn herzlich begrüßt mit den Worten, „Alan, mein lieber Kamerad, wie schön, dich zu sehen“. Dann hätte Watts gefragt, ob Jefferson wüßte, daß er dessen erster Kampf-Verwundeter war und bat einen Sanitäter:

„Kommen Sie, machen Sie für Mister Jefferson den Tee fertig“...

Eine Tee-Party inmitten eines eine halbe Stunde dauernden blutigen Chaos in dunkler Nacht, umgeben von einem ringsumher tobenden Krieg und unter schwerstem Beschuß...

Aber noch eine „Groteske“, über die noch nie*(!)* geschrieben wurde, ist Hans Staab sein Leben lang unverständlich geblieben:

„Ich verstehe gar nicht, warum die Fallschirmjäger damals unsere Kasematten nicht von vorn, durch die unverschlossenen Scharten, einzunehmen versucht haben; da war doch alles offen, und auch die kleinen Seitenräume hatten noch gar keine Stahltüren; da hätte man überall ganz leicht reinkommen können, sich in Deckung bringen und die Rundumfernrohre abziehen...“

(...ausgenommen die rundum verschlossene Kasematte Nr. 1)

Fast im Zentrum der alten „La Rédoute“ war ein Tobruk-Stand mit einer Panzerkuppel mit einer 3,7-cm-Kanone installiert worden, von der aus man die gesamte Orne-Bucht beschießen konnte. Links neben dem Eingang zur Bastion befindet sich jener (später von Bomben zerstörter) Raum, in dem Raimund Steiner die panischen, suizidgefährdeten Soldaten durch sein Klavierspiel beruhigen konnte.

Das sicherlich größte Mysterium betreffs der Batterie Merville stellt die offenbar nirgendwo dokumentierte Landung des ersten Lastenseglers um 00:25 Uhr innerhalb des Stützpunktes dar. Aber um was für einen Gleiter hatte es sich dabei gehandelt, und war es ein Unfall, sprich Absturz, oder ein geplanter Angriff - und welcher Nationalität waren die mit diesem Gleiter gelandeten Soldaten?

Eine Erklärung wäre, daß er Bestandteil eines *Special Forces Commando* war, ein Kommando-Unternehmen für ein anderes, bis jetzt niemals bekannt gewordenes Ziel, denn vom Planungsstab der Alliierten war für 00:30 Uhr anläßlich des *Unternehmens Oboe* die schwere Bombardierung der Merville-Batterie geplant - nur vier Minuten nach der „Landung“ besagten Lastenseglers. So kann davon ausgegangen werden, daß diese Landung nicht auf dem Terrain der Batterie geplant war. Diesbezüglich schreibt Neil Barber, daß in den 1980er Jahren in einer britischen Zeitung ein Artikel über einen Veteranen veröffentlicht wurde, der berichtete, daß er als Mitglied eines Kommando-Unternehmens in den frühen Morgenstunden des 6. Juni 1944 die Batterie Merville angegriffen hätte. Doch die Aussage des Veteranen wurde später widerrufen - ohne eine Erklärung. Weiterhin schreibt Barber, daß man ihm von einem Buch berichtet hatte, daß von einer Kommando-Truppe geschrieben worden wäre. Es sollte Details eines geheimen Angriffs auf die Batterie enthalten haben. Doch so kurze Zeit nach dem Krieg hätte die Regierung die Publikation nicht gestattet - und der Autor und der Verbleib des Textes wurden niemals bekannt.

In diesem Raum, nahe des Kamins, stand das Klavier, auf dem Leutnant Steiner gespielt hatte. **Fotos: J. Krug, 2012**

Johannes Buskotte hatte betreffs der Insassen des Lastenseglers gesagt:

„Diese Eindringlinge waren nicht in erkennbaren britischen Uniformen, trugen einen anderen Typ von Stahlhelm und hatten schwarze Gesichter."

Hatte Buskotte mit den „schwarzen Gesichtern" farbige Amerikaner gemeint? Schließlich fand er am nächsten Tag selbst einen abgerissenen Kopf mit dunklem, lockigen Haar und stark negroidem Aussehen - allerdings *(Zitat)* „in einem grauenhaften Zustand"...

Doch nachts angreifende Soldaten schwärzen sich üblicherweise zur Tarnung die Gesichter...

Raimund Steiners diesbezügliche Beobachtung, als er sich bis um 02:10 Uhr unweit dem Stützpunkt genähert hatte, um das Artilleriefeuer der benachbarten Batterien darauf zu leiten, war präziser:

„Deutlich konnten wir die Amerikaner sehen, die da auf unserem Kommandobunker saßen und Zigaretten rauchten..."

Steiner verwies auch auf die charakteristische Form und Größe ihrer Stahlhelme. Doch nach dem Trommelfeuer waren alle fort. Aber wo waren sie geblieben? Johannes Buskotte und Hans Staab sagten aus, daß am nächsten Tag etliche zerfetzte Körperteile umherlagen, doch war Buskotte der Meinung, „das konnten aber nicht viele Leute gewesen sein..." Dafür spricht schon die ohnehin große Ladung des Gleiters mit einem Jeep, einem Motorrad und Bohrmaschinen etc.

Hatte es unter den vermeintlichen Amerikanern Verwundete gegeben, so müssen sie während der beiden Beschießungen des WN 01 durch die deutsche Artillerie derart zerrissen worden sein, daß es keinerlei Indizien für eine einwandfreie nationale Identifizierung mehr gab. Nur das ausgeglühte Wrack des Jeeps, das noch in dem verbrannten Lastensegler stand, war eindeutig als amerikanisches Fahrzeug zu erkennen - aber das hätten auch die Briten haben können...

Doch Raimund Steiner hatte gemäß seiner Aussagen anhand ihrer großen Helme *(seiner Meinung nach)* zweifelsfrei Amerikaner erkannt. Auch Alan Jefferson vertritt in seinem Buch die Meinung, daß es unwahrscheinlich sei, daß es sich bei dieser Attacke um einen Lastensegler mit britischen Soldaten gehandelt habe. Aber was hätte, wenn es denn einer war, in diesem britisch-kanadischen Angriffsraum ein amerikanischer Segler zu tun? Oder hatte es sich um Kanadier

Nach umfangreichen Aufräum- und Sanierungsarbeiten sowie der Planierung des Terrains der ehemaligen Batterie Merville wurde es wieder ebenso genutzt, wie vor dem großen Krieg - als Weideland (Foto aus den 1950er Jahren).

Foto: Battlefield Historian Ltd.

gehandelt? Der Luftlanderaum der Amerikaner befand sich aber auf der Cotentin-Halbinsel, 90 Kilometer weit entfernt..., außerdem mußte der Gleiter bereits angeschossen gewesen sein, denn er kam ja schon brennend in den Stützpunkt herunter. Wie dem auch sei, Farbige können jeder Nation angehören... Aber gab es außer diesem vielleicht noch weitere US-Lastensegler, die einen Auftrag hatten, der, aus welchem Grund auch immer, niemals publik geworden war - vielleicht weil auch deren Unternehmen fehlgeschlagen war, wie jenes der vereitelten Einfahrt der britischen Landungsboote in den Caen-Kanal?

Nach der langen Zeit des Schweigens, in der auch in der Familie Steiner das Thema *Krieg*, wie Raimund Steiner erklärte, „für alle meine Familienangehörigen und Freunde tabu war", änderte sich dieses erst, „als mich am 18. April 1985 der Hobby-Historiker Dipl. Ing. Jacques Plate anrief und mir mitteilte, er habe im Berliner Archiv Namen und Daten von mir erhoben und durch die Post meine Telefonnummer erfahren. Nachdem er sich meiner Identität versichert hatte, bezeichnete er es als sensationell, daß ich am Leben sei. In der Folge müßten seiner Meinung nach zahlreiche historische Veröffentlichungen überprüft und berichtigt werden. In England, beziehungsweise in Frankreich, habe sich seit 1944 eine Legende um die Batterie Merville, das heißt um den Invasionsbeginn, gebildet. Dutzende Bücher über die Invasion wären veröffentlicht worden. Die Berichte über die Merville-Batterie würden meist nur sehr kurz abgehandelt, weil es als Quellen nur die subjektiven Berichte der Eroberer gäbe und daher die Autoren einfach voneinander abschrieben. Die Batterie sei im Handstreich genommen und eliminiert worden, der Batteriechef - ich - schon bei den ersten Kampfhandlungen gefallen, die Geschütze gesprengt worden und so weiter... Da ich aber noch am Leben sei, wären nun Zweifel über die Richtigkeit der offiziellen Geschichtsschreibung aufgetaucht. Nach Plates Anruf folgten telefonische, schriftliche und persönliche Kontakte mit deutschen und englischen Militärhistorikern. Dabei sollte ich die ersten belegbaren Informationen *von der anderen Seite* liefern, die allgemein als sensationell bezeichnet wurden und die bisherige Dokumentationen über den Beginn der Invasion infrage stellen."

General Montgomerys strategisch genialer Plan einer raschen Einnahme Caens mittels eines Blitzangriffs durch den Orne-Kanal war nicht aufgegangen - ein „kleiner" Leutnant hatte ihn zunichte gemacht...
Bernard L. Montgomery wurde infolge seiner militärischen Verdienste am 1. September 1944 zum Feldmarschall ernannt.

Foto: Battlefield Historian Ltd.

In der Folge ergab sich nun auch die Zusammenarbeit mit dem britischen Fallschirmjäger- und Merville-Veteranen Alan Jefferson, der an einer damals neuen Buchpublikation betreffs der Batterie Merville arbeitete, die 1987 erschien. Bemerkenswert ist, daß Jefferson trotz ausführlicher Interviews der deutschen Ex-Batterieangehörigen Raimund Steiner, Johannes Buskotte, Peter Timpf, Fritz Waldmann und Wilhelm Bleckmann noch immer etliche alte und von den britischen Veteranen stark tendenziös verzerrte Berichte bezüglich der Einnahme der Batterie übernahm... Raimund Steiner erklärte betreffs der Kampfhandlungen dieses ersten Tages der Invasion:

„Unbeschreibliche Stunden von entscheidender Bedeutung. Dem ersten Angriff *(durch Soldaten, die mit dem Lastensegler um 0:25 Uhr im Stützpunkt heruntergekommen waren)* folgten zwei weitere Angriffe *(am 6. und am 7. Juni)*, die aber durch den Einsatz eigener Artillerie abgeschlagen werden konnten. Die Merville-Batterie wurde also *nicht* erobert und die Geschütze *nicht* zerstört. Die Batterie war sogar am Nachmittag des 6. Juni voll im Einsatz."

Dennoch, die Macht des „Urknalls" der Geschichtsschreibung ist deutlich erkennbar, denn bis heute setzen sich noch immer die alten „Fakten" durch die Publikationen fort - trotz der *BBC*-Dokumentation...

Weiter berichtete Raimund Steiner:

„Da die Schleusen an der Orne-Mündung durch die Merville-Batterie aus Gründen der Selbstverteidigung zerstört wurden, war der Orne-Kanal nicht mehr, wie ursprünglich von den Alliierten geplant, benutzbar. Es mußte daher ein künstlicher Hafen *(vor Ouistréham)* erbaut werden, um den Nachschub vom Meer aus sicherzustellen. Laut Aussage von Herrn Wheeler vom BBC hätte es diesen Hafen nie gegeben. Tatsache ist aber, daß er von der Merville-Batterie aus beschossen wurde, wobei man auch Schiffe versenkt hatte."

Auch über diesen künstlichen Hafen findet man bisher in englischen Publikationen nichts...

Hans Staab sagte über die drei Angriffe auf die Batterie:

„Unsere Batterie wurde kein einziges Mal richtig eingenommen. Die sind nur ´rein, haben Gefangene gemacht, dann schnell wieder weg. Aber uns konnte das alles ja nichts anhaben. Wir hatten uns eingeschlossen und die Infanterie angefordert..." *

In seinem Buch *Der deutsche Festungsbau (Podzun-Pallas-Verlag GmbH, Wölfersheim-Berstadt, Seite 127)* schrieb Albert Molt betreffs der Batterie Merville:

„Nach Berichten der Gegenseite war diese Batterie schon vier Wochen zuvor *(vor Molts Inspektionsbesuch am 3. August)* endgültig erobert worden, was offensichtlich nicht stimmte, aber brav für alle Veröffentlichungen übernommen wurde"...

Im Schlußwort seines Buches sagt Neil Barber:

„Bei allen diesen Angelegenheiten kann es sein, daß es da noch etwas gibt, das noch nie veröffentlicht wurde..."

Ja, da gibt es etwas, über das bisher noch niemals gesprochen wurde - die Kanal-Schleuse...!

Einige Jahre nach ihrer ersten Begegnung kamen sich die beiden inzwischen älteren Herren Steiner (77) und Howard (85) menschlich etwas näher. Am 6. Juni 1997 trafen sie sich auf dem Terrain der einstigen Batterie Merville, und der Brite begrüßte Steiner mit den Worten: „Sie sind ein tapferer und ehrenwerter Mann."

Foto: Kollektion A. Steiner

Steiners Comeback

Am 25. August 1985 hatte Raimund Steiner in Begleitung seiner Ehefrau erstmals seit dem Krieg wieder diese Kasematte betreten. Er berichtete:

„Die erste Kasematte war zu einem Museum umgestaltet worden, und um ein Geschütz waren Schaufensterpuppen in deutschen Uniformen angeordnet. Eine davon sollte mich darstellen. Da drängte uns ein junges englisches Ehepaar zur Seite und forderte seine beiden Kinder auf, mit ihren Spielzeugmaschinenpistolen auf die Offizierspuppe zu feuern - also auf mich..."

Anläßlich dieses Besuchs traf Raimund Steiner auch erstmals John Howard. Der Brite hatte längst von Steiner gehört und gelesen und begrüßte den Österreicher mit den zynischen Worten:

„Oh, this is the terrible Lieutenant Steiner..." *(Oh, das ist der schreckliche Leutnant Steiner...)*

---

* Anmerkung des Autors: Obwohl sich Alan Jefferson am *D-Day* persönlich in dem Artillerie-Stützpunkt befunden und 1986 auch noch Raimund Steiner, Johannes Buskotte, Peter Timpf, Wilhelm Bleckmann und Fritz Waldmann ausführlich interviewt hatte, konnte ich nur in Neil Barbers Publikation betreffs der Kampfhandlungen in und um die Merville-Batterie von einem deutschen Artilleriebeschuß lesen - allerdings hätte der erst nach der „Eroberung" durch Otways Männer am 6. Juni begonnen. Zwar wurde in anderen Büchern gelegentlich von explodierenden Granaten berichtet, aber nicht deren Ursache klargestellt, wobei fraglich ist, ob den Fallschirmjägern überhaupt klar war, wer den Stützpunkt eigentlich und woher beschossen hatte, denn es ist mehrmals von Mörser- respektive Granatwerfer-Beschuß die Rede.

Steiner entgegnete:

„Ich kann's bestätigen - nur nicht das Terrible, und ich möchte, daß wir uns darüber nochmals unterhalten..."

Im März 1986 traf sich Alan Jefferson mit Johannes Buskotte und zwei weiteren ehemaligen Batterieangehörigen auf dem historischen Terrain. Jefferson fragte Buskotte, wie ihm zumute sei, nach den vielen Jahren zum ersten Mal wieder diese Stätte zu betreten. Daraufhin stiegen Buskotte Tränen in die Augen...

Am 6. September 1993 traf der inzwischen 78-jährige Terence Otway zum ersten Mal persönlich den inzwischen 73-jährigen Raimund Steiner auf dem Batteriegelände, und zwar im Rahmen einer für den 50. Jahrestag 1994 entstehenden BBC-Fernsehdokumentation. Später gestand Otway betreffs dieser Begegnung, daß er nicht den Mut hatte, Steiners ausgestreckte Hand abzulehnen, fügte aber hinzu, daß er niemals seine in den Bäumen hängenden Männer vergessen konnte, die von deutschen Soldaten erschossen worden waren...*

Doch die Konfrontation mit Steiner sollte für Otway und dessen Leute zu höchst fatalen Konsequenzen führen:

„Ich hatte das Maschinenhaus der Orne-Kanal-Schleuse zerstört, so daß der Kanal für die Engländer nicht mehr benutzbar war", erzählte Raimund Steiner, „und das mußten die englischen Fallschirmjäger schließlich bei der Gegenüberstellung mit mir während dieser Filmreportage der BBC in Merville zugeben und ihre 49 Jahre lang dargestellten Heldentaten widerrufen..."

So stellte auch diese Konfrontation mit Steiner für Otway eine weitere Niederlage dar - und wieder auf dem Terrain des *(ehemaligen)* WN01...

Ein ungewöhnliches Treffen auf historischem Terrain: Anläßlich einer BBC-Dokumentation standen sich die ehemaligen Feinde Otway und Steiner vor der Kasematte Nr.1 gegenüber. (Von links: Terence Otway, Charles Wheeler von der BBC, Sergeant Knight, Sergeant Len Daniels und Raimund Steiner.) **Foto: M. Strong**

* Als der Autor dieses Buches damals Trence Otway interviewen wollte, erklärte er ihm, welchem Zweck die Recherche einmal dienen sollte, nämlich einer detaillierten deutschen Berichterstattung betreffs der damaligen Ereignisse. Otway entgegnete in barschem Ton: „No comment" *(„kein Kommentar")*, und wandte sich ab...

Nachwort

Seit nunmehr 41 Jahren besuche ich in unterschiedlichen Abständen in inzwischen weit über einhundert Reisen die Normandie, habe dort selbst mehrmals für längere Zeit gewohnt und 2009 in Colleville anläßlich des 65. Jahrestages der Invasion sogar ein großes, 2-etagiges *Von-Keusgen-Info-Center Omaha Beach* mit sehr aufwendigem, musealen Charakter eröffnet. Bemerkenswert ist dabei, daß während der Öffnung über einen Zeitraum von drei Monaten gerade dort sehr viele Zeitzeugen aller an der Invasion beteiligter Nationen erschienen, mir von ihren damaligen Erlebnissen berichteten, aber auch viele Fragen zu den Sachverhalten betreffs ihrer militärischen Einsätze stellten. So sagte der ehemalige britische Infanterist William Toynton:

„Wir waren doch damals als Soldaten überhaupt nicht informiert worden. Dann ging es in den Kampf, und da lief alles wie in einem wilden Traum ab; keine Zeit nachzudenken. Manchmal wußte man gar nicht, wo man sich eigentlich befand und was real um einen herum ablief, man wollte auch gar nicht hinsehen, weil es oft so schrecklich grausam war - man wollte nur überleben. Fragen zu alldem haben wir uns erst nach dem Krieg gestellt..."

Im Laufe von vier Jahrzehnten habe ich mehrere Hundert Zeitzeugen aller beteiligter großer Nationen befragt *(meistens mit einem Diktaphon interviewt und die Tonträger archiviert)*. So ergab sich für mich 1984 auch ein persönliches Gespräch mit John Howard - direkt an der Pegasus-Brücke. Mir fiel dabei auf, daß er auf nachdrückliches Hinterfragen meinerseits auf einige von ihm gemachte Aussagen unkonkret antwortete. Aber noch etwas war unschwer zu erkennen, nämlich daß er ein überaus sympathischer und offenbar auch sehr sensibler und ebenso humaner Mensch war, der anläßlich seines gefährlichen Kampfeinsatzes in der Normandie 1944 einen roten Kinderschuh seines kleinen Sohnes Terry bei sich getragen hatte...

Zum Abschluß meiner *(zu jedem Themenbereich lediglich sporadischen und infolge dessen sehr langfristigen)* Recherchen betreffs der Begebenheiten an der Pegasus-Brücke ergab sich aus den Zeugenaussagen ein völlig anderes Bild, als es bisher offenbar überall publiziert wurde. Wenn sich die Ereignisse in jener denkwürdigen Nacht tatsächlich so zugetragen haben, wie es das Ergebnis meiner Recherchen erbrachte, muß ich selbst aufrichtig mein allergrößtes Bedauern darüber aussprechen, John Howards Aktion nun dergestalt zu beschreiben. Mir wäre es wirklich lieber gewesen, die „traditionelle" und sehr viel spektakulärere Geschichte zu schreiben, denn es liegt absolut nicht in meinem Interesse, einen bewiesenermaßen mutigen, verdient ausgezeichneten und international geehrten Mann durch meine Darstellung der Ereignisse zu kompromittieren - besonders deshalb, weil er mir als so überaus sympathisch in Erinnerung geblieben ist.

Wenn man nun den Blickwinkel verändert und die Dinge mit John Howards Augen betrachtet, stellte sich die Situation für die britischen Kommando-Soldaten etwa folgendermaßen dar:

In Großbritannien wurden die Männer *(wie überall in den Ausbildungs-Camps)* mit propagandistischen Aussagen gegen die Deutschen aufgestachelt. Dabei wurden die deutschen Soldaten als schießwütig, barbarisch und äußerst gefährlich dargestellt. Der britische Major a. D. George Young berichtete mir am 6. Juni 2006 bei Vers-sur-Mer am „Gold Beach":

„Man hatte mir und meinen Männern vor dem Einsatz in der Normandie in Großbritannien erzählt, daß wir uns ganz besonders vorsehen sollten, weil die Deutschen Menschen fressen. Sicherlich wurde eine derart blödsinnige Aussage deshalb gemacht, damit wir sie sofort töten würden..."

Als nun John Howards drei Lastensegler nach einem für die Soldaten sicherlich sehr beängstigenden Flug über den Ärmelkanal und die deutschen Küsten-Flak-Stellungen hinweg, endlich um 00:11 Uhr ihr Zielgebiet an der Kanal-Brücke erreicht hatten, stand ihnen noch die höchst riskante Gleiterlandung bevor, die leicht zu einer Bruchlandung führen konnte - ihrer Meinung nach direkt vor den Augen einer Menge schwerbewaffneter, kampferprobter und schießwütiger deutscher Soldaten. Dann die Landung... Welche Nervenanspannung... Und als man endlich aus den Gleitern springen konnte, entluden sich die Emotionen. Wild um sich feuernd, weil man ja unter jedem Busch un d in jeder Ecke einen feindlichen Soldaten vermuten mußte, rannten die Männer des Able-Zuges auf und über die Brücke - allen mutig voraus Denham Brotheridge... Vielleicht war ihnen gerade der Umstand, daß die Brücke gar nicht besetzt war, so unheimlich; vielleicht erahnten sie gerade deshalb einen Hinterhalt. Und was kann ein Soldat in einem solchen Moment, in dem er sich auf feindlichem Terrain und gewissermaßen im Fokus des Feindes befindet und seine Nerven blank liegen, anderes tun, als um sich zu schießen, denn nur so zwingt man einen Gegner in die Defensive. Die diversen Geschoßspuren, die man noch heute an der Brücke erkennen kann, beweisen dieses.

Doch hatte sich in jener Nacht durch die unglückliche tödliche Verwundung des Den Brotheridge und einer weiteren schweren Armverwundung eines der anderen Männer eine äußerst fatale Situation ergeben, und das für Howards gesamte Truppe. John Howard war zweifellos ein intelligenter Mann, dem sofort klargeworden sein mußte, daß diese tragische Aktion sehr ernste Konsequenzen zur Folge haben würde - ein Disziplinarverfahren, vielleicht sogar das Kriegsgericht. Wer auch immer den jungen Leutnant versehentlich erschossen hatte, man hätte die gesamte Truppe zur Rechenschaft gezogen, und die Konsequenzen wären unabsehbar gewesen...

Wie konnte man sich nun anders dagegen wehren, als eine „abgewandelte Version" der Ereignisse zu finden, der gemäß Brotheridge von einem deutschen Geschoß getroffen worden war - und dafür mußten auch Deutsche an der Brücke gewesen sein und geschossen haben... Und nun war es wichtig, eine verschworene Gemeinschaft zu bilden; zu offenbar guten Kameraden waren sie ohnehin schon während der langen Zeit ihrer harten Ausbildung und Vorbereitung auf die besagte Handstreichaktion geworden. Hatte John Howard 1984 nicht auch Helmut Römer ein Versprechen bei dessen Soldaten-Ehre abgenommen? Aber Howard hatte seine offizielle Version den in Großbritannien vorgegebenen Darstellungen angepaßt: Da bewachte eine starke Truppe eine gut gesicherte Brücke...

Ich möchte an dieser Stelle nochmals wiederholen, daß die hier vorgebrachten Überlegungen rein subjektiv sind und es keinerlei Beweise für einen derartigen Ablauf der Geschehnisse, wie in diesem Nachwort dargestellt, gibt. Sollte es aber tatsächlich so oder sehr ähnlich stattgefunden haben, sollte jeder gerecht empfindende Mensch, besonders jeder, der selbst Soldat ist oder war, volles Verständnis für John Howard und seine Männer aufbringen. Besonders bemerkenswert wäre im Falle einer tatsächlichen Verschworenen-Gemeinschaft, daß es in den ganzen 70 Jahren bis heute wirklich keinen einzigen der insgesamt 89 überlebenden Männer gab, der diesem Schwur nicht treu geblieben ist - und davor meine Hochachtung!

Mit meinen Ausführungen soll auf gar keinen Fall ein negatives Urteil über John Howard und seine tapferen Männer gesprochen werden. In meinen Augen handelte der damals erst 32-jährige Major betreffs seiner Männer entsprechend ihres Auftrags völlig korrekt, und ihr Kampfeinsatz - ob mit oder ohne heftige deutsche Gegenwehr - war zweifellos heroisch und äußerst ehrenwert. Ohne die Einnahme der Kanal-Brücke wäre es von Lucks Kampfgruppe möglich gewesen, sie zu passieren und den in ihrem Abschnitt *Sword* und *Juno* gelandeten britischen und kanadischen Truppen in die Flanke zu fallen...

Ich hatte bewußt darauf verzichtet, dieses Buch, dessen Manuskript bereits seit zwei Jahren fertig geschrieben war, noch vor dem 70. Jahrestag zu veröffentlichen, um eventuelle Verwirrungen zu vermeiden. Vielleicht ist es das Beste, wenn die „traditionelle" Version allgemein bestehen bleibt; ich aber habe infolge der für eine Rekonstruktion der Ereignisse wichtigen deutschen Zeugenaussagen *meine* Version gefunden. Sorry, John Howard!

Helmut Konrad Frhr. von Keusgen

Quellenverzeichnis

Mündliche und schriftliche Erlebnisberichte

Bachmann, Heinrich - Obergefreiter, 3. Komp., Gren.-Regt. 736, 716. Inf.-Div.
(mündlicher Erlebnisbericht, 1991)

Buskotte, Johannes - Hauptwachtmeister, „Spieß“ und Stützpunktführer Batterie Merville
(mündlicher Erlebnisbericht 1986)

Clinton, James - Private 3rd Commando, Special Service Brigade N°1
(mündlicher Erlebnisbericht, 1984)

Fleckenstein, Rolf - Leutnant, Kommandant des WN 06
(mündlicher Erlebnisbericht, 1974)

Lèon Gautier - Soldat im I. Bataillon de Fusiliers Marins Commando, Allaché au Commando No.4 franco-britannique
(mündlicher Erlebnisbericht, 2012)

Howard, John - Major, Kommandoführer an der Bénouville-Brücke
(mündliche Erlebnisberichte, 1984, 1993)

Kortenhaus, Werner - Soldat, Panzer-Regiment 100, 21. Panzer-Division
(schriftliche Erlebnisberichte, 2006)

Ledger, Gerold G. - Private, 8th Battailon, 3rd Brigade, 6th Airborne Division
(mündlicher Erlebnisbericht, 2005)

Legallois, Jeanette - Einwohnerin von St. Laurent
(mündlicher Erlebnisbericht, 2003)

Luck, Hans von - Major, Kommandeur des Pz.Gren.-Regts. 125 *(Kampfgruppe von Luck)*, 21. Pz.-Div.
(mündlicher und schriftlicher Erlebnisbericht, 1993)

Malsch, Hans - Leutnant, Ordonnanz-Offizier
(mündlicher Erlebnisbericht, 1976)

Millin, William „Bill“ - Piper, 1st Special Service Brigade
(mündlicher Erlebnisbericht, 1988)

Munninger, Rolf - Unteroffizier, Rommels Gefechtsschreiber
(mündlicher und schriftlicher Erlebnisbericht, 2006, 2007)

Peronc, Christine - Einwohnerin von Ranville
(mündlicher Erlebnisbericht, 2004)

Richter, Wilhelm - Generalleutnant, Kommandeur 716. Inf.-Div.
(offizieller schriftlicher Bericht, 1947)

Römer, Helmut - Soldat, 4. Komp. Gren.-Regt. 736, 716. Inf.-Division
(mündlicher und schriftlicher Erlebnisbericht, 2005)

Saint-Bômer, Marcel - Arbeiter an der Batterie Merville
(mündlicher Bericht, 1985)

Sauer, Erwin - Soldat, 4. Kom., Gren.-Regt. 736, 716. Inf.-Div.
(mündlicher Bericht, 1984)

Staab, Hans - Gefreiter, Batterie Merville
(mündliche und schriftliche Erlebnisberichte, 2007, 2011-2014)

Schneider, Wolfgang - Vorarbeiter der Organisation Todt
(mündlicher Bericht, 1992)

Steiner, Raimund - Leutnant, Chef der Batterie Merville
(mündliche und schriftliche Erlebnisberichte, 1985)

Tisserand, Lucien - Verwalter des Soldatenfriedhofs La Cambe
(Recherche, 2012)

Toynton, William - Private, 1st Battailon, *Royal Ulster Rifles*, 6th Airlanding Brigade, 6th Airborne Division
(schriftlicher Erlebnisbericht, 2005)

Wallwork, James "Jim" - Pilot des Horsa-Seglers N° 92
(mündlicher und schriftlicher Erlebnisbericht, 1984, 2007, 20012)

Wimmer, Josef - Oberwachtmeister, Grenz-Pionier-Bataillons 71
(Informationen, 2012)

Ziegelmann - Oberst, Ia im Stab 352. Inf.-Div.
Fernsprech-Meldebuch der 352. I.D.

Institutionen / Museen

Bundesarchiv Militärarchiv, Freiburg
Kriegstagebuch des Oberkommandos der Wehrmacht 1943/1944, Wehrmachtführungsstab

Deutsche Dienststelle, Berlin
Wehrmachtauskunftsstelle

Deutsches Rotes Kreuz, München
Suchdienst - Divisionsschicksale / Verschollenenbildliste

Mémorial Grand Bunker, Ouistréham

Mémorial Pegasus *(Museum der britischen Luftlandetruppen)*, Bénouville

Musée La Batterie de Merville

Pysikalischer Verein, Frankfurt

Volksbund Deutsche Kriegsgräberfürsorge e.V.
Deutscher Soldatenfriedhof La Cambe

Literatur

Barber, Neil
The Day The Devils Dropped In - The 9th Parachute Battalion in Normandie, D-Day to D+6
Leo Cooper / Pen & Sword Books Ltd. Barnsley UK, 2002

Bernage, Georges / Benamou, Jean-Pierre / Lejuée, Philippe
Pegasus Bridge 6e Airborne - Jour J à Bénouville-Ranville
Éditions Heimdal, Château Damigny, 1993

Cally, Pierre / Schulte, Karin
Die Schlacht in der Normandie - Schritt für Schritt
Éditions Nord Atlantique, 2004

Carell, Paul
Sie kommen! Der deutsche Bericht über die Invasion und die 80tägige Schlacht um Frankreich
Gerhard Stalling Verlag Oldenburg, 1960

Edwards, Denis
The Devil's Own Luck - From Pegasus Bridge to the Baltic
Leo Cooper / Pen & Sword Books Ltd., Barnsley, South Yorkshire, 1999

Gilbert, John
Bloody Buron! - Canada's D-Day + 1
Gargunnock Books, Surrey / Canada,

Howard, John / Howard-Bates, Penny
The Pegasus Diaries - The private papers of Major John Howard DSO
Pen & Sword Military Books Ltd., Barnsley, South Yorkshire, 2006/2008

Howarth, David
Invasion - Die entscheidenden 24 Stunden der Landschlacht
Lizensausgabe des Eduard Kaiser Verlags, Copyrights by Scherz Verlag München, 1959

Jefferson, Alan
Assault on the guns of Merville - D-Day and after
John Murray, London 1987

Liddle, Peter
D-Day - By those who were there
Pen & Sword Military Books Limited, Barnsley, 2004

Lucas, James
Die Wehrmacht von 1939-1945 - Zahlen, Daten, Fakten
Tosa Verlag, Wien, 2004

Luck, Hans von
Gefangener meiner Zeit - Ein Stück Weges mit Rommel
Verlag E. S. Mittler & Sohn GmbH, Herford 1991

Maddox, Barbara (Hersgbr.) & Pine-Coffin, Peter
The Tale of Two Bridges
(based on the diary of Colonel Richard G. Pine-Coffin, the 7th Parachute Light Infantry Battalion)
Graffham, Petworth West Sussex UK, 2003

Millin, Bill, Piper
6 Juin 44 - La Cornemuse du D-Day, Normandie
Éditions Heimdal, Château Damigny

Molt, Albert
Der deutsche Festungsbau von der Memel zum Atlantik 1900-1945
Podzun-Pallas-Verlag GmbH, Edition Dörfler im Nebel Verlag GmbH, Utting

Peis, Günter
Im Fadenkreuz der Invasion - Der längste Tag des Tirolers Raimund Steiner
Tiroler Perspektiven, Nummer 1/1997

Piekaliewicz, Janusz
Spione, Agenten, Soldaten - Geheime Kommandos im Zweiten Weltkrieg
Südwest Verlag GmbH & Co. KG, München, 1969

Ryan, Cornelius
Der längste Tag - Normandie: 6. Juni 1944
Lizensausgabe, Bertelsmann Lesering, 1962

Shannon, Kevin & Wright, Stephen
One Night in June
Airlife Publishing Ltd., Shrewsbury UK, 1994

Shilleto, Carl / Cooper, Lee
Pegasus Bridge & Merville Battery
Pen & Sword Books Ltd., Barnsley, 2004

Speidel, Hans
Invasion 1944 - Ein Beitrag zu Rommels und des Reiches Schicksal
Rainer Wunderlich Verlag Hermann Leins, Tübingen / Stuttgart 1949

Kriegstagebuch der Wehrmacht 1939-1945, 6. Juni 1944

Kriegstagebuch der Seekriegsleitung 1939-1945, 6. Juni 1944

Pressebericht *Das Reich*, Nr. 31, 30. Juli 1944

Pressebericht *Die Zeit*, Ausgabe 49, 1997, von Reiner Luyken

Pressebericht *Rheinische Post*, 7. Juni 2004, von Matthias Beermann

Bildnachweis

Archive

Airborne Assault Imperial War Museum, Duxford, Großbritannien / Bundes-Bildarchiv, Koblenz, Deutschland / Éditions Heimdal, Damigny, Frankreich / Battlefield Historian Ltd., Suffolk, Großbritannien / Archiv von Keusgen, Schloß Ricklingen, Deutschland / Mémorial Pegasus, Ranville, Frankreich / Musée La Batterie de Merville, Merville, Frankreich / Éditions Normandes Le Goubey, Caen, Frankreich / Wikipedia.

Aktuelle Fotos und Privatkollektionen

Johannes Buskotte und jr., James Clinton, Fabrice Corbin, Nicole Guthauser, Werner Harig, Rainer Hellberg, Helmut K. von Keusgen, Jürgen Krug, Gerold G. Ledger, Frank Montag, Mario Passauer, Gerhard Philipp, Helmut Römer, Hans Sauer, Wolfgang Schneider, Hans Staab, Andreas Steiner, Michael Strong, William E. Toynton, James H. Wallwork, Andreas Wittenborn.

Danksagungen

Für ihre freundliche Unterstützung meiner Arbeiten an diesem Buch bedanke ich mich bei Frau Linda Altenburg, Herrn Oberstleutnant a. D. Hans-Dieter Bechtold, Monsieur Georges Bernage, Madame Béatrice Boissée, Monika Brindenberg-Laschet, Monsieur Mathieu Boullé, Frau Angelika Buskotte, Herrn Johannes Buskotte und jr., Madame Sandrine Cabrol, Mister James Clinton, Madame Brigitte Corbin, Monsieur Fabrice Corbin, Madame Pascaline Dagorn, Monsieur Benjamin David, Herrn Prof. Bruno Deiss, Monsieur Nicolas Dumont, Monsieur Jean Favel, Monsieur Raymond Garnier, Herrn Rolf Fleckenstein, Mademoiselle Nathalie Fortunato, Herrn Volker Gremler, Monsieur Léon Gautier, Frau Nicole Guthauser, Frau Katrina Hager, Herrn Peter Hagist, Werner Harig, Herrn Rainer Hellberg, Mister John Howard, Monsieur Marc Jacquinot, Fräulein Marie-Luise Jahn, Herrn Werner Kortenhaus, Herrn Jürgen Krug, Herrn Stephan Kühmayer, Mister Gerold G. Ledger, Jeanette Legalloire, Monsieur Christophe Le Goubey, Monsieur Patrick Le Goubey, Frau Regina von Luck, Herrn Hans von Luck, Herrn Hans Malsch, Mister William „Bill" Millin, Herrn Frank Montag, Herrn Rolf Munninger, Frau Carina Notzke, Herrn Mario Passauer, Madame Christine Peronc, Herrn Gerhard Philipp, Mister Neil Powell, Frau Karin Clarissa Röhrs, Herrn Helmut Römer, Herrn Hans Staab, Monsieur Marcel Saint-Bômer, Herrn Hans Sauer, Herrn Wolfgang Schneider, Herrn Andreas Steiner, Herrn Prof. Raimund Steiner, Mister Michael Strong, Monsieur Lucien Tisserand, Mister William E. Toynton, Mister James „Jim" H. Wallwork, Herrn Andreas Wittenborn, Mister Marc Worthington sowie meiner Ehefrau Élodie, dem Mémorial Pegasus und dem Musée La Batterie de Merville.

Helmut Konrad Frhr. von Keusgen

Luftaufnahmen
des Küstenabschnitts
unmittelbar östlich der Orne
vom 25. April 1944

Fotos: Battlefield Historian Ltd.